ÉDEN: QUEDA OU ASCENSÃO?

CIP-BRASIL. CATALOGAÇÃO NA FONTE
SINDICATO NACIONAL DOS EDITORES DE LIVROS, RJ

W658e

Wilber, Ken, 1949-
 Éden : queda ou ascensão? : uma visão transpessoal da evolução humana / Ken Wilber ; tradução Ari Raynsford. - Campinas, SP : Verus, 2010.
 il.

Tradução de: Up from Eden: a transpersonal view of human evolution
Inclui bibliografria
ISBN 978-85-7686-078-5

1. Evolução humana. 2. Psicologia transpessoal. I. Título.

10-2807
CDD: 150.1987
CDU: 159.922

KEN WILBER

ÉDEN
QUEDA OU ASCENSÃO?

Uma visão transpessoal da evolução humana

Tradução
Ari Raynsford

Título original
Up from Eden: a transpersonal view of human evolution

Editora
Raïssa Castro

Coordenadora Editorial
Ana Paula Gomes

Revisão
Maria Lúcia A. Mayer

Capa & Projeto Gráfico
André S. Tavares da Silva

Diagramação
Daiane Avelino

© Ken Wilber, 1981, 1996
Edição em língua portuguesa publicada por acordo com
Theosophical Publishing House.

Tradução © Verus Editora, 2010

Direitos mundiais reservados, em língua portuguesa, por Verus Editora.
Nenhuma parte desta obra pode ser reproduzida ou transmitida por qualquer forma
e/ou quaisquer meios (eletrônico ou mecânico, incluindo fotocópia e gravação) ou
arquivada em qualquer sistema ou banco de dados sem permissão escrita da editora.

Verus Editora Ltda.
Rua Benedicto Aristides Ribeiro, 55
Jd. Santa Genebra II - 13084-753
Campinas/SP - Brasil
Fone/Fax: (19) 3249-0001
verus@veruseditora.com.br
www.veruseditora.com.br

SUMÁRIO

Apresentação à nova edição 7
Prefácio 21
Introdução 27

PARTE I CONTOS DO OBSCURO ÉDEN
1 A serpente misteriosa 53

PARTE II TEMPOS DO TIFÃO
2 Os magos antigos 75
3 O alvorecer crepuscular da morte 95
4 Viagem ao superconsciente 110

PARTE III PERÍODO MÍTICO-ASSOCIATIVO
5 O choque do futuro 131
6 A Grande Mãe 161
7 A Grande Deusa 187
8 A mitologia do assassinato 207
9 Pólis e práxis 219

PARTE IV O EGO SOLAR
10 Algo desconhecido aconteceu... 243
11 A morte violenta do tifão 256
12 Um novo tempo, um novo corpo 269
13 Solarização 287
14 Eu e o Pai somos Um 318
15 Tornar-se pessoa 340
16 O alvorecer da miséria 375

PARTE V **O CONTEXTO**
17 Pecado Original 387
18 Uma visão prospectiva 416
19 Republicanos, democratas e místicos 430

Bibliografia 443

APRESENTAÇÃO À NOVA EDIÇÃO

Comecei a escrever *Éden* em 1977, quando estava muito em voga acreditar que a evolução tocou todos os domínios do universo, *exceto o humano*. Isto é, o Kosmos* trabalhou poderosamente durante cerca de doze bilhões de anos, com todas as suas facetas operando sob princípios evolucionários, um extraordinário e abrangente processo de desenvolvimento que, finalmente, deu à luz as primeiras produções culturais humanas, quando, então, prontamente, parou de funcionar.

Achava-se que a evolução agia no restante do universo, mas não em humanos! Essa opinião realmente extraordinária era mantida por pensadores religiosos tradicionais, por retrorromânticos e por teóricos sociais liberais, praticamente o panteão completo de escritores e pensadores influentes de todo o espectro dos estudos sociais.

A maioria dos tradicionalistas religiosos admitia que os humanos se desenvolvessem individualmente, mas não que a humanidade o fizesse coletiva e culturalmente. Eles manifestavam essa intensa antipatia pela evolução cultural principalmente porque a história moderna rejeitara completamente a religião mítica tradicional, e,

---

* Wilber reapresenta essa palavra, no livro *Sex, Ecology, Spirituality*, com a seguinte observação: "Os pitagóricos introduziram a palavra 'Kosmos', que normalmente traduzimos como 'cosmos'. Mas o significado original de Kosmos era a natureza de padrões ou processos de todos os domínios da existência, da matéria para a matemática, para o divino, e não simplesmente o universo físico, que é o significado usual das palavras 'cosmos' e 'universo' hoje [...]. O Kosmos contém o cosmos (ou fisiosfera), bio (ou biosfera), noo (ou noosfera) e teo (teosfera ou domínio divino) [...]". (N. do T.)

portanto, se a história estivesse realmente sendo impulsionada pela evolução, ela os ignorara rudemente e também suas crenças. Sem dúvida, a modernidade em geral rejeitou completamente a religião – a modernidade liberal não aceita a religião mítica tradicional em suas estruturas administrativas e políticas, nem explicações mítico-religiosas para fatos e verdades científicas, nem princípios mítico-religiosos específicos no discurso comum e na moralidade pública. E como não poderia deixar de ser, os tradicionalistas encaram a modernidade como um movimento antiespiritual amplamente massificado, o terrível movimento de secularização e racionalização: a modernidade é o grande Satanás. E se a evolução produziu *isso*, por favor, poupe-nos dela. Mais incisivamente: a evolução não funciona no domínio humano!

Os retrorromânticos e os neopagãos concordaram completamente que a evolução agiu no restante do universo, mas não nos humanos; na verdade, complementam os românticos, no caso dos humanos, a evolução passou a *andar para trás*! Na visão romântica genérica, os humanos, tanto filogenética quanto ontogeneticamente, começaram em um tipo de Éden primevo, um grande paraíso, um céu original na Terra, e, então, as coisas passaram prontamente a decair. As forças poderosas que operam no Kosmos há bilhões de anos – as quais produziram formigas a partir de átomos e macacos a partir de amebas, forças colossais que transformaram galáxias e quasares em configurações planetárias e, a partir daí, em células com sensações, e organismos com percepções, e animais que podiam ver, sentir e até pensar –, todas essas forças, uma vez que os humanos foram produzidos, simplesmente sofreram uma abrupta e estrondosa parada – elas meramente deixaram de funcionar! –, e apenas pela razão aparente de que não se ajustaram às ideias dos retrorromânticos de como o mundo deve funcionar. Evolução para o resto do Kosmos; ladeira abaixo para os humanos. Que dualismo extraordinário e vicioso!

Essa hostilidade pela evolução cultural também foi compartilhada por teóricos sociais liberais, por razões bem compreensíveis e até nobres. O darwinismo social, em suas formas mais comuns, era tão bruto e tão cruel – sem mencionar que se baseava nos aspectos mais duvidosos da teoria darwinista – a ponto de significar nada mais do que uma colossal falta de compaixão pelos nossos semelhantes, homens e mulheres. E assim, teóricos sociais liberais de praticamente todas as linhas decidiram, coletivamente, que, em vez de tentar separar os aspectos válidos dos aspectos grotescos da evolução cultural, era melhor evitar e, até mesmo, negar completamente o tópico.

Portanto, à época, a tese de *Éden* foi bastante ousada, certamente controversa. Diversos pensadores importantes, desde Teilhard de Chardin até Aurobindo e Hegel, já haviam aventado a ideia de que a evolução era, de fato, um *desdobramento espiritual*, com cada estágio transcendendo, mas incluindo, seu predecessor. Entretanto, nenhum deles combinou esse conceito filosófico com um olhar objetivo sobre os dados antropológicos, e nenhum deles apresentou estágios específicos dessa evolução, com base em extensas evidências empíricas e antropológicas. Sob esse aspecto, *Éden* foi, acredito, um avanço importante.

Na época em que eu estava escrevendo *Éden*, as pesquisas de dois outros teóricos, que trabalhavam na mesma área, tornaram-se disponíveis para o mundo de língua inglesa: Jean Gebser e Jürgen Habermas. O que eu conhecia de Gebser havia sido obtido por um longo artigo publicado em *Main Currents* (até então, o único artigo do autor disponível em inglês), suficiente para mostrar, sem sombra de dúvida, que Gebser e eu chegamos a estágios essencialmente idênticos da evolução geral da consciência humana. Por respeito e deferência ao trabalho pioneiro de Gebser (ele se dedicou ao assunto por décadas antes do meu nascimento), imediatamente anexei sua terminologia à minha, de forma que os vários estágios passaram a ter nomes como mágico-tifônico e mental-egoico. Apenas recentemente a obra-prima de Gebser, *The Ever-Present Origin*, foi finalmente publicada em inglês. Considero esse um dos momentos mais felizes da minha vida.

(A propósito, se você deseja se aprofundar no trabalho de Gebser, recomendo veementemente o soberbo livro de Georg Feuerstein, *The Structures of Consciousness*. Mas ressalto um ponto: em minha opinião, Gebser não compreende claramente a natureza real dos estágios mais elevados de desenvolvimento da consciência. Seu estágio mais alto – o integral-aperspectivo – corresponde ao meu centáurico-existencial, mas além dele há os níveis de consciência psíquico, sutil, causal e não dual, apresentados neste volume. Mas até aí, Gebser é o mestre insuperável e um dos principais inovadores na compreensão da evolução das visões de mundo.)

O outro teórico, Jürgen Habermas, explodiu em cena com *Conhecimento e interesse*, um ataque devastador ao positivismo e ao empirismo puro e simples; e, em 1976, lançou *Communication and the Evolution of Society*, um sucinto e ao mesmo tempo brilhante esboço do que ele vislumbrou como os estágios universais de desenvolvimento da consciência. Descobri acidentalmente o trabalho de Habermas exatamente quando estava terminando *Éden*, e pude reconhecê-lo apenas brevemente, mas ficou patente que Habermas, saindo de um ponto de partida muito diferente, também chegou aos mesmos estágios gerais, como Gebser e eu. Habermas passou a ser considerado por muitas pessoas, inclusive por mim, o maior filósofo vivo do mundo, e em livros subsequentes me apoiei fortemente, e com gratidão, em sua incessante genialidade.

Mas o que faltou tanto a Gebser quanto a Habermas foi uma dimensão genuinamente espiritual. Gebser tentou vigorosamente incluir o domínio espiritual em seu trabalho, mas logo se tornou óbvio que ele simplesmente não estava ciente das tradições contemplativas que mais prontamente penetram a essência do Divino – ou não as entendia profundamente. Como já disse, além do integral-aperspectivo, que é o estágio mais elevado de Gebser, existem vários estágios de desenvolvimento espiritual ou transpessoal, que ele desajeitadamente colapsa em seu estágio integral. E Habermas, sendo essencialmente um racionalista alemão, não compreendeu (e ainda não compreende) nenhum Deus maior que a Razão.

Assim, o que se precisava era de algo como um casamento entre Aurobindo, Teilhard de Chardin, Gebser e Habermas – em outras palavras, algum tipo de estrutura que realmente pudesse acomodar os pontos fortes de cada uma das abordagens. E, rememorando tudo isso, acredito que *Éden* conseguiu fazê-lo. Desde então, refinei as categorias apresentadas neste livro e expandi os quadrantes de análise (o leitor interessado pode consultar *Sex, Ecology, Spirituality* e *Uma breve história do universo*). Mas a estrutura essencial é dada aqui, e continua válida como sempre, acredito. Na verdade, recentes pesquisas, evidências e teorias têm aumentado substancialmente a validade de *Éden* e suas conclusões centrais.

A questão crucial é a seguinte: para que a evolução cultural seja aceita como um princípio explanatório da história humana, ela tem de enfrentar justamente as profundas objeções que levaram tradicionalistas, românticos e teóricos sociais liberais a rejeitá-la agressiva e completamente. Em outras palavras, se a evolução está acontecendo no domínio humano, como podemos explicar Auschwitz? E como ousamos julgar que algumas produções culturais são mais evoluídas que outras? Como ousamos fazer tais classificações de valores? Que tipo de arrogância é essa?

Esses são exatamente os temas que *Éden* começou a tratar e, acredito, focalizar. Embora tenha começado esta apresentação repreendendo os teóricos antievolucionários, na verdade eles levantam profundas e significativas objeções, que têm de ser levadas a sério e tratadas o mais imparcialmente possível.

Os tradicionalistas, por exemplo, não conseguem acreditar em evolução cultural por causa de horrores modernos como Auschwitz, Hiroshima, Chernobyl. Como podemos afirmar que a evolução está operando nos humanos quando produz tais monstruosidades? Melhor negar completamente a evolução do que ter de explicar essas obscenidades.

E os românticos estão respondendo ao que parece ser uma empatia humana universal por um tempo anterior aos tumultos de hoje. Os homens e mulheres primitivos, em geral, não sofriam os desastres da modernidade – nenhuma poluição industrial, pouca escravidão, poucas disputas de propriedade, e assim por diante. Por qualquer critério de qualidade, nós realmente não rolamos ladeira abaixo? Não é o momento de retornar à natureza, ao selvagem nobre, e descobrir um eu mais verdadeiro, uma comunidade mais justa, uma vida mais rica?

Os teóricos sociais liberais, igualmente, têm diversas razões para recuar horrorizados do conceito de evolução cultural. Suas formas incrivelmente brutas, como o darwinismo social, carecem de compaixão; muito mais sinistro, esse tipo de "evolucionismo" grosseiro, nas mãos de cretinos morais, produziria exatamente o tipo de ideias ruinosas e selvagens do super-homem, da raça superior, do advento de semideuses humanos, que abririam friamente caminho pela história em passo de ganso, que marcariam literalmente suas crenças na carne torturada de milhões, imporiam sua ideologia nas câmaras de gás e permitiriam que tudo isso fosse implantado. Os teóricos sociais liberais, reagindo a tais horrores, naturalmente tendem a considerar qualquer tipo de "hierarquia social" como um prelúdio para Auschwitz.

Obviamente, se formos usar a evolução da consciência como um tipo de princípio explanatório, teremos de encarar sérias dificuldades. Portanto, precisaremos de um conjunto de princípios que possam explicar tanto o avanço quanto a regressão, boas e más notícias, os altos e baixos do impulso evolucionário que, apesar de tudo, está ativo nos humanos e no resto do Kosmos. Caso contrário, enfrentaremos a situação extremamente estranha de introduzir uma cunha virulenta bem no meio do Kosmos: tudo que é não humano evolui; tudo que é humano, não.

Quais são os princípios que podem reabilitar a evolução cultural de forma sofisticada, para reconciliar a humanidade com o resto do Kosmos e também responder pelos altos e baixos do desdobramento da consciência? Eis alguns dos princípios explanatórios centrais de que precisamos (todos eles podem ser encontrados nas páginas seguintes, alguns bem explícitos e claramente articulados, outros implícitos, porém óbvios):

1. *A dialética do progresso.* À medida que a consciência evolui e se desdobra, cada estágio soluciona ou desativa certos problemas do estágio anterior; entretanto, acrescenta novos e recalcitrantes – e às vezes mais complexos e mais difíceis – problemas próprios. Exatamente porque a evolução em todos os domínios (humanos ou não) funciona por um processo de diferenciação e integração, cada nível novo e mais complexo enfrenta necessariamente problemas não apresentados por seus predecessores. Cães po-

dem ter câncer; átomos não. Mas isso não condena absolutamente a evolução! Significa que a evolução traz boas e más notícias: essa é a dialética do progresso. E quanto mais estágios evolutivos existem – quanto maior a profundidade do Kosmos –, mais coisas podem dar errado!

Portanto, evolução significa, inerentemente, que novos potenciais, novas maravilhas e novas glórias são introduzidos a cada novo estágio, mas que, invariavelmente, vêm acompanhados por novos horrores, novos medos, novos problemas, novos desastres. E *Éden* é uma crônica das novas maravilhas e das novas doenças que se desdobraram sob os ventos inexoráveis da evolução da consciência.

2. *A distinção entre diferenciação e dissociação*. Justamente porque a evolução prossegue por diferenciação e integração, algo pode dar errado em cada estágio – como disse, quanto maior a profundidade do Kosmos, mais doenças podem ocorrer. E uma das formas predominantes de patologia evolucionária acontece quando a *diferenciação* vai longe demais e transforma-se em *dissociação*. Na evolução humana, por exemplo, uma coisa é diferenciar a mente do corpo, outra é dissociá-los. Uma coisa é diferenciar a cultura da natureza, outra é dissociá-las. A diferenciação é o prelúdio da integração; a dissociação é o prelúdio do desastre.

Como veremos nas páginas seguintes, a evolução humana (como qualquer outra evolução) é marcada por uma série de importantes diferenciações, que são absolutamente normais e completamente cruciais para a evolução e integração da consciência. Mas em cada estágio, essas diferenciações podem transformar-se em dissociações, convertendo profundidade em doença, crescimento em câncer, cultura em pesadelo, consciência em agonia. E *Éden* é uma crônica não só das necessárias diferenciações na evolução da consciência, mas também das dissociações e distorções patológicas que muito frequentemente seguem em sua esteira.

3. *A diferença entre transcendência e repressão*. Afirmar que a evolução prossegue por diferenciação e integração é o mesmo que dizer que ela se desenvolve por transcendência e inclusão. Isto

é, cada estágio evolutivo (humano ou não) *transcende e inclui* seus predecessores. Átomos são partes de moléculas, que são partes de células, que são partes de organismos complexos, e assim por diante. Portanto, cada estágio inclui seu(s) predecessor(es), e acrescenta suas próprias qualidades emergentes e definidoras: transcende e inclui.

Mas exatamente por essa razão, quando ocorre uma *patologia*, a dimensão sênior não transcende e inclui, mas transcende e reprime, nega, distorce, rompe. Cada estágio novo e mais elevado tem precisamente essa escolha: transcender e incluir, ajudar, integrar, honrar; ou transcender e reprimir, negar, alienar, oprimir. E *Éden* é uma crônica das grandes ocasiões transcendentes da evolução humana, bem como das grotescas repressões, opressões, brutalidades. Quanto mais brilhante a luz, mais escura a sombra, e *Éden* olha nos olhos de cada uma delas.

4. *A diferença entre hierarquia natural e hierarquia patológica.* Durante o processo evolucionário, aquilo que é totalidade em um estágio torna-se uma parte da totalidade no próximo. Assim tudo no Kosmos é, como denominado por Arthur Koestler, um "hólon", um todo que é, simultaneamente, parte de algum outro todo, indefinidamente. Átomos inteiros são partes de moléculas, moléculas inteiras são partes de células, e assim por diante. Cada um é um todo/parte, um hólon, existindo em uma *hierarquia natural*, ou uma ordem de inteireza e holismo crescentes.

Por essa razão, Koestler assinalou que a hierarquia normal deveria ser chamada de "holarquia", e ele tem razão. Todos os processos evolutivos (humanos ou não) originam-se em parte de hierarquização (holarquização) – cada dimensão sênior transcende e inclui suas juniores: cada nível é um todo que é parte de outro todo, indefinidamente; justamente por isso, cada estágio que se desdobra transcende e inclui seu(s) predecessor(es) e, assim, o Kosmos desenvolve-se por abraço após abraço indefinidamente.

Mas o que transcende pode reprimir. Desse modo, hierarquias normais e naturais podem degenerar em hierarquias patológicas, em hierarquias dominadoras. Nesses casos, um hólon insolente não quer ser um todo e uma parte; quer ser apenas um todo e ponto final. Não deseja ser uma parte comum de algo maior do que ele; não deseja compartilhar das comunhões de seus hólons associados; deseja dominá-los com sua própria ação. O poder substitui a comunhão; a dominação substitui a comunicação; a opressão substitui a reciprocidade. E *Éden* é uma crônica do extraordinário crescimento e evolução de hierarquias normais, crescimento que, ironicamente, possibilitou uma degeneração em hierarquias patológicas, que deixaram suas cicatrizes na carne torturada de incontáveis milhões, uma trilha de terror que acompanhou o animal que não só pode transcender, mas reprimir.

5. *Estruturas mais altas podem ser sequestradas por impulsos mais baixos.* O tribalismo, quando deixado por conta própria, é relativamente benigno, simplesmente porque seus meios e suas tecnologias são relativamente inofensivos. Não se consegue infligir muito dano à biosfera, e a outros humanos, apenas com um arco e flecha (e essa falta de meios não significa necessariamente presença de sabedoria). O problema é que as tecnologias avançadas da racionalidade, quando sequestradas pelo tribalismo e seus impulsos etnocêntricos, podem ser devastadoras.

Auschwitz não é o resultado da racionalidade. Auschwitz é o resultado dos muitos produtos da racionalidade sendo usados de forma irracional. Auschwitz é a racionalidade sequestrada pelo tribalismo, por uma mitologia etnocêntrica de sangue, pátria e raça, arraigada no solo, romântica em suas disposições, selvagem em sua limpeza étnica. Não se pode tentar com seriedade cometer genocídio com um arco e flecha; mas pode-se tentá-lo com aço e carvão, motores de combustão e câmaras de gás, metralhadoras e bombas atômicas. Esses não são desejos racionais, qualquer que seja a definição de racional; são tribalismos etnocêntricos apropriando-se das ferramentas de uma consciência avançada e usando-as eficientemente para os motivos mais vis. Auschwitz é o final do jogo não da razão, mas do tribalismo.

Essas são algumas distinções que, acredito, são necessárias para reconstruir a evolução da consciência humana de uma forma muito mais satisfatória e atraente, uma forma que pode responder claramente pelos inegáveis avanços, como também pelos inegáveis desastres, da história humana. Embora eu tenha elaborado esses princípios com mais detalhes em livros subsequentes, todos eles podem ser encontrados plenamente expostos nas páginas seguintes.

E finalmente, eles nos abrem um caminho para abordar as objeções dos teóricos antievolucionários, que, de muitas formas, ainda dominam o discurso teórico nessa área.

Aos tradicionalistas, podemos dizer: vocês não entendem a dialética do progresso. Vocês consideram todas as más notícias da modernidade, mas omitem cuidadosamente as boas notícias, e, assim, condenam o surgimento da modernidade e sua secularização racional, não compreendendo que a modernidade é, na verdade, a forma de desdobramento do Espírito como a Presença do mundo de hoje. Desse modo, vocês endeusam a era mítico-agrária prévia, quando o mundo inteiro reverenciava o Deus ou Deusa míticos, e a religião em toda parte sorria nesta terra justa, e todo homem e mulher aceitavam devotamente seu amado Deus, e todos estavam maravilhosamente encantados e suscetíveis ao prodígio espiritual.

E, por conveniência, ignoremos o fato de que, como recentes evidências deixaram abundantemente claro, 10% das sociedades de caça e coleta e 54% das sociedades agrárias tinham escravidão; 37% das sociedades de caça e coleta e 64% das sociedades agrárias exigiam dote da noiva; 58% das sociedades de caça e coleta e surpreendentes 99% das sociedades hortícolas envolviam-se em guerras frequentes ou intermitentes. Os templos para esses amados Deus e Deusa eram construídos sobre as costas massacradas de milhões de humanos escravizados e torturados, a quem não era concedida a mais simples das dignidades humanas, e que deixaram sua esteira de sangue e lágrimas no altar daquele Deus adorado.

Os tradicionalistas nos relembram dos pesadelos da modernidade; que eles não esqueçam tão facilmente os pesadelos do passado. E quanto às boas notícias da modernidade, sobre as quais os tradicionalistas estranhamente emudecem, vamos lembrá-los: os grandes movimentos de libertação – dos escravos, das mulheres, dos intocáveis –, esses importantes movimentos de emancipação foram gerados no mundo moderno justamente pela racionalidade, que foi – não duvidem! – a forma de desdobramento do Espírito no mundo moderno. Os aspectos positivos da modernidade – até mesmo avanços na medicina que, sozinhos, aliviaram mais dor e sofrimento do que qualquer outro avanço na história – são exatamente o Eros e o Ágape do desdobramento atual do Espírito: as democracias liberais são a compaixão desdobrada do Espírito, não em um céu mítico cruelmente prometido, mas aqui e agora na terra, na vida real de uma vasta humanidade que, antes, vivera neste querido planeta como escravo, como propriedade de outro, e quase sempre a propriedade de outro que devotamente cria nas glórias do Deus poderoso e maravilhoso.

Portanto, dizemos aos tradicionalistas: vocês não veem a dialética do progresso, não veem que o mais alto pode ser sequestrado pelo mais baixo, não veem que a forma do Espírito no mundo presente são justamente as boas notícias da modernidade – desse modo e de outros, vocês perderam contato com a pulsação da evolução e do desdobramento contínuos do Espírito, o milagre da evolução como autorrealização por meio da autotranscendência.

Aos retrorromânticos, dizemos: vocês confundem diferenciação com dissociação, confundem transcendência com repressão. E, assim, toda vez que a evolução introduz uma diferenciação nova e necessária, vocês gritam: "Queda! Pesadelo! Horror dos horrores! Degeneração! A perda do Éden, a alienação do gênero humano, a trilha da miséria escrita pelos ventos da história".

A bolota tem de se diferenciar a fim de se desenvolver como um carvalho. Mas, se você vê toda diferenciação como uma dissociação – se confunde completamente as duas –, então é forçado a ver o carvalho como uma violação terrível da bolota. E, portanto, sua solução para qualquer problema enfrentado pelo carvalho é: devemos voltar à nossa maravilhosa condição de bolota.

A solução, claro, é exatamente a oposta: descubram os fatores que impedem a autorrealização de bolotas como carvalhos, e removam esses obstáculos, de forma que a diferenciação e a integração possam ocorrer naturalmente, em vez de transformar-se em dissociação e fragmentação. Concordamos com os românticos que patologias terríveis frequentemente afloram durante a marcha contínua do desenvolvimento e da evolução – não se discute isso! –, mas a solução não é uma idealização da condição de bolota, e sim a remoção dos obstáculos que evitam o crescimento da bolota em direção à sua autorrealização na condição de carvalho.

Aos teóricos sociais liberais, dizemos: vocês não entendem a diferença entre hierarquia natural e hierarquia patológica e, assim, em seu compreensível zelo para erradicar a segunda, destroem a primeira – jogam fora o bebê com a água do banho.

Classificação de valores – hierarquia no sentido lato – é inevitável nos esforços humanos, simplesmente porque somos todos hólons: contextos dentro de contextos para sempre, e cada contexto mais amplo julga seus contextos menos abrangentes. E, portanto, mesmo quando os teóricos sociais igualitários afirmam sua rejeição pela hierarquia, eles o fazem usando julgamentos hierárquicos: afirmam que não classificar é *melhor* que classificar. Bem, isso é um julgamento hierárquico, que os coloca na embaraçosa posição de se contradizerem, aceitando secretamente aquilo que condenam publicamente. Eles têm uma hierarquia que nega a hierarquia, uma classificação que odeia a classificação.

O que estão tentando fazer, claro, é se livrar de hierarquias patológicas, e acredito que podemos apoiá-los nesse esforço. Mas o único caminho para se livrar da hierarquia patológica é acolher a hierarquia normal e natural – isto é, aceitar a holarquia normal, que integra o hólon insolente, trazendo-o de volta a seu lugar legítimo em uma reciprocidade mútua de cuidado, comunhão e compaixão. Mas, sem holarquias, temos amontoados, não totalidades, e nenhuma integração é possível.

Portanto, com essa abordagem, e com essas cinco distinções, conseguimos reintegrar a humanidade com o resto do Kosmos, e não assumir a responsabilidade por um dualismo verdadeiramente estranho e rígido: a humanidade aqui, tudo o mais lá. A arrogância antropocêntrica dessa postura é aterradora – seja encampada por tradicionalistas, ecoteóricos retrógrados ou românticos –, mas não precisamos adotá-la.

Ainda mais absurdo, negar a evolução no domínio humano e cultural é negar que o aprendizado ocorre, ou pode ocorrer, no âmbito da consciência humana coletiva. Essa negação equivaleria a dizer que, desde o princípio, os humanos sabiam tudo que havia para saber sobre tudo; nada cresceu e se desenvolveu, nada evoluiu, nenhuma nova verdade emergiu, não houve nenhuma evolução operativa.

Não, somos parte integrante de uma corrente evolucionária única e totalmente abrangente, que é em si o Espírito-em-ação, o modo e a forma de criação do Espírito, que está sempre indo além do que fora antes – que salta, não rasteja, para novos platôs de verdade, apenas para saltar novamente, morrendo e renascendo com cada nova guinada quântica, geralmente tropeçando e ralando os joelhos metafísicos, mas sempre se levantando e saltando de novo.

E você se lembra do Autor dessa Peça? Quando olha profundamente para sua consciência, relaxa da autocontração e se dissolve na essência vazia de sua própria experiência primordial, o simples sentimento de Ser – aqui e agora –, não fica tudo imediatamente óbvio? Você não estava presente desde o começo? Você não tinha uma mão para tocar em tudo que se seguiria? O sonho propriamente dito não começou quando você se entediou de ser Deus? Não foi divertido se perder nas produções de sua imaginação maravilhosa e fingir que tudo o mais era outro? Você não escreveu este livro, e inúmeros outros, simplesmente para se lembrar de quem você é?

E assim, olhando para trás, *Éden* foi uma das primeiras tentativas sustentáveis, baseada em evidências antropológicas reais, de reconciliar a humanidade com o resto do Kosmos, de ver fluir em nosso sangue humano as mesmas correntes que fluem em galáxias rodopiantes e sistemas solares colossais, que colidem pelos grandes oceanos e correm por nossas veias, que movem a maior das montanhas, bem como nossas próprias aspirações morais gloriosas – uma e única corrente que perpassa o Todo e impulsiona o Kosmos inteiro em cada gesto duradouro, e se recusa a se render até que você se lembre de quem e o que você é, e de que foi levado a essa realização por essa corrente singular de um Amor que permeia tudo, e aqui "alcance a realização num raio de luz, e o vigor extinga a grandiosa fantasia, pois agora minha vontade e meus desejos movimentam-se como uma roda girando uniformemente pelo Amor que move o sol e outras estrelas".

Prefácio

"A humanidade", disse Plotino, "equilibra-se a meio caminho entre os deuses e as feras", e o objetivo deste livro é esboçar a curva da história e da pré-história que trouxe a humanidade até essa delicada posição. Começaremos a história, por assim dizer, exatamente no ponto em que o homem, ou criaturas parecidas com o homem, surgiu na Terra, vários milhões de anos atrás, durante os tempos agora fabulados como o obscuro Éden e o paraíso pré-histórico. Acompanharemos a história até nossa presente era e, em seguida, esforçando-nos para vislumbrar o amanhã, continuaremos com um quadro de nossa possível evolução futura. Pois se homens e mulheres provieram das feras, então, provavelmente, acabarão chegando aos deuses. A distância entre o homem e os deuses não é tão maior do que a distância entre as feras e o homem. Já preenchemos a última lacuna, e não há nenhuma razão para supor que não vamos conseguir, finalmente, preencher a primeira. Como Aurobindo e Teilhard de Chardin sabiam, o futuro do gênero humano é a consciência de Deus, e desejamos examinar esse futuro no contexto completo da história humana.

Mas, se homens e mulheres estão acima das feras e a caminho dos deuses, por enquanto eles são figuras bem trágicas. Equilibrados entre os dois extremos, estão sujeitos ao mais violento de todos os conflitos. Não mais fera, mas ainda não deus – ou, pior, metade fera, metade deus: eis a alma da humanidade. Dito de outra forma, o gênero humano é uma figura essencialmente sinistra com um futuro maravilhosamente otimista – se conseguir sobreviver à transição. Assim, narro a história de crescimento e evolução da humanidade sob um ângulo trágico – tendemos de alguma forma a ser muito lisonjeiros a respeito de nosso surgimento a partir dos macacos, imaginando cada novo passo evolucionário como um maravilhoso salto adiante que nos traz novos potenciais, nova inteligência e novas habilidades. De certa forma isso é verdadeiro, mas também é igualmente verdadeiro que cada novo passo evolucionário traz novas responsabilidades, novos terrores, novas ansiedades e novas culpas. As feras são mortais, mas não sabem desse fato ou não o percebem completamente; os deuses são imortais, e o sabem – mas o pobre homem, superior às feras, porém não ainda um deus, é essa mistura infeliz: é mortal e sabe disso. E quanto mais evolui, ficando mais consciente de si mesmo e de seu mundo, avançando em consciência e inteligência, mais se torna consciente de seu destino fatal manchado pela morte.

Em resumo, há um preço a ser pago por cada incremento de consciência, e somente essa perspectiva, acredito, pode colocar a história evolucionária da humanidade no contexto adequado. A maior parte das narrativas da evolução humana tende equivocadamente para um dos lados dessa equação. Ou enfatizam demasiadamente o aspecto do crescimento, considerando a evolução do homem apenas uma série de grandes avanços e grandes saltos adiante, ignorando que a evolução não é uma série despreocupada de promoções doces e luminosas, mas um processo doloroso de crescimento; ou tendem à direção oposta e, vendo a agonia e o desespero da humanidade, voltam o olhar nostalgicamente para aquele Éden perdido de inocência, anterior à autoconsciência, quando o homem dormia com as feras em bem-aventurada ignorância. Essa visão tende a considerar um crime cada passo evolucionário de afastamento do Éden. Com evidências muito persuasivas, ela mostra que guerra, fome, exploração, escravidão, opressão, culpa e pobreza passaram a existir com o surgimento da civilização e da cultura, e com a crescente "evolução" humana. O homem primitivo, em geral, não sofria nenhum desses problemas – desse modo, se o homem civilizado moderno é um produto da evolução, por favor poupe-nos dela.

O que estou dizendo é que, no geral, ambas as visões são corretas. Cada passo do processo evolucionário foi um avanço, uma experiência de crescimento, mas conseguido a um alto preço – demandando novas responsabilidades, das quais a humanidade nem sempre esteve à altura, com resultados bem trágicos, como narraremos nas páginas seguintes.

Decidi contar a história do "doloroso crescimento" da humanidade em termos de algumas importantes "eras". Fiz isso principalmente por conveniência, e não por me ater à escola de história da "era rígida" (embora me atenha a uma visão estrutural/desenvolvimentista da consciência individual e, desse modo, as "eras" que apresentarei baseiam-se na estrutura média da consciência dominante de cada período). Além disso, a fim de apresentar uma linha de continuidade para o que é, afinal, uma história bastante complexa, tentei limitar o número de autoridades citadas ao mínimo. Selecionei um ou dois "guias" para cada campo importante (mitologia, antropologia, psicologia etc.) e usei suas citações, excluindo todos os outros. Assim, para mitologia, selecionei Joseph Campbell – quando chegava a um ponto da narrativa em que necessitava de uma citação de apoio, tentava achar uma primeiramente em Campbell, embora, por "razões acadêmicas", pudesse apresentar dezenas de citações de outras autoridades. Da mesma maneira, para antropologia existencial, selecionei Becker e Brown; para "eras", Jean Gebser; para evolução biológica, L. L. Whyte; para evolução psicológica, Erich Neumann. Ao restringir minhas citações a poucas autoridades, espero proporcionar ao leitor quatro ou cinco vozes harmônicas que contam a história do crescimento da humanidade, e não uma confusão de pesadas citações de inumeráveis fontes (a maioria das fontes está simplesmente listada na Bibliografia).

Obviamente, portanto, este livro não é apresentado como uma tese sociológica definitiva, calcada em documentação precisa e volumosa. É um relato deliberadamente simplificado e genérico. Pretende-se que sirva tanto como uma introdução e explicação do "grande retrato" global do desenvolvimento histórico e da evolução da consciência, quanto como prolegômenos para estudos futuros de natureza mais precisa e detalhada. Do mesmo modo, o leitor encontrará neste livro preciosos dados antropológicos e arqueológicos pouco detalhados. Por uma razão muito simples: os dados em que baseei minhas conclusões já foram apresentados por outros autores em textos específicos, e não vi nenhuma razão (nem tinha espaço suficiente) para meramente repetir essas observações convencionais. Por outro lado, trato, essencialmente, do significado desses dados para a evolução global da consciência e, assim, a discussão concentra-se somente nesse tópico.

Finalmente, este livro contém, como plataforma teórica central, não apenas a filosofia perene, e não só uma lógica desenvolvimentista, mas uma teoria sociológica baseada em ambas. A filosofia perene e a lógica desenvolvimentista são apresentadas nos primeiros capítulos, enquanto a teoria sociológica – por ser um pouco mais complexa – é gradualmente introduzida, e apenas completamente sugerida na segunda metade do livro. Aqueles que acharem a primeira metade do livro um pouco fraca sociologicamente, encontrarão mais substância na segunda metade.

Eis, então, a história da alma equilibrada a meio caminho entre as feras e os deuses; a alma que surgiu dos animais rumo aos céus; a alma encerrada em um arco evolucionário que a destina à imortalidade; e a alma que, somente em tempos recentes, descobriu esse fato.

Ken Wilber
Lincoln, Nebraska
Inverno de 1980

Aquele cuja visão não consegue cobrir
Três mil anos de história
Deve pairar na escuridão exterior,
Viver dentro das fronteiras do dia.

GOETHE, *Divã ocidental-oriental*

O homem pode ser desculpado por sentir orgulho de ter atingido o ápice da escala orgânica, embora não por esforço próprio; e o fato de ter galgado essa escala, em vez de ter sido originariamente posto na posição que ocupa, pode lhe dar esperanças de um destino ainda mais elevado no futuro distante.

CHARLES DARWIN, *A descendência do homem*

Introdução

Nada pode ficar afastado de Deus por muito tempo nem separado dessa Essência do Ser, fora da qual nada existe, e a história – não como uma crônica de feitos individuais ou nacionais, mas como um movimento da consciência humana – é a história do caso de amor dos homens e das mulheres com o Divino. Ligando-se e desligando-se, amando e detestando, avançando e recuando – a história como o esporte e a brincadeira de Brahman.

Tradicionalmente, o grande problema para visualizar a história em termos teológicos não é a confusão sobre o que a história é, mas a confusão sobre o que Deus pode ser. Se assumirmos que a história tem algum tipo de *significado*, então devemos também assumir que ela aponta para algo *diferente* de si mesma, isto é, aponta para algo diferente de homens e mulheres individuais.[422]* Esse grande Outro, no sentido mais elevado, foi frequentemente considerado Deus, Espírito ou o Absoluto.[4] Desde que se considere Deus um Outro, separado e completamente além dos seres humanos, a história é vista como a ação de um pacto, de uma aliança ou de um compromisso entre Deus e suas criaturas.

Não podemos nos esquecer de que, no Ocidente, Deus e a história são profundamente inseparáveis – Jesus é absolutamente fundamental para o cristianismo, não só porque ele é o Filho de Deus, mas porque foi um acontecimento *histórico*, um símbolo da intervenção divina no processo *histórico*, um pacto entre o homem e Deus. Moisés não nos trouxe apenas mandamentos éticos, mas uma

---

* Os números sobrescritos apresentados ao longo do texto referem-se às obras citadas na Bibliografia. (N. do E.)

aliança entre Deus e seu povo, uma aliança a ser mantida no curso da história. Para o mundo judaico-cristão – isto é, para a mente ocidental – a história é o desdobramento de um pacto entre Deus e o homem, um movimento para, em última instância, unir o homem a Deus.

Não importa quão pitoresca seja essa visão da história para a mente sóbria, científica e empírica, é uma visão que tem forte peso na obscuridade da nossa psique ocidental – nenhum de nós, creio eu, escapa de sua influência. Houve uma época em que víamos a história como um movimento do paganismo até Jesus Cristo, culminando no Dia do Juízo Final, aquele distante acontecimento divino em direção ao qual toda a criação se move. Hoje, vemos a história como um processo de evolução científica, deslocando-se da ameba para o réptil, para o macaco, até o homem. Essas duas visões não são muito diferentes: ambas veem um movimento do mais baixo para o mais alto, do pior para o melhor; acredita-se em ambas religiosamente; ambas prometem um amanhã que é melhor (ou mais "evoluído") que hoje; ambas veem um movimento hierárquico do pecado (menos evoluído) para a salvação (mais evoluído). Embora o conteúdo seja certamente bem diferente, a forma é basicamente idêntica. E a forma é *histórica*. "A biologia", diz Carl Sagan, "é mais parecida com a história do que com a física."[360] Indo mais diretamente ao ponto, um aspecto que os cientistas raramente parecem captar: existe a demonstração de Whitehead de que as leis científicas são "uma derivação inconsciente da teologia medieval".[424] Em essência, ambas as visões veem a história não meramente como uma ida, mas como uma ida *para algum lugar*.

Entretanto, a visão científica – a história como mera evolução – apresenta um grande defeito, ou melhor, limitação: não consegue explicar, ou pelo menos sugerir, o *significado* dessa ida para algum lugar.[375] Por que a evolução? Qual é o propósito da história? Qual é o significado dessa ida para algum lugar? Não existe nenhum significado científico para a palavra "significado"; não existe nenhum teste empírico para valor.[433] Desse modo, os positivistas, que são cientistas disfarçados de filósofos, não nos permitem sequer fazer essas perguntas – para começo de conversa, já que elas não podem ser respondidas cientificamente, não devem ser feitas. A resposta para "Qual é o significado da história?" é "Não pergunte". E embora existam coisas imensamente boas a ser ditas sobre o positivismo lógico, esse tipo de mera análise linguística não é suficientemente forte para curar a alma de seu maravilhamento.

A ciência *não pode* se pronunciar sobre o significado ou o propósito de nenhum fenômeno que encontre.[177] Essa não é sua função; ela não está instrumentalizada para cumpri-la, e nós, certamente, não devemos criticá-la por isso, como fazem tantos românticos. A tragédia é que a ciência se transforma em cientificismo ao afirmar: "Uma vez que a ciência não pode medir o significado, ele não existe". Não há, porém, nenhuma prova científica de que somente a prova científica seja real. Desse modo, não precisamos abandonar prematuramente tais importantes preocupações, como o "significado", simplesmente porque um microscópio não as detecta. Um médico pode descrever os complicados processos bioquímicos que constituem seu corpo; pode, até certo ponto, corrigi-los, curá-los de doenças e operá-los para remover defeitos. Mas não pode explicar-lhe o *significado* da vida de cada mecanismo que conhece. Entretanto, duvido que ele concluísse: "Sua vida não tem significado". Apenas, como *cientista*, ele *não pode* se pronunciar sobre o significado da vida, o significado cultural, o significado da história.

Portanto, se perguntarmos: "Qual é o significado da história?", somos remetidos de volta à única resposta importante já apresentada: a história teológica é o desdobramento de um pacto entre a humanidade e Deus. Ainda que se discorde dessa visão, geralmente concorda-se que ela *pode* explicar o porquê, o de onde e o *significado* dessa ida para algum lugar que chamamos história – seu movimento é divino, e seu significado, transcendente.

A teologia pode trabalhar eficazmente com o significado da história porque se dispõe a postular (ou, como preferem os teólogos, conhecer por revelação) um sublime Outro.[213] Já que Deus é *diferente* de homens, mulheres e história, Deus pode conferir significado para a história – algo que a história nunca poderia fazer por si mesma. Fazendo uma analogia simples, quando alguém pergunta: "Qual é o significado da palavra 'árvore'?", a forma mais fácil de responder é simplesmente apontar para uma árvore real. A árvore propriamente dita não tem nenhum significado, mas a palavra "árvore" tem, simplesmente porque ela *aponta* para algo *diferente* de si mesma. Se não existisse nenhuma árvore real, a palavra "árvore" não teria nenhum significado, porque não poderia apontar para nada diferente de si própria. Assim sendo, história sem um Outro é história sem significado.

Infelizmente, a concepção ocidental ortodoxa de Deus não é simplesmente a de um Outro psicológico (separado de nós por inconsciência), ou um Outro temporal (separado de nós pelo tempo), ou um Outro epistemológico (separado de nós por ignorância). Ao contrário, Jeová – Deus de Abraão e Pai de Jesus – é um Outro ontológico, separado de nós por natureza, para sempre.[71] Nessa visão, não existe apenas uma linha temporária entre o homem e Deus, mas uma fronteira e uma barreira inabaláveis. Deus e o homem estão para sempre separados – eles não são, como no hinduísmo e no budismo, em última instância, um e idênticos. Assim, o único contato entre Deus e o homem é por correio aéreo: por aliança, por pacto, por promessa. Deus promete cuidar do povo escolhido, e este, por sua vez, promete não adorar outros deuses senão Ele. Deus promete enviar seu Filho primogênito para seu povo, que promete seguir sua Palavra. O contato de Deus é por contrato. Através desse abismo colossal, Deus e o homem comunicam-se por boatos, não por união absoluta (*samadhi*); desse modo, a história foi vista como o desdobramento desse contrato, dessa aliança, através do tempo.

Mas existe uma visão muito mais sofisticada da relação da humanidade com a Divindade, uma visão considerada pela grande maioria dos verdadeiramente talentosos teólogos, filósofos, sábios e até mesmo cientistas de diversas épocas. Conhecida em geral como "filosofia perene" (um nome cunhado por Leibniz), ela forma o núcleo esotérico do hinduísmo, budismo, taoísmo, sufismo e misticismo cristão, sendo também abraçada, em todo ou em parte, por intelectos individuais que vão desde Spinoza a Albert Einstein, de Schopenhauer a Jung, de William James a Platão.[210,375,429] Além disso, em sua forma mais pura, ela não é absolutamente anticiência, mas, de modo especial, é transciência ou até mesmo anteciência, de forma que pode coexistir prazerosamente com os dados duros das ciências puras, e certamente complementá-los.[433] Daí por que, acredito, tantos cientistas realmente brilhantes sempre flertaram com a filosofia perene ou até a abraçaram totalmente, como testemunham Einstein, Schrödinger, Eddington, David Bohm, Sir James Jeans, até mesmo Isaac Newton. Como Albert Einstein afirma:

> A emoção mais bela que podemos experienciar é a mística. É a semeadora de toda arte e ciência verdadeiras. Aquele a quem essa emoção é estranha [...] está praticamente morto. Saber que o que nos é impenetrável existe de fato, manifestando-se como a sabedoria mais elevada e a beleza mais radiante que nossas faculdades embotadas conseguem compreender apenas em suas formas mais primitivas – esse conhecimento e esse sentimento estão no centro da verdadeira religiosidade. Nesse sentido, e apenas nesse, pertenço às fileiras de homens devotadamente religiosos (apud 168).

Ou o primeiro grande microbiologista do mundo: "Feliz é aquele que possui um deus interior e lhe obedece. Os ideais da arte e da ciência são iluminados pelo reflexo do infinito". Esse foi Louis Pasteur.

A essência da filosofia perene pode ser exposta de forma simples: é verdade que existe algum tipo de Infinito, algum tipo de Divindade Absoluta, mas ele não pode ser adequadamente concebido como um Ser colossal, um enorme Pai, ou um grande Criador separado de suas criaturas, de coisas, de eventos e dos seres humanos. Pelo contrário, ele é mais bem concebido (metaforicamente) como a base, a quididade ou a condição de todas as coisas e acontecimentos. Não é uma Grande Coisa separada de coisas finitas, mas a realidade, a quididade ou a essência de todas as coisas.

Um cientista que zomba da existência de qualquer tipo de "Infinito", mas, sem pejo, maravilha-se em voz alta com as "leis da Natureza" (com N maiúsculo), está inconscientemente expressando sentimentos religiosos ou numinosos. De acordo com a filosofia perene, seria aceitável falar simbolicamente do Absoluto como a Natureza de todas as naturezas, a Condição de todas as condições (são Tomás de Aquino não disse que Deus é *natura naturans*?). Mas observe, desse ponto de vista, que essa Natureza não é *outra coisa* senão todas as formas de vida: a Natureza não é algo separado das montanhas, águias, rios e pessoas, mas algo que, por assim dizer, corre em todas as fibras de cada um e de todos. Da mesma forma, o Absoluto – como a Natureza de todas as naturezas – não é algo separado de todas as coisas e eventos. O Absoluto não é Outro, mas, por assim dizer, é a trama e a urdidura do tecido de tudo que existe.

Nesse sentido, a filosofia perene declara que o Absoluto é Um, Inteiro e Indiviso – muito parecido com o que Whitehead denominou "o manto inconsútil do universo". Mas note que "inconsútil" não significa "incaracterístico". Isto é, dizer que a Realidade é una não significa que não existam coisas e eventos separados. Quando um cientista afirma: "Todas as coisas obedecem às leis da Natureza", ele não conclui: "Portanto, não existe coisa nenhuma". Ele quer dizer que todas as coisas subsistem em um tipo de Inteireza equilibrada, uma inteireza que ele chama de Natureza e cujas leis tenta descrever. Como uma primeira aproximação, a filosofia perene descreve o Absoluto como um todo inconsútil, uma Unidade integral, que está subjacente, mas inclui toda a multiplicidade. O Absoluto é anterior a este mundo, mas não diferente deste mundo, como o oceano é anterior às suas ondas, mas não está separado delas.

Esse conceito não é, como o positivista lógico consideraria, um conceito sem sentido ou absurdo – ou melhor, não é mais sem sentido do que a referência científica à Natureza, ao Cosmos, à Energia ou à Matéria. Só porque o Absoluto, a Inteireza integral, não existe como uma entidade separada e perceptível, não significa que não exista. Ninguém nunca viu a Natureza – vemos árvores, pássaros, nuvens e grama, mas não algo específico que possamos isolar e chamar de "Natureza". Da mesma forma, nunca nenhum cientista viu a Matéria – ele vê o que chama de "formas de matéria"; mas ninguém, cientista, leigo ou matemático, alguma vez já viu um pedaço de matéria pura. Vemos madeira, alumínio, zinco ou plástico, mas nunca matéria. Mesmo assim, duvido que um cientista diga: "Portanto, a matéria não existe". Todos os tipos de certezas intuitivas e não científicas levam o cientista a declarar que a matéria é real – e, de fato, para a grande maioria dos cientistas, a matéria é a *única* realidade, embora eles nunca a tenham visto, tocado ou saboreado.

A mesma coisa, claro, vale para a Energia, já que massa e energia são interconversíveis. Nenhum cientista alguma vez já viu energia, embora ele fale de "formas de energia", como energia termodinâmica, nuclear, e assim por diante. Embora nunca tenha visto energia pura e simples, ele certamente não diz: "Portanto, a energia não é real". Há muito tempo, o geólogo e filósofo Ananda Coomaraswamy vislumbrou com precisão o ponto crucial dessa "hipótese científica": "O apuro do positivista ou 'nada-mais-que-materialista' é que, ao reconhecer como realidade somente aquilo que pode ser pego, ele atribui 'realidade' a coisas que não podem ser pegas porque nunca param de se transformar, e é levado, contra sua vontade, a postular a realidade de uma tal entidade abstrata como 'Energia' – palavra que nada mais é do que um dos nomes de Deus".[98]

Tendo em mente que a filosofia perene define Deus não como uma Grande Pessoa, mas como a Natureza de tudo que existe, então Coomaraswamy está obviamente certo, e é irrelevante dizer que todas as coisas são formas de Natureza, formas de Energia ou formas de Deus. Deve ficar claro que não estou tentando *provar* a existência do Absoluto – estou simplesmente sugerindo que ela não é mais inverossímil do que a existência da matéria, energia, natureza ou cosmos.

Agora, quando alguém crê que o Absoluto é um tipo de Grande Pai que está atento à sua descendência como um pastor às suas ovelhas, a noção de religião dessa pessoa é rogatória. Isto é, o objetivo de sua religião é simplesmente receber proteção e bênçãos desse deus e, por sua vez, adorá-lo e agradecer-lhe. Ela vive de acordo com o que acredita ser as leis do deus e geralmente espera, como recompensa, poder viver para sempre em algum tipo de céu. De forma simples, a meta dessa forma de religião é *ser salva*. Salva da dor, salva do sofrimento, salva do mal, salva, em última instância, da morte.

Não tenho nenhum problema com essa visão – apenas ela não faz parte da filosofia perene e, portanto, não é uma visão que vou apresentar aqui. A "religião" da filosofia perene é bem diferente de salvação. Uma vez que nela o Absoluto é simbolizado por uma Inteireza integral, o objetivo desse tipo de religião não é ser salvo, mas *descobrir essa Inteireza*. E, assim, sentir-se também inteiro. Albert

Einstein referiu-se a isso como a superação da ilusão de óptica de sermos indivíduos separados do Todo:

> O ser humano é uma parte do todo que chamamos de "Universo"; uma parte limitada no tempo e no espaço. Ele experiencia si mesmo, seus pensamentos e sensações como algo separado do resto – um tipo de ilusão de óptica de sua consciência. Essa ilusão é uma forma de prisão para nós, restringindo-nos a nossos desejos pessoais e ao afeto por algumas pessoas mais próximas. Nossa tarefa deve ser libertar-nos dessa prisão (apud 168).

De acordo com a filosofia perene, essa "descoberta da Inteireza", a superação da ilusão de óptica de separação, não é meramente uma crença – não é um dogma a ser aceito pela fé. Pois se o Absoluto é de fato uma Inteireza integral real, se ele é igualmente parte integrante de tudo que existe, então também está completamente presente nos homens e mulheres.[208] E, diferentemente de pedras, plantas ou animais, os seres humanos – por ser *conscientes* – têm potencial para descobrir essa Inteireza. Eles podem, por assim dizer, despertar para o Absoluto. Não acreditar nele, mas descobri-lo. Seria como se uma onda se tornasse consciente de si mesma e, a partir daí, se descobrisse una com o oceano inteiro – e, desse modo, uma também com as outras ondas, já que todas são feitas de água. Esse é o fenômeno da transcendência – ou iluminação, liberação, *moksha*, *wu*, *satori*. Isso é o que Platão quis dizer sobre sair da caverna de sombras e descobrir a Luz do Ser; ou a "superação da ilusão de separação" de Einstein. Essa é a meta da meditação budista, da ioga hinduísta e da contemplação mística cristã. E é muito simples e direta; não existe nada de fantasmagórico, oculto ou estranho – isso é a filosofia perene.

Agora retornamos ao conceito de história, podendo abordar seu significado sob nossa nova perspectiva perene a respeito da "religião". Se somente a noção de Deus pode explicar a história e se Deus não é uma Grande Pessoa, mas a Quididade e a Inteireza de tudo que existe, então a história não é a história do desdobramento de um pacto entre o homem e Deus, mas a história do desdobramento da relação entre o homem e o Todo supremo. Já que essa Inteireza é inerente à própria consciência, também podemos dizer que *a história é o desdobramento da consciência humana* (ou de várias estruturas da consciência humana, como tentarei demonstrar neste livro).

Essa visão não tem mais "metafísica oculta" – não tem mais "suposições improváveis" – do que tem a teoria científica padrão da evolução, já que ambas se baseiam, como vimos, no mesmo tipo de postulados "invisíveis". Mas, para a mesma quantidade de metafísica oculta, podemos, por meio dela, obter muito, muito mais significado, coerência e equilíbrio. Podemos localizar a história em um contexto que é, ao mesmo tempo, científico e espiritual, imanente e transcendente, empírico e significativo. Pois essa visão nos diz que a história está de fato indo para algum lugar – não em direção a um juízo final, mas em direção à suprema Inteireza. E mais, essa Inteireza não é só a Natureza de todas as naturezas, mas também o derradeiro e completo potencial da própria consciência humana. A história, nesse sentido, é um caminho lento e tortuoso para a transcendência.

O GRANDE NINHO

De acordo com a filosofia perene, esse caminho de transcendência segue o que é chamado de "Grande Cadeia do Ser", que parece ser uma sequência universal de níveis hierárquicos de crescente consciência.[198,224,367,375,429,436] Usando-se termos ocidentais, a Grande Cadeia do Ser move-se da matéria para o corpo, mente, alma e espírito, com cada nível *transcendendo* (ou indo além), mas *incluindo* (ou abraçando) seus predecessores. A totalidade de um nível torna-se parte do seguinte, de tal forma que corpos vivos transcendem, mas incluem a matéria; a mente transcende, mas inclui corpos; a alma transcende, mas inclui a mente; e o Espírito transcende, mas inclui absolutamente tudo. Portanto, a Grande Cadeia do Ser é, na verdade, o Grande Ninho do Ser – não uma escada ou corrente de elos, mas uma série de ninhos dentro de ninhos, em que cada esfera sucessiva vai além, mas abraça e engloba suas juniores, e o Espírito, incomparavelmente, está além de Tudo, embora contenha absolutamente Tudo. Assim, a história, desse ponto de vista, é basicamente o desdobramento sucessivo dessas estruturas de maior ordem (ou crescentemente holísticas), começando pela mais baixa (matéria e corpo) e terminando na mais elevada (espírito e suprema inteireza).

Desse modo, a evolução/história – esse caminho da e para a transcendência – começa, por assim dizer, na parte inferior, na esfera mais básica do Grande Ninho, e sobe a partir daí. E, de forma muito especial, isso é verdadeiro para o arco humano de evolução/história. Da mesma maneira que a ontogenia recapitula no geral a filogenia, a história evolucionária do homem começou nos domínios inferiores do Grande Ninho do Ser, e aconteceu assim *porque* ela precisou recapitular (aninhar ou envolver) todos os estágios evolutivos pré-humanos anteriores (por exemplo, o ser humano contém matéria, células vivas, tronco cerebral reptiliano e sistema límbico mamífero). O surgimento da humanidade foi realmente um avanço extraordinário, mas que teve de assimilar, incluir e *então* transcender seus predecessores.

Assim, os estágios mais antigos de evolução da humanidade foram *dominados*, embora não definidos, por impulsos subumanos e subconscientes. E foi a partir desse estado subconsciente – dominado pela natureza física e pelo corpo animal – que os homens e as mulheres finalmente evoluíram para um modo autorreflexivo e exclusivamente humano de consciência, que conhecemos hoje por egoico-mental.

Essa emergência histórica do ego a partir da subconsciência é um dos fenômenos que trataremos nos capítulos subsequentes, mas como um breve exemplo introdutório, consideremos o seguinte resumo dos estudos de Ernst Cassirer feito por Barfield: "Ernst Cassirer [...] mostrou como a história da consciência humana foi [...] o gradual desenredamento de um pequeno, mas crescente, cada vez mais claro e autodeterminado foco da experiência humana interior, a partir de um estado de sonho de identidade virtual com a vida do corpo e seu ambiente [físico] [o domínio subconsciente]".[21] Em outras palavras, o ego autorreflexivo surgiu, a partir da impregnação na natureza física e no corpo animal, por um processo de desenredamento e diferenciação. Isso levou, simultaneamente, ao despertar de uma consciência marcantemente individual e a uma "perda" do sono primitivo, o estado quase "paradisíaco" de imersão onírica nos degraus mais baixos da Grande Cadeia. Continuando com a visão de Cassirer: "É esse fato que está subjacente à tradição mundial de uma queda do paraíso; e é ele que ainda reverbera na consciência ligada à natureza, expressa em mitos, em formas arcaicas de linguagem, no pensamento totêmico e na participação em rituais de tribos primitivas.* Foi a partir dessas origens [isto é, da fusão subconsciente] [...] que evoluímos para a consciência individual, aprimorada, espacialmente determinada, de hoje". Vamos, nas páginas seguintes, acompanhar essa perda da impregnação primitiva, o surgimento do ego e a "queda" da humanidade.

Mas nossa abordagem nada tem a ver com sentimentalismo romântico. Isto é, não lamento o surgimento do ego e a perda da inocência arcaica, embora todos nós possamos tremer diante de algumas consequências horrendas. Porque, de acordo com a filosofia perene, o ego-mente, com todos os seus defeitos, é algo que está a meio caminho na trilha da transcendência. Isto é, a autoconsciência egoica está entre a subconsciência da natureza e a superconsciência do espírito. A subconsciência da matéria e do corpo dá passagem à autoconsciência da mente e do ego, que, por sua vez, desemboca na superconsciência da alma e do espírito – eis o "grande retrato" da evolução e da história, e tal é também o contexto da história humana. O ciclo completo, o Grande Ninho do Ser, pode ser representado como na figura 1.

A figura 1 é apresentada como um círculo, principalmente por sua natureza compacta, mas, como qualquer diagrama, tem suas

---

* Nas páginas seguintes, qualquer alusão feita a "tribos primitivas" não se refere a povos indígenas vivos de hoje, mas a tribos originais de proto-humanos que viveram há meio milhão de anos, com expectativa de vida média de 20 e poucos anos, formas primitivas de caça e coleta e consciência relativamente pré-diferenciada e amplamente pré-verbal.

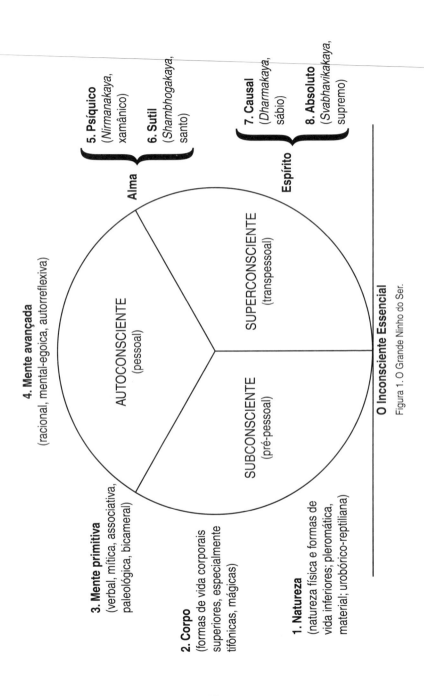

Figura 1. O Grande Ninho do Ser.

falhas.* Em particular, chamo a atenção do leitor para o fato de que essa figura circular não implica que o estágio mais baixo (1) e o mais elevado (8) se encontrem; eles não o fazem. Explicaremos esses pontos cuidadosamente nos últimos capítulos; por enquanto, os níveis 1 até 8 podem ser mais bem entendidos como progressões sucessivas, do mais baixo para o mais alto (em torno do círculo), de forma que cada estágio transcende, mas inclui seus predecessores – um *desenvolvimento* que é *envolvimento*.

Esse movimento global – matéria para corpo, mente, alma e espírito – constitui o esqueleto abstrato completo da história, alfa para ômega. Porém, no que diz respeito a este livro, lidaremos basicamente apenas com o movimento da natureza para o corpo, mente primitiva e mente avançada (níveis 1-4), porque essa é, em geral, a maior extensão que a consciência humana *média* atingiu até agora na história. Como disse Plotino, estamos apenas meio evoluídos – e este volume é um resumo, acima de tudo, dessa primeira metade.

Todavia, ao longo deste livro, frequentemente teremos ocasião de mencionar os estágios evolutivos mais elevados – os estágios que levam aos domínios da alma, espírito e Inteireza suprema (níveis

---

*Em O *Projeto Atman*, apresento uma versão bem detalhada do Grande Ninho, com dezessete níveis. Já que essa precisão não é necessária (e, provavelmente, nem possível) para um "grande quadro" da evolução histórica, neste livro usei somente oito níveis básicos. Desnecessário dizer que esses oito níveis são estruturas bastante genéricas (mas suficientemente exatas para nossos objetivos presentes). Além disso, como usei a mesma terminologia geral em ambos os textos, existe, obviamente, uma superposição semântica em certos casos, porque alguns nomes são forçados a prestar um serviço extra. Por exemplo, o "uroboro" em O *Projeto Atman* refere-se a um nível inferior de desenvolvimento único, preciso e discreto, enquanto decidi usá-lo aqui em um sentido mais geral, como a estrutura ideal para representar todos os níveis inferiores. As correlações entre os vários termos usados aqui e em O *Projeto Atman* são, respectivamente: uroboro – pleroma, uroboro, modo prototáxico, axial, prânico e corpo-imagem; tifão – prânico, corpo-imagem, primeiros paleossímbolos, paratáxico, associação inicial; associação baixa – associativo, paleológico, linguagem autista, ego primitivo; associação alta – ego primitivo e médio; ego baixo – ego médio e tardio; ego médio e alto – ego médio e tardio/maduro; psíquico – sutil baixo; sutil – sutil alto; causal – causal baixo e alto; Espírito/Atman – Absoluto.

5-8). Isso será possível porque, em todos os estágios da história humana pregressa, certos indivíduos muito avançados conseguiram evoluir consideravelmente além de seus pares e em aspectos dos domínios mais altos propriamente ditos (os domínios superconscientes). Esses foram os profetas, os santos, os sábios, os xamãs, as almas que, como *ponta de lança* da consciência humana, descobriram os níveis mais elevados do ser por meio de uma expansão e uma evolução precoce de sua própria consciência. E um resumo da história que omita a influência da ponta de lança da humanidade – a vanguarda da grandeza humana – não é história, mas mera crônica de mediocridades sucessivas.

Assim, traçarei *duas* linhas paralelas de evolução, da forma como realmente ocorreram *historicamente*: a linha do *nível médio* de consciência e a linha do *nível mais avançado* de consciência. Veremos que a primeira foi uma evolução da experiência e consciência médias, movendo-se do nível 1 ao 4, enquanto a segunda foi uma evolução *concomitante* de experiências avançadas, de vanguarda ou "religiosas", indo do nível 5 ao 8. E nosso relato termina, mais ou menos, no período atual, quando a primeira linha começa a adentrar a segunda (nível 4 da figura 1), como explicaremos cuidadosamente mais tarde.

Mencionaremos também os estágios evolutivos mais elevados em direção à Inteireza integral ou Espírito, porque o Espírito não é apenas o derradeiro estágio da evolução, mas é também a essência sempre presente na evolução. Como dissemos, essa suprema Inteireza é a Natureza de todas as naturezas, a Condição de todas as condições. Isto é, não só estamos nos movendo rumo a essa Inteireza, como também emergimos dela e, paradoxalmente, *permanecemos sempre envoltos nela*. A derradeira Inteireza espiritual é a suprema Inteireza da consciência humana como tal, e em nenhum ponto da história ou da evolução faltou essa Inteireza.

Como a essência, fonte e quididade de toda manifestação, esse Espírito supremo é o último referente de qualquer história, humana ou não, e, por essa razão, nenhum relato da evolução – mesmo aquele que trate basicamente apenas da "primeira metade" – pode ser bem-sucedido de forma explicativa sem referência ao que Hegel chamou de "fenomenologia do espírito".[193] Porque, como dissemos, a história é a história do desdobramento da Consciência (Espírito), um desdobramento que provém de e direciona-se para a suprema Inteireza propriamente dita. A história é a narrativa da relação do homem com sua Natureza mais profunda, desenvolvida no tempo, mas ancorada na eternidade.

Assim, a Inteireza suprema encontra-se na própria essência da consciência dos homens e mulheres. Mas – e eis a dificuldade – ela *não* é conscientemente percebida pela vasta maioria da humanidade. Desse modo, o Todo derradeiro é, para a maioria das almas, um *Outro*. Não é, como Jeová, um Outro ontológico – ele não está alheio, divorciado ou separado dos homens e mulheres. Pelo contrário, é um Outro psicológico – está sempre presente, mas não percebido; é dado, mas raramente descoberto; é a Natureza dos seres humanos, mas jaz, por assim dizer, adormecido nas profundezas da alma.

Pelo fato de a derradeira Inteireza ser, para todos os efeitos práticos, um Outro, ela *satisfaz nossos critérios para conferir significado à história*. Como vimos, os grandes teólogos insistiram corretamente em que, para a história ter significado, deve apontar para um Outro diferente de si mesma. E, para ter um grande significado, deve apontar para um Grande Outro, isto é, Deus.

Mas, para a filosofia perene, o Grande Outro não é um Deus exterior, mas a Natureza e a Quididade do próprio ser e, desse modo, a história aponta para a verdadeira Natureza e é o desdobramento dela. A história, emergindo do Todo, nos impulsiona para esse Todo, a ressurreição consciente, em cada homem e mulher, do Todo superconsciente. A história tem significado porque aponta para esse Todo. E a história pode ser consumada porque esse Todo pode ser completamente redescoberto.

O PROJETO ATMAN

Desse modo, a Natureza básica dos seres humanos é uma Inteireza suprema (níveis 7-8). Isso é eterna e atemporalmente assim –

isto é, verdadeiro desde o início, verdadeiro até o fim e, mais importante, verdadeiro agora mesmo, momento a momento. Chamamos essa suprema e sempre presente Inteireza, como aparece em homens e mulheres, Atman (de acordo com os hindus), ou Natureza de Buda (de acordo com os budistas), ou Tao, ou Espírito, ou Consciência (superconsciência), ou, menos frequentemente, Deus (por causa de suas carregadas conotações).

Uma vez que Atman é um Todo integral, fora do qual nada existe, ele engloba todo o espaço e tempo e, portanto, é em si mesmo adimensional e atemporal, infinito e eterno.[411,429] Para a filosofia perene, infinito não significa Extremamente Grande – significa essa essência *adimensional* que é intrínseca e incluiu todo o espaço, mais ou menos como um espelho que está por trás, mas engloba todos os objetos refletidos nele. Da mesma forma, eternidade não significa um Tempo Muito Longo – significa essa essência *atemporal* que é intrínseca e inclui todo o tempo.

De acordo com a filosofia perene, o eu real ou Natureza de Buda *não* é perpétuo e desafiador da morte; pelo contrário, é *atemporal* e transcendente. A liberação não significa avançar por todo o sempre em algum tipo de céu esculpido em ouro. Significa uma apreensão direta e imediata da Essência do Ser, adimensional e atemporal.[367] Essa apreensão não mostra que uma pessoa seja imortal – o que, definitivamente, não é. Antes, mostra que onde sua psique toca e intercepta essa Fonte atemporal, a pessoa como um todo, em última instância, sente-se una com o universo – na verdade, tão intimamente, a ponto de, naquele nível, *ser* o universo.[387] Quando uma pessoa redescobre que sua Natureza mais profunda é una com o Todo, alivia-se dos fardos do tempo, da ansiedade, da preocupação; liberta-se das correntes da alienação e da existência do eu separado.[193] Vendo esse eu e outros como um, libera-se do medo da vida; vendo que ser e não ser são um, livra-se do medo da morte.

Desse modo, quando alguém redescobre a suprema Inteireza, transcende – mas não elimina – todo tipo imaginável de fronteira e, portanto, transcende todos os tipos de combates. Torna-se uma consciência livre de conflitos, inteira, feliz. Mas isso não significa que a pessoa perca a consciência egoica, a consciência temporal, que entre em transe vazio, tenha suspendidas todas as faculdades críticas e chafurde em um mingau oceânico. Significa simplesmente que ela redescobre o *pano de fundo* da consciência egoica. Ela fica ciente da Inteireza integral *e* do ego explícito. A Inteireza não é o oposto da individualidade egoica, é basicamente sua Essência, e a descoberta da essência não aniquila a figura do ego. Pelo contrário, reconecta-o abertamente com o resto da natureza, o cosmos e a divindade. Esse não é um estado perpétuo, mas um estado atemporal. Com essa realização, a pessoa não alcança uma vida que dura para sempre no tempo, mas descobre a vida que é anterior ao tempo.

Agora, de acordo com a filosofia perene, o redescobrimento dessa Inteireza infinita e eterna é o maior anseio e a única necessidade do homem.[44] Pois não só Atman é a natureza básica de todas as almas, como também *cada pessoa sabe ou intui essa verdade.*[29] Uma vez que cada indivíduo intui constantemente que sua Natureza primordial é infinita e eterna, Tudo e Todo, ele possui uma intuição genuína de Atman. Mas, ao mesmo tempo, sente horror da transcendência real, porque transcendência acarreta a "morte" da percepção de seu eu isolado e separado.[239] Já que não se liberta e morre para seu eu separado, ele não consegue descobrir a transcendência verdadeira e genuína, não consegue atingir a realização maior na Inteireza integral. Fechando-se em si mesmo, ele exclui Atman; apegando-se ao próprio ego, nega o resto do Todo.

Assim, note imediatamente que homens e mulheres se deparam com um dilema realmente fundamental: acima de tudo, cada pessoa anseia por transcendência genuína, pela consciência de Atman e pelo supremo Todo; mas, acima de tudo, cada pessoa teme a perda do eu separado, a "morte" do ego isolado. O que toda pessoa quer é Inteireza, mas tudo que faz é temê-la e resistir a ela (já que isso provocaria a "morte" de seu eu separado). E eis o dilema, o duplo comprometimento perante a eternidade.

Já que o homem deseja, acima de tudo, a transcendência real, mas já que não aceitará a morte necessária de sua percepção do eu separado, ele vai em busca da transcendência por caminhos que *realmente a frustram* e forçam substitutos simbólicos.[436] E esses substitutos apresentam-se de variadas formas: sexo, comida, dinheiro, fama, conhecimento, poder – todas são, em última instância, recompensas substitutas, simples sucedâneos para a verdadeira libertação na Inteireza.[29] Daí por que o desejo humano é insaciável, por que todas as alegrias anseiam pelo infinito – tudo que a pessoa quer é Atman; tudo que consegue são substitutos simbólicos para ele.

Até mesmo a sensação da pessoa de ser um eu individual, separado, isolado, é um mero substituto da sua verdadeira Natureza, um substituto para o Eu transcendente da Inteireza suprema. Todo indivíduo intui *corretamente* que é da mesma natureza de Atman, mas distorce essa intuição aplicando-a ao eu separado. Ele acha que seu eu separado é imortal, central para o cosmos, importante para o todo. Isto é, ele *confunde* seu ego com Atman. Assim, em vez de desvelar a Inteireza atemporal, ele simplesmente a substitui pelo desejo de viver para sempre; em vez de ser um com o cosmos, ele deseja possuir o cosmos; em vez de ser um com Deus, ele tenta passar-se por Deus.

Essa tentativa para recuperar a consciência de Atman por caminhos que impedem esse intento e estimulam substitutos simbólicos, eu chamo de Projeto Atman.[436] É o desejo *impossível* que o eu individual tem de ser imortal, cosmocêntrico e extremamente importante, mas baseado na intuição *correta* de que sua Natureza real é de fato infinita e eterna. Não de que sua natureza mais profunda *já* seja Deus, atemporal e eterno, mas de que seu ego *deve* ser Deus, imortal, cosmocêntrico, desafiador da morte e todo-poderoso – esse é o Projeto Atman. E ou existe Atman, ou existe o Projeto Atman.

Portanto, o Projeto de Atman é *tanto* uma compensação para a falta *aparente* (isto é, basicamente ilusória) de Atman *quanto* um impulso para recapturá-lo (conscientemente). Precisamos apenas nos lembrar destes dois pontos: o Projeto Atman é um substituto para Atman, mas também encerra um impulso para recapturá-lo. E, como tentarei mostrar, o Projeto Atman é o que, em última instância, movimenta a história, a evolução e a psique individual. E somente quando o Projeto Atman chega ao fim, a verdadeira consciência de Atman se apresenta. Isso é o fim da história, o fim da alienação e a ressurreição do Todo superconsciente.

A NATUREZA DA CULTURA E A NEGAÇÃO DA MORTE

Vimos que a Natureza autêntica de todas as pessoas é Atman (Espírito, níveis 7-8); além disso, toda pessoa intui exatamente, embora de forma vaga, essa natureza de Atman. Porém, enquanto ela não conseguir aceitar a morte (Tânatos), não conseguirá encontrar a consciência da unidade literal ou consciência de Atman – pois isso pressupõe a rendição e a "morte" da sensação do eu isolado. E já que ela (ainda) não pode aceitar a morte e, desse modo, descobrir seu Eu verdadeiro ou sua Inteireza suprema, é forçada a criar uma série de *substitutos simbólicos* para esse Eu (Atman). Carente da realização de seu Eu verdadeiro, que não é nem subjetivo nem objetivo, mas meramente Completo, ela busca a compensação com um eu simbólico, subjetivo e íntimo, e esse eu, então, finge ser cosmocêntrico, independente e imortal. E isso é parte, a parte *subjetiva*, do Projeto Atman.

Até a ressurreição final do Eu verdadeiro em superconsciência, a falsa sensação do eu separado, individual, *enfrenta dois importantes impulsos*: a perpetuação de sua própria existência (Eros) e a evitação de tudo que ameace sua dissolução (Tânatos). Esse pseudoeu, isolado, íntimo, por um lado defende-se ferozmente da morte, dissolução e transcendência (Tânatos), enquanto, por outro, ambiciona e finge ser o centro do cosmos, onipotente e imortal (Eros). Esses, como explicaremos mais detalhadamente, são os lados positivo e negativo do Projeto Atman – Eros e Tânatos, Vida e Morte, Vishnu e Shiva. E a batalha da Vida contra a Morte, de Eros contra Tânatos, é a arquibatalha e a ansiedade básica *inerente* a todos os eus separados – um estado de espírito primordial de medo, eliminado somente pela real transcendência para a Inteireza.

Mas isso nos leva ao último aspecto importante do Projeto Atman: o eu separado – embora finja e aspire à imortalidade e ao cosmocentrismo –, até certo ponto, falha inevitavelmente em seu propósito. Ele não consegue decifrar completamente a charada de ser estável, permanente, contínuo e imortal. Como colocado por James, o assustador pano de fundo da morte ainda está lá para ser considerado, e a caveira sorrirá maliciosamente no banquete.[213] Até que o eu separado redescubra sua Inteireza última, a atmosfera nebulosa da morte permanece como seu cônjuge constante. Nenhuma quantidade de compensações, defesas ou repressões será suficiente para apagar completa e definitivamente esse terrível pano de fundo. Isto é, nada que o eu interior possa fazer sufocará finalmente essa visão horrenda e, assim, apoios "externos" ou "objetivos" são usados para ajudar a sustentar o Projeto Atman, ajudar a aliviar o terror da morte e apresentar o eu como imortal. Um indivíduo criará ou se apegará a um conjunto de anseios, desejos, propriedades, posses e bens materiais externos ou objetivos – ele buscará riqueza, fama, poder e conhecimento, todos impregnados de valor ou desejo infinitos. Mas já que é *justamente* a infinitude que os homens e as mulheres verdadeiramente desejam, todas essas coisas finitas, objetivas e exteriores são, novamente, meras recompensas substitutas. Elas são *objetos substitutos*, da mesma maneira que o eu separado é um *sujeito substituto*. Esses, como veremos, são os ramos exterior e interior do Projeto Atman: objetivo e subjetivo, lá fora e aqui dentro.

Assim, meu ponto é simplesmente o seguinte: o mundo de recompensas substitutas objetivas não é nada diferente do mundo da *cultura*.* E a cultura – objetos substitutos externos, materiais ou ideais – serve às mesmas duas funções intimamente relacionadas com o sujeito substituto interior, isto é, provê uma fonte, promessa e fluxo de Eros (vida, poder, estabilidade, prazer, mana), e evita, resiste ou defende-se de Tânatos (morte, diminuição, tabu). Daí por que, mesmo em sociedades arcaicas, "a antropologia descobriu que as categorias básicas de [...] pensamento são os conceitos de mana e tabu [...]. Quanto mais mana [Eros] você liberar, melhor, pois evitará mais tabu [Tânatos]"; o projeto cultural inteiro tem "dois lados: ele aponta em direção a [...] um 'além' absoluto em uma explosão de afirmação da vida, mas carrega com ele o caroço podre da negação da morte [...]".[26]

---

* A cultura não é a única recompensa substituta objetiva (qualquer domínio objetivo é, em última instância, uma recompensa substituta), mas é o principal domínio humano de atividade compensatória objetiva. Para significados adicionais de Eros e Tânatos, ver Wilber, *Eye to Eye: The Search for the Paradigm*. Boston: Shambhala, 1996, cap. 7: "The Pre/Trans Fallacy".

A negação da morte, o frenético distanciamento de Tânatos, é o verdadeiro ponto crucial do lado "negativo" do Projeto Atman, e seu papel na formação da cultura tem sido absolutamente geral e pandêmico. Na verdade, a cultura é o que um eu separado faz com a morte – o eu que está condenado a morrer, e sabe disso, passa sua vida inteira (consciente ou inconscientemente) tentando negá-la, tanto construindo e manipulando uma vida subjetiva quanto erguendo objetos culturais "permanentes" e "eternos" como sinais exteriores e visíveis de uma sonhada imortalidade. Daí por que Rank conseguiu classificar todas as sociedades baseando-se simplesmente em seus "símbolos de imortalidade". E Becker ressaltou que as "sociedades são sistemas padronizados de negação da morte", pois toda "cultura é uma mentira a respeito das possibilidades de vitória contra a morte".

> O homem quer o que todos os organismos querem: experiência contínua, autoperpetuação como ser vivo [Eros]. Mas também constatamos que o homem tinha consciência de que sua vida chegaria ao fim [...]; assim, ele teve de inventar outra forma para continuar sua autoperpetuação, uma forma de [fingir que transcendia] o mundo de carne e sangue, que era perecível. Ele fez isso estabelecendo um mundo não perecível, inventando um "projeto do invisível" que lhe asseguraria imortalidade. [...]
> Esse modo de olhar para os feitos humanos proporciona uma chave direta para abrir a fechadura da história. Podemos ver que, em qualquer época, o que as pessoas almejam é um modo de transcender seu destino físico; elas desejam garantir algum tipo de duração indefinida, e a cultura as provê com os necessários símbolos ou ideologias de imortalidade; as sociedades podem ser vistas como estruturas de poder da imortalidade.[26]

"Ao desejar nada menos que a prosperidade eterna", conclui Becker, "o homem, desde o início, não podia viver com o prospecto da morte [...]. O homem erigiu símbolos culturais que não envelhecem ou se deterioram para aplacar o medo de seu derradeiro fim."[26] Em resumo, a cultura é o principal antídoto exterior para o terror gerado pela perspectiva da morte; a promessa, o desejo, a fervorosa esperança de que a caveira não sorrirá maliciosamente no banquete.

TRÊS PERGUNTAS

Assim, observaremos a evolução de várias estruturas de consciência ou modos do eu, a partir da imersão subconsciente que caracterizou o alvorecer da humanidade. Acompanharemos o surgimento do eu desde sua impregnação primitiva na natureza e no corpo (níveis 1 e 2), até a era moderna de um ego altamente individualizado e "independente", que se diferencia da natureza e do corpo (nível 4). Além disso, sugerirei que um dado modo do eu sustenta um tipo ou estilo particular de cultura (que, por sua vez, inculca esse modo no eu), já que, no geral, esses dois projetos são correlatos. Modo do eu e estilo de cultura dependem um do outro como os dois principais filamentos do Projeto Atman.

Considere alguns dos pontos fundamentais que encontraremos: À medida que homens e mulheres emergiram da esfera subconsciente e perderam a proteção da ignorância, à medida que se tornaram mais conscientes de sua separação, vulnerabilidade e mortalidade, que defesas tiveram de construir? Quais foram os custos dessas defesas para seus companheiros humanos? Mais importante, em cada estágio de evolução a partir do subconsciente, homens e mulheres tiveram algum tipo de acesso aos domínios superconscientes? Eles conseguiram vislumbrar alguns dos estágios mais elevados de evolução e libertação espiritual?

Esses são alguns dos importantes temas que discutiremos; eles podem ser resumidos em três perguntas simples. Em cada sociedade considerada e em cada estágio de evolução:

1. Quais são as principais formas de autêntica transcendência disponíveis para homens e mulheres? Isto é, existem caminhos genuínos disponíveis para Atman, para o superconsciente?
2. Se eles falharem, que *substitutos* para a transcendência são criados? Isto é, quais são as formas do Projeto Atman, tanto subjetivas como o eu quanto objetivas como a cultura?

3. Quais são os custos desses substitutos para os homens e mulheres? Qual é o preço do Projeto Atman?

Descobriremos que a história é a saga de homens e mulheres aplicando seus Projetos Atman uns nos outros, tanto nos aspectos negativos (Tânatos) quanto nos positivos (Eros), de um lado criando reis, deuses e heróis e, de outro, espalhando despreocupadamente os cadáveres de Auschwitz, Gulag e Wounded Knee.

E chegaremos à conclusão de que a história realmente tem significado, tanto em larga escala – o movimento da subconsciência para a superconsciência – quanto em escala individual – uma alma que, a qualquer momento, se abre para a transcendência imediata do Todo superconsciente contido em si mesma. Essa é, ao mesmo tempo, a "morte" e a transcendência do seu eu separado, e – para ela – o fim da história, o fim da tirania exclusiva do tempo, o fim da ilusão de óptica da separatividade, a ressurreição do Todo e o retorno à Inteireza. Claro, o número de indivíduos de qualquer época que despertaram de fato para o Todo sempre foi muito pequeno, e provavelmente passarão milhares, talvez milhões de anos antes que a humanidade como um todo evolua para a superconsciência. Portanto, com exceção desses que, individualmente, escolhem o caminho da transcendência, é bem verdade que a história é, e continuará sendo, a crônica de homens e mulheres nascidos prematuros.

Parte I
CONTOS DO OBSCURO ÉDEN

1
A SERPENTE MISTERIOSA

Quando os primeiros hominídeos surgiram na face da Terra – em sua forma proto-humana, talvez cerca de seis milhões de anos atrás –, a evolução já fora bem-sucedida em dar à luz uma série notável de estruturas de seres crescentemente complexos, sensitivos e responsivos. Começando aproximadamente quinze bilhões de anos atrás, com o denominado Big Bang, a evolução foi prosperando, *em ordem hierárquica*, desde simples átomos não scientes e inanimados à vida vegetal, a formas animais simples (protozoários, anfíbios, répteis), e daí até formas animais mais elevadas (mamíferos com imagens mentais simples e paleossímbolos). Tudo isso, isto é, todos esses subestágios do Grande Ninho do Ser estavam, por assim dizer, esperando pelos primeiros hominídeos. E todos eles compuseram a subestrutura em que, e a partir da qual, a consciência humana seria construída.

Parece ser um fato geral que cada estágio evolutivo vai além de seus predecessores, mas deve, não obstante, incluí-los e integrá-los em sua ordem mais elevada propriamente dita. Como diria Hegel: "Superar é, ao mesmo tempo, negar e preservar".[193] Isto é, cada estágio evolutivo *transcende*, mas *inclui* seus predecessores. Desse modo, as formas primitivas de vida (plantas) foram além, mas incluíram a matéria e os minerais inanimados em sua composição; e os animais foram além das formas vegetais (vida simples), mas incluíram a vida em sua composição. Do mesmo modo, os humanos vão além, mas incluem características animais e, por consequência, incluem, mas transcendem, *todos* os estágios evolucionários anteriores.[224,360]

Quando os primeiros hominídeos ou criaturas proto-humanas emergiram da evolução, eles o fizeram em, e ao redor de, um núcleo básico de estruturas naturais e animais que *já* estavam definidas pela evolução prévia. E embora o homem, por fim, transcendesse esse núcleo, ele teve, desde o começo, de incluí-lo, assimilá-lo, crescer com ele, antes de superá-lo. Sua ontogenia humana mais primitiva foi uma recapitulação da filogenia cósmica. A espécie humana mais antiga foi, ao mesmo tempo, um hesitante passo adiante na evolução e uma encapsulação de *toda* a evolução precedente.

Em outras palavras, o Homem do Alvorecer começou sua caminhada *imerso* nos domínios subconscientes da natureza e do corpo, do vegetal ao animal, e inicialmente se "percebeu" indistinguível do mundo que já evoluíra até aquele ponto. O *mundo* do homem – natureza, matéria, vida vegetal e corpo animal (mamífero) – e o *eu* do homem – o centro recém-evoluído de sua percepção – eram basicamente *indiferenciados*, entranhados, fundidos e confundidos. Seu eu era seu mundo naturado; seu mundo naturado era seu eu; nenhum deles estava claramente demarcado, e essa era, basicamente, uma deferência inconsciente ao seu passado.

Com o eu e o outro confundidos, com a experiência interior e o mundo natural exterior indiferenciados, sem capacidade genuína para reflexão mental ou representação verbal efetivas, esse período inteiro deve ter sido uma experiência de um tempo antes do tempo, de uma história antes da história – sem ansiedades, sem real compreensão da morte e, portanto, sem medos existenciais. Por essas razões (e outras), Neumann sugeriu – corretamente, creio eu – que essa estrutura original da consciência humana, essa identidade primitiva e arcaica, é mais bem caracterizada pelos termos mitológicos "pleroma" e "uroboro".[311] "Pleroma" é um antigo termo gnóstico (e junguiano) que significa o potencial da natureza *física* (*prakriti* no hinduísmo). "Uroboro" é o símbolo mítico primordial da serpente que come a própria cauda, e significa autocontido, incluindo tudo porém narcisístico, "paradisíaco", porém reptiliano (ou embutido em formas de vida inferiores). O pleroma-uroboro, então, apresenta-se como arquétipo e símbolo perfeito dessa consciência primitiva: entranhado na natureza física (pleroma) e dominado por impulsos animais reptilianos (uroboro). E, como disse, embora os primeiros proto-humanos já houvessem *ultrapassado* esses estágios mais baixos, inicialmente ainda foram *dominados* por eles. Consequentemente, ainda que o pleroma-uroboro represente *em si* matéria e natureza, também representa, como uma metáfora mítica, a atmosfera primitiva do Homem do Alvorecer.

Portanto, o uroboro, como usado por mim, é um termo genérico que se refere a *todos* os níveis e subníveis mais baixos do Grande Ninho (matéria, vegetais e vida animal inferior) *e* às primeiras formas de vida proto-humanas que tinham acabado de escapar desses níveis mais baixos. Todos eles, por conveniência, foram integrados no nível 1 da figura 1 e referidos coletivamente como "uroboro", a serpente da natureza, o lar do Homem do Alvorecer.

Como veremos, o uroboro é, especialmente, a estrutura que está por trás dos mitos universais de um Jardim do Éden, de uma era antes da "queda" na separação, de conhecimento e reflexão, um tempo de inocência. "Nossos sonhos são contos narrados no obscuro Éden", afirmou Walter de la Mare, e o uroboro, a grande e misteriosa serpente, dorme no paraíso. Independentemente do que possamos dizer a mais, a serpente estava lá no Éden.

Gostaria agora de tratar de algumas evidências de que o Estado de Alvorecer do homem foi um de imersão sonhadora e unidade com o mundo material e natural – o estado que também chamamos de esfera subconsciente (porque lhe falta reflexão autoconsciente). Gostaria de citar, em particular, os excelentes estudos de Jean Gebser. Mas, antes de fazê-lo, desejo explicar sucintamente seu trabalho, já que pretendo usar extensamente sua leitura particular dos dados antropológicos. A principal obra de Gebser intitula-se *Ursprung und Gegenwart*.[158] Para o referido autor, *Ursprung* é "nossa Origem primordial", o Todo atemporal e adimensional, "a inteireza que existia bem no começo, anterior ao tempo".[159] *Gegenwart* é "nosso Presente vivo, a unidade de tudo que se relaciona ao tempo e ao mundano, o Presente que, à medida que efetiva a realidade, abrange todas as fases temporais – ontem, hoje e amanhã, e até mesmo o pré-histórico e o atemporal".[159] Esses são conceitos muito familiares à filosofia perene.

Em *Ursprung und Gegenwart*, Gebser resume um "evento humano singular: o desdobramento da consciência", e o faz em termos de quatro importantes "estruturas de consciência que ocorreram [na história do homem]". Ele denomina essas quatro estruturas de arcaica, mágica, mítica e mental/racional. Nas palavras de Gebser:

> A estruturação que descobrimos parece fornecer uma pista para os fundamentos da consciência e nos permite dar uma contribuição à história sobre como o homem se tornou consciente. Essa estruturação baseia-se no reconhecimento de que mundos claramente distinguíveis surgiram ao longo do desenvolvimento do homem ocidental (e não dele apenas), cujo desdobramento ocorreu mediante mutações de consciência. Assim, o problema que enfrentamos repousa em uma análise cultural-humanística das diferentes estruturas de consciência e de suas formas de emersão.
> Para atingir esse objetivo, usamos o método de assinalar as estruturas de consciência durante as várias "épocas", com base em seus modos peculiares de expressão por intermédio de imagens, bem como de linguagens, como revelados em registros válidos.[159]

Explicarei todas essas estruturas mais tarde, mas por ora observemos simplesmente (com referência à figura 1) que a "estrutura arcaica" de Gebser corresponde basicamente à nossa "pleromático-urobórica" (nível 1); a "mágica", à "tifônica" (nível 2); a "mítica", à "associativa" (nível 3); e a "mental", à "egoica" (nível 4). Em deferência e respeito ao trabalho pioneiro de Gebser, sempre que me referir aos níveis mais baixos do "espectro da consciência" (ou Grande Ninho do Ser), à medida que se desdobraram na sequência antropológica, normalmente anteporei aos nomes dos níveis do espectro a terminologia de Gebser, deste modo: arcaico-urobórico, mágico-tifônico, mítico-associativo e mental-egoico. Essas serão as principais "épocas" – na verdade, os principais estágios de crescimento da consciência – que delinearemos neste volume.

Retornemos, pois, à primeira estrutura de consciência e à cultura ou sociedade que a sustentou: a arcaico-urobórica. Na visão de Gebser, "podemos vislumbrar nela a aparição inicial de uma era em que o mundo e o homem estão começando a emergir [como entidades diferenciadas]. É o mais próximo, senão idêntico, ao primitivo estado paradisíaco bíblico. É uma era quando a alma ainda dormia; desse modo é [...] o período em que existe uma falta completa de *separação ou distinção* entre o indivíduo e o todo".[159]*

Gebser não está, de modo algum, sozinho nessa opinião. Ele teve muita aceitação de cientistas, filósofos e psicólogos. Já vimos a conclusão do monumental *A filosofia das formas simbólicas*, de Ernst Cassirer:[76] "[...] a história da consciência humana foi [...] o gradual desenredamento de um pequeno, mas crescente, cada vez mais claro e autodeterminado foco da experiência humana interior, a partir de um estado de sonho de *identidade virtual com [...] o corpo e seu meio ambiente* [fusão urobórica]. [O homem] teve de extrair sua subjetividade do mundo de sua experiência, polarizando-o gradualmente em uma dualidade. E essa dualidade é objetivo-subjetivo ou exterior-interior". Barfield conclui que "é a partir de tais origens" – da fusão urobórico-naturada –, "e não de um olhar fixo, alerta, completo, de incompreensão, que evoluímos para a consciência de hoje, individual, aguçada, espacialmente determinada".[21]

E. Neumann, em seu clássico *História da origem da consciência*[311] – um dos livros que serão nossos companheiros constantes nesta odisseia –, concorda plenamente com Cassirer e Gebser: "A situação original que é representada mitologicamente pelo uroboro corresponde ao estágio psicológico da pré-história do homem, quando o indivíduo e o grupo, o ego e o inconsciente, o homem e o mundo, estavam tão indissoluvelmente ligados uns aos outros a ponto de a lei de *participation mystique*, de identidade inconsciente, prevalecer entre eles". Neumann, claro, está ecoando uma conclusão também aceita por C. G. Jung e por Lévy-Bruhl, assim resumida por Gowan: "O uroboro representa um estado primitivo, indiferenciado, sonhadoramente autista, no qual o homem não se via como separado e não tinha vida autoconsciente. O Gênesis descreve esse estado

---

* Gebser carregou sua estrutura arcaica (e, até certo ponto, sua estrutura mágica) com as decadentes falácias românticas, simplesmente porque não diferenciou pré-sujeito/objeto de trans-sujeito/objeto. Essa é a única discordância que tenho em relação a seus trabalhos; por essa razão, não levei em consideração esses pequenos romantismos em sua narrativa. Não é meu intento deturpar sua obra a respeito desse ponto; simplesmente usei os aspectos de seu trabalho que considero mais precisos. O leitor interessado pode consultar seus textos originais.

como o 'Éden' e nos conta que, quando o homem comeu o fruto da árvore do conhecimento, perdeu sua inocência e foi expulso (para o espaço, o tempo e a personalidade)".¹⁶⁸ E o próprio Neumann conclui:

> Se a existência [do homem primitivo, arcaico] no uroboro era a existência em *participation mystique*, isso também significa que ainda não havia sido desenvolvido um núcleo de ego que relacionasse o mundo a si mesmo e si mesmo ao mundo. Ao contrário, o homem era todas as coisas de uma vez [...]. A psique não só estava aberta para o mundo como também ainda estava identificada com o mundo e indiferenciada dele; ela se conhecia como o mundo.³¹¹

Não existe, claro, nenhum modo conclusivo para provar ou contestar se essa era a real condição do Homem do Alvorecer. Entretanto, há uma última peça de evidência circunstancial a que podemos nos ater: se, mesmo que apenas em poucos casos, a ontogenia recapitula a filogenia – isto é, se o bebê e o homem primitivo compartilham pelo menos algumas características gerais, embora radicalmente diferentes em contexto –, então nosso caso fica um pouco mais claro. Os psicólogos atuais, quase universalmente, concordam com um fato do desenvolvimento infantil, declarado da seguinte forma por Piaget: "Durante os estágios iniciais, o mundo e o eu são um; nenhum deles distingue-se do outro [...] o eu é material, por assim dizer".³²⁹ Pleromático-urobórico. Observe, porém, que o "mundo" com que o eu está identificado nesse primeiro estágio não é o mundo mental, não é o mundo da inteligência e de símbolos e conceitos mais elevados; não é o mundo das emoções mais sublimes, do amor altruísta ou de cuidado e solidariedade; não é uma identidade com os domínios psíquico, sutil causal, linguísticos ou lógicos – porque nenhum deles emergiu ainda. Ao contrário, esse primeiro estágio é basicamente uma identidade material e uma fusão urobórica (Piaget o chamava de consciência protoplásmica).* E Piaget não está sozi-

---

* Desse modo, quando Piaget, referindo-se ao bebê, afirma que "o mundo e o eu são um", "mundo" para ele significa basicamente o mundo *material* (ní-

nho. De fato, Freud e o movimento psicanalítico inteiro, a tradição junguiana completa, os kleinianos, os psicólogos do ego como Mahler, Loevinger e Kaplan, e os psicólogos cognitivos em geral – todos essencialmente concordam que a primeira estrutura de consciência do bebê é esse tipo de consciência de fusão material, *pré*-sujeito/objeto (*não* trans-sujeito/objeto!), totalmente ignorante de fronteiras, espaço e tempo.

E o que dizer sobre a aceitabilidade de também se aplicar esse fato, de uma forma muito geral, aos estágios mais primitivos do desenvolvimento antropológico? Não vou apresentar um longo argumento, mas simplesmente assumi-lo como altamente provável; no estudo clássico de Arieti (que ganhou o National Book Award for Science), ele está assim colocado:

Figura 2A. Escudo de latão africano.

Figura 2B. Gravura em madeira celta.

> O que é de fundamental importância é que os [dois] processos [filogenia e ontogenia] seguem, em larga extensão, planos de desenvolvimento semelhantes. Isso não significa literalmente que na psique [...] a ontogenia recapitula a filogenia, mas existem

---

vel 1). Esse fato confundiu muitos pesquisadores porque soa como um estado "místico" ou de unidade suprema. Mas quando o místico diz, "No estado mais elevado, o mundo e o eu são um", por "mundo" ele quer dizer todos os mundos, níveis 1-8. Assim, enquanto o bebê é uno com o *primeiro* nível, pré-sujeito/objeto, o místico é uno com *todos* os níveis, 1 a 8, trans-sujeito/objeto. A falha na diferenciação desses estados (eles parecem semelhantes em palavras) faz o místico parecer estar regredindo; ou, reciprocamente, faz o bebê – e o Homem do Alvorecer – parecer estar em um estado místico, transcendental, de *samadhi*. Portanto, é importante lembrar que, quando Gebser, Piaget, Cassirer, Neumann, Freud etc. dizem que, nos estágios mais primitivos de desenvolvimento, o eu e o "mundo" são um, "mundo" para eles é o estágio mais baixo do Grande Ninho do Ser, *não* o Ninho inteiro propriamente dito. Assim, não confunda fusão urobórico-naturada com unidade mística.

certas similaridades nos [dois] campos de desenvolvimento, de maneira que podemos individualizar esquemas de formas superiores de generalidades que envolvem todos os níveis da psique em seus [dois] tipos de desenvolvimento. Também reconhecemos variantes concretas dos mesmos planos estruturais globais nos [dois] tipos de desenvolvimento [fato que em breve apresentaremos como: as estruturas profundas são invariantes, as estruturas superficiais são culturalmente condicionadas e variantes].[6]

O ponto fundamental é que não devemos nos surpreender se, ao voltarmos o olhar para esses contos do obscuro Éden, descobrirmos leves rastros e trilhas nebulosas do sempre circular uroboro, a serpente misteriosa da evolução inicial, que se situa na base tanto da filogenia quanto da ontogenia humanas.

Assim, esse estado arcaico-urobórico significa muitas coisas diferentes de uma só vez. Em termos de estágios de crescimento, em termos da emergência do subconsciente, é o estado de consciência mais baixo, o mais cru, o menos diferenciado, o dotado de menos identificação (centrado no nível 1). Muitos antropólogos religiosos, claro, gostariam de ver esse estado como angelical, pois ele foi anterior ao surgimento do conceito de razão, lógica, personalidade, divisão e sujeito/objeto. Mas sua opinião, embora bem-intencionada, sustenta-se no simples erro de não distinguir entre *pré*-pessoal e *trans*pessoal, *pré*-mental e *trans*mental, *pré*-egoico e *trans*egoico. Eles entendem que Atman seja realmente sem ego, sem dualidade sujeito/objeto, sem divisão, mas confundem pré e trans e, desse modo, imaginam que o Éden era algo como um céu transpessoal, enquanto era apenas um sono pré-pessoal. Esse período arcaico-urobórico parece de fato angelical de muitas formas, mas é a felicidade da ignorância, não da transcendência. Não existe a mínima evidência de que qualquer dos domínios mais elevados do superconsciente fossem entendidos, vividos ou dominados conscientemente. Pelo contrário – como dissemos, foi uma era de sono, sono pré-pessoal, na esfera subconsciente, a vida dos lírios do campo. E, se devemos vê-la como angelical, então lembremo-nos da definição do mestre sufi Khan para anjo: "Anjo é uma alma que não cresceu suficientemente".

Desse modo, o uroboro – ainda que fosse um estado de unidade naturada primitiva, ou melhor, *porque* era um estado de unidade naturada primitiva – era dominado pela Natureza inconsciente, pela fisiologia, pelos instintos, por percepções, sensações e emoções simples. Assim, Neumann, que se referiu ao uroboro como aquele tempo em que "o gérmen do ego ainda vive no pleroma, a 'plenitude' do Deus informe, e dorme na felicidade do paraíso", também pôde assinalar que, no estado urobórico, o homem "nada nos seus instintos como um animal. Envolvido e parido pela grande Mãe Natureza, embalado em seus braços, ele é resgatado dela para o bem ou para o mal. Nada é ele mesmo; tudo é o mundo. O mundo o abriga e o nutre, enquanto ele raramente demonstra vontade e age. Não fazendo nada, jazendo inerte no inconsciente, estando meramente lá no inesgotável mundo das sombras, todas as necessidades facilmente supridas pelo grande nutridor – eis o estado beatífico primitivo".[311]

Vemos, assim, exatamente por que esse estado *era* beatífico – era pré-pessoal, não transpessoal, e subconsciente, não superconsciente. Para enfatizar que esse estado urobórico, esse estado de consciência beatífica, mas arcaica, é governado por instintos e impulsos biológicos, Neumann também o chama de o "uroboro alimentar", o mundo da "psicologia visceral". Portanto, fisiologicamente, o uroboro – o centro serpentiforme – pode ser considerado o complexo reptiliano (primariamente) e o sistema límbico (secundariamente). Isso, obviamente, não implica que homens e mulheres urobóricos não tivessem córtex cerebral – apenas que ele não era predominante. Isto é, não provia todas as funções que provê hoje, como a lógica abstrata, a linguagem e a conceituação. De qualquer maneira, o fato é que, em quase todas as mitologias, o símbolo urobórico é um réptil serpentiforme. O réptil: instintivo e com comportamento não consciente, entranhado na mãe natureza, arraigado à esfera subconsciente. E aí, acredito, se situa o verdadeiro estado do Jardim do Éden universalmente descrito pela mitologia.

Desse modo, não é inteiramente surpreendente ouvir o dr. Sagan sugerir que "talvez o Jardim do Éden não seja tão diferente da Terra como se apresentava aos nossos antepassados de uns três ou quatro milhões de anos atrás, durante uma legendária idade de ouro, quando o gênero *Homo* estava perfeitamente emaranhado com os outros animais e vegetais [a esfera subconsciente]. Todos esses [mitos do Éden] apresentam uma correspondência bastante razoável com as evidências históricas e arqueológicas".[360]

Neste capítulo, porém, dediquei muito pouca atenção às meticulosas evidências arqueológicas apresentadas por estudiosos como Gebser, Neumann, Berdyaev, Sagan etc., ao lidar com a era arcaico-urobórica, com o Éden mítico. A razão é que esses estudiosos já discutiram essas evidências extensivamente – descreveram o período em si, os vestígios arqueológicos, a provável estrutura de suas sociedades. Não vejo nenhuma razão para meramente repetir seus dados.[57,69,85,90,92,136,249,252]

Entretanto, devo pelo menos mencionar que o período arcaico-urobórico, como o estou usando, é um termo genérico que se refere à disposição inteira do humano pré-*sapiens*: desde os tempos do *Australopithecus africanus*, passando pelo *Homo habilis* até o *Homo erectus*. Isso cobre um período que começa, talvez, de três a seis milhões de anos atrás e estende-se até cerca de duzentos mil anos atrás. Esse período de alvorecer, o Éden pré-pessoal, representa, de modo bem global, a vasta transição dos mamíferos em geral para o homem em particular, e apresenta-se como o grande terreno subconsciente do qual, por fim, emergiu a figura do ego. Mas enfatizo que, embora não tenha detalhado as extensas particularidades arqueológicas – da invenção de ferramentas de pedra e osso até o uso do fogo –, elas estão implícitas. Aqui estou tentando "descrever" somente o período do alvorecer de "dentro" – o lado subjetivo. O que

Figura 3. Um membro dos australopitecos, talvez por volta de cinco milhões de anos atrás. Este é um exemplo perfeito de "humanos" do período urobórico, mais avançado que todos os estágios evolucionários anteriores (matéria, vegetal e animal), mas ainda impregnado nos níveis mais baixos e dominado por eles. Juntamos, por conveniência, todos os estágios e subestágios inferiores do Grande Ninho (matéria, vegetal, réptil e mamífero) e o proto-humano embutido neles em um estágio/nível: o uroboro. Já que os níveis mais baixos são dominados por comida e matéria, também usamos o uroboro especificamente para nos referir ao escambo de alimentos.

o Homem do Alvorecer experimentou antes de desenvolver a linguagem, emoções de maior ordem e a autoconsciência? A resposta sugerida por nossas autoridades é: Harmonia subconsciente, Éden, fusão e impregnação físicas irreflexivas – o uroboro. "Eu não sei onde encontrar em alguma literatura, antiga ou moderna", disse Thoreau, "uma narrativa adequada dessa natureza com a qual me sinto familiarizado. A mitologia é a que mais se aproxima." E o símbolo mitológico do uroboro – na impregnação naturada, narcisística, autocontida, circular – apresenta-se como a representação mais próxima que consigo encontrar do estado "subjetivo" do alvorecer do gênero humano. E não só foi esse, aparentemente, o estado do alvorecer do homem como é, definitivamente, o estado do alvorecer de todo descendente humano nascido desde então. Os "dragões do Éden" ainda estão conosco.

O POTENCIAL HUMANO

Mas não podemos deixar a narrativa terminar por aí, porque, embora o uroboro (nível 1) seja de fato a subestrutura por meio da qual e sobre a qual foi construída a consciência humana mais elevada, ele não era *em si mesmo* a *essência* definidora da humanidade. A essência de um ser não é determinada pelo mais baixo no qual pode submergir – animal, *id*, macaco –, mas pelo mais elevado a que pode aspirar – Brahman, Buda, Deus. E, desse modo, mesmo nos tempos arcaico-urobóricos, quando a humanidade estava indubitavelmente presa aos níveis mais baixos, temos de procurar em outro lugar por seu coração *definidor*, por uma pista de sua natureza real e por uma indicação de como a evolução futura se desdobraria dessa essência.

Exemplificando: de acordo com a psicologia do Vedanta – uma psicologia da filosofia perene –, homens e mulheres apresentam três estados de consciência principais: vigília, sonho e sono profundo sem imagens (e um quarto que transcende e integra todos eles). Por razões que parecem perfeitamente legítimas, mas impossíveis de ser explicadas em um espaço restrito, o estado de vigília corresponde ao corpo físico (níveis 1-2); o de sonho, à mente sutil (níveis 3-4); o de sono profundo, ao domínio transcendente da alma (níveis 5-7); e o quarto, ao Absoluto (nível 8). Diz-se que cada um desses domínios pode, *potencialmente*, entrar em *consciência* plena, de forma que todos os níveis de consciência, inclusive os domínios mais elevados da alma sutil e do espírito, são considerados *potenciais* dados ao homem.[174]

Portanto, de acordo com esse exemplo, mesmo no estado arcaico-urobórico, o gênero humano já possuía todos os estados mais elevados como *potenciais* – denso, sutil e Deus-transcendente –, pela simples razão de conseguirem manter-se despertos, sonhar e dormir profundamente. Em outras palavras, todos os níveis de consciência, inclusive os domínios mais elevados, estavam contidos em estado potencial e indiferenciado no homem primitivo. De certo modo, todos os níveis de existência – o Grande Ninho do Ser – estavam *presentes*, mas *inconscientes*. Concordemos provisoriamente com essa visão do Vedanta (em essência, estamos concordando com a filosofia perene em geral), e chamemos o resultado total dessas estruturas inconscientes de *inconsciente essencial* (mostrado na parte inferior da figura 1, como o ponto "inicial" a partir do qual os vários níveis evoluem).

Agora, o inconsciente essencial é semelhante, mas não é exatamente o mesmo que o Atman supremo. A maneira mais fácil de entender a diferença é imaginar Atman como a realização ou efetuação total dos potenciais envoltos no inconsciente essencial. Quando todos os potenciais *dobrados* no inconsciente essencial *se desdobram* como realidades, eis o Atman pleno e primordial. Paradoxalmente, Atman está sempre completamente presente, do princípio ao fim, mas, em seu estado irrealizado, constitui o inconsciente essencial. Ou poderíamos dizer que o inconsciente essencial é, de certo modo, "metade" de Atman – a metade adormecida. Mas não precisamos nos preocupar em ser muito técnicos (o leitor interessado pode consultar *O Projeto Atman*, em que a lógica desenvolvimentista por trás do conceito é explicada em detalhes). Precisamos somente adotar provisoriamente a hipótese de que, até mesmo no homem primitivo, todas as diversas estruturas de consciência estavam embutidas e envoltas no inconsciente essencial (que é de fato a forma como Gebser parece usar mais frequentemente o termo *Ursprung*), e, a partir desse invólucro, os vários estados de existência – o Grande Ninho do Ser – emergem para a consciência, começando pelo *mais baixo* e finalizando no *mais alto*. Isto é, começando pela natureza, pleroma e uroboro (nível 1), continuando para o corpo emocional mais desenvolvido (nível 2), depois para as estruturas mais sutis de mente e ego (níveis 3-4), e culminando nas estruturas transcendentes do espírito e superconsciência (níveis 5-8). Um movimento, dizemos, da subconsciência para a autoconsciência, até a superconsciência. E nesse período primitivo, apenas as estruturas mais baixas, representadas pelo uroboro, haviam *claramente* emergido.

Mas afirmar que o inconsciente essencial contém todas as estruturas do ser prontas a se desdobrar de forma hierárquica não significa que a história seja perfeitamente determinada com respeito aos detalhes desse desdobramento futuro. Porque, como já tentei explicar em outro trabalho, o inconsciente essencial contém somente as "estruturas profundas" da consciência humana, mas não suas "estruturas superficiais".[432] E enquanto as estruturas *profundas* de cada nível (como naturada-uroboro, tifônica-corpo, mítica-associação, racional-ego, sutil-alma etc.) são de fato *determinadas e restringidas* por uma lógica desenvolvimentista invariante e intercultural, as estruturas *superficiais* de cada nível são moldadas e condicionadas pela força das contingências *históricas* e *culturais*. Em resumo, estruturas profundas são originariamente dadas, estruturas superficiais são culturalmente moldadas.

Isso é essencialmente o que o grande antropólogo George Murdock tinha em mente quando concluiu que, "se compararmos o comportamento humano a um tecido [composto de urdidura e trama], a urdidura [estrutura profunda] permanece a mesma em todos os lugares, pois o estudioso das culturas é forçado a reconhecer 'a igualdade e a identidade essenciais de todas as raças e estilos humanos como portadores de civilização' [citação de A. L. Kroeber]. A trama [estruturas superficiais], porém, varia com o número e a diversidade de influências culturais [e históricas]".[137] Jürgen Habermas, com base em uma lógica desenvolvimentista mais precisa, defendeu posição semelhante.[292]

Eis um exemplo: a estrutura profunda do corpo humano (nível 2) é dada e determinada pelo *Ursprung* – duas pernas, dois braços, 206 ossos, um fígado etc. Mas o que uma pessoa faz com o corpo – suas *estruturas superficiais* de trabalho, lazer e atividades sociais – está largamente condicionado e controlado pelo ambiente social e histórico em que essas estruturas superficiais existem. Além disso, à medida que surgem estruturas profundas de níveis sucessivamente mais elevados, suas estruturas superficiais podem ser reprimidas, oprimidas e distorcidas por forças sociais coercitivas, fato que pode ser entendido e reconstruído somente à luz de *contingências históricas reais*, não de estruturas profundas meramente abstratas (mas, por outro lado, importantíssimas) – essa foi a crítica, até certo ponto correta, que Marx fez a Hegel. Voltaremos a esse importante tópico mais adiante.

Pense sobre isso da seguinte forma: se você considerar um edifício de oito andares, cada um dos andares é uma *estrutura profunda*, e os aposentos, mobília, objetos etc. de cada andar são suas *estruturas superficiais*. Acompanharemos o desdobramento das estruturas profundas sucessivamente mais elevadas (níveis 1-8) a partir do inconsciente essencial, um desdobramento que é perfeitamente determinado com respeito à sequência e às formas profundas; mas também veremos e reconheceremos que suas *estruturas superficiais* são decisivamente moldadas e criadas pelo momento histórico em que se encontram. Porém, já que esta é uma obra introdutória, trataremos basicamente do desdobramento das estruturas profundas; mas devemos ter sempre em mente a importância prática da história e do condicionamento das estruturas superficiais, uma vez que no mundo real do dia a dia é esse condicionamento histórico superficial que é mais vitalmente significativo e exige nossa compreensão consciente, como a disciplina da hermenêutica, em cujas fileiras me alisto, continua a nos lembrar.*

---

* A hermenêutica é a ciência da interpretação ou da determinação do *significado* de produções mentais (por exemplo, qual é o significado de *Macbeth*? E do sonho da noite passada? E da sua vida?).[156] Como tal, é uma disciplina transempírica, já que nenhuma quantidade de dados científico-empírico-

De qualquer modo, retornemos ao período urobórico: existe uma última – mas, com certeza, não menos importante – razão para termos escolhido o símbolo da serpente-uroboro para representar o Estado de Alvorecer completo da humanidade. De acordo com a disciplina da *kundalini* ioga (e totalmente independente de confirmação da psicologia ocidental), a humanidade contém de fato todos os níveis mais elevados de consciência como um potencial genuíno, um potencial conhecido em termos genéricos como "energia *kundalini*", que parece jazer dormente, adormecido, no inconsciente (o

---

-analíticos, por mais completa que seja, consegue estabelecer plenamente o significado (por exemplo, apresente-me uma prova científica do significado de *Guerra e paz*). Pelo contrário, o significado é estabelecido não por dados sensoriais, mas por pesquisa comunicativa e interpretação irrestritas.[177] A verdade do domínio da natureza (níveis 1-2) é estabelecida por pesquisa empírica (sensorial), mas a verdade do domínio mental (níveis 3-4) é estabelecida somente por discussão intersubjetiva entre uma comunidade de intérpretes interessados, cujos dados não são *sensoriais*, mas *simbólicos*.[433] O ponto é que, embora verdades na esfera simbólico-mental não sejam empíricas e não possam ser determinadas por pesquisa empírico-científica, elas *podem* ser determinadas. Há uma maneira perfeitamente legítima de *ancorar* verdades mentais, e essa âncora é uma "comunidade de interpretadores da mesma opinião". "Somente uma comunidade de interpretadores pode gerar a base intersubjetiva para um conjunto de critérios que possam validar as afirmações de verdade, formando uma interpretação coerente."[316] Desse modo, embora a hermenêutica *não* seja empiricamente factual ou verificável, também não é uma mera licença subjetiva ou uma opinião descabida, porque é forjada no fogo da pesquisa e do discurso intersubjetivos entre uma comunidade de estudiosos sérios, cujas exigências para uma *boa interpretação* são tão rigorosas quanto aquelas para bons fatos empíricos. Além disso, as produções simbólico-mentais sempre existem em um contexto histórico particular, e é necessário um entendimento subjetivo desse contexto para destacar seus significados. Desse modo, enquanto a água é e sempre será H_2O, não importando as circunstâncias históricas, o significado, por exemplo, das cerimônias australianas de crescimento totêmico só pode ser entendido mediante a compreensão clara do contexto histórico em que foram praticadas. Daí por que Habermas traça uma linha tão precisa entre pesquisa empírico-analítica (níveis 1-2) e pesquisa histórico-hermenêutica (níveis 3-4).[177] Digo ainda, porém, que, para evitar o uso da hermenêutica como um "ouropel narrativo", deve-se considerar a lógica desenvolvimentista, como Habermas está empenhado em demonstrar.[292] A conclusão é que essas duas disciplinas (hermenêutica e lógica desenvolvimentista fenomenológica), quando combinadas, cobrem *tanto* as

inconsciente essencial) de todos os homens e mulheres.[419] E o estado mais baixo da *kundalini* – o estado no qual ela *inicialmente* dorme, aguardando chegar a níveis mais altos – é sempre representado por uma *serpente* (chamado aliás de "a energia da serpente"), enrolada na *base* da coluna vertebral humana, o "chacra" inferior.[14] Isso significa simplesmente que o potencial humano para a consciência mais elevada começa no ponto mais baixo do seu ser, no primeiro chacra, o centro dos impulsos materiais, pleromáticos, alimentares, de sobrevivência básica (o primeiro chacra representa alimento e matéria física). A partir desse estado inferior (chacra), a energia da serpente (a consciência propriamente dita) evolui ou desperta para centros de conscientização sucessivamente mais elevados, movendo-se *precisamente* pelos níveis do Grande Ninho do Ser, do estado material ou natural mais baixo (nível 1) em direção ao centro do cérebro-mente (nível 4), até os estados verdadeiramente superconscientes (especialmente o nível 5, mas também além).[166] Desse ponto de vista, a evolução da consciência *é* a evolução para cima da energia da serpente e, de acordo com os textos da tradição *kundalini*, essa energia, em seu ponto de partida primitivo, é exatamente representada pelo uroboro, a serpente do Éden. Além disso, a serpente-uroboro não é vista como um simples símbolo arbitrário, mas como uma representação *literal* da *forma* verdadeira do estado inferior do inconsciente essencial, uma forma vivamente desvelada nas disciplinas medi-

---

estruturas superficiais (hermenêutica histórica) *quanto* as estruturas profundas (lógica desenvolvimentista). Finalmente, se você estiver esperando por um grande número de investigações e conclusões empíricas neste livro, deve ficar claro desde o começo que eu, junto com Habermas, Gadamer, Taylor, Ogilvy etc., considero o empirismo exclusivo radical e violentamente reducionista, não importando quão habilmente dissimulado esteja; a exigência por "prova empírica" é realmente uma demanda para privar os níveis mais elevados do ser de seu significado e valor e apresentá-los apenas em aspectos que possam ser reduzidos a dimensões objetivas, sensoriais, isentas de valor, univalentes (isto é, níveis 1-2). Ao mesmo tempo em que não evitaremos dados empíricos (isso não faria sentido), também não nos limitaremos somente a eles (isso não faria o mínimo sentido). A abordagem básica deste livro é uma leitura hermenêutica ou interpretativa do texto da história (evolução), sob uma lógica desenvolvimentista, derivada de uma pesquisa fenomenológica das estruturas profundas de desenvolvimento da consciência (mostrada em *O Projeto Atman*).

tativas da *kundalini* ioga e universalmente reconhecida por todas as disciplinas semelhantes[419] – uma afirmação que considero, em geral, perfeitamente sustentável.

O ponto é que, ao enfatizar os primórdios urobóricos da humanidade e reconhecer a energia da serpente e sua ascensão para estruturas mais elevadas, conseguimos harmonizar completamente nossa narrativa histórica inteira da evolução da consciência com a teoria *kundalini*, um fato bastante importante. Embora eu nem sempre mencione a evolução da consciência como a evolução da *kundalini*, o leitor deve ter em mente que levo em consideração a visão dos chacras em cada estágio de desenvolvimento e evolução. Mencionaremos de novo a energia da serpente quando chegarmos ao período egípcio e, desse modo, se o leitor agora se lembrar de que, durante o período arcaico-urobórico, o potencial da *kundalini* jaz em seu estado mais primitivo e mais baixo, enroscado na base da coluna vertebral (na região do ânus e dos órgãos genitais, representando graficamente as funções materiais, instintivas e animais a partir das quais a *kundalini* evolui), então seu progresso quando do período egípcio – os estágios mais altos que a *kundalini* conseguiu alcançar via evolução – se tornará bem aparente e se apresentará como uma prova de sustentação auxiliar, porém poderosa, da nossa tese global.*

Figura 4. O Grande Ninho de acordo com a *kundalini*, mostrando os sete principais chacras (estágios/níveis) como aparecem no indivíduo composto humano. As duas linhas curvas representam, aproximadamente, as correntes simpáticas e parassimpáticas no corpo e funções dos hemisférios direito e esquerdo no cérebro. A localização dos centros dos chacras não é meramente simbólica, mas real. O primeiro chacra (anal) representa a matéria (como no bolo fecal); o segundo, o sexo (órgãos genitais); o terceiro, reações viscerais (emoções, energia, vitalidade); o quarto, amor e sensação de pertencimento (coração); o quinto, o intelecto discursivo (centro da linguagem); o sexto, energias mental-psíquicas mais elevadas (neocórtex); e o sétimo, no próprio cérebro e além, a transcendência. Não existe absolutamente nada "oculto" ou misterioso a respeito dessa localização.

---

* Por outro lado, não pretendo afirmar que a disciplina real da *kundalini* ioga engloba *todos* os níveis mais elevados da consciência até o derradeiro. A *kun-*

Figura 5. Caduceu. Não há nenhuma dúvida sobre o que este símbolo universal representa – ele tem até sete estágios.

Finalmente, observamos que a condição arcaico-urobórico envolvia a forma menos desenvolvida do Projeto Atman. O eu urobórico era realmente impulsionado pelo Projeto Atman – como todas as coisas manifestas o são –, mas era por demais primitivo em seu funcionamento. O Projeto Atman urobórico, a pulsão urobórica para a unidade, concentrava-se em impulsos alimentares, formas instintivas simples de unidade (como comida), e unidade e impregnação materiais. Ainda adormecida no Jardim do Éden, a humanidade não ponderava conscientemente como recuperar o paraíso.

Assim, será no próximo estágio principal de desdobramento, o mágico-tifônico, que teremos de procurar, por um lado, pelos primeiros sinais de uma iluminação e transcendência rudimentares para domínios superconscientes e, por outro, pelos substitutos degradados para Atman, um Projeto Atman mais desenvolvido e intensificado. Isso se parece muito com a história do Filho/ Filha Pródigos – que não é tanto uma história, mas *a* história da humanidade e da consciência. Como Campbell demonstrou, todos os mitos do Herói apresentam três movimentos: separação, iniciação e retorno. No caso do homem arcaico, dormindo inconscientemente na natureza, não existe ainda nenhuma separação real, nenhuma Queda e, portanto, nenhum Herói iluminado. E essa separação e Queda necessárias são exatamente o que é glorificado no mais enigmático dos rituais católicos, o Sábado de Aleluia, a bênção do Círio Pascal: "O certe necessarium Adae peccatum..." "Oh, pecado necessário de Adão/ Oh, culpa afortunada que merece um redentor como o Cristo." Nenhum pecado e separação do Éden terrestre, nenhuma recordação e retorno ao céu.

---

dalini per se termina, em sua forma mais reconhecível, no nível 5 (e no início do nível 6) e pertence basicamente ao grau *Nirmanakaya* de experiências religiosas (que explicarei em capítulos subsequentes).

No estado arcaico-urobórico, Adão ainda não havia pecado e se separado da impregnação primitiva do subconsciente. Portanto, nos próximos capítulos, entre outras coisas, delinearemos cuidadosamente a Queda aparente – ou melhor, a série hierárquica de miniquedas, porque a Queda se torna progressivamente mais evidente em cada estrutura sucessiva de consciência. Veremos que ocorreram estágios emergentes consecutivos a partir do subconsciente, um movimento que foi tanto uma "queda" – no sentido de que acarretou separação, ansiedade e culpa – quanto um crescimento necessário a partir da subconsciência. No próximo estágio importante, o mágico-tifônico, veremos essa Queda em sua forma mais rudimentar e indolor; no estágio mítico-associativo, ela assumirá uma forma articulada e definida; e então, no estágio mental-egoico, por volta do segundo milênio a.C., um grito absolutamente sem precedente de angústia, culpa e tristeza romperá dos mitos, narrativas e registros mundiais, porque, naquele ponto, a humanidade finalmente emergiu de seu grande sono subconsciente e se deparou com a crua realidade de sua própria existência mortal e isolada. Não mais protegida pelo subconsciente, e ainda não desperta para o superconsciente, a humanidade – empacada no meio – clamou aos deuses, que não mais responderam, e lamentou-se para uma deusa que não estava mais lá. O mundo, simplesmente, nunca mais foi o mesmo.

Parte II
TEMPOS DO TIFÃO

Os Magos Antigos

Deixamos os contos do obscuro Éden e seguimos agora para os tempos antigos que podem ser razoavelmente descritos com alguma precisão. E, ao afirmar isso, não me refiro apenas a descrições de vestígios arqueológicos ou físicos, já que, como disse, nesta obra estou tentando descrever especificamente, ou melhor, sugerir, o "sabor subjetivo" ou a "disposição subjetiva" da consciência que definiu cada um de seus vários estágios de evolução, e não me limitar apenas a descrições empíricas padrão de vestígios físicos e material arqueológico. Estou especialmente, mas não apenas, olhando para indícios arqueológicos, à procura de uma pista sobre a disposição de consciência que produziu e usou esses artefatos. A partir dessa *disposição* de consciência (que nos dá uma primeira aproximação), tentamos sugerir mais precisamente o *modo* de consciência por trás dela, para, em seguida, compararmos esse modo ou estrutura de consciência proposto com a *estrutura* real dos vestígios arqueológicos, antropológicos e culturais do período correspondente. Com respeito ao período que estamos prestes a adentrar, e com essa "disposição subjetiva" em mente, sugiro simplesmente: os primeiros homens e mulheres que surgiram na terra durante esses tempos (mais ou menos duzentos mil anos atrás) não eram simplesmente caçadores e coletores – eles eram magos.

Começarei a explicar essa afirmação primeiramente descrevendo algumas das características dessa fase primitiva de consciência (reconstruídas pela abordagem "disposição/modo" e complementadas por paralelos ontogenéticos/filogenéticos limitados, mas adequados), fase essa que denominamos eu corpóreo ou "tifão". Consideremos o que indivíduos humanos enfrentaram à medida que começaram a emergir da consciência arcaica e protoplasmática, quando começaram a deixar o domínio urobórico: por um lado, estavam despertando para sua própria existência *separada*, com todos os potenciais e perigos inerentes; por outro, simultaneamente, perderam a inocência primitiva e arcaica do Éden urobórico. No Éden, "faltava" aos homens e mulheres Atman ou Espírito – apenas no sentido de que estavam no estágio mais baixo do Retorno ao Espírito –, mas eles não conheciam ou percebiam essa "falta" e, consequentemente, não sofriam conscientemente sua ausência.[30] O eu urobórico era realmente impulsionado pelo Projeto Atman (como todas as coisas manifestas o são), mas de forma instintiva e puramente inconsciente. Entretanto, quando os homens e mulheres deixaram o Éden, não só ainda lhes "faltava" o Espírito, como também começaram a intuir vagamente essa falta e sofrer conscientemente por causa dela. E assim, naturalmente, o Projeto Atman intensificou-se. Em termos bem simples, o *impulso* para a Unidade superconsciente e para a Totalidade integral aumentou sua pressão na consciência.

Assim, quando o homem finalmente foi bem-sucedido na separação da antiga fusão urobórica, ele passou a não estar mais protegido (por aquela ignorância subconsciente) das visões de sua mortalidade e da dor da sua falta de Atman. À medida que emergiu do uroboro subconsciente, começou a despertar para sua vulnerabilidade, sua finitude e sua incompletude. Para poder viver nessa situação crescentemente precária, ele teve de 1) começar a *defender* seu eu cada vez mais separado (da morte e de Tânatos), enquanto 2) tentava fazer com que esse eu *aparentasse* ser estável, permanente, contínuo, imortal e cosmocêntrico (vida e mais vida – Eros). O Projeto Atman, que estava presente, mas dormitando no eu urobórico, começa a intensificar-se no eu tifônico.

No antigo Éden urobórico, o "eu" parecia cosmocêntrico porque estava inconscientemente embutido em e como o cosmos material e o ambiente naturado em geral. *Aí* estava sua unidade primitiva, seu Projeto Atman ou projeto arcaico de Unidade.[436] Mas, quando essa situação inicial não mais se sustentou, o agora crescentemente *separado* eu teve de inventar outros meios mais refinados de cosmocentrismo. Uma *forma mais elevada* do Projeto Atman teve de ser imaginada. E isso foi conseguido pelo eu tifônico enfocando e centralizando a consciência *do* mundo naturado *no* organismo individual. O eu estava agora separado do mundo natural, mas parecia *central* a ele – e eis sua nova visão cosmocêntrica: ser o ponto focal do mundo natural e defender esse eu focal de todos os riscos. O indivíduo criou um eu substituto novo e mais elevado "aqui dentro" e um mundo novo e mais elevado "lá fora" – "mais elevado" porque ambos, pela primeira vez, diferenciaram-se um do outro e, desse modo, não estavam mais totalmente fundidos e confundidos. Assim, em algum dia no obscuro passado da pré-história, aconteceu o despertar de um eu-aqui preservado do mundo-lá-fora.[6,21,38,76,311]

Agora, embora o homem nesse estágio primitivo tenha sido bem-sucedido na difícil e necessária tarefa de transcender seu estado de fusão anterior, a diferenciação resultante entre o eu novo e mais elevado e seu mundo novo e mais elevado não foi absoluta. Pelo contrário, de tudo que sabemos, o limite entre os dois foi totalmente fluido. Embora o indivíduo não estivesse mais fundido ao mundo naturado, não obstante, continuava magicamente interconectado a ele. Isto é, elementos urobóricos ainda estavam presentes e ainda exerciam pressão em direção à fusão e à incrustação. Encontramos novamente algo *semelhante* a isso no desenvolvimento da criança hoje. Como tão bem explicou Piaget: "Durante as primeiras fases [de consciência urobórica], o mundo e o eu são um; nenhum termo é distinto do outro. Mas, quando se tornam distintos, esses dois termos mantêm-se muito próximos: o mundo ainda está consciente e cheio de intenções, o eu está [...] apenas ligeiramente interiorizado. Nesse estágio, permanece a concepção de natureza, o que poderíamos chamar 'aderências', fragmentos de experiência interna que ainda se prendem ao mundo externo",[329] e, poderíamos adicionar, fragmentos do mundo externo que ainda se apegam ao eu – já que, de fato, os dois uma vez foram um.

Assim, nesse primeiro estágio, embora o eu diferencie-se do ambiente naturado, permanece magicamente misturado a ele. Os processos cognitivos desse estágio não só confundem sujeito e objeto, como também, todo e parte. Isto é, da mesma maneira que o sujeito está "no" objeto e o objeto está "no" sujeito ("aderências"), o todo está na parte e vice-versa.* Freud chamou essa cognição de processo primário e a viu operando mais intensamente em sonhos.[140] Isso porque os sonhos são dominados por condensação e deslocamento – imagens transformam-se fácil e prontamente num tipo de plasticidade mágica, e uma imagem pode simbolizar várias coisas diferentes ao mesmo tempo. Sullivan[384] a chamou de "modo parataxico", em que a "totalidade indiferenciada de experiências [uroboro] é quebrada em partes que ainda não são conectadas de forma lógica".[51] E embora não sejam conectadas logicamente, as partes da experiência *são* conectadas por um tipo de associação e contaminação mágicas. E esse é o processo primário mágico, o modo de conhecer e experienciar que domina esse estágio tifônico primitivo.

Arieti chega à conclusão óbvia:

> Um hominídeo [...] no nível fantasmagórico [fantasia do processo primário] teria grande dificuldade em distinguir imagens, sonhos e paleossímbolos da realidade externa. Ele não teria nenhuma linguagem [ela começa no nível 3] e não poderia dizer para si mesmo ou para outros: "Isso é uma imagem, um sonho, uma fantasia; não corresponde à realidade externa". Ele tenderia a confundir o psíquico com a realidade exterior, quase como um homem normal faz quando sonha. O que quer que fosse experienciado seria verdadeiro para ele em virtude de sua experiência. Não só a validação consensual de outras pessoas é impossível nesse nível, como também a validação reflexiva ou intrapsíquica não pode ser alcançada. Ele [o nível] é caracterizado por *adualismo*: a falta de capacidade de distinguir entre as duas realidades, a da mente e a do mundo exterior.[6]

Já que o sujeito e o objeto, e vários objetos propriamente ditos, não estão ainda totalmente diferenciados, permanecem magicamente interconectados ou "aduais".

---

* Aos propensos ao misticismo, isso pode soar como uma cognição muito avançada, como um tipo de interpenetração holográfica ou *Dharmadhatu*, mas não é nada disso. A doutrina mística da interpenetração mútua – "o todo está no um e o um está no todo" – significa que cada parte é *ao mesmo tempo* si própria e perfeitamente una com o todo. Para começar, o processo primário nem sequer consegue diferenciar a parte do todo.

Finalmente, antes de começarmos a examinar os dados arqueológicos propriamente ditos, um comentário sobre o termo "tifão". De forma geral, o termo foi escolhido para sugerir um estágio de desenvolvimento no qual o eu e o corpo ainda não estão claramente diferenciados. Nesse estágio primitivo (nível 2), a mente lógica, verbal e conceitual ainda não está desenvolvida (níveis 3-4). As capacidades mentais em si são simples e brutas sob quaisquer padrões, consistindo basicamente do processo primário ou de imagens mágicas, paleossímbolos e estruturas protolinguísticas. Já que a mente ainda não está desenvolvida, não tem capacidade para se diferenciar do corpo e, desse modo, o eu encontra-se igualmente embutido no corpo e indiferenciado dele. Como veremos no decorrer do livro, o homem aprendeu a distinguir claramente o eu do corpo, em sua caminhada evolucionária, bem mais tarde – na verdade, com o tempo ele desenvolveria uma grave lesão entre eu e corpo, ego e carne, razão e instinto. Mas, antes desse tempo, eu e corpo estavam mais ou menos fundidos e confundidos –

Figura 6. O tifão. O tifão refere-se geralmente ao período do *Homo sapiens* mais antigo (neandertalense e Cro-Magnon) e é em si uma estrutura de consciência dominada por uma mentalidade confinada ao corpo e por instintos. No tifão, a mente apresenta um desenvolvimento incipiente, e o que ela é (imagens, paleossímbolos) está completamente indiferenciado do corpo. Por essa razão, o tifão também é usado como referência específica para energias emocional-sexuais, prana, o segundo e o terceiro chacras.

eram totalmente indiferenciados. O anjo e o animal, o homem e a serpente, eram um.

Essa situação, rude mas fascinante, é maravilhosamente representada pelo ser mítico do Titã, descendente da deusa da Terra, Geia. Escolhi o Titã conhecido por Tifão, que, de acordo com a lenda, era o filho mais jovem de Geia, para representar essa estrutura psicológica. "Tifão", diz Campbell, "o filho mais jovem de Geia, a deusa da Terra [...]. A forma do Titã, metade homem, metade serpente, somos informados, era imensa. Ele era tão grande que sua cabeça frequentemente batia nas estrelas, e seus braços podiam estender-se de sol a sol."[71] Metade homem, metade serpente – homem e animal, homem e uroboro, ainda entrelaçados... Eis o eu tifônico, o eu que diferenciou seu corpo do meio ambiente, mas ainda não diferenciou sua mente de seu corpo.

Freud pareceu penetrar no âmago dessa condição primitiva: o ego, disse ele, foi "primeiramente um corpo-ego".[145] Isto é, nos estágios iniciais de desenvolvimento, o eu está centrado no corpo, e não na mente – é basicamente um corpo-ego, não um ego mental. Desse modo, chamamos o estágio anterior – em que o corpo e o ambiente estão fundidos e confundidos – de arcaico-urobórico. E o estágio seguinte – no qual o corpo (nível 2) se diferencia do ambiente (nível 1), *mas antes* de o ego mental (níveis 3 ou 4) emergir e diferenciar-se do corpo – é o tifão, o corpo-ego ou eu corpóreo.

Figura 7. O Feiticeiro de Trois Frères.

Para mostrar quão arcaico – embora mágico e digno de admiração – o primitivo tifão ou eu corpóreo era, incluí uma gravura de homem-como-tifão na figura 7. Na verdade, esse é o hoje famoso Feiticeiro de Trois Frères, pintura descoberta em uma caverna no sítio paleolítico de Trois Frères, na França. "As orelhas empinadas são de um veado; os olhos redondos sugerem uma coruja; a barba cerrada descendo até o tórax animal é de um homem, como também as pernas dançantes; a aparição tem o rabo felpudo de um lobo ou cavalo selvagem, e a posição do proeminente órgão sexual, situado embaixo do rabo, é a de uma espécie felina – talvez um leão. As mãos são as patas de um urso."[69] Mas observe: a figura representa uma entidade distinta de seu ambiente – não é um eu urobórico ou pleromático. É magicamente composta de todos os tipos de partes diferentes e "confundidas" – é um "homem", mas interconectado não só com seu corpo, como também com os corpos da natureza, da coruja, do urso, do leão. Em outras palavras, é tifônico.

Mas o que mais ela é? Quem a desenhou, e o que quis transmitir? "O conde Bégouën e o abade Breuil primeiro supuseram que representasse um 'feiticeiro', mas, posteriormente, o abade passou a acreditar ser o principal 'deus' ou 'espírito' [um deus da natureza, não um deus transcendente] que controlava as expedições de caça e a multiplicação dos animais de caça. O professor Kuhn sugeriu ser o próprio artista-mago."[69] De uma coisa estamos certos: "A caverna inteira", diz Campbell, "era um importante centro de magia de caça; essas figuras serviam a um propósito mágico; as pessoas responsáveis por elas deviam ser magos de elevada posição altamente qualificados (poderosos, no mínimo, pela reputação, se não por fatos reais)".[69] E mais: "Se o vívido e inesquecível senhor dos animais no santuário de caçadores de Trois Frères é um deus, então ele é certamente um deus de feiticeiros, e, se um feiticeiro, é um que vestiu os trajes de um deus [da natureza]".[69] De minha parte, com base na generalizada disposição tifônica, acho que ele é, provavelmente, todas as três ou quatro interpretações magicamente englobadas em uma: um deus da natureza, um feiticeiro mágico, um espírito caçador e o próprio artista. Em resumo: o (auto)retrato de um deus da natureza ou feiticeiro como um tifão mágico. Além disso, sugiro que esse feiticeiro-mago *vivenciava* a si mesmo e a seu mundo exatamente como o pintou (com precisão).

Até onde sabemos, esse é o mais antigo (auto)retrato já encontrado de um ser humano.

Assim, dizemos que, quando os homens e as mulheres acordaram de seu sono urobórico no Éden, emergiram como tifões mágicos. E, agora, é para essa época que olharemos.

QUANDO O SONHO ERA REAL

Comecemos pelo excelente resumo do tifão mágico feito por Jean Gebser. Primeiro, ele observa (explicitamente conectado a evidências arqueológicas diretas) que a estrutura mágica (tifônica) apresenta a "primeira 'centralização' no homem, que, mais tarde, o levará ao seu eu [completamente individual]".[159] O conceito do novo e mais elevado eu sendo construído pela centralização e focalização da consciência é o que acabamos de explicar, e está de acordo com a

Figuras 8A e 8B. Figuras tifônicas. O tifão clássico é metade serpente, metade homem, mas qualquer figura que seja estruturalmente metade animal e metade homem é tifônica.

conclusão de Sullivan de que "o eu evoluiu a partir desse foco de atenção".[51] A consciência urobórica – que obscurece e dispersa a conscientização descrita por Cassirer – é focalizada e magnificada em áreas mais brilhantes de consciência, um processo que, no final, leva a um eu mais centrado.

E Gebser continua: justamente por causa desse foco e dessa centralização inicial do tifão corpóreo, embora ainda rudimentar, "o homem primeiro se dissocia [ou melhor, se diferencia] da 'harmonia' [subconsciente], dessa sua identidade com o todo [naturado]. Eis o primeiro estágio de conscientização [...]. Quanto mais ele se separa pronunciadamente da totalidade [naturada], mais se torna um ser *particular*".[159]

Entretanto, Gebser assinala, embora o homem esteja começando a se separar do todo (da natureza subconsciente), ele ainda retém um forte tipo de "interconexão com a natureza e [portanto exibe uma] resposta mágica ao ser assim entrelaçado – o que lhe dá poder e o torna um criador". Ainda não existe, porém, nenhum ego mental real, isto é, o ego-mente (nível 3 ou 4) ainda não emergiu de fato do inconsciente essencial e diferenciou-se do corpo. O eu é apenas um eu corpóreo, já que a "responsabilidade se localiza no mundo exterior e seus objetos, um sinal preciso de ausência de ego".[159]

E quanto ao processo primário – essa cognição mágica da equivalência todo/parte que, como sugeri, domina esse nível? Gebser é bem taxativo: "Qualquer ponto, seja ele real ou irreal, esteja ligado causalmente ou apenas simbolicamente ao todo, não só pode estar conectado a qualquer outro, mas *identificado* com ele [...]. Um ponto pode, válida e efetivamente, assumir o lugar de outro [...]. Consequentemente, o mundo mágico é também um mundo de *pars pro toto*, no sentido de que a parte pode representar e representa o todo".[159]

Assim, não nos surpreendemos ao descobrir que, nessa estrutura mágico-tifônica descrita antropologicamente pelo professor Mickunas, "o mundo com seus objetos e eventos está carregado de poderes vitais e mágicos; o homem também está carregado desses poderes [...]. Cada ponto (pessoa ou coisa) é intercambiável com qualquer outro [...] no âmbito do *continuum* mágico, [de forma que] esses efeitos são experimentados e constituem a base da magia".[298]

Não só esse processo primitivo, mágico, de cognição responde melhor pela identificação totêmica, como também é – de acordo com Gebser e Mickunas – facilmente encontrado na ação e arte primitivas: "Um homem [em ritos de caça primitivos] desenha o animal na areia antes do amanhecer e, quando o primeiro raio de sol toca o desenho, ele atira uma flecha neste, matando o animal; 'mais tarde' ele abate o animal e executa uma dança ritual à noite. Todos esses eventos e ações são *unos* – idênticos, não simbólicos".[298] Assim, como observado por Neumann, "entre o animal caçado e a vontade do caçador existia um *rapport* [...] mágico".[311]

Nós, modernos, estamos mais familiarizados com esse tipo de atmosfera mágica na forma do vodu, em que o praticante, ao enfiar alfinetes em uma efígie em forma de boneco, tenta efetuar uma mudança na pessoa real – e normalmente para pior. Isso "funciona" porque, para a mentalidade mágica, o boneco e a pessoa são *um*, não simbolicamente. E para o homem tifônico primitivo – o leitor se lembra do misterioso Feiticeiro de Trois Frères? – esse tipo de cognição era uma *disposição* total e primária de consciência que estava eletricamente carregada e repleta de mágica:

Figura 9. O totem. O exemplo perfeito do mágico-tifônico – o homem ainda ligado estruturalmente a ancestrais animais. Isso reflete os níveis inferiores do Grande Ninho *por meio* dos quais os seres humanos evoluíram, mas *nos* quais estavam inicialmente entranhados e *pelos* quais foram inicialmente controlados.

> A fusão original do homem com o mundo [nível 1], com sua paisagem e sua fauna, tem sua expressão antropológica mais conhecida no totemismo, que considera de-

terminado animal um antepassado, um amigo ou algum tipo de ser poderoso e providencial. A sensação de parentesco sentida por um membro humano do totem em relação ao animal e ancestral do totem, e a todos os animais daquela espécie, chega ao ponto de identidade. Há evidências abundantes de que tais afinidades não são apenas questões de crença, mas questões de fato, isto é, realidades psicológicas que às vezes resultam em caça mágica telepática etc. Não existe nenhuma dúvida de que a visão do homem primitivo a respeito do mundo repousa em relações de identidade desse tipo.[311]

Frazer afirma:

A crença na influência empática à distância exercida em cada um por pessoas ou coisas está na essência da magia. Por mais que a ciência tenha dúvidas sobre a possibilidade de ação à distância, a magia não tem nenhuma; a fé na telepatia é um de seus primeiros princípios. Um defensor moderno da influência de uma mente sobre outra não teria nenhuma dificuldade de convencer um selvagem; o selvagem cria nisso há muito tempo, e mais, ele agia na sua crença com uma consistência lógica que seu irmão de fé civilizado, até onde sei, ainda não demonstrou em sua conduta.[136]

Não é de admirar que até os primeiros antropólogos modernos, ao investigar esse período tifônico, tenham sido universalmente afetados por aquilo que finalmente veriam como sua característica definidora: a magia! Desse modo, como E. B. Tylor, o "primeiro gigante" da antropologia moderna, afirmou: "Tentei [em meus trabalhos] relacionar grande parte das crenças e práticas incluídas sob o nome genérico de magia a uma lei mental muito simples, resultante de uma condição de mente que nós das raças [ou melhor, culturas] mais avançadas já quase superamos, e, ao fazê-lo, experimentei uma das mais notáveis mudanças que podemos rastrear como tendo acontecido à humanidade".[137] E qual era essa "lei mental muito simples"? De acordo com Tylor, a seguinte: "O homem, em um estágio primitivo de cultura, crê muito comumente que exista uma ligação real entre o objeto e a sua imagem [...] e que, consequentemente, é possível comunicar uma impressão ao original [objeto] por intermédio da cópia [imagem]".[137] Isso significa, como resumido por Opler, "a tendência do homem dos primeiros estágios de evolução mental de confundir um objeto com a imagem dele, a palavra com o que ela representa, o sonho com a realidade".[137]

E essa "lei mental simples" ocorreu por uma singela, mas precisa, razão: já que o sujeito e o objeto, a psique e o mundo, não estavam ainda completamente diferenciados, então, da mesma forma, a imagem (mental) do objeto não estava ainda completamente diferenciada do objeto (físico) propriamente dito – e *essa* era a mais simples e distinguível característica da cognição mágica (processo primário): entre o objeto e o símbolo do objeto "existia um *rapport* mágico". A manipulação do símbolo afetava o objeto simbolizado.

Frazer, o "segundo gigante" da antropologia moderna, subdividiria essa "lei mental básica" em dois "princípios fundamentais de magia".[136,190] Eu os resumiria dizendo que, como o objeto e seu símbolo são confundidos, esse fato ocasiona dois efeitos imediatos. De acordo com Frazer, são eles:

1. *A lei de semelhança*, em que "semelhante gera semelhante", ou, como diríamos agora, a semelhança é confundida com identidade, de forma que, entre outras coisas, todos os sujeitos com predicados semelhantes parecem idênticos e, portanto, podem ser perfeitamente intercambiados (o "deslocamento" de Freud). Isso significa especificamente (como Von Domarus claramente explicaria) que os membros de uma classe são igualados, conjuntos com partes semelhantes são confundidos ou sujeitos com predicados semelhantes são identificados. Por exemplo, se uma pessoa ruiva causa problemas, outra pessoa ruiva também causará; se um objeto preto é maléfico, todos os objetos pretos o são; e assim por diante. Cada membro da classe pode ser magicamente trocado por outro, com igual efeito. O leitor não terá nenhuma dificuldade para identificar remanescentes modernos dessa confusão mágica primitiva – ela faz parte de todas as superstições e preconceitos.

2. *A lei de contágio*, na qual, diríamos agora, a proximidade é confundida com identidade, de forma que entidades, uma vez em contato, permanecem para sempre associadas ou "intercontaminadas". Isso também significa que *qualquer parte* de uma entidade "contém" a essência inteira dela. A parte, já que esteve uma vez em contato com o todo, "carrega" agora a essência do todo – assim, o todo é colapsado em cada uma de suas partes (a "condensação" de Freud). Isso significa, especificamente, que um membro de uma classe e a classe propriamente dita são igualados, o sujeito e o predicado estão indiferenciados, o todo e a parte são confundidos. Por exemplo, se um homem particular tem poder, então um cacho de seu cabelo também tem; se um coelho traz boa sorte, então seu pé também traz etc.

O ponto é que, quando sujeito e objeto estão indiferenciados, imagem e entidade são confundidas, símbolo e objeto são fundidos e, desse modo, sujeito e predicado, todo e parte, classe e membro, são todos "magicamente um". E essa, em uma frase, era a atmosfera, a *disposição*, do eu tifônico.

Não é de admirar, portanto, que na "arte" dos tempos tifônicos, como ressaltado por Campbell, "na maioria das cavernas [Paleolítico], os animais são desenhados uns sobre os outros, sem preocupação com efeito estético. Obviamente o objetivo não era arte, como nós a entendemos, mas magia". E mais: "Não menos que 55 figuras de praticantes de magia foram identificadas entre os abundantes rebanhos e animais pastando nas várias cavernas [Paleolítico]. Isso torna praticamente certo que naquele período remoto de nossa espécie as artes do feiticeiro [...] ou mago já estavam bem desenvolvidas".[69]

"De fato", Campbell conclui, "as pinturas em si eram um acessório daquelas culturas, talvez até o sacramento central, pois é certo que estavam associadas à magia da caça, e que, no espírito daquele princípio onírico de participação mística [...], sua manifestação nas paredes equivalia a uma invocação mágica do princípio infinito, essência, imagem numênica ou imaginação do rebanho no santuário, onde poderia ser influenciado por um ritual."[69]

Mas, tendo dito tudo isso, alcançamos agora um ponto crucial na discussão da "magia primitiva". *Sem de nenhuma forma* negar as características essenciais do processo primário mágico, que acabamos de definir, agora *adicionamos* um ponto fundamental, um ponto omitido pela maior parte de nossas autoridades já citadas. Não é tanto que a magia seja uma má percepção alucinatória ou primitiva de uma realidade clara e distinta, e sim que a magia é uma *percepção mais ou menos correta* de um *nível mais baixo* e primitivo de realidade. Não é uma percepção distorcida de uma realidade mais elevada, mas uma percepção correta de uma realidade mais baixa. Na verdade, a magia primitiva é o "reflexo" mais ou menos preciso do nível prânico (nível 2), o nível de energias emocional-sexuais, o nível de realidade pré-diferenciada que, de fato, opera por associações e contágios. A magia reflete esse nexo *vital*, não um nexo lógico e, até onde ela vai (que, claro, não é muito longe), é largamente precisa. Desse modo, o processo primário mágico não é tanto errado quanto parcial, não tanto inexato quanto incompleto.

O próprio Freud parecia perceber esse fato de vez em quando. Porém, já que é uma distinção sutil, ele nem sempre persistiu nele. Por um lado, reconheceu claramente que as formas mais antigas de cognição eram "mágicas" e, portanto, uma vez que essas formas

Figura 10. Pinturas rupestres paleolíticas em Trois Frères, na França. Observe as figuras sobrepostas: "não arte, como a entendemos, mas magia".

mágicas "vieram primeiro" no desenvolvimento psicológico, chamou-as de "o processo primário". Ele também reconheceu que essas formas parciais e primitivas foram substituídas no desenvolvimento por formas mais avançadas de consciência, formas de lógica e racionalidade, as quais chamou de "o processo secundário". Até aqui, tudo bem. Entretanto, quando comparado com o processo secundário, o processo primário parecia ser não um reflexo verdadeiro de uma realidade inferior e parcial, mas uma distorção pura e simples da "única" realidade (processo secundário). E assim Freud referia-se normalmente ao processo primário como uma simples "distorção" ou "versão incorreta" da realidade, uma distorção que é eficazmente inibida pelo processo secundário "real". Mas de vez em quando Freud hesitava notoriamente e vinha à tona uma visão muito mais completa: "Os processos descritos como 'incorretos' [os processos primários mágicos] não são realmente deturpações de nosso procedimento normal, ou pensamentos defeituosos, e sim os modos de operação do aparato psíquico [primitivo] quando livres da inibição [causada por níveis mais elevados]".[140] Eis a importante distinção, justamente a que tenho em mente: o processo primário é primitivo, mas preciso até onde alcança.

É claro que a maioria de nós, modernos, está diretamente imersa no processo primário mágico e no nível do Grande Ninho que ele desvela com precisão (nível 2) apenas durante o sono com sonhos. O mundo do sonho é o mundo da magia, um reflexo verdadeiro da esfera tifônica (nível 2): o mundo é plástico e formado por capricho, regido por condensação e deslocamento, totalidades e partes tornando-se unas.* Entretanto, esse mundo mágico, primitivo, mas suficientemente real, que em nós, modernos, foi relegado ao estado de sonho, era aparentemente *consciente* em nossos antepassados distantes. Como colocado por Freud: "O que uma vez dominou o estado de vigília, quando a mente ainda era jovem e incompetente, parece agora ter sido banido para a noite".[140]

"Nesse estado mágico primitivo", conclui Neumann, "não existia nenhuma linha divisória clara entre homem e animais, homem e homem, homem e mundo [naturado]. Tudo participava de tudo mais, vivia-se no mesmo estado não dividido e sobreposto do in-

---

* Em minha opinião, uma teoria completa de sonhos incluiria duas premissas básicas e uma característica distintiva. A característica distintiva, bem aceita por todos os pesquisadores de sonhos, é que o estado de sonho (REM – movimento rápido dos olhos) é amplamente não verbal e não egoico: no sonho, seu ego normal "dissolve-se", por assim dizer – ele é um estado "não egoico". Mas as duas premissas seguem do fato geralmente não reconhecido de que existem realmente dois modos bastante diferentes de consciência não verbal e não egoica: uma é pré-verbal e pré-egoica, a outra é transverbal e transegoica. Desse modo, o sonho, em minha opinião, é a estrada real para a realidade pré-verbal, especialmente o nível 2 (e, claro, para aspectos de experiência *reprimida* durante o período verbal-edipiano). Mas ele *também* pode

consciente como no mundo de sonhos. Realmente, no tecido de imagens e presenças simbólicas tramado por sonhos, *ainda vive em nós o reflexo dessa situação primitiva*, apontando a promiscuidade original da vida humana."[311]

A capacidade de todos os conteúdos de mudar forma e lugar, conforme as leis de semelhança e afinidade simbólicas [nossas duas leis da magia], o caráter simbólico do mundo e o significado simbólico de todas as dimensões espaciais – alto e baixo, esquerdo e direito etc. –, o significado das cores, e assim por diante, tudo isso o mundo dos sonhos compartilha com o período do amanhecer da humanidade [...]. Os sonhos só podem ser entendidos em termos da psicologia do período do amanhecer, que, como nossos sonhos mostram, ainda está muito viva em nós hoje.[311]

Como veremos, é um fato geral que os elementos conscientes de um estágio tendem a se tornar os elementos inconscientes do próximo, continuamente, estágio a estágio estratificado.* Desse modo, os homens e mulheres tifônicos primitivos aparentemente experimentavam, até mesmo quando "acordados", um nível mágico que é re-

---

desvelar e representar realidades transverbais e transegoicas (especialmente o nível 5, às vezes o 6, mas não além). O fato de não considerar essas duas diferentes dimensões não egoicas tem, em geral, obscurecido as teorias de sonho da maioria dos pesquisadores psicológicos, tanto do Oriente quanto do Ocidente. O Ocidente tende a ver o sonho como *somente* pré-verbal, o Oriente tende a vê-lo como *somente* transverbal. Ambos são, em minha opinião, parcialmente verdadeiros. Isso porque o sonho frequentemente revela memórias *infantis* (via imagens) e/ou impulsos prânicos *atuais* em trajes imagéticos – *e* porque também pode desvelar capacidades psíquicas e clarividentes (nível 5). Ao mesmo tempo, não se pode negar que o sonho, ou aspectos dele, também pode servir a funções de resolução de problemas (à la Adler), embora eu considere esse um papel bastante secundário. Desnecessário dizer, todos os meus comentários neste capítulo aplicam-se ao sonho pré-verbal – o processo primário mágico. Discutiremos capacidades psíquicas, não relacionadas apenas ao estado de sonho *per se*, mas também como um potencial direto do estado de vigília.

* Mais especificamente, cada *estágio* de desenvolvimento incorpora um *modo* do eu e, adicionalmente, o que é a *totalidade* do eu em um estágio forma me-

tido, em nós modernos, principalmente em sonhos.* Assim é que toda noite, quando afundamos de volta na esfera do sonho, todos nós nos convertemos em feiticeiros, pairando acima do chão em voo mágico e transformando o mundo à vontade. E toda noite, no sonho, ficamos cara a cara com nossos antepassados, e até ocasionalmente conversamos, suponho, com o Feiticeiro de Trois Frères.

O EU CORPÓREO MÁGICO *VERSUS* A CAPACIDADE PSÍQUICA REAL

Agora, embora esse estado possa ter sido mágico – e nesse sentido maravilhoso –, obviamente era uma fraca estrutura de consciên-

---

ramente uma *parte* da totalidade do próximo. Mas nem todo o eu antigo é levado conscientemente para o novo eu. Uma vez que um estágio é substituído por seu sucessor, esse *estágio* em si torna-se um *nível* do indivíduo, ou um *componente consciente* do eu mais elevado. Entretanto, o *modo* antigo do eu *não* se torna um componente consciente do próximo modo do eu, mas é relegado ao inconsciente imergente. Por exemplo, no estágio tifônico, o modo do eu é corpóreo-prânico. Quando esse estágio é substituído pela mente, o corpo se torna um *nível* no indivíduo composto e um componente consciente do eu mais elevado, mas o modo ou percepção de ser exclusivamente um eu corpóreo não é retido na consciência. O indivíduo retém conscientemente o acesso a seu corpo, mas *não* a experiência de ser apenas um eu corpóreo. *Esta* é relegada ao inconsciente imergente. Da mesma forma, a criança reterá conscientemente a linguagem, mas não o eu experiencial que aprendeu a linguagem, e assim por diante. Mas note que *todas as* estruturas passadas são retidas: os estágios, como componentes conscientes, os modos, como memória subconsciente.

*Tanto Freud quanto Adler tenderam à visão de que o sonho é precipitado por uma formação de tensões não resolvidas, de forma que quanto menores as tensões, menor a urgência ou necessidade da atividade onírica. Creio que essa é uma questão bem secundária. O estado de sonho é uma atividade simples, natural, necessária do nível tifônico-prânico, e acontecerá, com ou sem formação de tensão, simplesmente como uma expressão desse nível mais baixo que agora compõe nossa estrutura própria. Ao mesmo tempo, se aspectos desse nível são *reprimidos*, então esses aspectos causam uma formação de tensão que se expressa mais insistentemente na atividade do sonho, mas não só nela. Essa é a diferença entre o inconsciente arcaico e o inconsciente reprimido-imergente (ver *O Projeto Atman*). O sonho, de qualquer modo, é principalmente uma exibição de um *modo* passado do eu e, secundariamente, uma saída para o que agora é um nível mais baixo do eu (ver nota anterior).

cia. O eu estava de fato magicamente interconectado com o ambiente, mas exatamente por essa razão também estava desprotegido de invasão por elementos inconscientes de dentro e por fatores somáticos extras de fora. Definitivamente *não* era trans-sujeito/objeto, e sim pré-sujeito/objeto. Foi então um tempo de perigo, um tempo de tabu, um tempo de superstição. O sistema do eu ainda não havia se separado completamente da esfera subconsciente e permanecia magicamente embutido nela; toda vez que a consciência tentava rebelar-se e livrar-se desse enredamento, o mundo mágico simplesmente sugava-a de volta. A estrutura mágica em si deve ter sido, de muitas formas, bem apavorante.

Isso posto, é possível que os indivíduos *mais avançados* desse período pudessem – só por hipótese – ter despertado suficientemente para "ligar-se" de fato a capacidades *psíquicas* verdadeiras, capacidades que a filosofia perene afirma existir no nível 5?[64,436] No meio de toda aquela magia emocional, será que ocorreram alguns feitos psíquicos *reais*?

Não existe, claro, nenhuma forma de saber. Percepções extrassensoriais, por exemplo, não deixam restos fossilizados para todo mundo ver. Mas, antes de rejeitar completamente essa possibilidade, vamos pelo menos escutar um dos mais racionais e contidos psicólogos do Ocidente – Sigmund Freud. Não é do conhecimento geral que Freud demonstrou profundo interesse por tais eventos "psíquicos", como a telepatia. De fato, ele declarou muito claramente, em uma carta para Carrington, que, se tivesse outra vida para viver, ele a dedicaria à pesquisa psíquica.[401]

Basicamente, Freud apresentou sua posição sobre telepatia psíquica muito simplesmente: "Inserindo o inconsciente entre o físico e o que tem sido considerado o mental, a psicanálise preparou o caminho para a aceitação de processos como a telepatia".[62] Isso levou alguns dos seguidores de Freud a sugerir que em certos níveis do "inconsciente não achamos fantasias, mas telepatia".[62] O próprio Freud dedicou vários artigos a possíveis relações entre psicanálise, sonhos, telepatia e leituras psíquicas. "Ele sugeriu", como resumido por Ullman, "que informações são levantadas via transferência de pensamentos [telepatia] a partir do inconsciente da pessoa que busca a leitura."[401] O inconsciente para Freud, claro, apresentava-se mais prontamente em sonhos pré-verbais – isto é, no processo primário. É exatamente aí que seus pensamentos começam a seguir um caminho errado, pois ele quer explicar o psíquico em termos do mágico.

Portanto, além dessas sugestões simples, os pensamentos de Freud sobre o assunto não têm muita utilidade teórica, apesar das voltas dadas por Eisenbud, Ehrenwald, Fodor e outros,[104,401] simplesmente porque confundiram mágico (nível 2) com psíquico (nível 5). Assim, ele não teve nenhum fundamento teórico para diferenciar o verdadeiro do alucinatório, o avançado do primitivo, o real do impossível (nem seus seguidores psíquicos tiveram, uma vez que seguiram a trilha deixada pela confusão inicial de Freud). O que desejo enfatizar aqui é que até Freud – o racionalista arquetípico, ultraconservador e contido em questões de "transcendência" – foi suficientemente honesto e de mente aberta para reconhecer que nem todos os fenômenos psíquicos eram meras bobagens, um ato verdadeiramente heroico de fortaleza intelectual, similar ao de John Locke ao admitir que nem todo conhecimento mental é primariamente sensorial.

Naturalmente, os antropólogos têm-se mostrado bastante relutantes em abordar a psique primitiva com a visão de que o nível psíquico (5) realmente, embora *raramente*, exista. Todavia, os poucos que o fizeram parecem bastante impressionados. O grande antropólogo psicanalítico Weston La Barre "atribuiu a capacidade de lidar com serpentes entre os membros de cultos dos Apalaches a alguma forma de PK [psicocinese] e também levantou a hipótese de que a psi [energia psíquica] pode representar um papel nas cerimônias religiosas de índios americanos".[403] O dr. Van de Castle, professor de psicologia clínica da Escola Médica de Virgínia, afirma que "talvez o indicador de uma nova postura entre os antropólogos seja a posição de Ralph Linton, que mostrou considerável cuidado ao distinguir entre psi [nível 5] e fenômenos ilusórios [nível 2]. De forma semelhante, Long [...] advertiu que, ao tentar entender a 'cura-pela-fé', é importante para o antropólogo distinguir entre os efeitos da sugestão [...] e da energia psíquica".[403]

As evidências sobre psi ainda não são definitivas; os experimentos em geral têm sido positivos, mas não absolutamente conclusivos. Todavia, falta de evidência não é evidência de falta, e nesses casos tem-se simplesmente de pesar os dados coletados até agora e considerar os argumentos de ambos os lados. Eu pessoalmente acho bem convincente que os maiores psicólogos – de quem, por sua própria profissão, esperaríamos especial moderação – venham a público e se posicionem explicitamente a favor da existência de alguma forma de fenômeno paranormal. De Freud e Jung até William James, a ideia tem sido de que "a autenticidade desse fenômeno não pode mais ser contestada hoje" (Jung).

Finalmente, acredito que devemos reverenciar o trabalho de Mircea Eliade, que – com a possível exceção de Lévi-Strauss – é a maior autoridade viva em mentalidade e cultura primitivas: "Nós agora tocamos em um problema da maior importância [...], isto é, a questão da *realidade* das capacidades extrassensoriais e dos poderes paranormais atribuídos aos xamãs e curandeiros. Embora a pesquisa sobre esse ponto ainda esteja no início, um número muito grande de documentos etnográficos já não deixa dúvida sobre a autenticidade de tais fenômenos".[117]

Desse modo, podemos chegar a algumas conclusões experimentais:

1. Durante esse período, a consciência *média* alcançou completamente o nível 2: aquele do tifão mágico, com o eu e a protomente indiferenciados do corpo, e o tifão corpóreo propriamente dito magicamente entrelaçado com o mundo naturado.
2. Em contrapartida, uns poucos – muito poucos – xamãs e curandeiros verdadeiramente avançados evoluíram pessoalmente o suficiente para ter acesso a capacidades psíquicas verdadeiras, ou ao nível 5 (ponto ao qual retornaremos no capítulo 4).

Assim, desde já, vemos a importância de diferenciar o *modo médio* de consciência da consciência *mais avançada*, pois, já nos tempos tifônicos, certos indivíduos excepcionalmente evoluídos foram bem além do modo médio.* Confundir esses dois modos – nesse

---

* Alguns indivíduos já tinham acesso a uma linguagem elementar, e uns poucos, de acordo com Habermas, até acessaram uma racionalidade primitiva. Estou simplesmente sugerindo que os *mais* avançados realmente foram adiante, até o nível psíquico, o que lhes conferiu um poder imenso para a época.

caso, confundir mágico e psíquico – tem gerado as mais lamentáveis consequências.

Mas retornemos ao modo médio de consciência do nível tifônico. É fascinante observar o estágio correspondente do desenvolvimento da criança hoje, o estágio semelhante em que o eu está mais ou menos diferenciado do ambiente, mas permanece um corpo-ego. Brown, em um poético mas preciso resumo dos dados psicológicos desse estágio, assim se expressou:

> O "modelo postural" do corpo consiste em "linhas de energia", "correntes psíquicas", "catexes libidinais" de Freud, que são, como a eletricidade, ação a distância; fluxo, influxo, refluxo; conectar [...] um corpo a outros corpos. "O espaço dentro e em torno do modelo postural não é o espaço da física. O corpo-imagem incorpora objetos ou espalha-se no espaço." "Na imagem postural própria de um indivíduo, estão fundidas muitas imagens posturais de outros." "Poderíamos descrever a relação entre os corpos-imagens de pessoas diferentes com a metáfora de um campo magnético com linhas de fluxo seguindo em todas as direções." Um campo magnético, de ação a distância; ou um campo mágico; "a ação mágica é uma ação que influencia o corpo-imagem independentemente da distância real no espaço".[62]

Brown resume os pensamentos não apenas de Schilder, a autoridade em corpo-imagem, mas também de Freud, Isaacs, Klein e Fenichel. De alguma forma, tudo isso aponta para essa estrutura como "um sistema protomental em que as atividades físicas e mentais estão indiferenciadas", ou "um tipo de pensamento corporal".[62]

O corpo (nível 2) diferenciado do ambiente naturado (nível 1), mas a mente (níveis 3-4) ainda não desenvolvida ou diferenciada do corpo – eis o eu corpóreo, o tifão. O tifão mágico. Quando homens e mulheres emergiram do uroboro, surgiram como magos.

No mínimo, eles tiveram acesso *temporário* ao domínio psíquico por meio de experiências de pico e viagens xamânicas.

O ALVORECER CREPUSCULAR DA MORTE

Vimos que os seres mágico-tifônicos viveram em um mundo onírico de conexões animistas – amalgamados em corpo, cosmos e natureza. O mundo do alvorecer da humanidade foi o mundo do sonho...

Mas os sonhos não são sempre tranquilos, felizes ou agradáveis – existem também pesadelos. Porque até quando sonhando, ou quando "acordado" sob o mesmo processo primário mágico, ainda existe uma fronteira entre eu e não eu, entre sujeito e objeto, entre aqui *versus* lá fora. E onde há fronteira, há medo.

O que tem sido muito difícil para a psicologia ocidental captar é que existem pelo menos duas importantes, porém bastante diferentes, formas de medo e ansiedade. Uma forma é o terror patológico ou neurótico: qualquer tipo de ansiedade que pode ser legitimamente encontrado em "doenças mentais", mecanismos de defesa patológicos ou culpa neurótica. Mas a outra forma de terror não é devida a uma aberração mental ou enfermidade neurótica – é um terror básico, inevitável, inescapável, inerente à sensação do eu separado. A Natureza primeira do homem é o Espírito, a Totalidade suprema, mas até que descubra essa Inteireza, ele permanece um fragmento alienado, um eu separado, e esse eu separado necessariamente depara-se com a percepção da morte e com o terror da morte. Não é um terror circunstancial. É *existencial*, dado, inerente, e permanece assim até que o Espírito ressuscite e o eu se torne *um* com *todos* os possíveis outros.

Os Upanixades ressaltam esse fato belamente: "Onde quer que exista outro, existe medo".[208] Isso tem sido perfeitamente óbvio para o Oriente há, pelo menos, três mil anos. Mas, felizmente, os psicólogos existenciais do Ocidente – após décadas de psiquiatria ortodoxa tentando reduzir o medo existencial à culpa neurótica – expuseram e explicaram esse ponto essencial com tal clareza que não pode mais ser omitido. "A arquiansiedade essencial, básica (ansiedade primeva)", escreveu o grande psicólogo existencialista Medard Boss, é *"inata a todas as formas individuais e isoladas de existência humana. Na ansiedade básica, a existência humana tem medo de seu 'estar-no-mundo', além de se mostrar ansiosa com ele."*[54] E Boss complementa: somente se entendermos isso poderemos "conceber o fenômeno aparentemente paradoxal de que as pessoas que têm medo da vida também se mostram especialmente assustadas com a morte". O ponto é que a apreensão desse terror existencial não é ilusória, mas real, e sofrer seu impacto não é neurótico, mas certo. De fato, o *insucesso* em captar esse terror somente é alcançado por uma negação vigorosa da realidade, uma fachada ilusória e mágica posta sobre o terror mais recôndito de simplesmente existir.[340] A maior parte de nós, claro, não está diretamente ciente desse medo primitivo subjacente a nossos egos atuais, e Zilboorg sabe por quê: "Se esse medo fosse constantemente consciente, não seríamos capazes de atuar normalmente. Ele deve ser adequadamente reprimido para nos manter vivendo com um mínimo de conforto. [...] Podemos dar como certo que o medo da morte está sempre presente em nossa atividade mental. [...] Ninguém está livre do medo da morte".[443]

Quando o tifão emergiu de seu sono arcaico-urobórico, deparou-se, necessariamente, com o medo existencial. Sendo mais preciso, o eu urobórico indubitavelmente experienciou algumas formas menores de terror da morte, pois ele *apresentava* uma espécie de "eu", pelo menos em um nível instintivo.[6] Mas essa situação mostrou-se imensamente complexa para o tifão, porque a crescente agudeza de consciência acarretou uma crescente percepção de vulnerabilidade. Desse modo, à medida que o tifão começou a emergir de sua incrustação na natureza, foi cada vez mais encarando o medo existencial, o terror, a morte. Historicamente parece existir pouca dúvida sobre isso, pois "as sepulturas e santuários primitivos dos neandertalenses [os primeiros tifões], nossas mais antigas e incontestáveis evidências de ritual religioso, apontam para uma tentativa de lidar com a impressão da morte".[69] Daí, portanto, nossa fórmula definidora para esse período: quando o tifão emergiu do uroboro, ele o fez com a marca da morte.

Agora, quando essa impressão da morte desperta, existem duas, e apenas duas, importantes coisas que podem ser feitas com ela. Isto é, homens e mulheres têm duas escolhas em face da Morte e de Tânatos: podem negá-la e reprimi-la ou transcendê-la no Todo superconsciente. Enquanto nos apegamos à sensação do eu separado, precisamos reprimir a morte e seu terror. A fim de transcender o terror da morte, devemos transcender o eu. Isto é, não há *nada* que o eu separado possa *realmente* fazer para se livrar do terror da morte, já que o eu separado *é* esse terror – eles surgem juntos e só desaparecem juntos.[240] A única coisa que o eu separado pode fazer com a morte é negá-la, reprimi-la, dissolvê-la.[25] Apenas no Todo superconsciente, na transcendência real, é que se erradica o terror da morte, porque o eu separado também é erradicado. Mas até então "a *consciência da morte* é a repressão primária, não a sexualidade".[25]

Ora, a negação da morte é parte do Projeto Atman – é, como dissemos, o lado negativo da tentativa de recuperar a consciência de Atman. Toda vez que qualquer modo do eu emerge do inconsciente essencial, encara dois impulsos importantes: a perpetuação da forma particular de sua própria existência ilusória (Eros) e a fuga de tudo que ameaça sua própria dissolução particular (Tânatos). Isso é verdadeiro desde o uroboro até o tifão, o ego, a alma (embora, claro, as particularidades variem drasticamente). No lado positivo (e isso não significa "no lado bom", mas simplesmente no lado de Eros), buscamos todos os tipos de recompensas substitutas que *fingem* realizar nosso desejo por Unidade, por Inteireza, por infinitude, eternidade e cosmocentrismo. No lado negativo (o lado de Tânatos), projetamos ou reprimimos qualquer coisa que nos ameace: morte, dissolução, transcendência, extinção. E dizemos que ambas são formas do Projeto Atman porque ambas são impulsionadas por uma intuição *correta* de que a Natureza mais profunda é de fato infinita e eterna, mas uma intuição que é corrompida por sua aplicação ao eu separado, absolutamente finito e mortal.

Assim, Eros – o desejo por mais vida, o desejo de ter tudo, de ser cosmocêntrico – é impulsionado pela intuição correta de que, de fato, se *é* o Todo. Mas, quando aplicado ao eu separado, a intuição de que se *é* o Todo é desvirtuada pelo desejo individual de *possuir* o Todo. Em lugar de ser tudo, deseja-se meramente ter tudo. Essa é a base de todas as recompensas substitutas, uma sede insaciável encontrada no íntimo de todos os eus separados. Esse é o lado positivo do Projeto Atman, e é extinto somente por Atman.

Da mesma maneira, a negação da morte baseia-se na intuição correta de que a Natureza essencial de todos *é* realmente atemporal, eterna, imortal além da história. Mas, quando essa intuição de eternidade é aplicada ao eu separado, é deturpada pelo desejo de simplesmente viver para sempre, de continuar existindo, de evitar a morte incessantemente. Em vez de ser eterno na transcendência, cria-se meramente o desejo de viver para sempre. Em lugar da eternidade, negação da morte e esforços de imortalização. E esse é o lado negativo do Projeto Atman – a imortalidade rançosa da negação da morte.

"A grande simplificação científica da psicanálise", escreveu Becker, "é o conceito de que, na essência das primeiras experiências, há uma tentativa da criança de negar a ansiedade de seu surgimento."[25] E exatamente do mesmo modo, a grande simplificação antropológica é o conceito de que, na totalidade da história da humanidade, primitiva e posterior, existe uma tentativa de negar a ansiedade de sua emergência a partir do sono arcaico-urobórico no Éden – um surgimento absolutamente necessário e desejável, mas carregado de medo e tremor, e sombreado pela caveira da morte.

O TEMPO COMO NEGAÇÃO DA MORTE

Existem diferentes formas de negar e reprimir a morte, e diferentes resultados de tais esforços – encontraremos a maior parte deles neste livro. Mas um dos mais significativos envolve o *tempo* (outro envolve a *cultura*, como veremos brevemente). Por enquanto, então, gostaria de me deter na conexão entre a morte e o tempo.

Filósofos sensíveis sempre se mostraram intrigados com o pacto entre a morte e o tempo. Hegel disse que a história é o que o homem faz da morte.[381] Brown afirmou que o tempo foi criado pela repressão da morte.[61] Esses são conceitos bem difíceis, mas acho que a questão pode ser apresentada de forma simples. A Totalidade suprema, ou Atman-Espírito, é eterna – não existe nenhum passado, nenhum futuro, nenhum tempo. Ou, se se preferir, todo o tempo é agora, o Presente eterno citado pelos místicos (por exemplo, o *Gegenwart* de Gebser).

Portanto, na realidade última não existe nenhum tempo, nenhum passado e nenhum futuro. Em particular, note que a eternidade, poderíamos dizer, é uma condição de nenhum-futuro. Mas a morte também é uma condição de nenhum-futuro. Obviamente, algo que morre, que cessa de existir, não tem futuro algum. Assim, quando o homem *nega a morte*, ele se recusa a viver sem futuro e, desse modo, se recusa a viver eternamente. Ao negar a morte, nega a condição de nenhum-futuro e, portanto, nega a eternidade.[434] Em resumo, negar a morte é exigir um futuro – a fim de evitar a morte, o homem vislumbra seu eu separado seguindo adiante no tempo. Ele quer se encontrar amanhã. De fato, ele se projeta pelo tempo futuro a fim de reprimir a morte e, desse modo, como colocado por Brown, "a guerra contra a morte [a repressão da morte] toma a forma de uma preocupação com o passado e o futuro. [...] A vida não reprimida não está no tempo histórico [...] somente a vida reprimida está no tempo; a vida não reprimida seria atemporal ou eterna".[61]

Mas o tempo não é simplesmente uma negação da eternidade – o homem nunca o adotaria se ele fosse só isso. O tempo é um substituto para a eternidade, pois permite a ilusão de continuidade. É uma forma do Projeto Atman, de substituir a realidade do Presente atemporal por uma pretensa perpetuidade. E já que existe um eu separado, ele *precisa* do tempo – e precisa dele como uma promessa de que a caveira não sorrirá maliciosamente hoje.

Entretanto, como veremos neste livro, existem estruturas ou tipos diferentes de tempo esfoliados da Eternidade. Temos, em ordem ascendente, de expansão e evolução, correspondendo aos níveis do Grande Ninho: 1) a ignorância pré-temporal do pleroma-uroboro;

2) o simples e passante presente do tifão (o uroboro vive no presente simples, da mesma maneira que o tifão o faz, mas o uroboro é totalmente ignorante de si mesmo como um indivíduo separado *vivendo* no presente discreto e, nesse sentido, o uroboro é pré-temporal); 3) o tempo cíclico, sazonal, do nível mítico-associativo; 4) o tempo linear e histórico do ego mental; 5-6) o tempo arquetípico, eônico ou transcendente da alma; 7-8) a Eternidade completamente atemporal do Espírito-Atman.

Essas diferentes formas de tempo parecem, em princípio, surgir com modos correlatos do eu ou estruturas de consciência.[436] Cada modo do eu sucessivamente mais elevado representa uma expansão e uma extensão da consciência e, assim, cada modo mais elevado do eu pode captar modos temporais crescentemente estendidos, do presente simples ao tempo histórico, ao tempo arquetípico ou eônico, até que o próprio tempo definha de volta à sua Fonte e desapareça como uma escada necessária, porém intermediária, para a transcendência.

Porém, ao mesmo tempo em que novas formas do eu separado são criadas, elas são necessariamente expostas a novas formas de morte e terror da morte. E à medida que novas formas de terror da morte emergem, novas formas de negação da morte tornam-se necessárias, e a projeção da percepção do eu pela nova e correspondente sequência temporal é uma importante forma de repressão da morte. De modo menos preciso, mas mais sucinto: quanto mais a morte ameaça, torna-se necessária uma série mais extensa de tempo para negá-la. O tempo transforma-se num ingresso para a imortalidade.

No nível urobórico mais simples, essa negação da morte é tão primitiva a ponto de mal merecer o nome; ela se apresenta como o simples impulso por alimento ou troca material para perpetuar o organismo. Nesse nível, a negação da morte (como sua origem, o Projeto Atman) é amplamente instintiva e subconsciente e, embora esse impulso alimentar exista de fato *no* presente simples, não está completamente ciente *do* presente simples – sua disposição subjetiva, como dissemos, não era clara e evidente; portanto, nesse sentido, era uma disposição pré-temporal, um "tempo pré-temporal", o tempo do Alvorecer. Mas o ponto é que, mesmo nesse simples impulso biológico de preservação via comida ou alimentação e assimilação da natureza (nível 1), encontramos o impacto subconsciente do não ser. Como expresso por Becker, há "o medo sempre presente da morte no *funcionamento biológico normal do nosso instinto de autopreservação*".[25] Isso é bem óbvio e direto.

Mas esse nível inferior de instinto pré-temporal e subconsciente não nos interessa particularmente, porque é "suficientemente forte" apenas para impulsionar a assimilação de alimento, não a psique e a cultura. O tempo existe para negar a morte; o uroboro nega a morte via comida – a falta de alimento é sua morte, portanto a falta de alimento energiza seu tempo. Assim, quando o uroboro obtém comida, o tempo cessa de existir para ele. O estômago cheio não reconhece o amanhã. Para o uroboro, o estômago cheio é a imortalidade – eis a mais primitiva, ou uma das mais primitivas, formas do Projeto Atman. Essa simples autopreservação biológica de obtenção de comida não serve a nenhuma função mais elevada, não exige nenhum tempo superior, não cria nenhum terror existencial. A morte nesse nível não é conscientemente apreendida – nem o tempo. A esfera inteira é subconsciente, "tempo pré-temporal", "morte pré-mortal".

Coloquemos isso da seguinte forma: os animais são impulsionados instintivamente para a autopreservação se imediatamente ameaçados ou presentemente famintos, mas o homem tornou esse "instinto", e seu eu, *consciente* e *precário*, e aí está a grande diferença! E é até mais que isso – não é que o homem tenha se tornado consciente dos instintos inferiores, mas ele possuía instintos completamente diferentes e mais elevados; esse fato mudou completamente o significado da "autopreservação". Porque o que significa "autopreservação" depende, em primeiro lugar, do que se entende por "eu", e, já que existem diferentes níveis de eu, existem diferentes níveis e diferentes tipos de autopreservação e de negação da morte. E é nessas formas mais elevadas, além do alimento e da autopreservação biológica, que devemos procurar pela morte existencial real e, portanto, pelo tempo existencial real.

Assim, embora reconheçamos completamente que o uroboro tem sua negação alimentar da morte ou Projeto Atman, sua autopreservação material via comida, também percebemos que isso era largamente executado instintiva e subconscientemente naquele mundo de "morte pré-mortal" e "tempo pré-temporal" que governava a vida inferior e a matéria.

No tempo do tifão, porém, o novo e mais individualizado eu enfrentou uma nova e mais elevada apreensão da morte e, portanto, precisou de novas e mais desenvolvidas negações da morte – uma das quais foi o compromisso e a promessa conscientes do *tempo*. O modo do tempo nesse nível ainda era o presente passante básico, mas mais vivido subconscientemente. Não era mais suficiente para fluir com o que quer que fosse que o presente trouxesse, rejubilando-se inscientemente na imortalidade do alimento e oscilando inocentemente como os lírios do campo. O novo eu teve de *preservar* o presente, *transportá-lo* conscientemente até o próximo presente, e o próximo, e o próximo, como uma promessa de que a morte não o tocaria agora. Isso era autopreservação de fato, mas não mais meramente com comida, e sim por uma sensação do eu, uma autoimagem, um corpo-ser individual. A negação da morte não estava mais envolvida com a necessidade de perceber o alimento, mas com a necessidade de perceber a sensação do eu, agora, agora e agora novamente.

Desse modo, o *esforço constante* para preservar a sensação do eu tifônico apareceu como uma *demanda de tempo constante*, uma demanda para que o presente se movesse perpetuamente até seu sucessor, não fortuita e subconscientemente como antes, mas levado e acalentado pela nova sensação do eu. O tifão não estava mais vivendo *no* presente simples, como seus antepassados; ele estava agora ciente *do* presente simples e de suas necessidades. Assim, não mais simplesmente comer, mas a Grande Caçada! Não mais os lírios do campo, mas o trabalho de preservação temporal! E por que, se não por uma negação da morte? "Tal gasto constante de energia psicológica para a preservação da vida seria impossível", Zilboorg assinala, "se o medo da morte não fosse constante. O próprio termo 'autopreservação' implica um esforço contra alguma forma de desintegração [Tânatos]; o aspecto afetivo disso é medo, medo da morte." Também, diz Zilboorg, a maior parte desse medo da morte "deve ser adequadamente reprimida", e isso "significa exercer um esforço psicológico constante para manter a repressão e nunca relaxar nossa vigilância interior".[443] Gostaria simplesmente de complementar (como uma forma de juntar as ideias filosóficas importantes sobre a morte, a negação da morte e o tempo) que esse *esforço constante* de negação da morte, em cada nível do Grande Ninho, surge como o *tempo constante* do respectivo nível (qualquer que seja sua forma) – e isso acontece até que o eu, a morte e o tempo desapareçam na Fonte Radiante do próprio Ninho inteiro.

Durante esse primeiro e ainda bastante primitivo período tifônico, a simples preservação momento a momento da sensação do eu era suficiente para reprimir a morte: o tempo, embora agora conscientemente percebido, era ainda meramente o presente passante. E em geral, os primitivo caçadores e coletores da pré-história tifônica, que constituíram as sociedades mais antigas de pequenos grupos de vinte ou trinta pessoas, viveram quase momento a momento ou, no máximo, dia a dia.[426] Claro que isso é uma grande simplificação, mas o ponto é que a preservação da nova sensação do eu envolveu uma preservação do tempo ainda centrado mais no presente imediato e seu futuro imediato do que em sequências históricas extensas.[215] O tifão estava preocupado com o futuro do presente, não com o futuro do futuro. Desse modo, não havia nenhuma capacidade real ou necessidade de plantar, colher, planejar extensivamente, cultivar para o próximo ano, porque, para todos os efeitos práticos, o próximo ano não existia. A morte para o caçador tifônico estava no presente, não em algum destino futuro e, assim, um presente conscientemente *contínuo* bastava para evitar a morte. Não havia necessidade de mais tempo nesse estágio; mais tempo não era entendido. Para um caçador tifônico, a imortalidade consistia em viver até amanhã.

Daí por que, para os primitivos seres tifônicos, "a morte é uma consequência da violência [presente] e é geralmente atribuída não ao destino natural de seres temporais, mas à magia".[69] Isto é, a morte é uma ocorrência mágica, presente, abrupta, que pode ou não acontecer *agora* – não é algo que acontece num futuro distante. O tempo estendido ainda não entra difundidamente no quadro.

Em resumo: com a emergência tifônica do primeiro eu "focado", surgiu também a primeira marca verdadeira da morte. E, assim, o primeiro modo real ou consciente do tempo foi igualmente contatado, e contatado (em parte) como uma forma de negar a impressão da morte, com a promessa de que o presente não acabaria, assegurando a imortalidade com a promessa de outro presente, momento a momento. Sem nenhuma dúvida, os homens e mulheres estavam passando exatamente pelos portões do Éden rumo ao mundo da mortalidade e, como uma primeira defesa, trouxeram o tempo com eles.

O ESTEIO DA CULTURA

Sugerimos que os homens e mulheres tifônicos já estavam bem despertos como eus separados para garantir sua imortalidade meramente comendo ou sobrevivendo biologicamente, como foi o caso nos tempos urobóricos (ou em todas as formas de vida inferiores). Por um lado, a consciência estava simplesmente crescendo e expandindo – afinal, o Projeto Atman a impulsiona em direção a Atman e à superconsciência. Por outro lado, mais substitutos para a crescente intuição da falta de Atman, e mais defesas contra a crescente compreensão da vulnerabilidade e mortalidade, tiveram de ser criados. Essa "complexificação da consciência", usando a expressão de Teilhard de Chardin, no final levou o tifão, de uma forma quase impossível para o uroboro, a *atividades culturais*. E o objetivo específico da cultura foi servir aos dois braços do Projeto Atman: a produção de mais mana (Eros) e menos tabu (Tânatos). A mesma estrutura de dois braços, claro, também foi verdadeira para a criação do tempo; assim, como podemos dizer que o tempo foi criado *por* uma expansão de consciência e *como* uma nova negação da morte, a cultura foi o que se fez com esse novo tempo. Eles estão perfeitamente inter-relacionados (daí por que, precisamente, "a cultura é o que o homem faz com a morte"); mas, agora, focaremos mais especificamente os detalhes da cultura propriamente dita, especialmente em seu impulso para produzir mana e evitar tabu.

Não precisamos ir longe, porque a magia foi o meio comum para ambos. Rituais mágicos, cerimônias mágicas, danças mágicas, caçadas mágicas, negações da morte mágicas. Durante esse período primitivo, a sociedade era, além de necessidades biológicas, uma atividade cultural de compensações mágicas – um Projeto Atman mágico em grande escala.

Especialmente negações da morte mágicas, o lado negativo do Projeto Atman. "Entre os arandas australianos", Campbell nos conta, "a aldeia onde ocorreu uma morte é totalmente queimada, o nome da pessoa nunca é mencionado [...] e uma dança, acompanhada de gritos selvagens de revolta, batidas no chão e mutilações mútuas, é realizada pelos parentes no próprio túmulo."[69] Tudo isso, claro, é feito para magicamente evitar tanto a morte dos que ainda estão vivos quanto o retorno do espírito do morto, que, normalmente, se temia que fosse um mercador da morte e um promotor de desordens.

Para o mundo do dia a dia das sempre necessárias caçadas, que eram a forma central do novo projeto de imortalidade, sugeriu-se que "a tarefa diária e as graves preocupações de lidar com a morte, derramando sangue, a fim de subsistir, criou uma situação de ansiedade que teve de ser resolvida, por um lado, por um sistema de defesa contra represálias, e por outro, por uma diminuição da atmosfera de mistério da morte".[69] Porque, como Frobenius assinala, "é necessária uma magia poderosa para derra-

Figura 11. O homem de Cro-Magnon. Nós o chamamos de "tifônico avançado", para diferenciá-lo de seu predecessor mais bruto, o homem de Neandertal ou tifônico inicial. O Neandertal viveu por volta de cinquenta mil a duzentos mil anos atrás; o Cro-Magnon, ao redor de dez mil a cinquenta mil anos atrás. Para simplificar, referimo-nos ao período inteiro como tifônico, mas a maior parte de nossos comentários neste livro refere-se ao homem tifônico avançado. O homem tifônico inicial era quase inteiramente pré-verbal, possuindo apenas imagens (processo primário) e os mais primitivos paleossímbolos. O homem tifônico avançado ainda era largamente pré-verbal, mas, além de imagens, provavelmente possuía paleossímbolos mais complexos, modificadores, comandos e alguns substantivos. Mas, já que ambos eram predominantemente pré-verbais e restritos ao corpo, referimo-nos à estrutura inteira como tifônica.

mar sangue e não ser surpreendido pela vingança de sangue".[153] Desse modo, chegamos à fórmula única e simples do lado negativo do Projeto Atman para os primitivos humanos tifônicos: nas palavras de Campbell, "*onde há magia não há morte*".[69] E o poder, nos primitivos tifões, simplesmente foi para o homem mais mágico, com mais capacidade de repelir a morte e negociar com ela. Ele tinha o controle do Projeto Atman – e, portanto, a chave tanto das psiques individuais quanto do projeto cultural em geral.

> Os caçadores e guerreiros experientes podiam exibir de fato esses poderes especiais sob a forma de troféus e símbolos ornamentais de mérito. Os escalpos dos inimigos mortos e os dentes, penas e outros ornamentos eram frequentemente carregados de poder mágico e serviam de proteção. Se um homem usava um grande número de troféus e símbolos mostrando quanto poder ele detinha e quão extraordinárias eram suas façanhas, ele se tornava uma importante figura de mana que, literalmente, causava terror no coração de seus inimigos.[26]

Em resumo, "a magia é empregada tanto como defesa contra [a morte] quanto para infligi-la aos outros".[69]

Tudo isso diz respeito ao lado "negativo" ou Tânatos do Projeto Atman. Quanto ao lado de Eros (ou "positivo"), esperamos encontrar a busca por vida adicional, extra Eros, mais autossobrevivência e enriquecimento. Tome, por exemplo, o seguinte resumo da obra do grande antropólogo Hocart, que "viu a conquista da prosperidade como a ambição universal – a boa vida [que é simplesmente *mais* Eros]. Para satisfazer esse ardente desejo, somente o homem poderia criar o conceito extremamente poderoso que o tornou heroico e lhe trouxe tragédia absoluta – a invenção e a prática do ritual, que é, acima de tudo, uma técnica para promover a boa vida e evitar o mal. Não passemos por cima dessas palavras: o ritual é uma *técnica para dar vida*".[26] Não sei como nosso ponto poderia ser exposto com maior clareza!

Mesmo nesse primeiro estágio da pré-história, os homens e mulheres eram conscientemente impulsionados para gerar Eros, para ajudar ou garantir a perpetuação do eu separado. O ritual era uma dose de reforço para um eu recentemente emerso que estava ciente de que outros eus morriam; uma técnica para prosseguir no reino finito, enquanto tentava aumentar os poderes nesse reino. Mais um exemplo: "Nas famosas cerimônias totêmicas de prole dos aborígines australianos, os homens primitivos imaginavam que, ao imitar os movimentos de nascimento dos animais, podiam aumentar o número de cangurus, emus, lagartas no mundo. A técnica era tão precisa que o aborígine podia até prescrever a cor dos cangurus – marrom, em vez de, digamos, cinza".[26]

O ponto parece ser bem simples: "Por meio de técnicas ritualísticas, os homens imaginavam que mantinham firme controle do mundo material e, ao mesmo tempo, que transcendiam esse mundo, modelando seus próprios projetos invisíveis [Atman], o que os fazia [parecer] sobrenaturais, criados acima da decadência material e da morte". De fato, diz Becker, o homem primitivo "organizou o cosmos inteiro de modo que lhe permitisse expandir-se simbolicamente e apreciar o mais culminante [...] prazer: ele pôde alçar a sensação do eu de uma mera criatura organísmica à altura das estrelas".[26] E essa é uma perfeita descrição do lado positivo do Projeto Atman, a tentativa de ser cosmocêntrico, central à existência, onipotente. Com o ritual como primeira técnica do Projeto Atman, o homem foi bem-sucedido em "colocar-se como o centro de interesse do universo".[26] Em sua Natureza primordial ele *é* o universo, mas em seu eu separado simplesmente deseja e finge ser cosmocêntrico, e o ritual foi uma das primeiras técnicas para esse projeto – o Projeto Atman da imortalidade.

Olhando de volta para essa obscura pré-história – talvez até o ponto que nossa vista alcança, além do qual tudo fica embaçado –, vemos que, bem no surgimento dos homens e mulheres a partir do Éden urobórico, as atividades *culturais* foram medidas necessárias para o sempre progressivo Projeto Atman. O alimento não mais constituía a imortalidade; a simples biologia não era mais suficiente. Precisava-se do *tempo*; precisava-se da *cultura*. O novo e mais complexo eu expressava novas e mais complexas necessidades, enfrentava novas e mais complexas formas de morte e, desse modo, demandava novas e mais complexas negações da morte e autopreservações. Os indivíduos reuniam-se em grupos crescentemente maiores para compartilhar esses projetos Atman expandidos e ampliar a consciência por meio de atividades culturais intersubjetivas, muito rudimentares é verdade, contudo transbiológicas. Os novos tempo, eu e cultura eram, simultaneamente, os produtos de uma consciência em expansão, um sistema de elaboradas recompensas substitutas, uma expressão de vida mais elevada e uma negação fetichista da morte mais complexa. Cerimônias e rituais mágicos, negações da morte e preservação do tempo mágicas, possessões, feitiços e parafernália culturais: esses novos objetos substitutos, como o novo sujeito substituto que eles sustentavam, foram compensações para a falta de Atman *e* para um impulso vacilante em direção a Atman. A humanidade subiu um degrau decisivo na escada do Grande Ninho do Ser – com todos os novos potenciais e os novos perigos correspondentes.

Porém, os homens e mulheres ainda não eram forçados a realizar seus projetos Atman *uns nos outros* – não, pelo menos, em grande extensão. Pois uma das coisas terríveis que logo descobriremos é que, como as pessoas se tornaram objetos substitutos, elas se transformaram em *vítimas*. Esse ainda não era o caso nos tempos tifônicos. Concorda-se que, em sociedades de caça tifônicas, não existia desigualdade em larga escala, classes, guerras, exploração, nem propriedade privada. "O trabalho é dividido com base na idade e sexo. Os direitos territoriais do bando são coletivos. A sociedade baseia-se em laços de parentesco e é igualitária. O comércio consiste na troca de bens, favores e trabalho. Não existe guerra como a conhecemos."[25] Até Becker, dedicado a revelar a covardia humana desde o início, descobriu que "nas sociedades primitivas mais igualitárias [...] não há distinção de classes e há pouca ou nenhuma autoridade de um indivíduo sobre o outro. As posses são simples, e não existe nenhuma diferença real em riqueza; a propriedade é distribuída igualmente".[26]

Não pretendo idealizar essas sociedades em si; elas eram relativamente benignas, não porque fossem transdiferenciadas e integradas, mas porque eram amplamente pré-diferenciadas e indissociadas. Quanto mais homens e mulheres encetaram essa ascensão *necessá-*

ria do subconsciente, mais *difícil* se tornou alcançar e sustentar suas recompensas substitutas, de forma que foram logo forçados a realizar seus projetos Atman em seus companheiros humanos. E, à medida que as pessoas se tornaram objetos, passaram a ser vítimas de todo tipo de crueldade. A ira em ser apenas uma criatura finita logo se transformou em ira de outras criaturas finitas, de modo que, hoje, o mundo é dividido em grandes bandos de criaturas finitas fortemente armados, copiosos em matança, propensos à destruição mútua.

Há somente uma solução para essa confusão de projetos Atman que se atacam: abrir a alma para aquilo que, em última instância, se deseja – a consciência de Atman propriamente dita. Entretanto, não sou tão ingênuo a ponto de acreditar que isso acontecerá em larga escala (pelo menos, não por milhares de anos). Assim, como veremos, a próxima melhor coisa a fazer é organizar os projetos Atman individuais de forma que eles se superponham em modos mutuamente sustentáveis – o que Ruth Benedict chamou de sinergia. Ao mesmo tempo, há *indivíduos* que trilharam o caminho para Atman; indivíduos que, cansados de suas recompensas substitutas e mundos substitutos, renunciaram a seu apego ao tempo e se mantiveram abertos à Totalidade suprema. Esses foram, e são, os grandes Heróis da humanidade, homens e mulheres que viram mais do que pode ser pego com as mãos, que saíram da caverna de sombras e se encharcaram na luz do Ser. Embora essas almas sejam raras, representam nada menos que o destino da consciência, a ressurreição do Todo superconsciente.

Assim, a questão é se, no passado obscuro dos tifões mágicos, homens e mulheres evoluíram o suficiente a partir do subconsciente, de forma que alguns deles possam ter retornado ao superconsciente. Eles conseguiram sair de fato do Éden terreno, a ponto de desejar conscientemente descobrir o Céu do espírito? Se a resposta for sim, eles descobriram? E, se a resposta for novamente sim, o que eles viram?

VIAGEM AO SUPERCONSCIENTE

Estamos agora na trilha das sociedades mais primitivas, das quais não temos registros significativos, e, perscrutando esse estado primevo, há um aspecto que ressalta sobre todos os outros. Não é uma atividade cultural, um ritual particular ou um tipo peculiar de organização social. É um indivíduo, realmente extraordinário. É o xamã.

Tradicionalmente, o xamã tem sido visto pela psiquiatria e antropologia ortodoxas não como super-homem, mas como superpsicótico. "O xamã", explica o dr. Van de Castle, "é atualmente considerado psicótico, porque ele continua insistindo em ser capaz de demonstrar fenômenos que o antropólogo 'sabe' que não existem. Portanto, o xamã deve ser ilusivo, já que não há nenhuma correspondência possível entre suas percepções e convicções e o modo como funciona o 'mundo real' do antropólogo."[403] Entretanto, isso não significa que *todos* os xamãs tenham despertado para o Transcendental e que nenhum xamã seja psicótico ou, pelo menos, um magnífico charlatão. Muitos xamãs (a maioria, eu diria) claramente foram bastante ilusivos ou, no mínimo, impostores, e em suas lamentáveis tentativas de explorar os outros, fazendo-os crer que eles eram almas excepcionais e heroicas, vemos o lado mais triste do Projeto Atman em andamento – o que poderíamos chamar de lado das "histórias inacreditáveis".

Mas a pergunta premente é: Existem xamãs verdadeiramente despertos para alguns dos estados mais elevados de consciência? E, quando procuramos entre os corvos negros por um corvo branco para sustentar nossa posição, deparamo-nos realmente com um respeitável bando deles. De fato, pode-se afirmar agora com garantia absoluta que o xamã – o xamã autêntico – foi o primeiro grande viajante dos domínios do superconsciente. E percebamos como isso foi verdadeiramente extraordinário – há centenas de milhares de anos, essa alma viu, ele *viu* não só as profundezas de seu próprio ser, como também o destino e o futuro da consciência. E só podemos sentir espanto e sincera admiração por essas almas isoladas, localizadas no alto das montanhas, longe de seus companheiros, que mantinham o coração suficientemente apaziguado para ouvir o chamado do Além. O xamã esquimó Najagneq contou ao antropólogo Rasmussen que existe um Eu supremo que é "o habitante ou alma (*inua*) do universo. Tudo que sabemos é que tem uma voz gentil como a de uma mulher, uma voz 'tão doce e delicada a ponto de nem mesmo as crianças sentirem medo'. O que ele diz é: 'Sila ersinarsinivdluge', 'Não tenha medo do universo'".

Não é de admirar que o símbolo clássico do xamã seja um pássaro – para voar além dos confins da mortalidade terrestre e do terror da morte, ascendendo aos céus da Totalidade.

Na grande caverna paleolítica de Lascaux, no sul da França, existe a figura de um xamã vestido de pássaro, prostrado em transe e com um pássaro pousado em seu cajado ao lado dele. Os xamãs da Sibéria usam fantasias de pássaro até hoje, e acredita-se que muitas tenham sido concebidas por suas mães a partir da linhagem de um pássaro. Na Índia, um título honorífico dado ao mestre iogue é Paramahamsa: soberano ou supremo (*parama*) ganso selvagem (*hamsa*). Na China, os chamados "homens da montanha" ou "imortais" (*hsien*) são representados com plumas, como pássaros, ou flutuando pelos ares sobre animais alados. A lenda alemã de Lohengrin, o cavaleiro do cisne e as narrativas, de onde quer que o xamanismo tenha florescido, sobre a donzela do cisne são igualmente evidências da força da imagem do pássaro como sinal adequado do poder espiritual. E também não devemos nos lembrar da pomba que desceu sobre Maria e do cisne que gerou Helena de Troia? Em muitos locais, a alma tem sido representada por um pássaro e, comumente, pássaros são mensageiros espirituais. Os anjos nada mais são que pássaros modificados.[69]

"Mas", Campbell nos lembra, "o pássaro do xamã apresenta caráter e poder particulares, dotando-o de uma habilidade de voar em transe além dos limites da vida e depois retornar."

É a natureza desse transe xamanístico que tem confundido ou, pelo menos, intrigado psicólogos e antropólogos ortodoxos. Mircea Eliade, cujo livro *O xamanismo e as técnicas arcaicas do êxtase* é o estudo definitivo do tema, nos dá uma introdução indolor da natureza do transe xamanístico: "O xamã permanece como figura dominante; porque, por essa região inteira na qual a experiência extática é considerada a experiência religiosa por excelência, o xamã, e apenas ele, é o grande mestre do êxtase. Uma primeira definição desse fenômeno complexo, e talvez a menos arriscada, é: xamanismo = técnica de êxtase". Campbell explica isso desta forma: "Como ressaltado por Eliade, o poder do xamã repousa em sua capacidade de colocar-se em transe à vontade. Ele não é vítima de seu transe: ele o comanda como um pássaro controla o ar durante o voo. A magia do seu tambor carrega-o para longe nas asas de seu ritmo, as asas do arrebatamento espiritual. [...] E, enquanto está em seu transe extático, ele apresenta suas ações milagrosas [que envolvem] a realidade [...] essencial inacessível à maioria das pessoas".[69]

É nesses "transes extáticos" que surge a visão – aquela que eleva o xamã ao incomum e o distingue (ele ou ela) como extraordinário. E é exatamente a natureza dessa visão extática que nos interessa.

A CRISE EXISTENCIAL E O RUGIDO DO LEÃO

Há uma diferença entre *translação* e *transformação*. Quando um indivíduo sofre uma *transformação* para um nível particular de consciência, ele passa a *transladar* seu eu e seu mundo de acordo com as estruturas básicas do novo nível.[436] Uma vez que a humanidade se transformou do urobórico para o tifônico, passou a transladar seu mundo, interno e externo, de acordo com as principais estruturas cognitivas características desse nível. A transformação, em outras palavras, é um tipo de alteração vertical ou mutação em estruturas da consciência, enquanto a translação é um simples movimento horizontal no âmbito de determinada estrutura.

Dá no mesmo dizer que translação é uma mudança em estruturas superficiais, e transformação, uma mudança de estruturas profundas. Lembre-se da nossa analogia simples de um edifício com oito pavimentos: cada um dos andares é uma estrutura profunda, enquanto os objetos particulares (salas, mobília, escritórios etc.) de cada andar são suas estruturas superficiais. Assim, translação é mover-se pelo andar; transformação é mudar-se inteiramente para um andar diferente.*

A translação tem um propósito importante, básico e fundamental: manter cada nível (ou "andar") do sistema do eu estável, equilibrado, constante. Isso pode ser dito de várias formas: a translação atua para assegurar as recompensas substitutas do nível específico,[29] reduzir a incerteza,[24] reduzir a tensão,[147] manter a constância entre o fluxo e a mudança,[128] sustentar e ampliar Eros.[25] Em resumo, a translação objetiva fortalecer um andar particular do edifício da consciência, não trocar completamente de andar.

Portanto, uma das melhores maneiras de descrever a translação, é dizer que ela busca preservar a vida da sensação do eu separado e protegê-la contra as forças, internas ou externas, sagradas ou profanas, superiores ou inferiores, que ameacem sua presente forma de existência. Isto é, *a meta da translação é assegurar que Eros supere Tânatos*, que a Vida vença a Morte, que as fronteiras do eu não colapsem em face do Vazio. A translação tem sucesso, por assim dizer, desde que a morte de seu presente nível ou andar não seja iminente; sua função é justamente negar a morte desse dado nível.

Entretanto, se Tânatos superar Eros, o modo presente de translação tende a falhar e até colapsar. Uma das muitas formas desse processo é o denominado colapso nervoso. Certas pressões, tensões e esforços desintegradores – Tânatos em geral – acumulam-se até o ponto em que excedem a força, a vitalidade e a vida – Eros em geral – do sistema do eu. Nesse ponto, a translação tende a falhar miseravelmente – os processos mentais ficam desorientados, os elementos

---

* Transformação é exatamente o que Gebser chama de "mutação de consciência", o que Hegel chama de *aufheben* e, aproximadamente, o que Piaget chama de "acomodação" e Polanyi, de "emergência".

afetivos são mantidos sob fogo intenso e ocorre um "colapso" ou uma regressão para um nível inferior. Quando o movimento por um andar fica impossível, de modo geral a mudança para outros andares torna-se iminente. Mas devo enfatizar que o "colapso" ou a rendição a um modo de translação e a subsequente transformação não são, necessariamente, nem mesmo normalmente, uma coisa ruim. Crescimento e evolução, por exemplo, exigem transformação – a substituição de translações antigas por novas, a mudança para um andar *mais elevado* da consciência.

Em todo caso, a questão é que, *quando Tânatos supera Eros, a translação falha e segue-se uma transformação*. Quando um andar "morre" (em sua dominação exclusiva da consciência), um andar diverso emerge. Mas a transformação pode ocorrer em diferentes direções. Pode haver transformação *regressiva* de volta a estruturas arcaicas, ao uroboro pré-pessoal, à esfera subconsciente – um movimento descendente no Grande Ninho. Podem acontecer transformações *progressivas* para estruturas de consciência superiores e mais organizadas – como veremos posteriormente. Também podem ocorrer transformações verdadeiramente transcendentes para os domínios do superconsciente – um gigantesco salto até o quinto, sexto ou sétimo andares (já que eles preexistem como potenciais no inconsciente essencial de todos os seres). Escrevi sobre essas transformações em outro livro;[436] tudo que precisamos lembrar aqui é que – dependendo de numerosas variáveis – esses movimentos podem ocorrer em direção a estruturas mais elevadas ou menos elevadas, progressivas ou regressivas.

Menciono tudo isso porque nos ajudará a entender não só a natureza da experiência xamanística, como também a natureza das mudanças evolucionárias da história propriamente dita. O que estamos realmente seguindo em nossa pesquisa da evolução humana são os sucessivos insucessos de certos modos de translação, seguidos por uma *transformação* para novos modos de translação, e assim por diante, até o presente (e, presumo, em direção ao futuro). Em outras palavras, a evolução é uma mudança e um desdobramento sucessivos, via transformação, para estruturas profundas de maior ordem, as quais funcionarão em seu âmbito, via translação, por meio de estruturas superficiais de maior ordem.

Retornemos ao indivíduo no estado tifônico primitivo: uma vez que ele amadureceu, isto é, uma vez que se transformou a partir de estruturas urobóricas infantis e abraçou as translações do tifão mágico, ele, mais ou menos, se estabilizou nesse ponto. E continuaria a transladar seu mundo de acordo com as estruturas do tifão (imagens mágicas, processos primários etc.) e de acordo com os sentimentos e unidades de significado culturais do grupo. Já que Eros superou Tânatos, já que a sensação do eu estava relativamente assegurada em sua compreensão, a translação continuou e passou a reinar o equilíbrio.

Porém, se Tânatos, persistente e consistentemente, superou Eros, em virtude de causas internas ou externas, a translação falhou em sua função calmante e consoladora, surgiu a crise e daí resultou a *transformação*. E, dependendo das circunstâncias, poderia ser uma transformação para uma estrutura de consciência inferior ou superior.

É fascinante que, nesse período primitivo de caça xamanístico, de acordo com Joseph Campbell, fossem reconhecidas duas formas completamente diferentes de importantes *transformações psicológicas* (não simples translações) – uma que chamaríamos psicótica e outra conhecida como xamanística. Campbell é explícito e definitivo nesse ponto: "Observadores sensíveis ressaltaram que, contrastando com a psicologia de uma neurose mutiladora da vida (que é reconhecida tanto nas sociedades primitivas quanto na nossa, mas lá não é confundida com o xamanismo), a crise xamanística, quando corretamente sustentada, gera um adulto não só de inteligência e refinamento superiores, mas também de maior força física e vitalidade espiritual do que é normal aos membros de seu grupo".[69]

Em outras palavras, a verdadeira experiência xamanística produz *não* um colapso para estados inferiores, mas uma real ruptura inovadora para modos mais elevados de ser, resultando em "maior força física e vitalidade espiritual". Como Silverman assinala: "Em culturas primitivas nas quais uma rara solução de crise de vida é aceita, a experiência anormal (xamanismo) é tipicamente benéfica para o indivíduo, cognitiva e afetivamente; ele é considerado alguém com consciência expandida". E, se retornarmos ao nosso perito em xamanismo, Mircea Eliade, o assunto é definitivamente encerrado:

o xamã "conseguiu integrar na consciência um número considerável de experiências que, para o mundo leigo, são reservadas aos sonhos, à loucura e aos estados após a morte. Os xamãs e místicos de sociedades primitivas são considerados – corretamente – seres superiores; seus poderes mágico-religiosos também se expressam como uma extensão de suas capacidades mentais. O xamã é o homem que *sabe* e *lembra*, isto é, que entende os mistérios da vida e da morte".[117]

Mas note imediatamente que *tanto* o surto psicótico *quanto* a viagem xamanística envolvem uma grave crise, "pois a subjugadora crise mental aqui descrita [no caso de um xamã túndrico] é uma característica geralmente reconhecida" do xamanismo, e é, certamente, uma característica do colapso psicótico. Estou sugerindo que a crise, em ambos os casos, é justamente uma crise de translação, gerada sempre que Tânatos supera Eros persistentemente; e o grave e prolongado rompimento ou falha de translação *necessita* de uma transformação para uma estrutura ou nível de consciência diferente.

Entretanto, o surto psicótico é uma transformação para estruturas arcaicas, infantis, inferiores – é regressivo, pelo menos de algumas formas significativas, e *o indivíduo tende a perder acesso aos níveis superiores e normais de consciência*. Isto é, ao regressar do nível tifônico para níveis arcaicos, ele perde acesso ao modo tifônico e, assim, fica socialmente invalidado para outros tifões. Mas a transformação do xamã não é regressiva – ou, pelo menos, não resulta em regressão permanente. É uma transformação para modos mais elevados de consciência – acima da consciência tifônica normal, tanto quanto o psicótico ficava abaixo dela. Uma vez que o xamã *transcende* o tifão sem obliterá-lo, *retém acesso* à consciência tifônica normal – ele ainda consegue se comunicar com os "normais" e pode, se quiser, se fazer passar perfeitamente por diferente, algo que psicóticos verdadeiramente regressivos não conseguem fazer.

E embora o desequilíbrio temporário precipitado por tal crise [xamanística] possa se assemelhar a um colapso nervoso, não pode ser rejeitado como tal. Ele é um fenômeno *sui generis*; não é patológico, e sim um evento normal para a mente bem dotada dessas sociedades, quando é atingida por, e absorve a, força que, por falta de um termo melhor, podemos chamar de realização hierofântica: a realização de "algo muito mais profundamente fundido", que reside no mundo todo e em seu próprio interior. [...] Consequentemente, a crise não pode ser analisada como uma ruptura com a sociedade e o mundo. É, pelo contrário, uma realização irresistível de sua profundidade, e a ruptura se dá com a atitude comparativamente trivial, tanto do espírito humano, quanto do mundo que parece satisfazer à grande maioria.[69]

O xamã *transformou-se* – uma transformação real para os domínios do superconsciente. "Entre os buriates, o animal ou pássaro que protege o xamã é chamado *khubilgan*, que significa 'metamorfose', do verbo *khubilku*, 'transformar-se para assumir outra forma'."[69] Transformar. E a transformação foi bastante dramática – exigiu nada menos que a morte e a transcendência da sensação do eu separado. Morte, Tânatos, Shiva e Sunyata – a verdadeira coisa que todos os eus separados se dedicam a resistir, a verdadeira coisa a que a translação se ajusta para evitar, a verdadeira coisa que congela o coração dos seres mortais – exatamente o que o xamã aceita e transpõe. "A mesma coisa acontece para todo [...] xamã", disse o xamã Semyon, dos tungus. "Ele só pode começar a praticar depois de seus antepassados xamãs cortarem seu corpo em pedaços e separarem seus ossos."[69] A aceitação e a transcendência da morte, um ato que também é a transcendência do eu separado e a ressurreição da superconsciência – eis a viagem xamanística, que anunciou um tema que, nos últimos séculos e milênios, continuaria reverberando pelo coração de todos os místicos e sábios. Disse o xamã Nikitin: "Eu jazerei como um homem morto por três dias e serei cortado em pedaços. No terceiro dia ressuscitarei".[69]

A verdadeira experiência xamanística nada mais foi que a morte e a transcendência do eu separado – o eu separado que acabara de emergir dos tempos arcaico-urobóricos, pela primeira vez que na história do mundo, transcendeu. E a transcendência daquele eu tendeu a revelar – em seu pico – nada menos que a fonte original e a quididade de todas as almas e todos os mundos: a Totalidade última, o Todo superconsciente. "A crise total do futuro xamã", nosso perito nos diz, "pode ser avaliada não só como uma morte iniciática, mas também como um retorno simbólico ao caos pré-cosmogônico, o estado amorfo e indescritível que precede qualquer cosmogonia."[117] A Fonte, a Essência, o Espírito.

Assim, a forma básica da experiência xamanística é simples: Tânatos (morte) supera Eros; segue-se a crise (que envolve a aceitação da morte e de Tânatos); a mera translação cessa, resultando na transformação em ordens de consciência mais elevadas, ordens que, por sua própria natureza, transcendem o eu, o espaço, o tempo, a vida e a morte. "O xamã é o homem [...] que entende os mistérios da vida e da morte."*

Entretanto, não há dúvida de que mesmo a verdadeira religião xamanística é extremamente incipiente, não muito refinada e não altamente evoluída (como veremos na próxima seção). A humanidade, acabando de emergir de seu sono no subconsciente, tinha ainda um longo caminho a percorrer até o superconsciente, e aqueles poucos heróis poderosos que, individualmente, enfrentaram a morte e a transcendência, viram o Todo através de óculos muito escuros. Mas eles viram – e, nessa breve visão, vislumbraram o destino e a sorte de todas as almas e de toda a história, de forma que "houve *insights* profundos alcançados pela mente [xamanística] na solidão das tundras que dificilmente serão igualados". No pico, bem no ápice de sua visão, a experiência xamanística desvelou nada menos que "a sensação de um habitante imortal dentro do indivíduo, proclamado por todas as tradições místicas [...], que [em si] não morre nem nasce, mas simplesmente passa de um lado para o outro, por assim dizer, através de um véu, aparecendo em corpos e partindo".[69,70]

Isto é, proclamou Atman.

O FIM DO PROJETO ATMAN

Chegamos agora ao capítulo final da história da transcendência xamanística primitiva. Vimos que todo homem almeja basicamen-

---

* Essa transformação ocorreu como um desenvolvimento estrutural permanente ou, pelo menos, como uma experiência de pico temporária. Ver Wilber, *Um Deus social* e *Psicologia integral*.

te a Unidade ou consciência de Atman, mas tudo que faz como um eu separado é resistir a ela (porque ela requer a aceitação da morte e de Tânatos). Esse anseio pela consciência de Atman, embora se defenda dele, é o Projeto Atman. Já que o homem quer e intui sua Natureza real e atemporal, mas age para prevenir sua realização, necessita e cria vários *substitutos* para a transcendência. Esses substitutos, criados pelo Projeto Atman, são tanto subjetivos e objetivos, quanto positivos (Eros) e negativos (Tânatos).

Daí por que o verdadeiro xamã, que de fato alcançou um tipo de transcendência real, libertou-se das recompensas substitutas de seus companheiros caçadores que não transcenderam. Sabemos, claro, que ele se livrou, pelo menos temporariamente, do substituto subjetivo chamado eu, como também de muitos dos substitutos objetivos ou culturais. Ao descobrir Atman, o Projeto Atman aquietou-se.

Por exemplo, um dos rituais sacrificais aparentemente comuns do homem primitivo implicava literalmente decepar as articulações de um dedo. "Eu lhe dou esta articulação", diziam as palavras da oração cerimonial dos índios *crows* para a Estrela Matutina; "conceda-me algo bom em troca." E era exatamente essa sua intenção. "Durante minhas visitas aos *crows*", relata o professor Lowie, "vi poucos homens idosos com a mão esquerda intacta."[69] Esses sacrifícios emblemáticos foram criados para assegurar o quê? Não é óbvio agora?

É óbvio para Joseph Campbell, que, com algumas frases primorosas, expõe com precisão o cerne da questão: "Essas são as mãos mutiladas dos 'caçadores honrados', não as dos xamãs; porque o corpo dos xamãs é indestrutível [transcendente] e suas grandes oferendas são do espírito, não da carne".[69] Isto é, *o xamã sacrifica seu eu em transcendência, não seus dedos em substituição.* Aí reside exatamente a diferença entre Atman e o Projeto Atman; ou a diferença entre o sacrifício real e o substituto; ou novamente, a diferença entre a religião esotérica e a exotérica. Mas essa diferença nos leva de volta ao início da percepção do eu separado, como imaginamos que levaria, porque aqui – com tais práticas, como sacrifícios de articulações de dedos e outros rituais exotéricos – "estamos no rasto dos ritos e mitos populares dos períodos mais antigos da sociedade humana dos quais temos registro – mitos e ritos de uma era, aparentemente, mais importante que a do sacrifício da virgem [que examinaremos mais tarde], e não menor, seguramente, em seu alcance pelas barreiras do espaço".[69]

Em seguida, Campbell fala da "profunda divisão psicológica que separa os 'caçadores honrados' de mente rude dos seus [...] xamãs de mente sensível". Podemos dizer isso da seguinte forma: os primeiros dedicam-se à *translação* em busca de recompensas substitutas, enquanto os últimos, os xamãs de mente sensível, se dedicam à real *transformação* para o superconsciente propriamente dito. Assim, essa transformação desvela "uma intuição profunda, absolutamente inacessível aos caçadores honrados de mente rude (estejam eles em busca de dólares, peles de guanaco ou hipóteses de trabalho)".[69]

Dólares, peles de guanaco, hipóteses de trabalho, e daí para fama, riqueza, poder – esses são os resíduos do Projeto Atman, as recompensas substitutas positivas e objetivas que buscam saciar nosso desejo de ser Deus. E no lado negativo ou de Tânatos: já que o eu separado não aceita a transcendência – pois esta envolve morte e sacrifício *real* –, ele a substitui por sacrifícios simbólicos, sacrifícios para obter mais vida para o eu e evitar sua derradeira dissolução. E o fascinante é que os exemplos mais antigos disso são, aparentemente, os sacrifícios de articulações de dedos, *sacrifícios substitutos*, subornos para os deuses, "conceda-me algo bom em troca". "As pequenas oferendas de articulações de dedo, porcos, filhos e filhas [...] parecem fazer sentido num tipo de sistema de permuta mística; e os pecadilhos, não notados pela polícia, roem-nos por dentro, como ratos, fazendo o trabalho da lei."[69]

Com o intuito de evitar a morte instantânea da transcendência, as pessoas se matam lenta e gradualmente, desmembrando sua própria Natureza a fim de preservar seu eu. O indivíduo de hoje, da mesma forma que o de ontem, amputará, alienará e expulsará de seu sistema do eu qualquer aspecto que intimide a morte ou possa ser usado como permuta contra ela. O professor Lowie, na presença dos primitivos *crows*, viu "poucos homens idosos com a mão esquerda intacta". Hoje, um psicoterapeuta vê poucas pessoas de qualquer idade "com o ego intacto". Nenhuma diferença.

Os homens e mulheres não podem se sentir inteiros até que redescubram a Inteireza suprema – até que a morte-e-transcendência seja aceita, até a total rendição sacrifical do eu separado. Até então, prevalecerão os sacrifícios substitutos e simbólicos; as pequenas oferendas em troca, seja durante a caçada ou no escritório moderno, persistirão, como sabia Becker, "um jogo da vida contra a morte". E o mais notável é que essa é uma verdade que podemos perceber trilhando todo o caminho de volta até o alvorecer do homem primitivo...

"Entretanto, talvez, em algum momento, nas dependências do templo, no sítio da dança ou em algum outro local sagrado, possa ser vivenciada a fugaz sensação de um mistério de outro mundo, em face do qual tudo o mais não passa de tolice trivial, e em seguida [...] [uma] amplificação do horizonte do indivíduo em experiência e profundidade de realização, por meio de sua morte e ressurreição espirituais, mesmo no nível dessas primitivas explorações."[69]

VIAGEM XAMÂNICA

Tratemos agora da natureza e do conteúdo precisos do transe xamânico. Dissemos que a viagem xamânica foi, de fato, de transcendência, que entreviu os domínios do superconsciente, mas o fez obscuramente. Agora estamos em condições de ser mais claros.

Em *O Projeto Atman*, apresentei evidências (baseadas no *Vajrayana*, zen, sufismo etc.) que sugerem fortemente que a "experiência religiosa" consiste na verdade em três classes amplas, porém bastante diferentes, cada uma com suas próprias técnicas, seu próprio caminho e suas próprias visões e experiências características. A classe mais baixa é a do *Nirmanakaya* (ver figura 1), comumente conhecida como *kundalini* ioga, que lida com energias córporeo-sexuais e sua sublimação em direção ao centro coronário-cerebral, conhecido como *sahasrara*. A *kundalini* ioga cobre basicamente a subida da consciência de seu ponto mais baixo de descida (o chacra pleromático da raiz) até o sexto chacra (e o início do sétimo, ou chacra da coroa).[439] A próxima classe – a do *Sambhogakaya* – vai além e continua a subida da consciência *para* e *além* do *sahasrara* nos sete (alguns dizem dez) domínios mais elevados de consciência extremamente sutil.[373] A terceira e mais alta classe – a do *Dharmakaya* – acompanha a consciência até a derradeira raiz, em que homem e Deus se transformam um no outro, em que o dualismo sujeito/objeto é permanentemente desmantelado, em que o Atman supremo ressuscita como Vida, Destino e Condição perfeitos de cada forma que ascende até ele.[387]*

---

* A terminologia desses níveis é obviamente um problema, simplesmente porque, nesse estágio inicial de investigação intercultural, não havia surgido uma terminologia comumente aceita. Isso, claro, pode criar confusão. Os níveis e dimensões reais são muito diretos e há uma ampla concordância, mas cada qual tem diferentes nomes para eles! Eis alguns indicadores técnicos. Como vimos, as tradições orientais, tipicamente, dividem Ser e consciência em três domínios principais: o denso (o *Nirmanakaya*), o sutil (o *Sambhogakaya*) e o causal (o *Dharmakaya*; e o "quarto", *turiya* ou *Svabhavikakaya*, que integra todos os três). O nível denso, estritamente falando, é o domínio físico ou material (nível 1); o nível causal, estritamente falando, é o domínio puramente imanifesto (nível 7); e o sutil, estritamente falando, refere-se absolutamente a *tudo* entre o denso e o causal (níveis 2 a 6). Portanto, o sutil, tecnicamente, contém o *pranamayakosha* (energia emocional-sexual, libido, nível 2), o *manomayakosha* (mente conceitual, níveis 3 e 4) e o *vijnanamayakosha* (mente superior e mente arquetípica, níveis 5 e 6). Algumas tradições (por exemplo, teosofia, Steiner, ioga) subdividem o nível prânico geral nos níveis astral e etérico. E muitas tradições dividem várias dimensões literalmente em dúzias de subníveis. Um pesadelo semântico. Eu, de modo geral, aceito todos esses níveis, mas algumas vezes mudo ligeiramente a terminologia ao seguir uma ou outra tradição. Assim, como explicado em *O Projeto Atman*, uma vez que os níveis prânico e mental convencional normalmente *refletem* o domínio denso (ou organizam-se em torno do domínio denso-material), é comum referir-me aos níveis 1 até 4 como "domínio refletor do denso" ou o domínio *Nirmanakaya* global. E o alcance mais elevado desse domínio, quando ele começa a passar para dimensões transpessoais, é o nível 5, o nível psíquico. Daí por que me refiro às práticas espirituais específicas que levam ao psíquico como "*Nirmanakaya*" (nível 5). "Psíquico" não significa necessariamente poderes paranormais ou extrassensoriais, embora se diga que esses poderes, algumas vezes, cresçam em frequência nesse nível. Contudo, como uso o termo, "psíquico" significa simplesmente o início dos estágios de desenvolvimento superconsciente, espiritual ou transpessoal (nível 5). O nível sutil, como disse, refere-se tecnicamente a *tudo* entre o denso e o causal (isto é, "o corpo sutil" significa tecnicamente níveis 2 a 6 inclusive).

Na primeira classe, a ênfase está no corpo e nas energias corporais.[362] Na segunda classe, a ênfase está no domínio sutil de luz, iluminações audíveis e resplandecentes, e sons sutis (nada).[345] Na terceira classe, a ênfase está na transcendência das classes precedentes, desarraigando-se também da sensação do eu separado.[337] A primeira classe trata de transe, de êxtase corporal, de enlevo na libertação, e é normalmente acompanhada por mudanças psicossomáticas de uma variedade dramática e evidente (*kriyas*) – tudo isso resulta, no seu clímax, em determinadas intuições e poderes psíquicos (nível 5).[419] A segunda classe trata de luz e felicidade sutis, além das densas sensações do corpo físico, e é normalmente acompanhada por um drástico apaziguamento do corpo psicossomático denso e pela liberação no domínio sutil, e além, do *sahasrara* – tudo isso resulta, no clímax, numa revelação do Deus Único, Luz Única e Vida Única (nível 6), que está subjacente a todos os domínios inferiores e manifestos e os gera.[361] A terceira classe não trata de nenhuma experiência em particular; ao contrário, objetiva a dissolução das experiências propriamente ditas, a eliminação radical da dualidade sujeito/objeto sob qualquer forma – tudo isso resulta, no clímax, na Identidade Suprema da alma e no Deus-Luz Único, de forma que Deus e alma se fundem e desaparecem na derradeira unidade de Atman (níveis 7-8).[46,63,386]

> Eu aceito esse uso, mas por "sutil" (ou *Sambhogakaya*) também quero dizer os alcances muito *elevados* do domínio global, a saber, o próprio nível 6 (o contexto dirá). O causal (*Dharmakaya*) sempre significa especificamente o imanifesto, o estado informe de cessação, embora muitas tradições o subdividam em causal baixo e causal alto. Mas, em geral, o causal é simplesmente o nível 7, o puramente imanifesto. E o nível 8 (o não dual, o *Svabhavikakaya*, *turyia*) não é tanto um nível, mas a integração de todos os níveis, inferiores ou superiores, sagrados ou profanos. Uma observação final: embora os níveis astral e etérico pertençam, ontologicamente, ao domínio prânico global (e, portanto, localizem-se entre os níveis físico e mental), a *maestria consciente* desses níveis não ocorre antes do nível psíquico. Portanto, algumas vezes, refiro-me ao domínio astral-psíquico. Espero que fique claro no contexto se estou me referindo à distinção desenvolvimentista ou ontológica. Para mais detalhes, ver Wilber, *Psicologia integral*. Por agora, a figura 1 resume facilmente esses níveis básicos, e acredito que servirá como um mapa suficientemente simples para a discussão que se segue.

Essas três classes não são três diferentes, embora similares, "experiências" da Fonte Suprema, e sim aproximações sucessivamente mais íntimas dessa Fonte (o *Svabhavikakaya*, ou Atman-Espírito).[64] Elas representam estruturas consecutivamente hierárquicas da superconsciência, níveis 5 a 7, atingindo finalmente a Origem e a Condição de todos os três domínios e classes (nível 8).

No restante deste livro, exploraremos e explicaremos essas três diferentes classes e os três domínios a que se referem. A explicação acima é simplesmente uma breve introdução; o que desejo enfatizar aqui é que a falha em diferenciar essas formas bem diferentes de experiência e prática religiosas levou antropólogos espiritualistas bem-intencionados a uma série de conclusões deturpadas. Assim, é comum hoje falar do xamã verdadeiro como se ele representasse um sábio totalmente iluminado (níveis 7-8), quando, na verdade, ele foi meramente o primeiro explorador da classe de experiências religiosas do *Nirmanakaya* – a mais baixa e mais incipiente forma de experiência religiosa válida, refletindo uma compreensão consciente somente dos níveis inferiores dos domínios do superconsciente (nível 5). O xamã não foi o primeiro grande místico-sábio (ou explorador do *Dharmakaya*); ele nem mesmo compreendia os domínios santos do *Sambhogakaya*; foi simplesmente o primeiro mestre da *kundalini/hatha* ioga.* No ápice do caminho do *Nirmanakaya*, pode-se realmente intuir a consciência de Atman, embora isso seja raro. Todavia, as evidências mostram que poucos xamãs ultrapassaram seu próprio caminho e intuíram claramente a consciência de Atman (essa foi a conclusão de Campbell). Quanto aos demais, porém, seus simples transes de êxtase serviram apenas como vislumbres dos domínios inferiores e psíquicos da superconsciência.

Uma das razões pelas quais o capítulo anterior enfatizou a questão da telepatia foi porque fenômenos psíquicos em geral (psi) são tradicionalmente considerados existentes somente nos níveis inferiores dos domínios do superconsciente – na região do *Nirmanakaya* (nível 5), sintetizada no sexto chacra, ou *ajna* (o ponto entre e por trás das sobrancelhas, o "terceiro olho" dos sensitivos).[436] O fato

---

* Ver Walsh, *O espírito do xamanismo*.

de o xamã, o indivíduo mais altamente evoluído dos tempos tifônicos, conseguir dominar certos fenômenos psíquicos, bem como entrar à vontade em transe *kundalini*, mostra que ele estava mais ou menos afeito aos eventos do *Nirmanakaya*.

Podemos resumir tudo isso da seguinte forma (usando a figura 1 como referência): durante os tempos tifônicos, o *modo médio* de percepção do eu foi o do corpo mágico (nível 2), que não era um corpo verdadeiramente psíquico ou telepático, mas representava a cognição mágica simples do nível prânico. Esse é o "processo primário", que confunde todo e parte, como sujeito e predicado, e, desse modo, segue os contornos simples de associações e contágios emocionais e vitais (prânicos) – e é, até onde alcança, um "reflexo preciso" desse nível incipiente. O eu médio exercitou seu Projeto Atman nessa atmosfera mágica, usando o pensamento fetichista e mágico-ritualístico para repelir a morte e aumentar o mana, apresentar-se como imortal e ver-se como cosmocêntrico. Esse foi o período do animismo, um nexo prânico e vital.

Entretanto, certos indivíduos *mais avançados*, desiludidos com as translações tifônicas comuns, desenvolveram e implementaram as mais antigas técnicas conhecidas de *transformação* significativa para os domínios do superconsciente. Eles representavam não o modo médio de consciência, mas a consciência de ponta da época. Esses foram os xamãs verdadeiros. Porém – falando de forma bem poética –, já que a consciência *em geral* não avançou além do nível tifônico, quando o xamã típico "saltou" para os domínios superconscientes, o *máximo* que conseguiu atingir foi a classe do *Nirmanakaya* – a classe de transe corporal extático, de real capacidade psíquica, de abertura do chacra *ajna*, e assim por diante (nível 5). Para todos esses xamãs verdadeiros, ocorreu, até certo ponto, uma libertação do Projeto Atman tifônico, uma liberação da mortalidade bruta e um vislumbre, ainda que inicial, dos domínios da alma superconsciente. Esses xamãs, maiores ou menores, foram os verdadeiros heróis dos tempos tifônicos, e suas explorações individuais e ousadas a respeito da transcendência tiveram um impacto verdadeiramente evolucionário para a consciência de modo geral.

A PASSAGEM DA MAGIA

Todos nós, contemporâneos, viemos dos tempos do tifão mágico. E não escapamos deles, pois os elementos conscientes de um estágio de desenvolvimento tornam-se os elementos inconscientes do próximo estágio.* Roheim, arguto antropólogo e psicanalista, explica isso da seguinte forma: "O que não conseguimos reconhecer é que todos os sintomas e mecanismos de defesa *são uma forma de magia*. [...] Para os seres humanos primitivos, a magia é consciente, enquanto conosco ela só consegue funcionar [...] se for inconsciente". Apenas se for inconsciente – apenas em sonhos, à noite, longe da luz da razão e da lógica.

A magia – o compromisso cognitivo de submissão aos domínios emocional-sexuais – ainda exerce uma influência moderna sob a forma de pensamento paleológico e sintomas neuróticos, pois esses são, em primeiro lugar, nada mais que esforços de sabotagem do passado e de estágios evolucionários primitivos, estágios não transcendidos e integrados, mas negados e dissociados. A magia não superada explode hoje como sintomas neuróticos e obsessões emocionais: obsessões conflituosas reprimidas que escondem um desejo secreto por impulsos e satisfações emocional-sexuais. Esses impulsos corporais ou tifônicos, quando não superados, transformados e integrados, permanecem alojados nos recessos de um eu de ordem mais elevada e lá se disfarçam em dolorosos sintomas, compulsões e obsessões neuróticos.

Em outras palavras, um sintoma neurótico (no sentido clássico) é resultado de uma pessoa no nível 3 ou 4 subconscientemente tentando recapturar os prazeres do nível 2, mas fazendo-o de forma que encubra ou confunda o que, de outro modo, seria um choque consciente de sua real natureza primitiva e regressiva. Um sintoma neurótico é uma submissão subconsciente ao Éden e sua reatuação – de forma convenientemente disfarçada, claro. Mas, como até mesmo Freud percebeu desde o começo, sintomas neuróticos – tais como histeria, obsessões, compulsões e depressões – seguem exatamente

---

* Como explicado na nota das páginas 89-90.

a lógica do processo primário mágico e, desse modo, no fundo representam resquícios indigestos daquele estágio mais primitivo de evolução.

Para dar um exemplo muito simples de como isso acontece – e relembrar ao leitor descobertas gerais de Freud –, digamos que um indivíduo adulto e racional sinta uma terrível fobia de todas as mulheres ruivas. Durante a análise, ele descobre que, aos 3 anos, sofreu violentos e repetidos traumas nas mãos de uma tia ruiva. Sob o feitiço do processo primário mágico, que domina aquele estágio inicial, passou a confundir para sempre a classe de *todas* as mulheres ruivas com *um* membro dessa classe (sua tia) e, desse modo, fantasiosamente, entra em pânico na presença de *qualquer* mulher ruiva, o que resultou em fobia, ansiedade, obsessão neuróticas. Ele nunca superou essa cognição mágica primitiva, que, como vimos, confunde e iguala todos os sujeitos com predicados semelhantes (por exemplo, todas as mulheres de cabelo ruivo), e, assim, nunca superou sua fobia neurótica, exemplo clássico de condensação e deslocamento mágicos.*

Portanto, como descoberto por Freud, os anos da infância são muito importantes hoje na formação de sintomas neuróticos, simplesmente porque a infância atual deve ser o período de evolução e desenvolvimento *além* da magia, além do eu corpóreo e do processo primário. Uma falha nesse processo – por fixação e repressão – leva a uma submissão inconsciente à magia infantil que, então, se exprime por conflito neurótico (que *é* um *conflito*, porque os aspectos maduros da personalidade lutam contra essa submissão). Nesse sentido, a neurose é uma crença subconsciente em magia, uma recusa em renunciar dignamente àquele primitivo estágio corpóreo

---

* Não estou negando que existam outras causas para a ansiedade fóbica, por exemplo, respostas condicionadas, projeções, gatilhos bioquímicos etc.; nem estou sugerindo que a psicanálise seja a melhor terapia de cura para a fobia (não é; evidentemente, é a dessensibilização). Estou simplesmente usando as descobertas de Freud sobre a lógica estrutural dos sintomas para mostrar que alguns deles resultam de uma falha de integração de estágios evolucionários passados, e que as estruturas desses sintomas combinam com as estruturas daqueles estágios.

emocional-sexual com seus desejos e ideias primitivos. Ao descobrir impulsos sexuais subjacentes a tantos conflitos neuróticos, Freud simplesmente revelou a atmosfera completa desse nível prânico-mágico, com suas energias emocional-sexuais, seus impulsos corporais e sua cognição de processo primário mágico. Na verdade, não foi nada mais espetacular do que isso.

Nos tempos tifônicos, a magia não era um sintoma neurótico porque era coletivo e, até onde cabia, um modo e um estágio apropriados de vida. *Hoje*, porém, quando a consciência coletiva média se estende muito além desse nível primitivo, a magia é um sintoma neurótico porque representa o fracasso em *superar, transformar e integrar* esse antigo estilo de vida, o qual, quando negado, dissociado e reprimido, explode vingativamente em sintomas neuróticos, em obsessões de razão, em compulsões de comportamento.

Em resumo: *a magia não transformada e integrada passa a ser magia disfarçada de doença.* Eis *a* descoberta central e essencial de Freud, e, até onde é válida nessa arena limitada, sua lógica tem-se mostrado infinitamente superior à de seus críticos. Seja ela apresentada em termos da teoria da aprendizagem, da linguística, da sociobiologia – Freud acertou em cheio as características essenciais e gerais desses níveis iniciais e mais primitivos do Grande Ninho. Além desses níveis inferiores, não sou fã de Freud – no âmbito deles, porém, procurei em vão por um gênio maior.

Retornando à nossa abordagem histórica: estamos nos aproximando rapidamente do tempo em que a magia em geral se transformou e foi assimilada por um modo mais elevado de consciência. O tifão mágico foi realmente o primeiro passo importante para sair do subconsciente – foi, concomitantemente, um crescimento necessário e uma miniqueda do Éden urobórico. Mas ao sair do Paleolítico para o Mesolítico, a humanidade estava pronta para seu segundo passo importante.

Parte III
PERÍODO MÍTICO--ASSOCIATIVO

5
O CHOQUE DO FUTURO

Aparentemente, tal era a estrutura de consciência mágico-tifônica, algo similar ao que provavelmente serviu à humanidade pelos duzentos mil anos seguintes. Antes daquele tempo, a consciência desaparecia na escuridão arcaico-urobórica, pré-diferenciada, pré-pessoal.

Mas agora estamos nos aproximando rapidamente do décimo milênio a.C., quando "amadureceu um estágio de organização social que era quase completamente antitético daquele dos povos caçadores".[69] Porém, mais que a simples maturação de "uma nova organização social, esse estágio de evolução foi de fato uma nova, e certamente magnífica, crise de crescimento espiritual, embora um tanto amedrontadora". Pois nessa época estamos "no limiar de uma prodigiosa transformação, certamente a mais importante na história do mundo".[69]

A humanidade começava a acordar, e acordar bem depressa, de seu sono histórico no Éden subconsciente. Mas o que aconteceu especificamente nessa época, cerca de doze mil anos atrás, para ser considerada a transformação mais importante "na história do mundo"?

Em uma palavra, o gênero humano descobriu a agricultura. A simples lavoura – parece um evento de somenos importância, ou até mesmo insignificante, para ter sido realmente responsável por uma das maiores transformações singulares na história da nossa espécie. As evidências antropológicas são claras e inequívocas: quando o homem tornou-se um agricultor, ele sofreu a mais prodigiosa mutação de consciência que já surgiu. Tão complicadas e numerosas foram as mudanças provocadas pela agricultura na vida e na consciência humanas, que elas terão de ser cuidadosamente classificadas e sua importância registrada.

Entretanto, não estou sugerindo que a agricultura *per se causou* essa prodigiosa transformação, e sim que a agricultura foi o *efeito* mais óbvio, ou talvez, o veículo, de uma transformação mais profunda nas estruturas de consciência: ela foi a expressão mais antiga de uma mudança da consciência mágico-tifônica para o que chamaremos consciência mítico-associativa (nível 3).*

Considere que homens e mulheres vagaram pela face da terra, literalmente, por milhões de anos, coletando e caçando, à medida que surgia a necessidade, sem habilidade, conhecimento ou vontade de plantar e cultivar.[426] Isto é, ainda próxima dos lírios do campo, a humanidade não pensava prolongadamente sobre o amanhã e, portanto, não labutava nem cultivava o solo. Até os tempos tifônicos, as necessidades do indivíduo eram satisfeitas pela mera autopreservação, momento a momento, por meio da caça e dos ritos mágicos básicos que expressavam seus desejos simples no presente. Em rituais grupais ou transe xamanístico, ele tinha acesso a uma transcendência rudimentar, porém verdadeira; por outro lado, as modestas recompensas substitutas relacionadas à sobrevivência mágico-ritualística momentânea eram adequadas para satisfazer Eros e evitar Tânatos. A imortalidade para um caçador resumia-se a viver até amanhã. O mundo do tifão, embora não mais "pré-temporal" (urobórico), concentrava-se basicamente no mundo rudimentar do presente corrente.

Mas o mundo da agricultura é o mundo do *tempo ampliado*, de fazer preparativos hoje para uma colheita *futura*, de coordenar as ações do presente visando a objetivos, metas e recompensas vindouros. O agricultor trabalha não só no e para o presente, como faz o caçador, mas também no e para o amanhã, o que exige uma expansão de seus pensamentos, ações e consciência *além do* simples presente, e a substituição de descargas corporais instintivas imediatas por metas mentais direcionadas e canalizadas. Em resumo, com o

---

*Para detalhes de como as estruturas de consciência e as forças tecnoeconômicas de produção interagem, ver *Sex, Ecology, Spirituality*.

advento da agricultura, homens e mulheres entraram num mundo mais amplo de tempo e duração temporal, expandindo sua vida e consciência para incluir o futuro. Essa conquista, no mínimo, não é trivial.

O adiamento e o controle dos instintos, a capacidade de protelar, direcionar, sublimar e compensar atividades instintivas corporais e mágico-tifônicas – eis o mundo expandido do agricultor. "Assim, o construtor das pirâmides é um lavrador, da mesma forma que o trabalhador assalariado de hoje [...] com sua participação nos lucros, seguro-saúde e benefícios de aposentadoria. O penitente que dedilha as contas do rosário, o cantor de salmos, o executante de obras de caridade estão, sem exceção, cultivando."[253] Até o escritor de textos edificantes, ao escrevê-los, está cultivando. O ponto é que todos "compartilham o modo agrário, a consciência agrária, que nos modificou".[253]

A capacidade e a necessidade de adiar e controlar satisfações animais instintivas, impulsos emocional-sexuais e magia tifônica, em favor de metas mentais e temporais, também foram intensificadas nas primeiras comunidades agrárias, em razão do maior número de pessoas vivendo em vizinhança. "No mundo do caçador paleolítico, onde os grupos eram comparativamente menores – dificilmente mais de quarenta ou cinquenta indivíduos – as pressões sociais eram muito menos severas do que as das posteriores aldeias e cidades maiores, fundadas há longo tempo, diferenciadas e sistematicamente governadas. [...] Em tais sociedades, há pouco espaço para atividades individuais. Existe uma relação rígida, não só entre o indivíduo e seus companheiros, como também entre a vida da aldeia e o ciclo calendário, pois os plantadores estão intensamente cientes de sua dependência dos deuses dos elementos."[69] Desse modo, em culturas agrárias, "a maturidade consiste em desenvolver, primeiro, uma arte ou habilidade especial, e depois, a capacidade de suportar ou sustentar a tensão resultante – uma tensão ao mesmo tempo psicológica e sociológica – entre si mesmo (como uma simples fração de um todo maior) e outros com treinamento, capacidades e ideais totalmente diferentes, que constituem diversos órgãos necessários ao corpo social".[69] Daí por que Skinner, por exemplo, "considera a agricultura o início do reforço adiado, com todas as suas implicações. Enquanto as consequências dos atos do caçador são razoavelmente claras e imediatas [porque pequenas e primitivas], o agricultor tem de atuar estrenuamente na primavera (arar e semear), e, depois, esperar vários meses pelas consequências recompensadoras. Meios de controle mais poderosos [e sofisticados] são necessários para preencher essa lacuna".[253] E, voltando ao nosso ponto original, isso se compõe com o aumento maciço da população comunal, com a diferenciação de habilidades físicas e com a proliferação de ideais mentais – todos os aspectos necessários, porém altamente complexos, para a nova experiência corporal, e demandantes de uma psicologia igualmente sofisticada.

Novamente, por quê? E como? Em primeiro lugar, por que os indivíduos concordariam voluntariamente em renunciar a satisfações instintivas e tifônicas em benefício de objetivos mentais futuros? Por que, como colocado marotamente por Keynes, é o caso de copular amanhã e não hoje? O que *permitiu*, como também *compeliu*, comunidades inteiras a desistir de satisfações instintivas em favor de metas futuras mais elevadas?

Nossa resposta sugerida: o que *permitiu* foi o surgimento da linguagem amadurecida; o que *compeliu* foi uma nova e intensificada percepção da morte.

A CAVEIRA SORRI MALICIOSAMENTE

Para começar, penso que uma expansão básica e profunda de consciência *permitiu* ao homem pintar o futuro mais claramente e, desse modo, planejá-lo e cultivá-lo. Ao mesmo tempo, e pela mesma razão, ele também percebeu sua própria mortalidade mais vivamente, e isso *o forçou* a projetar sua existência para o futuro de forma a encontrar-se amanhã. Como expressão, tanto de sua crescente consciência, quanto de sua nova percepção/negação da morte, ele projetou e criou o mundo como algo a ser cultivado. Além de ser capaz de retratar o futuro por intermédio de uma mentalidade expandida, ele *precisava* retratá-lo, de fato, adiante dele como uma promessa de que a morte não o tocaria agora. Assim, a agricultura foi uma experiência de crescimento; *e* foi uma apólice de seguros compulsória, uma medida preventiva, não contra a fome instintiva, mas contra a morte da nova e mais elevada percepção do eu. Se a caça sustentou o eu corpóreo, a agricultura sustentou o eu mental recém-emerso. E essa é a forma mais fácil de considerar a mistura do novo potencial e do novo terror que constituíram a consciência agrária.

Parece quase certo que esse período em geral foi marcado por uma nova e intensificada percepção da morte, como conclui a meticulosa pesquisa de Jaynes: "Embora tenham existido sepulturas primitivas de diversos tipos, ocasionalmente com alguma sofisticação [que marcaram o amanhecer crepuscular da morte no período tifônico], esse é o primeiro período [c. 10000 a.C.] em que encontramos túmulos cerimoniais como prática comum".[215] E túmulos, como ressalta Campbell, "apontam para uma tentativa de lidar com a impressão da morte". Sepulturas comuns significavam percepção trivial da morte. Na verdade, a caveira sorria maliciosamente no banquete – e a humanidade passou a saber disso.

Por um lado, homens e mulheres estavam simplesmente tornando-se cada vez mais conscientes e, por outro, consequentemente, estavam cada vez mais cientes de sua vulnerabilidade existencial. A simples sobrevivência tifônica, momento a momento, não era mais suficiente para conter a consciência, nem podia prometer a imortalidade e evitar a morte; assim, um mundo temporal mais longo e extenso teve de ser criado para que o eu separado pudesse, imaginativamente, projetar sua própria existência contínua (mas ainda ilusória). Isso, invariavelmente, significa que as recompensas substitutas do nível tifônico não eram mais adequadas para o Projeto Atman, não eram mais adequadas para satisfazer Eros e evitar Tânatos. Desse modo, a translação começava a falhar e a transformação começava a ocorrer. Não mais o mundo simples do presente, mas o mundo complexo do *tempo* – e foi exatamente esse eu temporal-associativo que reconheceu e inventou a agricultura. A humanidade renunciou voluntariamente a recompensas presentes, com o intuito de cultivar uma crença no amanhã e, portanto, "ganhar tempo" para evitar a morte e *continuar* (num nível mais alto) a *perceber-se* como um eu separado. E, em parte, homens e mulheres uniram seus eus separados em comunidades agrárias *a fim de ganhar tempo*...

LINGUAGEM, TEMPO E ASSOCIAÇÃO

E ainda o próprio fato de que homens e mulheres *conseguiram* unir-se na consciência agrária demonstra a transcendência evolucionária incorporada nesse nível. Por um lado, a consciência agrária foi uma consciência *associativa* – isto é, consciência comunitária ou consciência "com-*unitária*": uma forma mais elevada de unidade a caminho da Unidade suprema, uma união e um compartilhamento de seres que, de outra forma, se manteriam individualistas e isolados. Por outro, o fato de que a consciência nesse estágio *era* uma consciência agrária significou que não estava mais confinada à alimentação espontânea, mas que podia submeter a alimentação, o domínio físico, a uma disciplina consciente. Essa é apenas outra forma de dizer (e repetir) que a consciência agrária era uma consciência *temporal* que *transcendeu* o presente simples e, então, pôde *cultivar* o mundo do futuro.

Agora, se a principal dinâmica psicológica dessa consciência temporal foi a repressão da morte, o principal veículo psicológico dela foi a *linguagem*. Porque, como pesquisadores de Piaget a Arieti assinalaram, a linguagem é o grande veículo do tempo e da representação temporal.[6,126,329] Com a linguagem, uma sequência ou série de eventos pode ser representada simbolicamente e projetada além do presente imediato. Desse modo, como colocado por Robert Hall, "a linguagem é o meio de lidar com o mundo não presente"[181] e, reciprocamente, alguém que lida com o não presente está lidando com a linguagem.

Além disso, como sugeri em outro livro, a característica-chave da estrutura associativa é a linguagem propriamente dita.[436] Assim, o nível associativo de consciência adapta-se bem – na verdade, é a primeira estrutura completamente ajustada – à sustentação de uma cultura agrária temporal. O tifão não possuía uma linguagem verdadeiramente desenvolvida; de modo geral, ele ainda era um eu corpóreo e uma protomente, com imagens e paleossímbolos mágicos, mas sem um repertório linguístico amplo,[215,426] e, portanto, estruturalmente incapaz de uma consciência temporal extensa.

Por outro lado, o eu associativo era simplesmente um eu *verbal*. *Já que* a linguagem transcende o presente, o novo eu pôde transcender o corpo. Já que a linguagem incorpora metas mentais e futuros, o novo eu pôde adiar e direcionar seus desejos corporais. E finalmente, já que a linguagem transcende o físico, ela pôde *representar* bens materiais com símbolos mentais (como veremos). Tudo isso fez parte da reprodução da natureza humana para um nível novo e mais elevado – o verbal, o comunicativo, o linguístico.

Como também tentei sugerir em outro lugar,[436] o modo predominante de linguagem na estrutura associativa é o que Sullivan chamou "linguagem autista", ou manifestação *verbal* do processo primário mágico, ou cognição de imagem paratáctica;[384] ou o que Arieti chamou "pensamento paleológico".[6] E é o paleológico (nível 3), em alguma de suas várias formas ou estágios, que confere às culturas mítico-associativas sua marca registrada: muito mais refinadas e articuladas que o tifão mágico, mais abstratas, mais detalhadas e penetrantes (como veremos), porém ainda contaminadas por numerosas identificações todo/parte e sujeito/predicado (remanescentes, resquícios, do animismo mágico que as precedeu). A cognição não salta simplesmente da imagética mágica/emocional/prânica para a mentalidade lógica/racional/conceitual, mas atravessa um terreno intermediário de cognição *mítica*, que pode ser entendido como uma "mistura" de magia e lógica, e que instrui e estrutura a linguagem primitiva. A primeira linguagem, a primeira mente, é uma mente com forma mítica ou paleológica. Daí por que Gebser denominou o período inteiro de "mítico" – exatamente como era sua *estrutura*. Esse é o período das maiores e mais duradouras mitologias e civilizações clássicas: Egito, Babilônia e Suméria, México asteca-maia, dinastia Shang na China, Vale do Indo na Índia, Creta micênica e Grécia primordial.

Mas retornemos à linguagem propriamente dita, especialmente em sua forma mítico-associativa inicial. Atualmente está ocorrendo um debate acalorado sobre quando uma linguagem gramatical desenvolvida surgiu pela primeira vez na pré-história da humanidade. Muitos linguistas mantêm que a linguagem deve ter existido desde o início do gênero *Homo* – isto é, por volta de dois milhões de anos ou mais. Recentemente, outras autoridades têm apresentado teses drasticamente diferentes, a mais conhecida sendo a de Julian Jaynes,[215] que sustenta que, "uma vez que a linguagem *deve* gerar mudanças dramáticas na atenção do homem em relação a coisas e pessoas, já que permite uma transferência de informações de âmbito imenso, ela deve ter se desenvolvido durante um período que mostre arqueologicamente que tais mudanças ocorreram. Um desses períodos é o Plistoceno tardio, aproximadamente de 70000 até 8000 a.C.". Os estágios de evolução da linguagem, como vistos por Jaynes, são: gritos intencionais (durante o Terceiro Período Glacial), período de modificadores (até 40000 a.C.), período de comandos (40000 a 25000 a.C.), período de substantivos (25000 a 15000 a.C.) e, finalmente, o período de nomes (10000 a 8000 a.C.). O ponto essencial é que uma linguagem desenvolvida surgiu bem recentemente – provavelmente não muito antes de 50000 a.C., "uma data", diz Brewster Smith, "que [remonta] à súbita eflorescência e diversificação da cultura do Paleolítico Tardio, que começa por aí".[376] E ela chegou ao clímax – ou alcançou seu zênite de influência desenvolvimentista – por volta de 10000 a.C. Em nossos termos, uma linguagem madura emergiu durante o final do período mágico-tifônico e o início do período mítico-associativo (em geral, por volta do começo das culturas agrárias).

Além dessas generalizações – aceitas genericamente por mim –, não estou certo de que algum dia possamos deduzir as datas precisas para a evolução da linguagem, mas este aspecto parece certo: a consciência agrária do Mesolítico e do Neolítico *só* pode ter sido sustentada por uma consciência linguisticamente temporal que, muito provavelmente, foi a primeira a se apresentar de uma forma *extensiva*. Estágios primitivos de linguagem, como paleossímbolos, modificadores e gritos intencionais, certamente surgiram na consciência mágico-tifônica. Mas estou razoavelmente convencido de que, apenas nesse estágio mesolítico-neolítico, essa linguagem amadurecida tornou-se o *veículo predominante do eu separado* (e, portanto, da cultura em geral). Essa época parece ter sido a primeira em que uma linguagem desenvolvida se tornou um elemento dominante na estrutura prevalecente de consciência – a estrutura que estamos chamando de mítico-associativa.

Assim, não surpreende que Jaynes fale frequentemente do papel da linguagem na sustentação de uma cultura temporalmente orientada: "Acho que apenas a linguagem pode mantê-lo nesse demorado trabalho de uma tarde inteira [como lavoura ou plantio]. Um homem do Plistoceno Médio [tifônico] esqueceria o que estava fazendo. Mas o homem linguístico teria a linguagem para lembrá-lo. [...] O comportamento baseado mais intimamente em estruturas ápticas (ou, numa terminologia mais antiga, mais 'instintiva' [ou novamente, mais 'tifônica' ou baseada no corpo]) não necessita de nenhum escorvamento temporal [pela linguagem]".[215] E quando ele diz que "em minha opinião, é essa mentalidade linguística [recentemente] adquirida [...] que resultou na agricultura", nossa concordância é completa – esse é justamente o ponto que deduzimos anteriormente. Alguém teve de pensar sobre o amanhã e, portanto, usar a linguagem temporal, a fim de reconhecer a solução agrária para o problema da morte e da transcendência.

Desse modo, podemos ver como foi tremendamente importante o surgimento da linguagem madura – ou, pelo menos, seu uso extensivo – para a evolução da consciência. Com a linguagem, *a mente verbal pôde diferenciar-se do eu corpóreo prévio, libertar-se* da prisão do imediato, conceber e sustentar metas e tarefas de longo alcance. "Um homem do Plistoceno Médio esqueceria o que estava fazendo. Mas o homem linguístico..."

Da mesma maneira que, no estágio anterior de evolução, o eu corpóreo cristalizou-se a partir do ambiente natural, nesse estágio a mente começa a cristalizar-se a partir do corpo. Ou poderíamos dizer: da mesma maneira que o corpo (nível 2) se diferenciou do meio ambiente (1), agora a mente (3) está começando a diferenciar-se do corpo (2). Como afirmamos, as estruturas mais baixas emergem basicamente da potencialidade do inconsciente essencial: o ambiente surgiu primeiro, em seguida, o corpo (o tifão) e, agora, a mente inferior (a mente verbal-associativa). Estamos seguindo a progressão do Grande Ninho do Ser, da matéria para o corpo, mente, alma e espírito, e chegamos ao ponto em que a mente está na *tentativa* de começar a emergir.

O MUNDO SIMBOLIZADO

Desse ponto em diante, a humanidade foi capaz de reproduzir-se não só fisicamente (alimento) e biologicamente (sexo), mas também culturalmente (mente). Pois a reprodução da mente humana, geração a geração, é um ato de *comunicação verbal*. Essa comunicação *não* é biologia num plano mais elevado, como os reducionistas e empiristas gostariam de supor, porque "só pode haver um tipo de organicidade: o orgânico em outro plano não seria orgânico". É transorgânico, transbiológico, transcorporal – um salto mais alto na evolução transcendente. "Portanto, o amanhecer do social [cultural-associativo] não é um elo de alguma corrente [biológica], não é um passo no caminho, mas um salto para outro plano." O autor dessas palavras, A. L. Kroeber, naquele que agora é reconhecido como um artigo clássico, chamou esse plano mais elevado de *superorgânico*.[137] E o eu verbal-associativo foi exatamente isso: superorgânico.

Um dos correlatos mais imediatos dessa transcendência superorgânica – além do controle corporal, da mentalidade agrária e da consciência temporal – foi a capacidade para criar amplo simbolismo verbal. Uma vez que o eu associativo transcendeu o mundo natural (ou simplesmente presente), ele conseguiu *representar* esse mundo natural com símbolos e conceitos mentais. Desse modo, ele pôde *operar* com esses símbolos mentais diretamente, sem ter de desenvolver as atividades incômodas ou apontar para as entidades reais representadas pelos próprios símbolos. O pensamento verbal funciona, por exemplo, com a simples palavra "árvore", sem a necessidade de se estar fisicamente próximo a uma árvore real. O pensamento linguístico é uma transcendência importante das limitações e estruturas físicas. Isto é o que Piaget chamaria de pensamento operacional concreto – funcionando no mundo, cultivando o mundo, transcendendo o mundo, via pensamento representacional.*

Porém, isso não significa, como desejam os empiristas, que a mente verbal seja um mero reflexo do mundo físico (ou que "tudo na mente está primeiro nos sentidos"), mas, ao contrário, que a mente, uma vez que *transcende* o mundo físico ("um salto para um plano mais elevado"), possui o poder de representar esse mundo por seus símbolos. Entretanto, quanto aos *símbolos propriamente ditos*, eles não são nem físicos nem meramente reflexos do físico, mas constituem um nível mais alto de realidade *per se* – o nível verbal-mental, o nível que Leslie White chamou, com muita precisão, de "simbolizado" ou *"criado* por simbolização". "Simbolizar é trafegar por significados não sensórios [não empíricos], isto é, significados que, como a santidade da água sacramental, *não podem ser compreendidos* apenas pelos sentidos."[137] Eles são trans-sensórios, transcorpóreos, transempíricos, transtifônicos e superorgânicos. Em resumo, símbolos são tanto *presentacionais* ou *criativos* (constituindo um nível mais alto de realidade *per se*), quanto *reflexivos* ou *representacionais* (capazes de refletir ou representar conceitualmente níveis inferiores de realidade).**

---

* Embora isso possa levar a inúmeras complicações (inclusive à neurose como metáfora modificada, *à la* Lacan, e à confusão do símbolo com a coisa simbolizada, *à la* budistas), a solução para essas dificuldades não está numa direção pré-verbal, mas transverbal – não temos nenhuma necessidade de lamentar o surgimento da simbolização, apenas sua permanência excessivamente longa.

** Assim, com palavras como "pedra", "cadeira" e "rosa", a mente verbal pode apontar para entidades que existem no mundo sensório, empírico, mas com palavras como "orgulho", "inveja", "ambição", "amor", "culpa" etc., a mente verbal pode indicar entidades que existem apenas na esfera mental e *não podem* ser encontradas no mundo físico, sensório, empírico. Entidades como "orgulho" são *criadas* pela esfera mental e existem somente nessa esfera, como processos de ordem superior que transcendem meras trocas empíricas. Daí por que afirmamos que a mente verbal é tanto representacional (refletindo níveis mais baixos) quanto presentacional ou criativa (constituindo um nível mais alto de realidade *per se*). Pedras, árvores etc. (níveis 1-2) existem independentemente da mente (níveis 3-4), mas ambição, inveja etc., não. E isso *não* significa que elas sejam "meros pensamentos", como um

O jovem mundo associativo, o mundo verbal, foi o mundo simbolizado – um mundo novo e mais elevado que não é redutível nem explicável em termos de trocas meramente empíricas.[433] A consciência estava operando num novo plano, um plano *intersubjetivo* de símbolos compartilhados que, literalmente, transcende os limites de organismos discretos por meio de uma rede de associação e comunicação intersubjetivas.* É exatamente a isso que George Mead se referia quando afirmou que "o campo ou *locus* de qualquer mente individual deve estender-se até onde a atividade social [associação] que o constitui estende-se; e, consequentemente, esse campo não pode ser limitado pela pele do organismo individual a que pertence".[383] A mentalidade verbal-associativa foi simplesmente uma nova, mais elevada e mais ampla forma de unidade a caminho da Unidade.

DINHEIRO E EXCEDENTES

A capacidade de cultivar o mundo natural com eficiência crescente logo levou à produção de bens e alimentos *excedentes* ou extras, e foi exatamente esse excesso que mudou rapidamente a face completa da história. Pois, à medida que a agricultura tornou-se mais eficiente (especialmente com a invenção do arado), menos cons-

---

epíteto pejorativo, e sim que o pensamento em si mesmo *é* um nível mais alto no Grande Ninho, perfeitamente ciente dos níveis mais baixos, mas contendo atividades, capacidades, entidades e potenciais não encontrados em nenhuma outra parte.

* Não estou me referindo a nada tão esotérico quanto vínculos telepáticos reais, apenas a que a associação verbal não é uma questão de um organismo isolado "falando" com outro organismo isolado, mas uma comunhão e uma identidade parciais de mentalidades individuais, de forma que essas mentalidades estão, nesse caso, realmente ligadas numa rede superorgânica ou literalmente intersubjetiva, e essa rede, como diz Mead, estende-se até onde as próprias ligações alcançam. É uma rede noética que se estende literalmente além do alimento, do corpo, da sensação e dos limites da pele, e representa uma expansão real de consciência além do organismo. Essa não é a forma mais elevada de transcendência (existem os níveis 5 a 8), mas é uma forma inicial de transcendência muito importante. Exploraremos mais esse nível no capítulo 9.

ciências tiveram de se preocupar exclusivamente com a produção de alimentos. Isto é, pela primeira vez na história, a disponibilidade de um excesso de comida liberou certos indivíduos (liberou a própria consciência) para outras tarefas mais especializadas: o desenvolvimento da matemática, do calendário, do alfabeto, da escrita etc. – um fato inigualável em importância para a criação e a evolução da civilização propriamente dita.[252] Concorda-se quase universalmente que, começando talvez por volta do sexto milênio a.C., o excesso de alimento permitiu o surgimento de classes especializadas, como sacerdotes, administradores, professores etc., que – pelo fato de não terem mais de caçar ou plantar – foram liberados para tarefas mais detalhadas e especializadas. Consequentemente, por volta de 3200 a.C.,[70] esses especialistas produziram o alfabeto, a matemática, a escrita, o calendário etc. – as primeiras produções verdadeira e puramente mentais da raça humana. Em resumo, por causa da agricultura, a consciência libertou-se do alimento meramente físico e teve tempo para a contemplação mental.

Pense sobre isso da seguinte forma: sendo capaz de satisfazer com sobras as necessidades inferiores de alimento e segurança, a consciência pôde dar um salto na hierarquia de motivação (*à la* Maslow) em direção a níveis mais elevados de inclusão, associação e comunidade (e, em seguida, para a autoestima, como veremos no período mental-egoico). A hierarquia motivacional de Maslow[285] é simplesmente outra perspectiva do Grande Ninho do Ser.[286,349,429,436] Mas o ponto histórico é que o eu verbal-associativo foi capaz de cultivar o físico a fim de liberar o mental. Somente esse eu verbal *poderia* ter adquirido poder e previdência para produzir o excedente agrícola e liberar-se para conquistas mais altas.

Entretanto, observe que, se a consciência agrária tivesse de movimentar esse excedente fisicamente, através do espaço, teria de passar quase todo seu novo tempo transportando manualmente esses bens de um lugar para outro. Desperdiçaria sua vida em permutas físicas. Ela precisou de uma forma *mental* para a transferência *material*, um meio rápido e superorgânico de transferência, um meio *simbólico* de transferência. E esse foi o dinheiro.

Com o dinheiro, a humanidade pôde *simbolizar* uma quantidade específica de bens materiais e, então, em vez de ter sempre de carregar e transferir esses bens físicos de ponto a ponto, de mercado a mercado, do campo para a cidade, conseguiu, em muitos casos importantes, simplesmente transferir os *símbolos* no lugar dos bens. Em outras palavras, o dinheiro, como um símbolo mental, foi uma significativa transcendência do domínio físico, um pequeno, mas incalculavelmente importante, veículo de transcendência evolucionária; foi uma forma de movimentar, transferir e operar no domínio físico sem ter de lidar incomodamente com as limitações desse domínio. Em vez de levar cinco toneladas de trigo, você poderia levar cinco moedas de ouro – tão simples. Além do mais, já que o trabalho físico era (e é) o meio primário de produção de alimentos e bens físicos, a mão de obra também foi igualmente simbolizada pelo *salário*, e o salário, como o dinheiro, pôde ser usado para comprar comida e bens excedentes rapidamente produzidos.*

---

*A tese deste livro é de que toda transcendência (exceto, claro, a última) tem dois lados: representa um potencial novo e mais elevado, mas que também *pode* transformar-se em abuso, frequentemente com consequências horrendas. O mesmo acontece com o dinheiro: *já que* o dinheiro simbolizado pode transcender e representar bens físicos, também pode deturpá-los. De certo modo, o estudo da economia dedica-se a esse tópico. A economia é basicamente o estudo das forças e relações produtivas da esfera material necessárias para a reprodução do corpo físico humano e, além disso, um estudo das doenças das relações entre os símbolos mentais e os bens representados por esses símbolos. Por exemplo, se um símbolo (como o dinheiro) serve para *representar* com precisão níveis mais baixos, deve *refletir* exatamente as condições desses níveis mais baixos, mesmo que os transcenda em muitos outros aspectos. Se a quantidade de dinheiro simbólico criado por uma sociedade é maior que a quantidade de bens realmente produzidos por ela, o resultado é inflação. Isto é, na inflação, esse aspecto da esfera mental que, como dinheiro simbólico, representa bens físicos, simplesmente expande-se (por razões psicodinâmicas) além da capacidade da esfera física em si, tendendo a causar eventual desvalorização desse aspecto da esfera mental e possível colapso da esfera física. A inflação é simplesmente um exemplo de um nível mais elevado que falha em reconhecer e representar com precisão um nível mais baixo; estruturalmente, é *idêntica* a uma neurose de dissociação que leva a uma psicose maníaco-depressiva (inflação/recessão). Todos esses são exemplos de um fenômeno extremamente geral que pode acontecer em qualquer hierarquia de desenvolvimento: a *dissociação* do superior e inferior em vez da *diferenciação* e *integração* do superior e inferior. Examinaremos vários tipos de dissociações ao longo deste volume.

Nenhum desses avanços (ou seus abusos) seria possível sem o poder da mente simbolizadora, que representou a primeira importante transcendência do mundo natural, corporal e material (níveis 1 e 2). Vimos isso na *agricultura*, no *tempo* e no *dinheiro*. Todos foram passos transcendentes no crescimento da consciência.

O PROJETO ATMAN NA CONSCIÊNCIA AGRÁRIA

Mas eles foram também algo mais. Se foram realmente passos na direção de Atman, também se tornaram substitutos exclusivos para Atman – eles não só representaram movimentos puros rumo a Atman, como também novas reviravoltas no Projeto Atman. Pois cada estágio evolutivo não só está se movendo para Deus, mas também está lutando com Deus. E nós chamamos essa estranha mistura – que leva a compromissos, compensações, substitutos e defesas – Projeto Atman. E *cada* estágio da evolução não é somente um desdobramento de Atman; é também um desenrolar do Projeto Atman.

Já vimos, na primeira parte deste capítulo, que a agricultura em si constituiu tanto um crescimento em consciência quanto um novo *projeto de imortalidade*. Vimos justamente a mesma coisa com a criação do *tempo futuro*. Mas, como veremos a seguir, exatamente o mesmo Projeto Atman, com suas duas asas, está por trás da produção de *bens excedentes*, bem como de sua simbolização pelo *dinheiro*.

Por exemplo, podemos começar por Becker:

> E assim todo esse excedente aparentemente inútil [os alimentos e bens extras que a consciência agrária produziu e que superaram necessidades físicas básicas], perigosa e meticulosamente lavrado, resultou no uso superior em termos de *poder* [mana, a asa de Eros do Projeto Atman]. O homem, que sabe que não está seguro aqui, que necessita de afirmação continuada de seus poderes, é o único animal implacavelmente impulsionado a trabalhar além das necessidades básicas, já que não é um animal estável. A origem da compulsão humana é *religiosa* porque o homem vivencia a qualidade de criatura; assim, o acúmulo de excedentes atinge o próprio cerne da mo-

tivação humana, a ânsia de distinguir-se como um herói, de transcender as limitações da condição humana e alcançar a vitória sobre a impotência e a finitude.[26]

Tudo isso é de fato verdadeiro, mas verdadeiro por razões que Becker, o existencialista eterno, não podia admitir. E antes de seguir adiante, vamos examinar muito brevemente a tese global de Becker, porque ela suporta fortemente *metade* da nossa posição, enquanto nega veementemente a outra metade (como explicaremos), e devemos ser capazes de considerar ambas se conseguirmos ir além de Becker e livrarmo-nos efetivamente de sua crítica.

Para começar, o homem anseia pelo infinito e pela transcendência absoluta, como afirma Becker, mas, basicamente, porque intui intensamente que o Espírito infinito é sua verdadeira e prévia Natureza. Ele intui essa natureza infinita, mas, erroneamente, aplica essa intuição ao domínio finito e a seu eu finito, e é essa intuição essencial, desviada de sua Fonte verdadeira e aplicada exclusivamente ao domínio finito, que *impulsiona* e *compele* o homem *a* tentar transformar a terra em céu, bens finitos em valores infinitos, um eu separado em Deus, e a autopreservação em imortalidade.

Uma vez que isso aconteça, praticamente todos os terrores descritos por Becker seguem da forma que ele diz. Mas suas ideias, consideradas isoladamente, seguem a essência da expressão "meia verdade". A posição existencial completa de Becker nega *a priori* qualquer forma de transcendência *real* ou Atman verdadeiro. Essa negação *a priori* exige que ele postule no homem um anseio por um infinito que *realmente não existe*, e aí ele tem de derivar a gênese desse anseio – a aspiração por imortalidade e transcendência – somente da capacidade humana para iludir-se em face do terror, uma posição que negligencia a sabedoria antiga de que o medo produz superstição, não religião.*

---

* Vemos isso até mesmo com o "problema da morte" altamente existencial. A posição de Becker é: porque o homem teme a morte, ele responde com negações da morte e, desse modo, cria a pura ilusão/mentira da Eternidade. Nossa posição é: porque o homem é presentemente ignorante da Eternidade, ele teme a morte e, assim, constrói negações da morte. Um projeto de imor-

Becker recebeu a motivação para a maior parte de seus conceitos de Otto Rank, e embora ele cite o seguinte trecho de Rank, deveria tê-lo considerado mais genuinamente: "Todos os nossos problemas humanos, com seus padecimentos intoleráveis, surgem de tentativas incessantes do homem para fazer deste mundo material uma realidade artificial [...] visando a alcançar na terra uma 'perfeição' que só pode ser encontrada no além [...], confundindo desesperadamente os valores de ambas as esferas".[25,26] Eis uma definição perfeita do Projeto Atman. Mas essa definição *funciona*, tem poder explicativo, somente se, para começar, as duas esferas que são confundidas (a finita e a infinita) realmente existirem. Se uma delas (o Atman infinito) *já* for uma mentira, então as dificuldades humanas não podem ser explicadas por uma confusão real entre as duas esferas – devem ser explicadas *apenas* por uma esfera que cria mentiras a respeito de uma "esfera além" imaginária. Isso exige não apenas uma mentira – a confusão entre as duas esferas –, mas *duas* mentiras – a criação imaginária da "esfera além" e sua subsequente confusão com a esfera finita –, pintando um quadro da humanidade como capaz de criar *nada*, a não ser mentiras, uma visão que nenhuma mente pode adotar sem se contradizer.

Becker diz que essas citações de Rank não são uma simples metáfora, mas "uma fórmula científica completa sobre a causa do mal nas relações humanas". Eu não teria escrito este livro se não acreditasse nisso; o problema com Becker é que ele não acredita totalmente nisso. Ele crê no Projeto Atman sem Atman, na confusão de duas esferas com uma esfera que nem sequer existe em primeiro lugar, no impulso em direção à transcendência sem a própria transcendência. De fato, ele deriva a crença imaginária na, ou a mentira sobre uma, "segunda esfera além" de uma confusão das duas esferas propriamente ditas; isto é, ele assume a existência da segunda esfera, embora a use para negá-la. A segunda esfera de que Becker evidentemente precisa tanto para dar peso à sua explicação sobre

---

talidade que fosse *pura* ilusão, não tivesse, pelo menos em última instância, uma Eternidade verdadeira como sua essência, não teria um impacto psicológico real maior do que a existência de um projeto de unicórnio.

a confusão das duas esferas geradoras do mal, ele proclama desde o início ser sem sentido, inexistente e absurda. Ele também poderia tentar explicar a história e a psicologia afirmando que a humanidade confunde a cara de uma com o focinho da outra.

O que estou dizendo é que Becker – que influenciou profundamente a disposição geral da psicologia moderna – teria tido uma posição *mais forte* se admitisse a existência do Espírito, e *então* explicasse o sofrimento humano e o mal como fracassos em alcançá-lo, ou como transigências com ele, ou como substitutos para ele. Esse foi o rumo que tomei e, desse ponto de vista, reconstruí os importantes *insights* de Becker (e de Rank e Brown), como sugerido nestas páginas. Se essa abordagem estiver errada, condenará não só minha própria tese, mas também a de Becker. Se a segunda esfera completa for, desde o começo, apenas uma mentira, não precisamos introduzir a segunda, e supérflua, mentira de confundir as duas esferas – para começo de conversa, existe uma única mentira, e *todas as atividades culturais do homem não passam de mentiras sobre transcendência* – o que, de fato, Becker afirmou. Mas nesse caso, as próprias produções culturais de Becker – isto é, seus livros, seus pensamentos e sua tese completa – também são simples mentiras. Em resumo, se Becker estiver certo, estará mentindo. Por outro lado, se colocamos Becker (e os existencialistas) numa caixa chinesa abraçada e envolvida pela caixa maior dos transcendentalistas, conseguimos salvar as verdades corretas (porém parciais) de sua tese – e é essa a nossa abordagem.

Assim, retornemos aos pontos essenciais (e reconstruídos) de Becker: "A origem do impulso humano é *religiosa* porque o homem experiencia a qualidade de criatura [finitude]; o acúmulo de excedentes, portanto, atinge o cerne da motivação humana, a ânsia de distinguir-se como herói, de transcender as limitações da condição humana e alcançar a vitória sobre a impotência e a finitude".[26] Isso *é* verdade, não porque o homem seja um mentiroso sem moral (em alguns casos, essa é certamente parte da história), mas porque sempre intui que sua natureza primordial *é* o Atman Transcendente e Heroico, o Uno Imortal em, e além de, todas as formas. *Mas*, até que ressuscite completa e conscientemente o Espírito em si mesmo, ele necessariamente aplica essa intuição de Atman a seu próprio eu finito e mortal e, com toda a certeza, *essa* é a confusão real, a mentira vital, que o impulsiona a tentar fazer da terra finita um céu infinito, a substituir a segurança transcendente pela riqueza mundana, a considerar a agricultura uma apólice de seguros para a negação da morte, a empilhar bens supérfluos como projeto de imortalidade, a agarrar-se ao futuro como uma promessa de transcendência da morte, a transformar o dinheiro na imitação de Deus e o ouro em poder demoníaco. Se o homem não consegue encontrar a Vida verdadeira e eterna no Espírito atemporal, ele a cultivará exclusivamente no tempo, dando exagerada importância ao domínio temporal em busca do que é infinito, e empilhando lembranças e símbolos dessa correta, mas extraviada, busca. Parte verdadeira e parte mentirosa – e eis a confusão real das duas esferas que caracteriza o Projeto Atman.

Retornando agora às particularidades, podemos ver com facilidade que exatamente o mesmo Projeto Atman aplica-se à criação e ao uso do *dinheiro*. Algumas formas primitivas e grosseiras de dinheiro provavelmente existiram desde os tempos tifônicos (na forma de conchas, ossos de peixes etc.), mas somente no mercado das cidades das sociedades agrárias foi que o dinheiro real passou a ter vida própria. E surgiu, como sugerimos, como uma faca de dois gumes. Por um lado, já vimos que ele expressava a capacidade de uma consciência nova e mais elevada para simbolizar e representar níveis mais baixos e físicos de realidade, o poder para transcender (mas não ignorar) a troca física por uma troca simbólica (monetária).

Por outro lado – e aqui concordamos perfeitamente com Becker – o dinheiro transformou-se num símbolo extremamente poderoso de imortalidade, negação da morte e cosmocentrismo. Em vez de usar o dinheiro para permitir uma transcendência vertical para níveis mais elevados (mentais), pôde-se fazer da acumulação horizontal de dinheiro um fim em si mesmo. Afinal, o dinheiro representava o novo excesso de alimento vital e, desse modo, mais dinheiro significava mais vida, e dinheiro ilimitado significava vida ilimitada ou *imortalidade* – eis o Projeto Atman de forma clara. "Já Lutero", diz Brown, "viu no dinheiro a essência do profano e, portanto, do demoníaco. O complexo do dinheiro é o demônio, e o demônio é o imitador de Deus; portanto, o complexo de dinheiro é o [...] *substituto para o complexo religioso*, uma tentativa de encontrar Deus nas coisas."⁶¹ Ou, nas palavras bem verdadeiras de Becker: "*O ouro tornou-se o novo símbolo de imortalidade*". "E assim, a temporada de caça ao dinheiro também foi aberta ao homem médio; o ouro tornou-se o novo símbolo de imortalidade. Nos recintos do templo, palácios e monumentos das novas cidades vemos uma nova espécie de poder sendo gerada. Não mais o poder da comunidade totêmica [tifônica], mas o poder do testemunho de pilhas de pedra e ouro."²⁶

E mais significativamente: "Poderíamos dizer que a cunhagem de dinheiro ajusta-se perfeitamente nesse esquema, porque agora os poderes cósmicos podiam ser propriedade de qualquer homem, sem mesmo ter a necessidade de comparecer aos templos: você podia negociar a imortalidade no mercado".²⁶ Aqui, Becker foi extremamente preciso. Dinheiro era *poder*, magnífico mana condensado, e se você não conseguisse transcender para o Poder e Vida reais, então onde procurar por melhores substitutos senão na acumulação obsessiva de dinheiro? O dinheiro como o novo símbolo de imortalidade – esse é justamente o *insight* que energizou a penetrante análise da história de Norman O. Brown, uma análise que descobriu ser o dinheiro como negação da morte o verdadeiro sangue da civilização (o que chamaríamos a asa negativa do Projeto Atman).⁶¹

Em resumo: o novo eu, o eu verbal, o eu associativo, o eu superorgânico, foi uma expansão e uma extensão verdadeiras da consciência, uma expansão que se evidenciou em atividades sofisticadas como a agricultura, o início da cultura real, a mentalidade verbal, o dinheiro simbólico, a capacidade para produção de excedentes, e assim por diante.* Mas (entre muitas outras coisas) esse novo e expandido eu deparou-se com uma nova e expandida visão da mor-

---

* Embora tenha existido uma cultura típica dos tempos tifônicos, como assinalado na Parte II, ela era extremamente rudimentar e básica. A cultura ampla, decisiva, floresceu inicialmente em comunidades agrárias e, especialmente, nas primeiras cidades-Estado, basicamente em virtude da mente simbólica verbal.

talidade e, então, teve de criar uma nova e expandida forma de negação da morte. Com seu alcance ampliado do tempo, precisou se ver amplamente estendido no amanhã, precisou se sentir seguro num futuro cultivado. Assim, buscou sua nova imortalidade, e novo cosmocentrismo, nos símbolos de seus próprios excedentes ou vida estendida. Em outras palavras, buscou a imortalidade no tempo futuro, nos bens excedentes cultivados, no dinheiro e no ouro. Além de serem expressões de um verdadeiro crescimento de consciência, esses itens tornaram-se símbolos perfeitos de negação da morte, ingressos negociados para a imortalidade, confusões reais do domínio finito com o infinito "domínio além" – em síntese, novas reviravoltas no Projeto Atman, novas tentativas para alcançar o Espírito mediante substitutos.

Desse modo, a agricultura é tempo, e – conforme o *slogan* atual – tempo é dinheiro. Fica fácil perceber agora esse elo, porque os três – agricultura, tempo e dinheiro – são simplesmente formas simbólicas de vida excedente. Expressam e representam, por um lado, consciência expandida e, por outro, ritual de negação da morte e cosmocentrismo heroico; passos no crescimento em direção a Atman, mas passos desviados (por enquanto) por novas formas do Projeto Atman: símbolos de imortalidade, manobras cosmocêntricas, poeira por deidade.

ASSOCIAÇÃO

Existe outra importante atividade que a estrutura mítico-associativa pode sustentar: é um tipo de organização e controle sociais, muito mais complexo do que o dos simples bandos caçadores da era mágico-tifônica.

A própria *necessidade* por algum tipo de controle interno, psicológico, da organização social deve ter sido imensa. Considere o seguinte: por volta de 9000 a.C., práticas agrícolas simples surgiram simultaneamente em vários locais do Levante e do Iraque – não mais meras tribos de vinte pessoas, mas *cidades* com cerca de duzentas.[215] Isso *nunca*, em *nenhuma* época, ocorrera antes! A única analogia que me vem à cabeça é imaginar dezenas de matilhas de lobos caçadores reunindo-se e estabelecendo-se numa cidade de duzentos lobos, todos iniciando uma relação social.

De qualquer modo, pela primeira vez em dois ou três milhões de anos de história da humanidade, um grande número de pessoas passou a viver em aldeias permanentes. Por volta de 7000 a.C., existiam diversos assentamentos agrários no Oriente Próximo, e em torno de 5000 a.C., a colonização agrária espalhara-se pelos vales do Tigre-Eufrates e Nilo, com algumas cidades apresentando um cres-

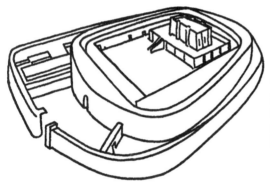

Figura 12. Templo Oval em Khafajah, Mesopotâmia, durante o período associativo alto. Não mais tribos de vinte a trinta pessoas, mas cidades de dez mil habitantes.

cimento populacional para dez mil habitantes.[215] Chamamos esse período, aproximadamente entre 9500-4500 a.C., de estágio "associativo baixo", e por simples conveniência o comparamos com o estágio "associativo alto", entre 4500-1500 a.C., o período dominado pelas grandes civilizações clássicas das cidades-Estado hieráticas, teocracias e dinastias: egípcia e suméria, por exemplo, que marcaram o grande florescimento da consciência agrária e da cognição associativa.

Mas ambas as culturas mítico-associativas, baixa e alta, enfrentaram o grande problema de controlar socialmente uma quantidade de pessoas que pode ser considerada *numerosa* para os padrões primitivos. Num piscar de olhos no tempo relativo da evolução humana, as comunidades saltaram de grupos de trinta para cidades de cerca de cinquenta mil pessoas. "Poderíamos afirmar", assinala Joseph Campbell, "que a necessidade psicológica de juntar as partes de uma grande sociedade estabelecida e socialmente diferenciada, incluindo várias classes recém-desenvolvidas (sacerdotes, reis, comerciantes e camponeses), num relacionamento pacífico entre todas [...], [a necessidade de criar] uma ordem terrena de propósitos coordenados [...] – esse requisito profundamente percebido, tanto psicológica quanto sociologicamente, deve ter sido preenchido com [...]."[69] Com o quê?

Com, creio eu, a estrutura de consciência mítico-associativa: é a própria natureza dessa estrutura que suporta um tipo muito básico de cognição associativa e, portanto, de cultura associativa. E existem duas importantes características da estrutura associativa com linguagem temporal que permitem atender a essa função social. Por um lado, ela é o "repositório" largamente inconsciente de cognição associativa, em que "associação" é definida exatamente como fez Castaneda em seus vários trabalhos (e primeiramente explicada em detalhes por outros, como Parsons,[324] Leslie White,[421] Whorf,[425] Fromm[154] e G. H. Mead[293]):

> Todo mundo que entra em contato com uma criança é um professor que incessantemente descreve o mundo para ela, até o momento em que a criança for capaz de perceber o mundo como descrito. [...] Não temos nenhuma memória desse momento prodigioso, simplesmente porque nenhum de nós possivelmente teria qualquer ponto de referência para compará-lo com qualquer outra coisa. [...] A realidade, ou o mundo que todos conhecemos, é apenas uma descrição [...], um fluxo ininterrupto de interpretações perceptivas que nós, os indivíduos que compartilhamos uma associação específica, aprendemos a construir em comum.[78]

Esse amplo e inconsciente pano de fundo de cognição associativa, basicamente *linguística* por natureza, de sentimentos compartilhados, realidades descritivas compartilhadas e percepções compartilhadas, pode servir sozinho como suporte psicológico para uma sociedade coerente. E também é uma forma largamente *inconsciente* de controle social: os controles são criados na descrição específica da realidade em si, e não algo conscientemente adicionado a eles. Uma vez que um indivíduo responda a uma descrição de realidade, seu comportamento já está circunscrito por essa descrição.

Por outro lado, pelo fato de a estrutura associativa ser a primeira a conter grandes blocos de elementos linguísticos, ela também pode absorver instruções ou comandos verbais, internalizados, específicos, os primeiros normalmente recebidos dos pais – o denominado protossuperego, que é útil nesse estágio e está quase, por assim dizer, embutido nele. A combinação dessas duas importantes características das estruturas associativas – a cognição associativa de fundo, bem como informações individuais específicas – é, no meu entender, a estrutura psicológica precisa que sustentou tanto as primeiras comunidades agrárias do estágio associativo baixo, quanto as primeiras grandes civilizações do estágio associativo alto.

A MENTE BICAMERAL

Tudo isso é algo semelhante à teoria da mente bicameral de Jaynes, cuja influência reconheço gratamente, embora haja muita coisa em sua apresentação de que discordo firmemente. Mas vamos nos ater especificamente às áreas nas quais estamos essencialmente de acordo. Primeiro, Jaynes vê a mente bicameral como um subproduto da linguagem. É "um efeito colateral da compreensão da linguagem que evoluiu por seleção natural como um método de controle comportamental [...] e funcionou de forma que os indivíduos persistissem nas tarefas mais longas da vida tribal". Segundo, se substituirmos "mente bicameral" por "estrutura mítico-associativa", a seguinte frase fica perfeita: "A mente bicameral é uma forma de controle social, e foi essa forma de controle social que permitiu à humanidade desenvolver-se de pequenos grupos de caçadores-coletores até grandes comunidades culturais. A mente bicameral [...] evoluiu como um estágio de desenvolvimento da linguagem. E nesse desenvolvimento jaz a origem da civilização".[215]

Há outras grandes áreas de acordo. Jaynes fala de um *imperativo cognitivo coletivo* em termos que são muito parecidos com nossa descrição da cognição associativa coletiva. Especialmente significativo é o fato – agora quase incontestado – de que a personalidade individual (o nível do ego) se baseia no nível associativo e na verdade cresce a partir dele ou de "imperativos cognitivos coletivos". Nas palavras de Jaynes:

> [Os *imperativos cognitivos coletivos*] sempre subsistem no cerne de uma cultura ou subcultura, movendo e preenchendo o indizível e o não racionalizado. Eles se tornam de fato o inquestionável suporte irracional e a integridade estrutural da cultura. E a cultura, por sua vez, é o substrato de sua consciência individual, de como a metáfora "me" é "percebida" pelo analógico "eu". [...] O analógico "eu" e a metáfora "me" estão sempre baseados na confluência de muitos imperativos cognitivos coletivos.[215]

De forma que, até hoje, "como indivíduos, estamos à mercê de nossos próprios imperativos coletivos. Examinamos nossas preocupações diárias, nossos jardins e opiniões políticas, e as crianças, sob as formas da nossa cultura, obscuramente. E nossa cultura é nossa história. Em nossas tentativas para comunicar, persuadir ou simplesmente interessar os outros, estamos usando e nos movimentando por modelos culturais, cujas diferenças podemos selecionar, mas de cuja totalidade não conseguimos escapar". O ponto central de Jaynes é que a autoconsciência egoica (que ele simplesmente – e infelizmente – chama de "consciência") surgiu, historicamente, da estrutura bicameral, quando essa estrutura falhou, por si mesma, na sustentação de culturas mais avançadas e complexas. Em nossa terminologia, à medida que Tânatos excedeu Eros, as translações do nível associativo falharam e surgiu a crise, resultando finalmente na transformação para cima, para o nível egoico – uma tese que discutiremos mais tarde. De qualquer modo, a consideração de que a consciência egoica surgiu em grande parte de profundos paradigmas culturais amplamente inconscientes situa-nos firmemente em concordância com as pesquisas de E. Fromm, G. H. Mead, Karen Horney, Castaneda, Whorf e Heidegger.

Em resumo, eis o fenômeno de fundo da cognição associativa. E a respeito de informações e ordens específicas derivadas de um protossuperego embutido na estrutura associativa, o próprio Jaynes frequentemente diz o seguinte: um aspecto da mente bicameral é uma "amalgamação de experiências admonitórias acumuladas, compostas de fusões de ordens dadas ao indivíduo", normalmente experienciada como uma voz viva, uma "voz diretiva interna da pessoa, derivada talvez de seus pais" e, normalmente, assimilada como "a voz ou suposta voz do rei [ou líder social que dá ordens definitivas]". Na verdade, a relação entre uma pessoa e sua "voz diretiva interna" era, "por ser seu antepassado, semelhante ao referente da relação ego-superego de Freud". O "antepassado do superego" é geralmente chamado de protossuperego. E foi esse protossuperego, embutido na estrutura associativa, que determinou as ordens sociais específicas, organizadas numa rígida hierarquia de autoridades, permitindo a vinculação de amplo número de indivíduos nas primeiras grandes civilizações.

Chegamos, agora, aos aspectos mais inovadores e mais hipotéticos da tese de Jaynes. Para Jaynes, a "voz diretiva interna" é experimentada como uma alucinação madura, que, por sua vez, acontece por causa de uma função cerebral substancialmente diferente. Especificamente, ele afirma que, na mente bicameral, a área de Wernicke no hemisfério não dominante direito funcionou como a fonte das alucinações que foram "recebidas" pelo hemisfério esquerdo. Adicionalmente, essas alucinações foram normalmente consideradas originárias de deuses – e, de fato, os *insights* de todas as religiões mais desenvolvidas, de acordo com Jaynes, surgiram exatamente dessa forma, como alucinações de experiências admonitórias acumuladas.

Existem outras explicações menos drásticas para os mesmos dados. Por exemplo, modernas técnicas psicoterápicas, como a psicossíntese, a análise transacional (AT) e a terapia da Gestalt, nos proporcionam uma visão muito detalhada da natureza psicológica de "vozes internas". A maior parte do pensamento desenvolve-se, de fato, em conversa subvocal, com um alvoroço de vozes silenciosas e, frequentemente, como parte de um diálogo entre os estados egoicos da Criança, Adulto e Pai. Considere, por exemplo, o seguinte texto de Berne: "Há quatro diálogos possíveis entre estados egoicos simples: três diálogos (P-A, P-C, A-C) e um triálogo (P-A-C). Se a voz parental se reparte em Pai e Mãe, como normalmente acontece, e se outras figuras parentais entram na conversa, a situação fica ainda mais complicada. Cada voz pode vir acompanhada por seu próprio conjunto de 'gestos', expressos por um grupo preferido de músculos ou por uma parte especial do corpo".[36]

Ele complementa que, em grande parte, o que as pessoas "*fazem* é decidido por vozes, a tagarelice do diálogo interno". De fato, "todas as suas decisões são tomadas por quatro ou cinco pessoas na sua cabeça, cujas vozes você pode negligenciar se for muito orgulhoso para ouvi-las, mas elas estarão lá da próxima vez, se quiser escutá-las. Os analistas de *script* aprendem a amplificar e identificar essas vozes, sendo essa uma parte importante de sua terapia".

Além disso, de acordo com a AT, existem quatro "graus" de diálogos internos:

> No primeiro grau, as palavras passam pela cabeça de forma obscura, sem movimentos musculares ou, pelo menos, não perceptíveis a olho nu ou à audição. No segundo grau, ela pode sentir seus músculos vocais movendo-se um pouco, de forma que sussurra para si mesma dentro da boca. [...] No terceiro grau, ela profere as palavras em voz alta. [...] Há também um quarto grau, em que uma ou outra das vozes internas é ouvida como vinda de fora da cabeça. É normalmente a voz do pai ou da mãe, e essas são alucinações.[36]

Na AT, a primeira – e também mais forte – forma do protossuperego (ou Pai na Criança) é chamada de o "eletrodo", porque o indivíduo salta aos seus comandos, positivos e negativos, como se um eletrodo tivesse sido implantado em sua cabeça. Geralmente considera-se que o eletrodo esteja presente em alucinações. *Mas o eletrodo não precisa gerar alucinações para ser perfeitamente eficaz.* Isto é, da mesma forma que o controle social pode ser exercido por vozes de eletrodo do primeiro, segundo ou terceiro grau, bem como do quarto – as vozes não precisam ser alucinatórias a fim de gerar a função social atribuída a elas por Jaynes. Enquanto Jaynes vê o eletrodo como um "vestígio da mente bicameral", parece mais provável que seja o contrário: as "vozes da mente bicameral" eram as expressões do eletrodo, ou do protossuperego embutido na estrutura associativa, disponível em qualquer de seus quatro graus.

Também não concordo com a tese de Jaynes de que não houvesse absolutamente nenhuma forma de consciência subjetiva durante o período bicameral (9000-2000 a.C.). Parece mais provável que existisse uma forma de protossubjetividade linguística durante todo o período associativo e, especialmente, durante o estágio associativo alto. Enquanto prefiro reconhecer vários níveis importantes de consciência – em que somente os "médios" são, de fato, autorreflexivos, os inferiores sendo pré-pessoais e os mais elevados, transpessoais –, Jaynes reconhece apenas uma forma de consciência: egoica, linguística, subjetiva, autoconsciente. A consciência, definida dessa forma tão estreita, parece saltar para a existência de repente, em torno do fim do segundo milênio a.C. (com o fim da mente bicameral), enquanto acho que Jaynes esteja descrevendo a mudança para cima ou a transformação da estrutura de consciência mítico-associativa para a estrutura de consciência mental-egoica. Dito isto, podemos pelo menos concordar com uma forma diluída da tese de Jaynes: o nível do ego, como um modo dominante, difundido e largamente irreversível de sensação do eu separado, surgiu apenas após o colapso da mente bicameral (isto é, o colapso da estrutura de consciência mítico-associativa).

Finalmente, chegamos ao ponto da tese de Jaynes de que muitas das "vozes da mente bicameral", especialmente aquelas do quarto grau ou alucinatórias, foram experienciadas como vozes dos deuses e, portanto, todas as ideias das grandes religiões do mundo surgiram de vozes bicamerais. Não duvido em nenhum momento de que algumas dessas vozes tenham sido consideradas deuses; não creio em nenhum momento que todos os deuses fossem *somente* vozes. Sendo justo com Jaynes, ele constantemente ressalta que essas vozes, ainda que "alucinatórias", não são "imaginárias" ou "irreais" – pelo contrário, são *insights* organizados e informações reais originários do hemisfério direito do cérebro e transmitidos como vozes para o hemisfério esquerdo. Suponho que alguém suficientemente atraído pela visão neo-helmholtziana de que a consciência não passa de fogos de artifício fisiológicos possa fazer um uso fascinante da tese de Jaynes da seguinte forma: visualizando o hemisfério direito como a fonte de *insights* platônicos ou "transpessoais" (como, por exemplo, faz Ornstein), as "vozes dos deuses" de Jaynes falando com o indivíduo foram, de fato, vozes do domínio transpessoal transmitidas ao domínio pessoal pela recém-desenvolvida mídia da linguagem. Dessa forma, pelo menos, se levariam em conta as dimensões transpessoais, espirituais, de muitas das vozes.

Mas até mesmo essa versão não leva em conta a incrivelmente vasta diferença no "valor de verdade" metafísico dos vários tipos de vozes. Explico-me: Jaynes deixa bem claro que a maioria das "vozes da mente bicameral" dizia respeito a tarefas simples do dia a dia, que consumiam tempo e eram demoradas, precisando, portanto, de um escorvamento temporal ou linguístico, tal como – usando um de seus exemplos – ter de obedecer a uma ordem do chefe para construir um dique para represar peixes a montante de um acampamento. A ordem era armazenada e repetida quando necessário, normalmente como uma voz interior (do quarto grau). Ao surgir uma situação nova, conselhos ou ordens eram supridos pelo vasto estoque de todas as recomendações admonitórias já dadas ao indivíduo. Uma vez que algumas dessas vozes eram vivenciadas como deuses, ou atribuídas a eles, a conclusão para Jaynes é óbvia: "Os deuses, afirmo com alguma presunção, eram amálgamas de experiências admonitórias, compostas de fusões de ordens de qualquer natureza dadas ao indivíduo". O corolário disso é: "A função dos deuses era principalmente guiar e planejar ações em situações novas. Os deuses avaliavam os problemas e organizavam as ações de acordo com padrões ou objetivos contínuos, resultando em civilizações bicamerais complexas que coordenavam todas as partes díspares: o plantio, a colheita, o manejo das mercadorias", e assim por diante.

Ainda que *tudo* isso seja verdade, de nenhuma forma explica a profusão de brilhantes *insights* metafísicos e espirituais que emanaram desse período do homem mítico. Por favor, leia cuidadosamente o parágrafo a seguir, proveniente dos Textos da Pirâmide, o "mais antigo conjunto de textos religiosos preservados de todo o mundo, inscritos nas paredes de uma série de nove tumbas (c. 2350-2175 a.C.) na imensa necrópole de Mênfis": "Assim falam de Ptah: 'Foi ele que fez tudo e criou os deuses'. Em verdade, Ele é a Terra Originária que deu à luz os deuses, pois tudo proveio Dele. [...] Ele está em todos os deuses, em todos os homens, em todas as bestas, em todas as coisas rastejantes e no que quer que tenha vida. [...] E, desse modo, todos os deuses e seus *kas* são unos com Ele, contidos e unificados no Senhor das Duas Terras".[70]

Essa é uma intuição perfeita e uma bela expressão do Espírito atuando como *todos* os seres e por meio deles. E evidentemente, *esse* tipo de *insight* ou "voz" manifesta é bem diferente de uma que diga: "Hum, vá rio abaixo e construa uma canoa de cinco por três cúbitos". Mesmo *se* todos os deuses fossem primeiramente vozes – o que, considerando-se que a verdadeira consciência divina é não verbal, não pode ser totalmente correto –, ainda que fossem, não existe nessa teoria nenhum modo de levar em conta a diferença de *status* metafísico das vozes em si, isto é, nenhum modo de *distinguir* as vozes propriamente *religiosas* das vozes como-fazer-uma-canoa, já que ambas, por essa teoria, se originam da mesma maneira, sob as mesmas condições e pelas mesmas razões. Em resumo, não consigo ver como essa teoria possa oferecer qualquer possibilidade para distinguir sentimentos religiosos de não religiosos. E, uma vez que não consegue levar em conta os sentimentos especificamente religiosos, não pode absolutamente julgar a religião.

E é exatamente para esse desabrochar de sentimentos religiosos durante o período mítico-associativo que vamos agora nos voltar.

A Grande Mãe

Há apenas duas situações em que homens e mulheres se sentem perfeitamente satisfeitos. Uma é o sono no subconsciente, a outra, o despertar para o superconsciente. Tudo entre elas são graus de pandemônio. Mas centenas de milhares de anos atrás, a humanidade tomou coragem e saiu da sonolência do Éden, renunciou ao seu torpor no subconsciente, abandonou sua vida com os lírios do campo e começou a lenta ascensão para o Todo superconsciente. Largou a vida dormente do uroboro serpentino, abdicou do estágio pré-pessoal compartilhado com o restante da natureza e transformou-se, entre todos os animais, no Filho Pródigo perdido no deserto.

Mas quando os homens e mulheres acordaram pela primeira vez de seu sono pré-pessoal, alguns deles, quase desde o começo, foram suficientemente heroicos para seguir em direção ao destino da humanidade e despertar para os domínios do superconsciente. Os demais, porém, aguardaram a lenta e laboriosa subida, passo a passo, a partir dos domínios subconscientes, que, dezenas de milhares de anos depois, levou-os a seu despertar coletivo como ego – um ponto que está, por assim dizer, na metade da estrada para casa. Pois o ego encontra-se a meio caminho entre o sono total no subconsciente e a iluminação total no superconsciente, e apenas por essa razão está no mais aflitivo período de todos: o *kali yuga* (que, incidentalmente, parece ter começado por volta de 3000 a.C. ou na época do colapso da estrutura associativa e emergência do ego).[444]

Entretanto, *desde o início*, até mesmo antes daquele primeiro passo para sair do Éden, homens e mulheres intuíam (em maior ou menor grau) sua natureza primordial de Atman, e isso funcionou, por assim dizer, como um imenso ímã inconsciente, atraindo-os, para frente e para cima, rumo à perfeita liberação no Todo superconsciente. Mas também os forçou, como uma medida temporária e terapêutica, a moldar todos os tipos de substitutos para Atman – sujeitos substitutos, objetos substitutos, sacrifícios substitutos; projetos de imortalidade, esboços e símbolos cosmocêntricos de transcendência.

Sob essa pressão, sucessivas estruturas de consciência foram criadas e depois abandonadas, conformadas e logo transcendidas, construídas e, em seguida, deixadas. *Elas eram criadas como um substituto para Atman, e abandonadas quando esses substitutos falhavam.* E a evolução prosseguiu por uma série de tais tentativas malogradas para alcançar a consciência de Atman – prosseguiu por meio do Projeto Atman, com cada passo, por assim dizer, chegando um pouco mais perto. O mesmo processo ocorreu no resto da Natureza, pois, até onde sabemos, a evolução é simplesmente um processo de desdobramentos cada vez maiores, revelando complexidades maiores e unificações maiores. No homem, entretanto – tomando emprestada a frase de Huxley que encantou Teilhard de Chardin –, a evolução tornou-se consciente de si mesma.

Cada estrutura sucessiva de consciência foi criada nos homens e mulheres como um substituto para Deus, criada para apresentar o eu como cosmocêntrico, imortal e desafiador da morte, criada para assegurar que Eros vencesse Tânatos. Mas à medida que as translações de cada estrutura começavam a falhar em seu propósito calmante, que suas satisfações substitutas começavam a perder seu sabor, que Tânatos começava a rastejar em direção a Eros, quando a translação finalmente fracassava, a respectiva estrutura era abandonada e ocorria uma transformação vertical para uma nova estrutura acima. E o Projeto Atman de imortalidade era entregue nas mãos dessa nova estrutura.

Ainda mais, isso sobrecarrega a consciência humana com um duplo peso. Não só homens e mulheres têm de sustentar a atração daquele ímã para o futuro, a evocação da superconsciência, como também têm de lutar com os vestígios do passado. Não só a promessa do que eles podem vir a ser, mas o fardo do que foram. À medida que cada nova estrutura de consciência se assenta sobre a prévia, surge a tarefa de uma integração e conciliação de diferentes estruturas (como sugerimos inicialmente no capítulo 4). Se não forem transformados e integrados, os níveis mais baixos, quase certamente, contribuirão para uma patologia ou ruptura geral do nível mais elevado, simplesmente porque o que é o *todo* da consciência num estágio transforma-se meramente numa *parte* da consciência do próximo, e uma parte que, apesar da dor da patologia, deve ser integrada ao novo todo. Desse modo, como disse, a crescente complexidade da consciência traz não só novas oportunidades, mas também responsabilidades terríveis. E são exatamente essas oportunidades – e esses incríveis ônus – que estamos registrando em nossa narrativa.

NOVAS REALIZAÇÕES, NOVOS HORRORES

Nossa história cronológica havia parado por volta do estágio associativo baixo (c. 9500-4500 a.C.), com a descoberta e a implementação da agricultura, a criação de excedentes e o surgimento de novos símbolos de imortalidade, como o superávit agrícola, o dinheiro, o ouro e os desejos temporais. Vimos que a agricultura por si, originalmente, não criou a nova estrutura de consciência mítico-associativa; ao contrário, a agricultura foi absorvida pela recente evolução e expansão da estrutura associativa, como uma dupla solução para um novo crescimento da consciência e uma nova forma de apreensão da morte. E quando do início do estágio associativo alto, c. 4500 a.C., a consciência agrária do eu associativo resultou numa literal explosão de atividades, produtos e monumentos culturais, cuja absoluta grandiosidade e elegância o mundo nunca vira. No curto período de alguns milhares de anos, a consciência agrária floresceu espetacularmente nas magnificentes cidades-Estado e teocracias do Egito e da Mesopotâmia.

Repentina e muito rapidamente, surgiu a civilização.

"Qual possa ter sido o segredo psicológico", comenta Campbell, "do momento de precipitação de um estilo de cultura sem precedente, ainda não sabemos – pelo menos, até onde consigo vislumbrar. Spengler escreveu sobre uma nova percepção e experiência de mortalidade – um novo medo da morte, um novo medo do mundo

– como sendo o catalisador. 'Aquela perspectiva de mundo', ele declarou, 'originou-se do conhecimento da morte, que possuímos por sermos homens e não feras.'"[70] Um *novo* medo da morte. Realmente, eis uma grande parte do catalisador (ou melhor, o lado negativo do catalisador, o lado negativo do Projeto Atman). Já vimos que esse estágio associativo foi marcado por um novo e intensificado medo da morte, exigindo novas e elevadas buscas por imortalidades simbólicas, emblemáticas ou aspiradas. Em resumo, eis o que caracterizou a grandeza do Egito: os cultos fúnebres, a Era das Pirâmides, as múmias, as máscaras mortuárias de ouro (como as do rei Tut, que literalmente paralisaram e encantaram cidadãos americanos durante sua exposição pública).

"É completamente óbvio", como Campbell assinala, "que no antigo vale do Nilo, no terceiro milênio a.C., um mito vivo – ou melhor, um mito que sobrevivia aos corpos humanos – estava transformando uma cultura folclórica neolítica numa das mais elegantes e duradouras civilizações desenvolvidas do mundo, literalmente movendo montanhas para transformá-las em pirâmides e preenchendo a terra com os ecos de sua beleza. Embora os indivíduos estivessem fascinados em sua alienação, afinal eram titãs por seus feitos, mostravam-se infantis em seus sentimentos."[70] E quanto ao mito propriamente dito? Campbell cita Eduard Meyer como parte da resposta extraordinária:

> Nunca neste planeta dedicou-se tanta energia e persistência à tarefa de transformar o impossível em possível; isto é, à tarefa de estender o breve período de vida do homem, juntamente com todos os seus prazeres, em eternidade. Os egípcios do Antigo Império acreditavam nessa possibilidade com o mais profundo fervor; caso contrário, eles nunca continuariam, geração após geração, a desperdiçar com ela toda a riqueza do Estado e da civilização. Não obstante, por trás dessa iniciativa, espreitava a sensação de que todo o esplendor era apenas ilusório; de que todos os volumosos meios que estavam sendo empregados, mesmo nas circunstâncias mais favoráveis, seriam capazes de produzir somente um estado de sonho assombrado e não mudariam absolutamente os fatos. O corpo, apesar da magia, ainda assim não estaria vivo [...].[70]

Eis, num parágrafo, uma perfeita definição do lado "negativo" do Projeto Atman: a tentativa de negar para sempre o poder de Tânatos, Shiva, Sunyata. Outros concordaram:

> Nos templos, palácios e monumentos das novas cidades vemos um novo tipo de poder sendo gerado. Não mais o poder da comunhão totêmica de pessoas [frequentemente encontrado em culturas mágico-tifônicas], mas o poder do testemunho de pilhas de pedra e ouro. [...] A imortalidade passa a residir não mais no mundo invisível do poder, mas no próprio mundo visível, e 'a morte é superada pelo acúmulo de monumentos que desafiam o tempo'. A pirâmide direcionava sua esperança de imortalidade para o céu que tentava penetrar, mas exibia-se perante os homens e depositava seu pesado fardo em suas costas.[26]

Brown expressou isso da seguinte forma:

> Cada cidade é uma cidade eterna: a riqueza civilizada dura para sempre. Embora a cidade do Oriente Próximo arcaico ainda não diga que seus últimos dias serão melhores que os primeiros, como o faz a cidade judaico-cristã, ela já deu o passo decisivo. Ela perdura; o tempo e a cidade multiplicam-se. Mas perdurar é conquistar a morte. A civilização é uma tentativa para superar a morte. [...] A ambição do homem civilizado é revelada na pirâmide [onde repousa] tanto a esperança de imortalidade, quanto o fruto do juro composto [dinheiro no tempo].[61]

Isso resume maravilhosamente o lado de Tânatos ou da negação da morte do novo Projeto Atman da civilização associativa. Quanto ao lado positivo, o lado de Eros, a tentativa para se tornar cosmocêntrico, onipotente e divino, temos um comentário decisivo de Campbell: "Pois esses [soberanos do Egito dinástico] supunham que sua individualidade temporal é que os tornava deuses. Quer dizer, eles eram homens loucos. Além disso, essa crença era sustentada, ensinada, exaltada e encorajada por seu clero, pais, esposas, conselheiros, povo e todos mais, que também os consideravam deuses. Isto é, a sociedade inteira estava louca".[70]

"Supor que sua individualidade temporal é que os tornava deuses" – eis uma elegante definição do lado positivo do Projeto Atman. Mas ela não se restringia ao Antigo Egito: na verdade, é um ingrediente essencial e universal na dinâmica da evolução do espectro da consciência, embora, naturalmente, apareça sob mil formas diferentes. O fato de os egípcios terem sido presas ostensivas de uma intensa forma do Projeto Atman distingue-os em grau um pouco diferente, mas não em tipo, do resto das civilizações de eus separados, de você e de mim.

E, portanto, sim, os egípcios estavam loucos – uma loucura quase consciente, enquanto em nós, modernos, que também estamos sob a influência do Projeto Atman, essa forma particular de loucura foi para o subterrâneo, onde dormita como magia tifônica. Porque nós, também, imaginamos – embora inconscientemente – que em nossa individualidade temporal somos deuses, cosmocêntricos e imortais. Se a personalidade egoica, como considerada por Roheim, é magia inconsciente, também é loucura inconsciente. A individualidade, disse Ferenczi, é uma psicose em miniatura. E, de vez em quando, essa loucura emerge em formas ostensivamente conscientes, como Rasputins, Hitlers, Stálins e Mussolinis. Não se engane: eles *não foram personalidades fracas*, mas grandes personalidades, personalidades fortes, egos fortes – o que significa grandes psicóticos, imaginando ser Deus em sua individualidade temporal.

Entretanto, existe um ponto importante a respeito da loucura egípcia. Como dissemos, *cada* eu separado está louco, no sentido de que se sente, necessariamente, cosmocêntrico. E à medida que homens e mulheres surgiram do subconsciente, à medida que ampliaram suas capacidades e habilidades em domínios mais extensos, também expandiram, de muitas formas, sua faixa de loucura. Isto é, expandiram não só o movimento em direção a Atman, como a área por onde podiam vagar com seus inflados projetos Atman. "Em outras palavras, uma grande parte da matéria de estudo da nossa ciência [da antropologia cultural] deve ser entendida como evidência de uma crise psicológica de inflação [estendendo o eu a proporções divinas], característica do alvorecer de todas as grandes civilizações do mundo: o momento do nascimento de seu estilo específico."[70] Ou poderíamos dizer, como Rank, o momento do nascimento de sua ideologia particular de imortalidade, sua guinada própria no Projeto Atman, seu produto excedente peculiar, que tende a cultivar em seu esforço rumo a uma transcendência simbólica.

Egito: a singular e notabilíssima satisfação substituta cultural que ocorreu na emergência da humanidade a partir do Éden. Porém, nem tudo é satisfação substituta; nem tudo é sujeito substituto aqui dentro e objetos substitutos lá fora. Há o Projeto Atman, mas também há Atman. Ambos os lados devem ser lembrados: a loucura egípcia foi, sem dúvida, loucura, mas também foi um monumental crescimento em consciência, criatividade e cultura. Os egípcios estavam loucos, disse Campbell, e "ainda assim, surgiu dessa loucura a grande coisa que chamamos civilização egípcia. Sua contraparte na Mesopotâmia produziu os Estados dinásticos daquela área; e, além disso, temos evidências adequadas de sua força na Índia, no Extremo Oriente e também na Europa".[70] Adicionalmente, com o novo crescimento de consciência representado por esse período da história, esperaríamos encontrar um novo crescimento, ou um crescimento mais difundido, de transcendência para a esfera do superconsciente. A humanidade estava, por assim dizer, chegando mais perto dos domínios do superconsciente e, portanto, vislumbres individuais desses domínios tenderiam a ficar mais fáceis e mais difundidos. Assim, o que nos mostram os registros antropológicos?

"Não acrescentarei nenhum ponto adicional a esse argumento", diz nosso guia de mitologia, "mas assumirei como óbvio que o aparecimento c. 4500-2500 a.C. de uma constelação sem precedente de sacra – atos sagrados e coisas sagradas – aponta não para uma nova teoria sobre como fazer os feijões germinarem, mas para uma experiência real e profunda daquele *mysterium tremendum* que irromperia em todos nós, até mesmo agora, caso não tivessem sido maravilhosamente mascarados."[70] Mas não apenas durante o período associativo alto das civilizações clássicas, mas também no período associativo baixo, pois "quando os ritos e mitologias das aldeias hortícolas mais primitivas são comparados com os de qualquer tribo de caçadores, vê-se prontamente que eles representam um aprofundamento significativo [...] do sentimento religioso. [...]

Em contraste com o espírito pueril da mitologia de caça paleolítica, uma nova profundidade de realização é alcançada nos horrendos mitos e rituais das culturas hortícolas".[69] Creio que isso não pode ser colocado de forma mais clara.

A estrutura de consciência mítico-associativa representou um crescimento estupendo sobre a mágico-tifônica, um passo gigantesco além da esfera subconsciente. Mas um passo, como agora constatamos, que também trouxe novos terrores e novos horrores. Isso *não* é absolutamente algo que eu esteja lendo nas entrelinhas dos registros antropológicos. Já ouvimos Campbell falar da "nova profundidade de realização" dessa estrutura e, mesmo assim, uma que também era *"horrenda"*. Horrenda, sim, e chocante – pois no rito central das grandes religiões das culturas mítico-associativas, descobrimos a chave secreta não só para os estados supremos de transcendência, como também para as profundezas aterrorizantes da crueldade humana. Como um exemplo arquetípico dos elementos-chave desse ritual central e absolutamente sugestivo, considere o seguinte:

> O momento de particular importância para nossa história acontece no final de um dos ritos de puberdade dos meninos, que termina numa orgia sexual de vários dias e noites, durante os quais todos da aldeia copulam com todos os outros, no tumulto dos cantos mitológicos, tambores e rombos* – até a noite final, quando uma menina, pintada, ungida e vestida com roupas cerimoniais, é levada para o sítio da dança e obrigada a deitar-se debaixo de uma plataforma de troncos muito pesados. Os iniciados copulam com ela, um após o outro, na frente de todos; e enquanto o jovem escolhido para ser o último a abraça, os suportes dos troncos são retirados e a plataforma cai sobre eles, sob o prodigioso ribombar de tambores. Um uivo terrível é solto e a menina e o menino mortos são arrastados dos troncos, cortados em pedaços, assados e comidos.[69]

---

* Instrumento musical encontrado nas sociedades arcaicas. Consistia de uma tábua de madeira com ranhuras que, quando girada por cima da cabeça, a alta velocidade, presa por uma corda, produzia um zumbido, variável com a velocidade de rotação. (N. do T.)

Qual pode ser o possível significado de tais ritos? Por que as pessoas, voluntária e alegremente, participariam de tais atividades? Seria essa uma prova inegável de uma orgia do *id*, repleta de impulsos sadoassassinos destrutivos, libido descontrolada e encerrada por um clímax canibalesco? Tenha em mente que esse ritual, ou algo bem parecido, aconteceu em todas as culturas agrárias civilizadas pelo mundo afora, e também nas primeiras civilizações desenvolvidas.

Quem é, então, que é sacrificado? Para quem é feito o sacrifício? E por quê?

A GRANDE MÃE

Se existe uma figura dominante em todas as religiões das culturas mítico-associativas, é, sem dúvida, a da Grande Mãe. "A incrível, maravilhosamente misteriosa, Grande Mãe, cuja forma e proteção dominam todo o ritualismo do mundo arcaico, que encontramos como a deusa-vaca Hathor na parte superior da festiva Palheta de Narmer, e cuja deusa da vaca, Ninhursag, foi a ama de leite dos primeiros reis da Suméria, está igualmente presente nos céus, na terra, nas águas abaixo da terra e no útero."[70] O professor Moortgat assinala que a deusa-mãe e um de seus cônjuges, o touro sagrado, são "as expressões espirituais mais antigas, tangíveis e significativas da cultura hortícola".[70] Assim, "no estágio da aldeia neolítica [...] a figura focal de toda a mitologia e adoração foi a generosa deusa Terra, como mãe e nutridora de vida, e receptora dos mortos para renascimento".[70]

Ao final do próximo capítulo, estaremos em condições de comentar com mais propriedade todos os diferentes significados da Deusa-Mãe, significados verdadeiros e falsos, reais e supersticiosos, biológicos e místicos, exotéricos e esotéricos. Esse é um problema muito delicado e complicado. Por exemplo: a Deusa-Mãe simbolizava uma verdadeira transcendência ou desejos infantis de proteção? Ela representou uma verdade metafísica real ou foi meramente o produto de anseios obscuros pueris? Ela traduzia a Divindade ou somente a fertilidade mágica da colheita? Ela pode ser explicada apenas em termos biológicos e psicanalíticos, ou são necessárias interpretações verdadeiramente místicas e metafísicas?

Minha sensação é que *ambos* os elementos, naturalista/biológico e metafísico/místico, estão envolvidos e que ambas as explicações são, portanto, apropriadas e necessárias a uma teoria completa. Consequentemente, dedicarei este capítulo a um breve estudo das explicações biológicas, naturais e psicanalíticas da Deusa-Mãe, e o próximo, a um estudo dos elementos transcendentes, místicos e sagrados da Deusa. Chamarei a Imagem de Mãe, em seus aspectos naturais/biológicos, de a Grande Mãe, e em seus aspectos transcendentes/místicos, de a Grande Deusa. As muitas semelhanças – e as vastas diferenças – entre a Grande Mãe e a Grande Deusa se tornarão cada vez mais aparentes à medida que prosseguirmos, e eu as resumirei cuidadosamente no fim do próximo capítulo.

Podemos começar por um exemplo categoricamente biológico. Em outro livro, juntei evidências que sugerem que a Grande Mãe está, de certo modo, embutida nas estruturas tifônicas e associativas, e domina a psicologia de ambos os estágios.[436] Isso só é verdade, claro, de uma forma bem genérica, mas é uma generalização que pretendo enfatizar, já que parece explicar grande parte do material que encontraremos. Considerando paralelos ontogenéticos, o ponto básico, acho eu, é bem simples. Louise Kaplan, em *Oneness and Separateness*,[225] relata-nos qual é o mais recente princípio amplamente aceito da psicologia do desenvolvimento: ao nascer, o bebê ainda não existe como um eu verdadeiramente pessoal. Pelo contrário, durante os primeiros 4 a 6 meses, o bebê é literalmente *uno* com a mãe, com o ambiente e com o cosmos físico – o que Melanie Klein chamou de "identificação projetiva".[233] Esse é o estado infantil-urobórico ou do Éden paradisíaco. Por volta dos 5 ou 6 meses, essa fusão primitiva começa a se romper, mas a diferenciação não é completada senão aos 18 meses, mais ou menos, e não se resolve até os 36 meses aproximadamente. E quando a criança começa a emergir dessa fusão urobórica, depara-se com a figura – ora amorosa, ora apavorante – da mãe.

E não apenas a da mãe, mas a da Grande Mãe. À medida que a criança emerge de sua fusão urobórica, a primeira coisa que descobre é a mãe, e esta, praticamente, é seu mundo *inteiro*. Assim, é a "mãe que, em razão da base biológica da família, deve transformar-se no mundo completo da criança".[61] Desse modo, ela, nesse ponto, só pode ser vista como a Grande Mãe, o Grande Ambiente ou o Grande Entorno.[311] E já que essa separação da Grande Mãe começa aos 5 meses, completa-se, mais ou menos, aos 18 meses, mas não fica totalmente resolvida até os 36 meses, a figura da Grande Mãe domina ambas as estruturas, tifônica e associativa, da criança.[436] A Grande Mãe está impregnada nesses níveis de forma bem diferente da de outros estágios subsequentes de desenvolvimento. Em resumo, esses estágios pertencem à Grande Mãe e, basicamente, apenas a ela – como diz Kaplan: "a mãe é o único parceiro com quem o bebê interpreta o drama da separação". O pai não participa significativamente da peça. Como veremos mais tarde, o pai entra em cena, basicamente, no desenvolvimento do nível do ego.[31]

Quando a criança emerge do uroboro e desenvolve um eu corpóreo rudimentar, separado da Grande Mãe, fica também *vulnerável*. Já que agora existe um eu, existe o outro, e "onde há outro, há medo". Medos de extinção, destruição, dissolução – Tânatos – e todos concentrados na figura da Grande Mãe.[233,384] A relação do eu corpóreo com a Grande Mãe é uma relação de ser e não ser, vida *versus* morte – é existencial, não circunstancial.[25] Assim, a Grande Mãe é, ao mesmo tempo, a Grande Nutridora, a Grande Protetora, e a Grande Destruidora, a Grande Devoradora – o que Sullivan chamaria a Boa Mãe e a Má Mãe.[384] Conforme a opinião geral, essa é uma relação intensa, básica, amedrontadora, fundamental e prenhe de consequências.

Portanto, a Grande Mãe é, inicialmente, representativa da existência global, *corpórea*, separada e vulnerável no espaço e no tempo, com consequentes desejos por uma Grande Protetora e consequentes medos de uma Grande Destruidora. E, para mim, não é difícil imaginar que algo bem parecido (mas não necessariamente idêntico) tenha ocorrido com a humanidade em geral, ao emergir de seu sono coletivo no Éden urobórico. Da mesma maneira que no bebê a grande "mãe é o único parceiro com quem o bebê interpreta o drama da separação", parece lógico que a humanidade pueril, ao

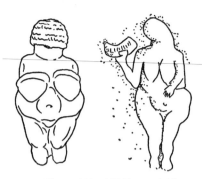

Figuras 13A e 13B. Figuras da Vênus paleolítica, formas iniciais detectadas da Grande Mãe.

interpretar seu primeiro drama de separação da natureza ("mãe natureza") e da fusão com o ambiente (o Grande Entorno), tivesse como sua parceira constante a Grande Mãe. Assim, a Grande Mãe veio representar a própria existência corpórea, matéria e natureza, água e terra, vida e morte naquele domínio naturado.[70]

Por todas essas razões, se sua abordagem para a Grande Mãe for "boa", Ela será a Grande Protetora, ao passo que, se sua abordagem ou ações forem "ruins", Ela será a vingativa Destruidora.[126] E eis a dinâmica psicológica e a base de um *ritual*. Como veremos, ritos especiais são necessários para satisfazer a Grande Mãe, para mantê-la como Protetora e evitar sua Vingança colérica. E, à medida que estudarmos esses rituais, mantenhamos essa dinâmica básica em mente, pois ela é a verdadeira chave para o que, de outra forma, tornam enigmáticos esse período da história e as cerimônias que o definiram.

Agora, já que a Grande Mãe está embutida nas estruturas do nível tifônico, tanto quanto nas do nível associativo, devemos buscar evidências de algum tipo de culto da Grande Mãe, retornando ao período mágico-tifônico. Obviamente, esses cultos da Mãe não são, nem poderiam ser, tão refinados, articulados ou bem apresentados quanto no período linguístico-associativo, mas algumas evidências devem estar disponíveis. E, aparentemente, estão.

Desde as cavernas paleolíticas, em que os principais objetos de pinturas murais são os animais da Grande Caçada, o principal tema de escultura é a figura feminina.[90] Os homens dificilmente entram em cena e, quando o fazem, são disfarçados ou magicamente modificados na forma.[92] E mais do que isso, muitas das estatuetas femininas foram descobertas em *santuários*, de forma que o professor Menghin chegou à provável conclusão: essas estatuetas femininas "representam [uma forma primitiva e inicial] daquela mesma deusa-mãe que se tornaria tão notável nas civilizações agrárias tardias do Oriente Próximo e tem sido louvada em todos os lugares como a Magna Mater e Mãe Terra".[69] Como colocado por outra autoridade, essas figuras "foram, aparentemente, os primeiros objetos de adoração da espécie *Homo sapiens*".[69] Não é de admirar que em um único cemitério paleolítico "fossem descobertas vinte estatuetas da deusa [Grande Mãe], bem como um número de animais cerimoniosamente enterrados, o [que] remete à presença de uma mitologia desenvolvida no paleolítico tardio, em que a [Grande Mãe] já aparecia com os símbolos do culto neolítico, bem posterior, de Ishtar-Afrodite: o pássaro, o peixe, a serpente e o labirinto".[69] Campbell denominou carinhosamente essa primeira forma da Grande Mãe "Nossa Senhora dos Mamutes" – o matriarcado bruto e inicial da Grande Caçada.

Assim, de volta aos tempos paleolíticos e tifônicos, vemos a Grande Mãe surgir como um correlativo da própria existência corporal, uma existência resumida pelo choque biológico e pela dependência anterior da maternidade: nascimento, amamentação, desmame etc. "E sob o ponto de vista da história do pensamento", conclui o dr. Hancar, "essas estatuetas da Vênus do Paleolítico Tardio nos chegam como a expressão detectável mais antiga daquela imperecível ideia ritual que vê na Mulher não só a incorporação do início e a continuação da vida [a Boa Mãe ou Grande Protetora], como também o símbolo da [...] matéria terrena [mãe natureza]."[69] Em resumo, diz Campbell, a Grande Mãe "mostrou-se bem no alvorecer do primeiro dia de nossa própria espécie".*

---

* Diversos pontos técnicos: como sugeriremos mais tarde, a Grande Mãe e o eu tifônico diferenciam-se, simultânea e correlatamente, do uroboro prévio. A Grande Mãe domina o estágio tifônico e chega ao clímax no estágio mítico-associativo. Já acompanhamos o aparecimento e a diferenciação do sistema do eu desde o uroboro ao tifão e à associação; portanto, é fascinante examinar a *emergência* e a correspondente *diferenciação* da imagem da Grande Mãe por esses três estágios, na medida em que ocorreram *(pré)historicamente*. De acordo com o extraordinário estudo de doze volumes do padre Schmidt,[69] as sociedades arcaicas podem ser aproximadamente divididas em três estágios. Os tipos mais primitivos de sociedades humanas (Yahgans, Esquimós do Caribu, Pigmeus, Kurnais) "não dão ênfase nem a um forte patriarcado, nem a um forte matriarcado".[69] Isto é, *a orientação é amplamente pré-dife-*

Assim, embora reconheçamos que a Grande Mãe já existisse no período tifônico mais antigo, devemos agora nos concentrar em suas formas e funções mais articuladas, refinadas, ainda que horrendas, que começam a sobressair durante o estágio mítico-associativo. Nos

renciada ou urobórica. Todavia, em algumas das mitologias dessas sociedades mais simples, encontramos, embora vagamente, o início da marca de uma Grande Mãe, mas apenas começando a emergir do uroboro: "O personagem central na mitologia desses povos [os andamaneses], a monção do noroeste, Bilku, às vezes, é representada por uma aranha [um arquétipo da Grande Mãe, de acordo com os junguianos] cujo caráter [...] é, ao mesmo tempo, bondoso e perigoso [Mãe Boa e Má]. Bilku é normalmente considerada uma fêmea, e não nos resta senão reconhecer nessa surpreendente designação uma provável projeção da 'marca da mãe'".[69] Mas é uma projeção ainda *em fusão* com a esfera física e urobórica. A Grande Mãe ainda não é uma entidade diferenciada. O próximo estágio de desenvolvimento social, de acordo com Schmidt, é o dos grupos caçadores (tifônicos) totêmicos (mágicos). Nesse estágio, como vimos, existe uma diferenciação mais clara entre o eu e o meio ambiente, mas não ainda completa, de forma que o eu e a natureza animal estão magicamente (totemicamente) interligados. Assim, a sociedade organiza-se em clãs baseados em 1) identidades totêmicas (remanescentes da fusão puramente urobórica) e 2) laços de parentesco (laços de parentesco significam laços de sangue, isto é, baseados no corpo, ou tifônicos. As sociedades consanguíneas são unidades baseadas em interconexões *corporais*, não em identidades *mentais; elas são* as formas mais primitivas de sociedade, baseadas em linhagem sanguínea e não em comunicação associativa mais elevada). Naturalmente, o mundo essencial da caçada recompensou a capacidade do homem, e, de fato, de acordo com Schmidt, a psicologia básica desse estágio é masculina. Mas é uma masculinidade claramente pré-mental e pré-conceitual, baseada largamente na força física, no totem mágico e no clã de sangue. Desse modo, como Campbell assinala, "prevalece uma inocência juvenil nas virtudes masculinas", apesar dos horrendos ritos de resistência corporal frequentemente presentes. O ponto é que esse é um tipo de masculinidade, mas não é *o mesmo tipo* de masculinidade que, posteriormente, definiria o patriarcado; o primeiro é uma masculinidade corporal (chamada de masculinidade ctônica por Bachofen e Neumann); o último é uma masculinidade mental (chamada de patriarcado solar por esses mesmos autores).[16,311] Assim, embora essas sociedades fossem "corporais masculinas" ou "adolescentes masculinas", foi justamente durante esse período que a Grande Mãe, como o próprio tifão, começou claramente a emergir e diferenciar-se do uroboro. Daí por que não é raro achar "uma região paleolítica onde a serpente, o labirinto e temas de renascimento já constituem uma constelação simbólica, com a deusa [Grande Mãe] em seu papel clássico de protetora do círculo familiar, mãe do segundo nascimento do homem, e senhora das coisas selvagens e do suprimen-

primitivos tempos tifônicos, a Grande Mãe, provavelmente, não passava de um impacto, um choque não verbal na existência do eu separado, e uma expressão de dependência biológica simples. Mas no período mítico, a percepção do eu está mais estruturada, mais

---

to de alimento. Aqui ela é a protetora da caçada".[69] De acordo com o dr. Hancar, "o pano de fundo psicológico da ideia deriva da percepção e reconhecimento da mulher, especialmente durante seus períodos de gravidez, como o centro e fonte de uma força mágica efetiva".[69] Campbell assinala que as várias formas da Nossa Senhora dos Mamutes "são os exemplos mais antigos da 'imagem de ídolo' que possuímos, e foram, aparentemente, os primeiros objetos de adoração da espécie *Homo sapiens*".[69] O ponto é que até essas sociedades corporais masculinas eram "governadas", de certo modo, pelo impacto da manifestação da Grande Mãe. Daí por que Neumann disse que sociedades caçadoras, embora exteriormente masculinas, estavam sob a influência da psicologia da Grande Mãe[311] – uma sugestão que exprimiremos mais tarde como: a Grande Mãe rege os domínios do corpo (a masculinidade corporal, portanto, também está sob a influência da Grande Mãe; esse é o significado de masculinidade ctônica). Todavia, embora a Grande Mãe, nesse estágio tifônico caçador, esteja começando a emergir e diferenciar do uroboro, ainda permanece muito próxima dele, ou, se preferir, está "contaminada" pelo uroboro. O eu tifônico ainda está ligado à natureza animal, ao Mestre Animal do feiticeiro, ao antepassado animal do totem, todos representando a natureza *fundida*, que é o uroboro, não a natureza diferenciada, que é a Grande Mãe (ou Grande Entorno). Neumann chama isso de uroboro maternal (ou, reciprocamente, de Mãe uróborica). Portanto, é só no próximo estágio principal – o mítico-associativo – que a Grande Mãe (como a sensação do eu) emerge completamente e diferencia-se do uroboro. Correspondentemente, o padre Schmidt chama seu próximo estágio – o último dos estágios arcaicos – de matriarcal-agrário. E esse é exatamente o ponto a que chegamos agora em nossa história. Nesse estágio, a Grande Mãe está completamente diferenciada do uroboro; não surpreendentemente, a Grande Mãe, então, englobou, e até mesmo veio a representar, *todos* os níveis mais baixos dos quais havia se diferenciado: o uroboro tornou-se seu cônjuge, o tifão, sua prole, e ela imperou, em última instância, sobre toda a natureza, biológica e material. Isso também marcou o *início* da transição da transferência da natureza animal para o eu (com o totem), para a natureza humana (com a associação). Todavia, em sua forma mais pura, a Grande Mãe representou toda a natureza, matéria, instintos, corpo, colheitas, terra, fertilidade, sexualidade, emoções, desejo, magia e o início do mito. Só no próximo estágio – o mental-egoico – aconteceria a mudança da mãe natureza para a natureza humana, e isso marcou o início do patriarcado, que exploraremos no capítulo 13.

articulada, e, da mesma forma, a da Grande Mãe. Homens e mulheres estavam mais conscientes de sua própria existência tênue e, portanto, mais conscientes da Grande Mãe – o que ela era e o que exigia.

E o que ela exigia era sacrifício – sacrifício humano.

SACRIFÍCIO: O NÚCLEO DA MITOLOGIA ASSOCIATIVA

Comecemos observando rapidamente os símbolos mais comuns associados à Grande Mãe, símbolos que surgiram, em princípio, por razões puramente naturais e biológicas – nada profundamente metafísico (existe, como veremos, pouca coisa verdadeiramente metafísica sobre a Grande Mãe ou quaisquer de seus símbolos ou ritos). Há, acima de tudo, a associação normal com a lua e o útero, pois o ciclo lunar e o ciclo menstrual ocorrem a cada vinte e oito dias, da mesma forma que as marés aquosas e oceânicas. Assim, desde muito cedo, a Grande Mãe foi associada ao simbolismo das águas e lunar. Em particular, como a lua é o cônjuge da terra, ela, ou algum tipo de símbolo lunar, era o amante ou deus-consorte da Deusa Terra. Desse modo, descobrimos na mitologia que o cônjuge da Grande Mãe era a serpente lunar, o touro lunar, o porco lunar, e assim por diante.

Mas observe: no fim do ciclo lunar mensal, a lua "desaparece" ou "morre" – ela se torna escura, entra no mundo subterrâneo ou infernal. Mas dentro de três dias, contemple: a lua renasce e ressuscita! Na verdade, a lua *deve* morrer para que comece um novo ciclo. Assim, a primeira equação simbólica que precisamos ter em mente é: *o cônjuge da Grande Mãe é o deus morto-e-ressuscitado-em-três-dias*.

A segunda equação importante é um pouco mais deprimente, pois envolve a relação de sangue com vida. Malinowski, Bachofen, Neumann e outros assinalaram que a compreensão primitiva da humanidade sobre reprodução sexual estava longe de ser cientificamente correta. Por exemplo, houve um tempo em que a humanidade realmente não entendia que a relação sexual levava à gravidez.

Considere que o intercurso sexual pode acontecer centenas de vezes num ano, mas uma gravidez e nascimento só ocorrem, no máximo, uma vez a cada nove meses. Além do mais, em sociedades primitivas, as crianças eram frequentemente iniciadas no ato sexual com idades entre 5 e 12 anos, principalmente para grande entretenimento dos mais velhos. E sem gravidez. Portanto, todos esses intercursos e só ocasionalmente uma criança – para a mente primitiva, alguma outra coisa era obviamente responsável, e era algo apenas na mulher. Na verdade, até tempos recentes, se um casamento não produzisse filhos, só a mulher era culpada.

Assim, não era o sêmen masculino que causava gravidez, nascimento e nova vida. E mesmo quando se compreendeu vagamente que se necessitava de um macho como parceiro – e isso aconteceu logo –, ele ainda era uma figura muito secundária. Era meramente o portador do falo, e qualquer falo servia. Daí a predominância na mitologia da Mãe fálica, a Mãe hermafrodita, pois "os homens que a Mãe seleciona como seus amantes podem engravidá-la, podem até ser deuses de fertilidade, mas o fato é que são apenas cônjuges fálicos da Grande Mãe, zangões a serviço da abelha-rainha".[311]

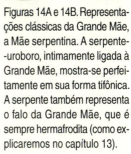

Figuras 14A e 14B. Representações clássicas da Grande Mãe, a Mãe serpentina. A serpente-uroboro, intimamente ligada à Grande Mãe, mostra-se perfeitamente em sua forma tifônica. A serpente também representa o falo da Grande Mãe, que é sempre hermafrodita (como explicaremos no capítulo 13).

Essa também é a razão pela qual a Grande Mãe é sempre retratada como virgem – não é que ela não tenha relações sexuais, e sim que, na relação, não pertence a nenhum homem; ela é para sempre a mesma, enquanto os homens são portadores intercambiáveis do falo conjugal. Como colocado por Bachofen: "sempre a mesma Grande Mãe acasala com novos homens". E assim, mesmo como virgem, ou especialmente como virgem, ela, e não o macho, predomina em todos os cultos fálicos, e todos os cultos fálicos são cultos da Grande Mãe virgem. "Consequentemente, a deusa da fertilidade é, ao mesmo tempo, mãe e virgem, a *hetaera* que não pertence a nenhum homem."[311]

Acompanhe o seguinte raciocínio (lembrando-se de que estamos trabalhando com pensamento paleológico ou mítico): já que a Grande Mãe é *concomitantemente* mãe e amante, seu cônjuge é tanto seu marido quanto seu filho, ou seu filho-amante. Da mesma forma, o filho é seu próprio pai (como se dizia do faraó, por exemplo), embora "pai" seja talvez uma palavra muito forte. Pois o ponto essencial dessas equações paleológicas deriva-se do fato de que o princípio paterno em si, como dissemos, ainda não entrara, de fato, no quadro, como uma força independente.

Daí por que a Grande Mãe é universalmente retratada tanto como a noiva, quanto como a virgem-mãe de deus... Tudo isso pode ser compreendido *se* simplesmente lembrarmos de que, nesse estágio de evolução, o princípio paterno ainda não é dominante. Mães e filhas, filhos e amantes, esposas e noivas e cônjuges, mas nenhum pai biológico real. Não é de admirar que nessas sociedades, como ressalta Campbell, os homens estivessem a um passo da insignificância e se reunissem em clubes masculinos e sociedades secretas, que chegaram até os dias atuais, como Elks' Lodges, Odd Fellows' Clubs, Shriners' Conventions* e outros, a fim de escapar do domínio do princípio feminino. E mesmo assim, qual era a divindade adorada nesses primeiros clubes? A Grande Mãe, claro.**

De qualquer modo, se o sêmen é supérfluo para a gravidez, ou, na melhor das hipóteses, secundário, o que constitui a "substância" da nova vida? Para o primitivo era óbvio: o fluxo de sangue menstrual da mulher continua periodicamente durante sua maturidade – exceto *quando ela está grávida*. Portanto, é esse sangue menstrual "retido" que está sendo convertido na forma de um bebê vivo e de uma nova vida.[311] Assim, a Grande Mãe *precisa de sangue* a fim

---

* Clubes masculinos nos EUA. (N. do T.)

** Estou ciente de que temas como o nascimento virginal podem receber, e receberam, significados altamente metafísicos na evolução e na história *subsequentes*. Estou negando que eles sejam *apenas* metafísicos; a maioria deles *era* simplesmente paleológica, e pode ser reproduzida hoje por qualquer criança de 5 anos, como mostra um estudo elementar de Piaget. As formas pelas quais alguns desses temas foram associados a *símbolos* de transformação e a verdades metafísicas serão discutidas no próximo capítulo.

de dar à luz uma nova vida. E essa equação era complementada pela percepção de que *a vida corpórea depende de sangue*: retire todo o sangue e você acaba com a vida. Para qualquer uma ou ambas as razões, a conclusão era óbvia: da mesma forma que a terra necessita da chuva para produzir colheitas, a Grande Mãe precisa de sangue para dar à luz uma nova vida.

Quando juntamos essas duas equações simbólicas (a do deus-consorte lunar, morto e ressuscitado, e a do sacrifício de sangue para a vida), chegamos facilmente à lógica perfeita dos primeiros rituais de sacrifício humano: o cônjuge simbólico (humano ou animal) é sacrificado em sangue para a Grande Mãe, morre e ressuscita (após três dias, de acordo com muitos mitos). Na verdade, a Grande Mãe segue o deus-consorte morto até o mundo subterrâneo e lá efetua sua ressurreição, assegurando, assim, outro ciclo de nova vida, nova fertilidade e nova lua. No sacrifício propriamente dito, o deus-consorte está de fato em união (simbolizada pela relação sexual)* com a Grande Mãe, e, desse modo, *renasce* ou ressuscita (tornando-se, no processo, o pai de si mesmo). A Grande Mãe permanece como *"a noiva-mãe do deus morto e ressuscitado"*.[70] Observe que essa é exatamente a fórmula de Maria/Jesus – ela é, ao mesmo tempo, a mãe de deus morto e ressuscitado (Jesus) e a noiva virgem de deus (o Pai). Mas antes de Maria e Jesus, houve Damuzi e Inanna, Tamuz e Ishtar, Osíris e Ísis – é uma história muito antiga.

Em resumo: qual era a forma de satisfazer a Grande Mãe, mantê-la como Protetora e evitar sua Vingança colérica? Dar-lhe o que ela exigia – sangue! E igualmente, inventar uma forma precisa para fazê-lo – ritual! Assim, o primeiro grande ritual foi uma cerimônia de sacrifício de sangue, oferecida à Grande Mãe – à Mãe Natureza – numa tentativa de troca para saciar seu desejo por sangue, sangue que, por várias razões, era (não de todo incorretamente) comparado à própria vida. Sangue é realmente vida corporal, e se quiser adquirir vida, você o faz com sangue. Então, coloque-se no período pa-

---

* Exatamente como no ritual de sexo-morte descrito anteriormente, quando vários cônjuges copulam com a donzela virgem (Grande Mãe), o último sendo morto.

leolítico; como a magia, ele trabalha com verdades parciais; e, como a magia, já que é incapaz de alcançar perspectivas mais elevadas ou contextos mais amplos, chega a conclusões primitivas.

Agora, essas cerimônias sacrificais arcaicas eram executadas com *seriedade* e interpretações literais. Vimos o sacrifício da donzela virgem e seu jovem cônjuge no ritual de sexo-morte, que é um dos mais antigos e mais bárbaros ritos de sacrifício já conhecidos. Mas a cerimônia de sacrifício – frequentemente voluntário – aconteceu ao longo dos períodos das primeiras civilizações altas, e, na verdade, continuou, até bem recentemente, em partes da África e Índia. O sacrifício propriamente dito assumiu várias formas – inicialmente, era quase universalmente de seres humanos vivos; porém, mais tarde, foram substituídos por animais (bode, touro, javali, cavalo, cordeiro). Quando surgiu a monarquia, como veremos, os primeiros monarcas eram sagrados, eram vistos como deuses e, portanto, como cônjuges da Grande Mãe. E nós sabemos o que acontece aos cônjuges da Grande Mãe. Existem evidências abundantes de que os primeiros reis se submetiam voluntariamente ao ritual regicida e, geralmente, por suas próprias mãos.

> Quando sua hora chegava, construía-se para o rei um andaime de madeira com forro de seda. Após banhar-se ritualmente num tanque [...] ele dirigia-se para o templo, onde prestava adoração à divindade. Em seguida, subia no andaime e, diante do povo, pegava algumas facas muito afiadas e começava a cortar partes de seu corpo – nariz, orelhas, lábios, todos os membros e o máximo de carne que conseguisse –, lançando-as ao redor, até perder muito sangue e estar prestes a desmaiar, quando, então, cortava a garganta.[69]

Em alguns casos, o rei era simplesmente estrangulado e enterrado com uma virgem viva a seu lado. Em outros ainda, apenas se procedia ao sacrifício da virgem, e em tempos posteriores, ao sacrifício animal de bodes e touros – a tourada espanhola é um resquício secularizado. Mas a lógica permanece a mesma: o deus deve morrer e renascer da Grande Mãe para assegurar nova vida e fertilidade. Frobenius comenta:

O grande deus deve morrer; ser privado de sua vida e encarcerado no mundo subterrâneo, no interior da montanha. A deusa (e vamos chamá-la de Ishtar, usando seu último título babilônico) segue-o no mundo subterrâneo e após a consumação de sua autoimolação, liberta-o. O mistério supremo era celebrado não só em famosas canções, mas também nos festivais antigos de ano novo, nos quais era apresentado dramaticamente; e pode-se dizer que essa apresentação dramática representa o apogeu da manifestação da gramática e lógica da mitologia na história do mundo.[153]

Não precisamos ir além com detalhes históricos. Vamos simplesmente observar que assomou uma "fúria por sacrifício", "num momento ou noutro, por toda a parte do mundo arcaico, nos diversos períodos altos de numerosas culturas". Mais notavelmente, "Sir James G. Frazer, em *O ramo de ouro*, mostrou que, nas primeiras cidades-Estado do núcleo do Oriente Próximo, de onde derivaram todas as civilizações altas do mundo, reis-deuses foram sacrificados [ritual e regularmente], e as escavações de Sir Leonard Woolley das Tumbas Reais de Ur, em que cortes inteiras foram cerimonialmente enterradas vivas, revelaram que, na Suméria, tais práticas continuaram até cerca de 2350 a.C."[70,136,438]

Em uma frase, aquilo que chamamos civilização e aquilo que chamamos sacrifício humano, surgiram juntos.

O SACRIFÍCIO RITUAL

Provavelmente, todos nós estamos cientes da resposta comum dada à pergunta "Qual é a razão do sacrifício?", que é: uma tentativa mágica de obter fertilidade, colheitas crescentes, chuva, e assim por diante. E isso, certamente, é verdade, ou, de fato, parcialmente verdadeiro, especialmente quando consideramos que, se as colheitas falhassem, normalmente eram oferecidos todos os tipos de sacrifícios humanos extras, usualmente começando pelo próprio rei. Frazer, por exemplo, acreditava que os sacrifícios eram uma medida útil, praticamente concebida, para obter uma fertilização mágica do solo. A psicanálise adicionou seu próprio viés: os ritos eram uma técnica para expiar a culpa por desejos incestuosos em relação à Mãe. Outros consideram o ritual uma geração de fonte de poder (mana).

Tudo isso é verdade. Mas, em minha opinião, o que todas essas explicações têm em comum é que a cerimônia sacrifical era executada para satisfazer e expiar a culpa da morte (na forma da Mãe Voraz) e, desse modo, assegurar o fértil futuro do eu separado, e, além disso, aumentar o poder do eu separado tanto quanto possível (sob os auspícios da Grande Protetora). O ritual, em resumo, era uma combinação ingênua de ambas as asas do Projeto Atman: uma forma mágica de subornar a morte e de aparentar que o praticante do ritual "controlava" os elementos da natureza, a chuva, a fertilidade, a vida propriamente dita – controlava a Grande Mãe, a Mãe Natureza –, onipotente, cosmocêntrica, divinizada.

Isto é, o ritual servia como um substituto mágico para a transcendência e a imortalidade, um rito mágico para assegurar fertilidade, assegurar o futuro, assegurar de fato que a morte não sorriria maliciosamente na colheita, enquanto, simultaneamente, mostrava o eu como central para o cosmos e favorecido em tudo, entre os demais elementos vingativos da Mãe Natureza. "Talvez a mais misteriosa de todas as instituições humanas", diz Mumford, "uma que tem sido frequentemente descrita, mas nunca adequadamente explicada, é a do sacrifício humano: um esforço mágico para expiar culpa ou promover uma produção mais abundante das colheitas."[26] E estou dizendo que eram *ambos*, praticando, simultaneamente, o desejo pela vida absoluta e o desejo de expiar a culpa da morte do eu separado. Como Becker amplamente demonstrou, o ritual tinha dois lados: Heroísmo e Arrependimento, ou "a experiência de prestígio e poder [Eros], que torna o homem um herói, e a experiência de expiação [de morte/Tânatos], que o alivia da culpa de ser humano [a sensação do eu separado]".[26]

Para mim, não há necessidade de repetir a penetrante análise de Becker; basta dizer que concordo completamente até onde ela chegou. Destaco simplesmente que, quando o mundo é visto pelos olhos da *estrutura mítica* de consciência, oferendas e sacrifícios rituais mostram-se exatamente consistentes com essa estrutura propriamente dita, e ambos expressam e encarnam as duas asas do Projeto Atman, como manifestado nesse nível. Em outras palavras, a *forma* da lógica ritual (que explicamos ao longo deste capítulo) é justamente a que seria esperada, dada uma visão de mundo mítica ou paleologicamente estruturada: apaziguamento de uma Grande Mãe naturada, associações enganosas, adoração da Terra, elementos emocional-sexuais, rituais de sangue, simbolismo paleológico (lua = deus, filho = seu próprio pai, mãe = virgem-noiva etc.). Nessas *formas* paleológicas de consciência foi descarregada a intuição sempre anterior de Atman, e a mistura resultante foi um Projeto Atman baseado em, e comprovado por, fórmulas míticas, rituais mágicos, símbolos fetichistas e fúria sacrifical – todos representando, por um lado, arrebatamentos do estado específico sobre a imortalidade, e, por outro, escapes para impulsos cosmocêntricos. E aí está o cerne da fúria ritual e brutal para o sacrifício que assomou, "num momento ou noutro, por toda a parte do mundo arcaico, nos diversos períodos altos de numerosas culturas".

Entretanto, o surgimento do sacrifício humano em si mesmo é tão significativo, tão central às motivações de homens e mulheres, mesmo hoje, que breve retornaremos a esse tópico e dedicaremos um capítulo inteiro a ele (capítulo 8). O que se segue é apenas uma rápida introdução ao tema, que será examinado mais tarde em detalhes assombrosos.

O EU LUTADOR

Há ainda outro significado embutido nos antigos sacrifícios para a Grande Mãe – mas esse significado, provavelmente, não poderia ter sido conhecido naquele tempo. Serve apenas para *nos* dizer, a nós que podemos olhar para o passado com novos conhecimentos, algo sobre a estrutura do eu daquele tempo. Isto é, o sacerdote celebrante do ritual estava possivelmente ciente, até certo ponto, embora superficialmente, de que estava oficiando a cerimônia a fim de "assegurar" fertilidade, satisfazer a Grande Mãe etc. E o praticante leigo médio estava, provavelmente, ciente de que tinha de participar desses ritos ou então ocorreriam calamidades. Mas o que nenhum deles poderia saber é que o corpo doutrinário completo da mitologia da Grande Mãe aponta para a natureza do eu naquele estágio da evolução.

Pois a essência da Grande Mãe é que ela exigia a dissolução, o sacrifício, do eu separado. Anotemos isso: a Grande Mãe exige a dissolução do eu. Mas o eu pode dissolver-se em duas direções completamente diferentes; primeira: ele pode dissolver-se em transcendência, pode seguir adiante para a superconsciência. Segunda: pode dissolver-se em regressão, num retorno para o subconsciente, numa obliteração de personalidade e não numa transcendência dela. E enquanto, para muito poucos, a Mãe foi, e ainda é, o portal para a superconsciência sutil, o caminho para transcender a personalidade (como veremos no próximo capítulo), para a maioria, ela era aquela terrível forma de inércia que *impedia* a emergência, a partir do uroboro e do tifão, de uma personalidade verdadeiramente forte. Nessa competência, que, para todos os efeitos, é realmente o padrão definidor da Grande Mãe, e que enfatizarei posteriormente, ela era a Mãe Ctônica, a Mãe que sacrificava o eu recém-nascido, reduzindo-o a um de seus meros satélites; ela era a Mãe Terra, que puxava de volta para o corpo a mente recém-cristalizada, de volta para a mãe-natureza, de volta para os instintos e para a subserviência sem arbítrio do tifão e do uroboro, de volta, em última instância, para o estado primevo difuso, no qual o eu e o meio ambiente não conseguem diferenciar-se. É como se a Grande Mãe não desistisse de seus filhos, como se não deixasse o eu diferenciar-se verdadeiramente dela e ficar de pé por suas próprias pernas – como se, em tudo que acontecesse, a Grande Mãe sacrificasse e dissolvesse o recém-criado eu toda vez que ele tentasse tornar-se independente, de forma que a humanidade de modo geral permaneceu nesse estágio apenas como um "filhinho da mamãe".

Como se chega a esse tipo de interpretação? Qual é a base para se tirar tal conclusão? Em verdade, o procedimento é muito simples: considera-se a doutrina completa do que é chamado "mitologia da Grande Mãe" e procede-se a um tipo de análise estatística sobre o destino dos indivíduos que entram em contato íntimo com a Grande Mãe, como divulgado e relatado, específica e inequivocamente, nos próprios mitos. O que se descobre é que os indivíduos envolvidos com a Mãe normalmente têm um fim trágico; invariavelmente são mortos, assassinados, cometem suicídio ou são castrados – em geral, são simplesmente devorados pela Mãe ou por uma de suas representantes. E eu afirmo que isso é simbólico, profundamente simbólico, da natureza do eu daquele tempo. Pois homens e mulheres escreveram esses mitos, mostrando que estavam passando por um período terrível, juntando coragem para escapar da Grande Mãe Terra, para diferenciar-se claramente dela e andar com as próprias pernas. E toda vez que um dos heróis começava realmente a fazer isso, o autor do mito, como se pensasse duas vezes sobre o terror de "sair de casa" e ser colhido pela perspectiva da culpa, terminava por matar o herói rapidamente e com um breve comentário: "Valeu a tentativa".

Como Neumann demonstrou, tudo isso é simbólico do fato de que o eu nesse estágio de evolução não era ainda suficientemente forte para separar-se da Grande Mãe, da mãe natureza, do corpo, das emoções e da inundação do inconsciente. Em um primoroso parágrafo, ele chegou ao cerne do problema:

> Quando se sabe como a Grande Mãe descarrega sua vingança nos mitos, pode-se avaliar a história em suas devidas proporções. A automutilação e o suicídio de Attis, Eshmun e Bata; Narciso, que morre por autoatração; Actaeon, como tantos outros jovens, transformado em animal e cortado em pedaços – tudo isso tem a ver. E seja Aithon queimando no fogo de sua própria paixão, ou Daphnis definhando em desejo insaciável porque não ama a menina que Afrodite lhe destinou; independentemente de como interpretemos o arrastar de Hippolytus para a morte – loucura, amor ou retribuição –, em todos os casos, o fato central é a vingança da Grande Mãe, o domínio do ego pelo subterrâneo.[311]

O ponto é que, nesse estágio da evolução, o eu recém-surgido ainda não estava completamente independente do Grande Ambiente e da Grande Mãe, e sua existência, um pouco tênue e hesitante, era geralmente sacrificada e dissolvida de volta a estruturas tifônicas ou até mesmo urobóricas – reabsorvida pela Grande Mãe, retornando à impregnação infantil da natureza e corpo. E é exatamente esse sacrifício – esse *impedimento* do surgimento do eu – que os mitos mostram. Isto é, o sistema do eu, nesse estágio da história, nada mais era que o cônjuge lunar sacrificado da Grande Mãe voraz.

A explicação completa desse período inteiro é que a ampla maioria das almas estava sob o domínio da Grande Mãe ctônica e voraz, ainda não suficientemente forte para despertar como seres autoconscientes, ainda lutando para, finalmente, cristalizar-se fora da subconsciência, e ainda sucumbindo na tentativa.

7

A GRANDE DEUSA

Eu sou aquela que é a mãe natural de todas as coisas, soberana e governante de todos os elementos, a progênie inicial dos mundos, chefe dos poderes divinos, rainha de tudo que está no inferno, senhora de tudo que reside no céu, manifestação, sob uma forma única, de todos os deuses e deusas. Sob meu arbítrio, ordenam-se os planetas do céu, os ventos benéficos do mar e os silêncios lamentosos do inferno; meu nome, minha divindade, é adorado pelo mundo inteiro, de diversas formas, sob variados hábitos e por muitas denominações. Mas os egípcios, que são primorosos em todos os tipos de doutrina antiga, e estão acostumados a me adorar em suas cerimônias características, chamam-me pelo meu verdadeiro nome: rainha Ísis.[71]

"Manifestação, sob uma forma única" – e aí estão as palavras de uma Divindade, não mais percebida em fragmentos politeístas, separações animistas ou diversos deuses e deusas da natureza. Exatamente aí, em resumo, encontram-se os *insights* iniciais de uma Unidade verdadeiramente transcendente, uma Unidade que não é simplesmente o pano de fundo naturado da Grande Mãe ou Mãe Terra, mas, ao contrário, a Forma Única e a Essência Divina de todo o espaço e o tempo, a Grande Deusa propriamente dita. "Agora no estágio neolítico da aldeia", diz Campbell,

> a figura focal de toda mitologia e adoração era a abundante deusa Terra [a Grande Mãe, como vimos], a mãe e nutridora da vida [uma conexão simples, natural e biológica, como também vimos]. No período mais antigo de seu culto (talvez c. 7500-3500 a.C. no Levante)

tal deusa-mãe pode ter sido considerada apenas uma protetora local da fertilidade, como supõem muitos antropólogos [e corretamente, até onde sabemos]. Entretanto, nos templos das primeiras civilizações mais desenvolvidas (Suméria, c. 3500-2350 a.C.), a concepção mais elevada da Grande Deusa era certamente muito mais que isso. Ela já era, como é agora no Oriente, um símbolo metafísico: a arquipersonificação do poder do Espaço, Tempo e Matéria, em cujos limites todos os seres surgem e morrem – a substância de seu corpo, configuradora de sua vida e de seus pensamentos e receptora de seus mortos. E tudo que tinha forma ou nome – inclusive Deus, personificado como bom ou mau, misericordioso ou colérico – era seu filho, proveniente de seu útero.[71]

Já estamos começando a perceber uma diferença fundamental entre a Grande Mãe – uma simples nutridora biológica e símbolo de fertilidade, magicamente elevada a proporções cósmicas – e a Grande Deusa – uma Unidade sutil de real Transcendência, representante da verdadeira Divindade. E ao final deste capítulo, espero não só demonstrar que essas são duas figuras completamente diferentes, mas que subsistem de fato em diferentes estruturas de consciência: elas existem em diferentes níveis do Grande Ninho do Ser.

O VERDADEIRO SACRIFÍCIO

Aparentemente, uma das razões por que as marcantes diferenças entre a Grande Mãe e a Grande Deusa não são normalmente notadas por estudiosos é que precisamente os mesmos símbolos externos, rituais e cerimônias podem ser, e frequentemente foram, usados para ambas. Mas esse fato é verdadeiro para todos os sacramentos religiosos, não só os da Mãe – eles podem ser usados exotericamente, quando então meramente reforçam a mentalidade do modo médio, e são motivados pela dinâmica psicológica média; e podem ser usados esotericamente, transcendendo a mentalidade do modo médio e desvelando impulsos supersconscientes. Exatamente o mesmo rito, exatamente o mesmo mito, exatamente o mesmo sacramento, podem ser usados para ambos os propósitos – e esse, visivelmente, também foi o caso para os ritos da Grande Mãe e os ritos da Grande Deusa.

Colocado de uma forma diferente: um dado rito, cerimônia, sacramento ou mito pode funcionar como um *símbolo*, no caso de evocar níveis mais elevados do eu e da realidade, ou como um mero *sinal*, quando simplesmente confirma e fortalece o mesmo nível mundano do eu e da realidade.[436] Isto é, um dado rito ou sacramento pode servir como um símbolo de *transformação* ou como um sinal de *translação*. A primeira função é corretamente religiosa (esotérica), e funciona para enfraquecer ou dissolver o eu na consciência de Deus; enquanto a segunda função é meramente substitutiva e serve para perpetuar e fortalecer o eu, assegurando substitutos mágicos para Deus. O mesmo rito, o mesmo mito, os mesmos motivos podem e agem em ambas as situações, dependendo amplamente do estado psicológico do indivíduo que os confronta e do significado que lhes atribui.* Assim, por exemplo, a figura do Cristo é, para um místico, uma incorporação e um símbolo perfeitos da Essência infinita e abnegada, enquanto para o ego cristão fortalecido – que, como é da natureza de todos os egos, foge da morte – a figura do Cristo é um mero sinal de esperança de imortalidade do eu separado, um sinal da continuidade do eu para sempre. Da mesma forma, hoje, a missa católica – sua paraphernália física, seu cerimonial, seus ritos, suas vestimentas, seus símbolos e seu fraseado – é realmente significativa, simbólica e transformativa para poucos indivíduos. O restante segue as propostas como uma apólice de seguros que cobre sua aposta na imortalidade.

Exatamente o mesmo se aplica ao sacrifício ritual, pois existem duas formas de sacrifício: sacrifício literalmente de sangue e autossacrifício simbólico. E com a importante exceção de realmente matar-se alguém, os mesmos ritos, símbolos, parafernália etc., foram

---

* Acho que isso é exatamente o que Campbell quer dizer quando afirma que, histórica e quase universalmente, um dado mito sempre serviu a dois propósitos básicos: iniciar e comprometer os indivíduos em uma sociedade normal, a fim de encorajar uma mentalidade típica de grupo, e – em outras circunstâncias – desimpedi-los e destacá-los da sociedade normal, liberando-os para uma transcendência real.[69,70,71]

historicamente usados em ambas as situações, exotérica e esotérica. Darei um excelente exemplo em breve. Por agora, simplesmente repetimos que o próprio conceito de sacrifício foi usado, pela ampla maioria de indivíduos mítico-associativos, como um gesto puramente translativo, em uma tentativa para magicamente assegurar a fertilidade e expiar a culpa. Era um sacrifício do sangue de *outro* a fim de salvar a *si mesmo* (como cuidadosamente explicaremos no capítulo 8). Mas o simples conceito de sacrifício, bem como os mesmos ritos, formalidades e objetos do templo (sem assassinatos), também serviram, para uns poucos avançados, como símbolo de transformação e apoio para a transcendência. Assim, o que essas cerimônias religiosas significavam em sua função simbólico-transformativa, em sua capacidade esotérica, em contraste com sua interpretação literal e exotérica?

A maior parte dos antropólogos modernos não faz essa pergunta porque falha na distinção entre sinal e símbolo, exotérico e esotérico, translação e transformação, e, portanto, considera *todos* os sacramentos religiosos meras produções fantasiosas, com resultados apenas mágicos. Concordo que isso é realmente verdadeiro para a ampla maioria dos casos. Mas esses sacramentos também podem funcionar de uma forma esotérica, e aqueles mais próximos do coração do numinoso, tanto hoje como no passado, percebem mais claramente esse significado esotérico. Por exemplo, Joseph Campbell: "Quando o anseio do indivíduo por sua própria imortalidade extingue-se – como acontece em ritos como esses – mediante uma efetiva realização da imortalidade do ser propriamente dito e de seu papel em todas as coisas, ele une-se a esse ser, vivencialmente, em uma atordoante crise de libertação da psicologia da culpa e da mortalidade".[69]

Observe especificamente que o que essas cerimônias simbólicas ajudam a extinguir é "o anseio do indivíduo por sua própria imortalidade", uma definição *precisa* do Projeto Atman; e o novo Destino ressuscitado do curso da consciência é a "imortalidade [ou eternidade atemporal] do ser propriamente dito", uma definição perfeita para Atman (Brahman). Esse foi um verdadeiro processo de transformação – a translação falha quando Tânatos excede Eros, resultando em transformação – e, assim, produziu, como Campbell notou, uma libertação *real*, e não meramente expiatória, da mortalidade e da culpa. O ponto central dessas cerimônias, rituais, orações etc. esotéricos foi aceitar a morte da sensação do eu separado e, desse modo, ascender a uma identidade ou comunhão com a Grande Deusa. Esse era um autossacrifício, que permitia ao indivíduo transcender seu eu, sem eliminá-lo ou regredir a estágios pré-pessoais.

Entretanto, repito que, para a maioria dos indivíduos mítico-associativos, os ritos sacrificatórios eram exotéricos, substitutivos, mágicos, fetichistas, servindo precisamente aos propósitos explicados no capítulo anterior (e detalhados no capítulo 8). Eram rituais tortuosos para a Grande Mãe, e não representavam libertação transpessoal, mas dissolução pré-pessoal, normalmente via assassinatos selvagens.

A cerimônia sacrifical, quando realizada em sua forma esotérica, captava a essência da libertação transpessoal por meio da autotranscendência. Essas cerimônias e orações tornavam-se oferendas de uma alma para a Grande Deusa, não de um corpo ensanguentado de outra pessoa para a Grande Mãe. A Grande Mãe exige sangue; a Grande Deusa exige consciência. A principal diferença *exterior* é que oferendas para a Grande Mãe eram sempre sacrifícios envolvendo, literalmente, morte corporal ou assassinato sanguinário,* enquanto o sacrifício da alma para a Grande Deusa era um autossacrifício que acontecia no coração, e nunca envolvia assassinato real. Portanto, com essa exclusiva exceção de morte corpórea, todas as outras formas exteriores de cerimônia, ritual e mito podiam ser, e frequentemente eram, bastante semelhantes.

Considere, como exemplo ocidental supremo, os grandes temas exotéricos do cristianismo: o deus ressurrecto após três dias de sua morte, nascido de uma virgem que é tanto mãe quanto noiva de deus, o cordeiro sacrifical que *teve* de morrer a fim de assegurar nova vida, cujo corpo comemos e cujo sangue bebemos, cujo sacrifício garante o futuro...

---

* Humano, animal ou, ocasionalmente, de símbolos deles (quando o poder do ritual sanguinário direcionado ao corpo finalmente enfraqueceu, os seres humanos foram substituídos por animais e, em seguida, apenas por símbolos).

Todos esses são remanescentes exotéricos, pagãos, da Grande Mãe – tudo que você tem de fazer para chegar a um perfeito ritual da Grande Mãe, como era de fato praticado, é realmente matar alguém. E, comparando-o à comunhão católica, em que a hóstia e o vinho são servidos, simplesmente asse e coma a vítima (exemplo que citamos anteriormente). Mas esses mesmos sacramentos, sem assassinatos e executados sob um pano de fundo de autossacrifício, são perfeitos *símbolos* de transformação e *apoio* para a transcendência. Tal é, exatamente, o impacto *esotérico* da autêntica missa católica, e tal é, exatamente, o significado esotérico de seus símbolos. Cristo é sacrificado (o cordeiro), ele morre para seu eu separado (a crucificação), ressuscita para ascender ao Céu (Transcendência Real); comer seu corpo (pão e vinho) é uma comunhão iniciática mais elevada com o Corpo Místico ou União Suprema, que, igualmente, demanda a morte do eu separado, de forma que "não eu, mas Cristo" possa reinar.* Todos esses símbolos, os ritos e cerimônias a eles associados, esotericamente, têm por objetivo funcionar como *suportes de contemplação* ou transformadores simbólicos. Nessa situação, eles são formas exteriores e visíveis de verdades interiores e espirituais. Eles dirigem-se a uma Divindade Transcendente – Grande Deus, Grande Deusa – e não a uma Grande Mãe biológica, naturada, mágico-mítica.

Infelizmente, claro, o lado esotérico subjacente do cristianismo praticamente desapareceu no Ocidente (como veremos no capítulo 14). Desse modo, os cristãos, em sua maioria, hoje são adoradores exotéricos, isto é, a maior parte deles realmente pratica, em larga escala, nada além do que remanescentes dos rituais pagãos da Grande Mãe. Especialmente os "fundamentalistas", que estão compro-

---

* "Eu fui crucificado com Cristo, porém, eu vivo; assim, não eu, mas Cristo vive em mim" (Gálatas, 2,20). "Cristo morreu por seus pecados" significa "Cristo morreu para seu eu separado a fim de aliviar você do seu". Com certeza, era isso que Cristo quis dizer por "Nenhum homem pode ser meu discípulo sem odiar sua própria alma" (Lucas, 14,26). Como expresso por Blake, "Eu afundarei até a autoaniquilação e a Morte Eterna/ Receio que o Juízo Final chegue e me encontre não aniquilado/ E eu seja preso e entregue nas mãos do meu próprio eu".

metidos com interpretações *literais* da Bíblia; isto é, reconhecem apenas sinais, não símbolos. Não é de admirar que o cristianismo fundamentalista (juntamente com o islamismo fundamentalista), historicamente, tenha sido a religião mais propensa a consumar, de fato, seus rituais pagãos da Grande Mãe, seguindo em frente e assassinando, em sacrifícios sangrentos, qualquer um que discordasse dele. A guerra santa nada mais é que a adoração da Grande Mãe levemente racionalizada, e os cristãos e muçulmanos exotéricos, sem nenhuma dúvida, mataram mais pessoas em nome de uma "divindade" do que quaisquer outros povos da história. A única coisa mais sangrenta que uma guerra santa cristã ou uma guerra santa muçulmana é uma guerra santa cristã contra muçulmanos (ou vice-versa). E não se diga que isso seja um resultado necessário da religião em si; na história de 2.500 anos do budismo, nunca houve uma única guerra religiosa.

Ressalto que tentar julgar o significado e a essência de uma cerimônia, ritual ou sacramento, meramente por sua forma exterior, é uma abordagem completamente inadequada, porque a mesma forma exterior pode atuar como sinal de translação ou símbolo de transformação. O fracasso em cotejar esses dois modos leva, entre um número extraordinário de outras coisas, à incapacidade para diferenciar a Grande Mãe biológica, que dominou a mentalidade associativa média, da Grande Deusa transcendental, que representava domínios do superconsciente realmente descobertos por alguns he-

Figura 15. A Grande Deusa. Observe especificamente que ela não está meramente na terra, pois sua cabeça atinge o céu. A cabeça está circundada por um halo. Ela controla a terra e o mundo inferior, como mostra a corrente na mão esquerda, mas ela própria transcendeu e é controlada pelo Ser causal supremo além dela, como mostram a corrente na mão direita e a nuvem acima da cabeça. Nas versões mais primitivas do *insight* da Grande Deusa, acreditava-se que existia um Ser superior além dos níveis psíquico e sutil (além da Deusa). Apenas com o advento dos Deuses Solares ("o Sol além do sol") é que se compreendeu verdadeiramente o nível sutil e ele foi ultrapassado. Mas a Grande Deusa foi, com certeza, uma das primeiras figuras a ascender da terra ctônica e colocar a cabeça no céu sutil, e é exatamente isso que a figura representa.

róis transcendentes daquele período. E é para essa descoberta que agora passamos a olhar.

A VISÃO *SAMBHOGAKAYA*: UNIDADE SUTIL

Estamos agora em condições de examinar mais precisamente a natureza e o conteúdo da verdadeira experiência religiosa dos indivíduos mais avançados do período mítico-associativo. Isto é, devemos continuar a diferenciar, com vigor crescente, a Grande Deusa transcendental da mera Grande Mãe biológica e supersticiosa.

Nosso ponto essencial pode ser apresentado de forma simples: com base em todas as evidências disponíveis, parece quase certo que os verdadeiros sacerdotes e santos – as almas *mais evoluídas* do período – acessavam o domínio do *Sambhogakaya* ou o domínio sutil do superconsciente (nível 6). Nos tempos tifônicos, o máximo que um ser realmente avançado conseguia atingir era a fronteira do domínio do *Nirmanakaya* (nível 5) – e foi exatamente até aí que o xamã chegou. Entretanto, durante o período associativo, a consciência em geral evoluiu coletivamente muito mais. Assim, os heróis verdadeiramente avançados desse período puderam saltar muito mais alto, por assim dizer, e começaram a vislumbrar o domínio do *Sambhogakaya*, o domínio que vai além do *Nirmanakaya* (mas não tão longe até o *Dharmakaya*, grosseiramente falando). Quanto mais elevado o modo médio, mais alta a plataforma de lançamento para o modo avançado, por assim dizer. Como colocado por John White: "Cada período teve seus heróis transcendentes, mas os heróis continuaram a crescer".

De acordo com a filosofia perene, no domínio do *Sambhogakaya*, estados de intensa Unidade começam (mas apenas começam) a ser descobertos (um processo que, como veremos, tem seu ápice no domínio do *Dharmakaya*). Esse *insight* inicial de unidade sutil e arquetípica leva à concepção de um Deus Único ou Deusa Única, que está subjacente e dá à luz todos os mundos manifestos e todas as figuras menores de deuses ou espíritos da natureza. E é exatamente o *início* dessa realização de um Deus Único ou de uma Deusa Única que define a essência das religiões *esotéricas* desse período, uma compreensão *nunca antes expressa* em mitos ou rituais de forma razoável.

Porém, inicialmente, essa compreensão era muito grosseira e aproximada, de forma que, historicamente, tendeu a ocorrer todo tipo de confusão sobre *quem*, em primeiro lugar, deveria ser o Deus/Deusa. Mas a compreensão inicial estava lá; já ouvimos do mais antigo corpo de escritos religiosos conhecido: "Então, diz-se de Ptah: 'é ele que fez tudo e gerou os deuses'. Em verdade, ele é a Terra Originária que deu à luz os deuses, pois tudo veio dele". Essa *é uma declaração que toma como referente o autêntico domínio sutil* (nível 6), o domínio do início da Unidade, o domínio do Deus/Deusa Único que produz os diversos níveis inferiores, divinos ou mundanos.

Em última instância, não importa se essa unidade original é representada por um Deus ou uma Deusa; historicamente, ambas as representações foram usadas com ênfase diferente. O fato importante – e o único que desejo ressaltar – é que, historicamente, os mitos transcendentes ou esotéricos da Grande Deusa refletem claramente, e foram os primeiros a refletir, essa unidade do nível sutil ou essência arquetípica (nível 6). Essa unidade sutil seria mais tarde (por várias razões) representada mais frequentemente por um Deus Único (Jeová, Aton etc., como veremos) e, posteriormente, superada completamente pela derradeira unidade do *Dharmakaya* (nível 7). Mas nosso ponto inicial permanece: os primeiros vislumbres difundidos da unidade sutil ocorreram sob os auspícios da Grande Deusa, de forma que, até os dias de hoje, santos e sábios modernos continuam a se referir a esta realização *inicial* como pertencente à Deusa Mãe (como mostra até o estudo mais superficial de textos do hinduísmo e do *Vajrayana*), a Deusa "em cujos limites todos os seres surgem e morrem: a substância de seu corpo, configuradora de sua vida", como colocado por Campbell.

Nosso ponto histórico é que, antes desse período associativo, não se sabia que existe uma Essência Única ou uma Deidade Arquetípica, que é subjacente ou está por trás de toda a manifestação. Existiam todos os tipos de figuras de deuses simples, mágicos, elementares, espíritos animistas da natureza etc.; havia um deus do fogo, uma deusa do vento, um deus dos vulcões, uma deusa da chuva (em-

Figura 16. Kwannon Bosatu, deusa budista japonesa da compaixão. Uma excelente representação da Grande Deusa. Repare que sua cabeça está envolta por dois halos de luz e um anel de fogo – todos indicadores da unidade do nível sutil que ela representa.

bora "deus" e "deusa" talvez sejam termos muito sugestivos – eles eram mais "personificações elementares"). Essa é a visão primitiva que vai do "animismo" ao "politeísmo", um correlato da psique ainda não integrada, desenvolvida e unificada. Com o surgimento da estrutura associativa, porém, a consciência de modo geral avançou para o ponto em que, embora as massas ainda adorassem vários deuses e deusas, crescia a compreensão para poucos esotéricos de que, além de tudo isso, jazia um Único Deus/Deusa Vivo (do domínio sutil), a Deidade Suprema que "deu à luz os deuses, pois tudo proveio desse [Um]". Ou, como Ísis se proclamaria: "Eu sou a [...] mãe de todas as coisas [...] manifestação [...] de todos os deuses e deusas". E até que, finalmente, vejamos que essa Deidade Arquetípica desemboca em sua Fonte anterior do Vazio não manifesto (o *Dharmakaya*), tenhamos o bom senso de reconhecer a magnitude desse passo inicial, a primeira descoberta do nível sutil ou arquetípico.

Mas, exatamente quando se vislumbrou essa Forma Única ou Deidade Arquetípica (inicialmente na figura da Grande Deusa), também se compreendeu que, para se *alcançar* algum tipo de unidade (inclusive a unidade mais incipiente do *Sambhogakaya*, agora considerada), era necessário *morrer* para a sensação do eu separado. O eu separado tinha de ser *sacrificado* antes da Ressurreição na Unidade; tinha de ser crucificado antes da Ascensão na Eternidade; tinha de ser queimado nas chamas da consciência antes de sua derradeira Libertação.

Esse *insight* central, que é o verdadeiro cerne da religião esotérica, trilhou um longo caminho a partir do transe xamanístico, como vimos. O xamã aceitou a morte de seu eu tifônico, cessando a translação e ocorrendo a transformação para estados superconscientes. Entretanto, pelo fato de ainda ser incipiente, isso resultou somente na intuição psíquica (nível 5). No período mítico-associativo, vemos que o crescimento global da consciência deu a essa transformação, que exige a morte, uma expressão mais elevada e articulada, originária do coração sutil: aceitar a morte do eu associativo, ir além do cultivo temporal para liberar-se na eternidade, sacrificar a autoimortalidade e descobrir a imortalidade do Ser – em resumo, deixar a mera translação morrer e começar a transformação.

Esse simples, mas crucial, *insight* – "o sacrifício do eu desvela o Eterno" – foi o *insight* esotérico que deu poder à mitologia do autossacrifício para a Grande Deusa, sacrifício executado pela oração, contemplação, cerimônias e rituais meditativos, Missa simbólica. Por favor, lembre-se, porém, de que se "esotérico" significa "mais elevado", também significa "menos significativo", uma vez que muito poucos possuíam essa compreensão, e as massas voltaram-se para uma fúria sacrificatória por razões decididamente menos nobres e por literais sujeições que não conseguiam esconder o barbarismo subjacente à Grande Mãe Voraz.

OS DOIS FIOS DA EVOLUÇÃO

Vimos que, *à medida que a consciência média evoluía, maior era seu alcance*. Onde a evolução média (ou global) produzia civilizações exotéricas e culturas globais sucessivamente mais avançadas, a extensão adicional (ou a ponta de lança) da evolução da consciência desvelava níveis continuamente mais elevados da esfera superconsciente. Desse modo, no estágio em que o modo médio era o mágico-tifônico (nível 2), o modo mais avançado revelou o transe corporal extático e a intuição psíquica (nível 5). No estágio em que o modo médio era o mítico-associativo (nível 3), o modo mais avançado desvelou visões de unidade sutil e felicidade transcendente (nível 6). Como veremos, quando o modo médio alcançou o mental-egoico (nível 4), o modo mais avançado começou a descobrir a unidade suprema de Atman, ou o Vazio não manifesto (níveis 7-8). Existe, portanto, não só uma variedade de experiências religiosas, mas uma evolução real de experiências religiosas, hierárquica por natureza, estruturalmente desenvolvimentista.

Figura 17. O Senhor da Serpente Ascendente. De um vaso esculpido em 2025 a.c., dedicado ao rei Gudea de Lagash. Os estudiosos frequentemente ficam intrigados com como e por que a serpente, entre todos os animais, historicamente, tem sido apresentada tanto como o mal demoníaco quanto como o melhor de todos os deuses. Creio que a razão é simples e determinada observando-se a posição da serpente em relação ao corpo humano ou ao solo. Se rastejando na terra, vivendo no oceano, descoberta e enrolada na base de qualquer estrutura ou localizada na metade inferior do corpo, nos pés, órgãos genitais, abdômen – e, especialmente, se fundida no abdômen ou tronco (como no tifão) –, a serpente representa a consciência (*kundalini*) em seus estágios inferiores ou mais atrasados de evolução, em que ela controla o alimento, o sexo, o sangue, a morte etc. – "mal" no sentido restrito de que ela arrasta a consciência para longe dos estágios mais elevados. Por outro lado, se a serpente é mostrada em uma posição ascendente, ou verticalmente enrolada de forma cruzada (como nesta figura), ou elevada em uma cruz, ou se encontrada além da cabeça humana, representa os estágios superiores e mais desenvolvidos da evolução da consciência (*kundalini*), estágios corretamente visualizados como divinos. O mesmo símbolo é visto de formas tão diferentes dependendo de sua localização em relação ao corpo humano – pois essa localização diz em que nível do Grande Ninho a consciência está de fato e, portanto, se é diabólica ou divina. O símbolo é o da energia serpentina porque essa é a forma literal que assume a manifestação súbita da *kundalini* (para o olho da mente). Ela toma essa forma, em minha opinião, porque a serpente-uroboro é o estágio básico menos evoluído que a Consciência atinge na criação, e, posteriormente, é a forma que assume normalmente em sua Ascensão e em seu Retorno à Fonte, como um exemplo do mais baixo e inferior retornando ao mais elevado e superior.

Adicionalmente, a evolução completa da experiência religiosa, culminando na consciência radical de Atman, é simplesmente uma prefiguração do rumo futuro da evolução da consciência média (ou consciência em geral), pois a primeira é meramente a ponta de lança da última, e onde a folha cresce o tronco deve seguir. (Retornaremos a este tópico em nossos capítulos finais.)

KUNDALINI

Mencionei no capítulo 1 que retornaríamos ao tópico da *kundalini* e veríamos como seu progresso e sua ascensão foram representados em civilizações avançadas como a dos egípcios. Lembre-se de que a energia da *kundalini* – a consciência propriamente dita – parece começar sua evolução

na base da espinha, no chamado primeiro chacra, um chacra que representa a terra, a matéria e o alimento – em resumo, o uroboro. Dessa posição inferior, ela evolui pela coluna vertebral, por meio de chacras sucessivamente mais elevados. O segundo e o terceiro chacras representam emoções, sexualidade e poder (o tifão); o quarto representa amor e pertencimento (associativo); o quinto, conhecimento verbal e início da autorreflexão (verbal-associativo e começo do mental-egoico). No sexto chacra, a consciência entra no domínio psíquico (nível 5). O sexto chacra "localiza-se" entre e por trás das sobrancelhas – o "terceiro olho" dos sensitivos. O sétimo chacra – o chacra da coroa, localizado no e além do topo da cabeça* – representa transcendência superior, Iluminação e Unidade (nível 6), que, quando completamente desenvolvido, perpassa todos os chacras, altos ou baixos, no Vazio radical (níveis 7-8).

Figura 18. Subjugando a serpente. Em relação às observações da figura 17, observe este comentário de um estudioso: "Se o 'ureus' representa a serpente em seu papel criativo, o mesmo réptil é frequentemente considerado a encarnação do espírito do mal, do qual devemos nos defender".[39]

Figura 19. Iniciação egípcia – outro exemplo de subjugação da serpente do "mal" para liberar sua força criativa (*kundalini*).

Meu ponto pode ser apresentado de forma simples e breve. A figura 20 ilustra um ornato de cabeça clássico de um faraó, com a cabeça da serpente localizada exatamente no sexto chacra. Não há dúvida do que tais figuras representam. *Kundalini* – a energia serpentina – no período histórico representado por essas figuras, evoluiu da base da coluna vertebral – o uroboro e o tifão – para os chacras mais elevados da consciência psíquica e sutil (com certeza até

---

* Isto é, o *sahasrara* e os sete chacras mais elevados da verdadeira consciência do domínio sutil descrita pelo *shabd* ioga – nível 6 em geral.

Figura 20. Ornato de cabeça egípcio. "As correntes positivas e negativas da Força Solar encontram-se na fronte, em que, por assim dizer, se registra seu equilíbrio. Os reis iniciados do Egito portavam na fronte o Ureus, ou emblema do controle da Serpente Sagrada, significando ter alcançado esse poder" (*O conde de Gabalis*, texto do século XVII, citado em Gopi Krishna[165]).

Figura 21. Exemplos do judaísmo-cristianismo e do vodu primitivo. Esquerda: "E Javé disse a Moisés: 'Crie uma serpente de fogo e enrole-a em uma vara; e todo aquele que, ao vê-la, for mordido, viverá'". Direita: Antigo símbolo do vodu.

o nível psíquico e, provavelmente, sustento, até o *início* – mas apenas até o início – do sutil).* Como sugerem todas as evidências, os sacerdotes e santos mais altamente evoluídos do período estavam perfeitamente conscientes de realidades psíquicas e sutis, das transformações da *kundalini* ou da energia serpentina e, igualmente, da Grande Deusa do domínio sutil: "Mas os egípcios, que são primorosos em todos os tipos de doutrina antiga, e estão acostumados a me adorar em suas cerimônias características, chamam-me pelo meu verdadeiro nome: rainha Ísis".

---

* Não permita que o reducionismo fálico de Freud o confunda – esse *não* é um exemplo de "deslocamento para cima" da energia sexual ("serpente-falo"). É exatamente o contrário: a energia sexual é um dos deslocamentos mais para baixo da energia da *kundalini*. A consciência de Deus não é sexualidade sublimada, a sexualidade é a consciência de Deus restringida.

CONCLUSÕES: GRANDE MÃE *VERSUS* GRANDE DEUSA

Estamos agora em condições de apresentar nossas conclusões finais e fazer um breve resumo.

A Imagem Materna básica surgiu como uma simples correlação da existência corpórea e dos respectivos impactos biológicos, tais como nascimento uterino, amamentação, ansiedade de separação, e assim por diante – todos centrados necessariamente na *mãe biológica*. Essa dependência biológica simples, amplificada pela noção da terra como a mãe das colheitas cultivadas, foi responsável pela prevalência da Imagem Materna nas mitologias básicas do eu mítico-associativo.

Igualmente, o típico eu mítico-associativo médio recorreu a ritos e crenças sacrificatórios, e técnicas míticas, principalmente para satisfazer e suavizar a Mãe Terra, garantir magicamente a fertilidade e a renovação da colheita, expiar a culpa inerente à crescente sensação do eu separado, reconciliar-se com o incesto materno, fetichizar a imortalidade sazonal e ocultar a face da morte.

Até esse ponto, a existência e a função da deusa-mãe têm uma explicação mais ou menos natural. Não precisamos de nenhum princípio metafísico elevado para explicar quaisquer desses pontos – ciência biológica comum e psicologia psicanalítica simples são suficientes.

Mas indo além do típico eu-associativo médio, que lutava sob o peso da Mãe Ctônica, certos indivíduos muito evoluídos – sacerdotes, sacerdotisas, santos e santas genuínos – tiveram acesso a domínios reais e remissórios do superconsciente.* Especificamente, mediante um autossacrifício literalmente transformador, essas almas intuíram e imergiram de fato no domínio sutil da Unidade inicial (nível 6), uma Unidade que subjaz e dá a luz a todos os níveis inferiores (1 a 5) do espaço, tempo, corpo, mente e mundo. Toda manifestação era vista como *mãe, maya, medida, menstruação, mens-*

---

* Isso ocorreu como um desenvolvimento estrutural permanente ou, no mínimo, como uma experiência de pico temporária. Ver Wilber, *Um Deus social* e *Psicologia integral*.

trual – palavras originárias da mesma raiz sânscrita *ma* (ou *matr*), que significa, basicamente, "produção". O mundo manifesto era visto como uma grande produção, um *mahamaya*, e, por isso, considerado fundamentalmente *Um*. No próximo importante período, o do ego mental, compreendeu-se com mais clareza exatamente do *que* este mundo era uma produção – um *insight* que conduziu ao patriarcado do *Dharmakaya*. Mas o ponto essencial é que essa Unidade foi, pelo menos, inicialmente vislumbrada no período mítico-associativo, e foi essa visão real que deu poder à imagem sobrenatural da Grande Deusa, o Um cujo corpo é toda a manifestação.

Esse *insight*, amplamente expresso em numerosos mitos esotéricos e registros da época (as citações de Ptah e Ísis são perfeitas representações), não era uma simples sutilização a proporções cósmicas de uma memória primitiva do impacto da mãe biológica – que é responsável, como acabei de dizer, pela Grande Mãe, mas não pela Grande Deusa. A Grande Mãe reflete o nível mítico-associativo de realidade – ainda próximo do corpo, dos instintos, da natureza e, portanto, ainda criando mitos e símbolos paleológicos sobre esses níveis inferiores (da mesma forma que a magia em geral foi um reflexo do nível tifônico ainda mais baixo). A Grande Deusa, porém, reflete uma verdade metafísica – que tudo é Um – e que um nível verdadeiramente superior de realidade – o *início* do sutil – pode ser verificado de muitas outras formas (desde a meditação avançada, ao *insight* hermenêutico, até a psicologia do desenvolvimento mais profunda).

Assim, a explicação da gênese e função da Grande Mãe não deve ser confundida com a da Grande Deusa, embora os antropólogos ortodoxos *reduzam* a Grande Deusa à Grande Mãe biológica, e prossigam, com uma alegria sutilmente disfarçada, explicando todos os verdadeiros *insights* religiosos esotéricos desse período como sendo meramente biológicos e psicanalíticos na origem. Por outro lado, os antropólogos religiosos normalmente cometem o erro contrário: eles falham em diferenciar a Grande Mãe biológica da Deusa transcendente, *elevando* a Grande Mãe à condição de Grande Deusa, sendo forçados a tentar explicar qualquer ritual imaginável da Grande Mãe com *insights* profundamente metafísicos, quando, de fato, a maioria deles eram tentativas primitivas, grosseiras, mágicas, de refrear a terra por meio de homicídios fetichistas.

Essa distinção global entre a Grande Mãe e a Grande Deusa apoia-se, em parte, na distinção entre o modo médio de consciência e o modo mais avançado. Juntando todos esses fatores, chegamos a duas equações gerais para esse período mítico-associativo:

1. Modo médio = mítico-associativo (nível 3) = consciência agrária = Mãe Terra biológica ou Grande Mãe = sacrifícios mágicos para fertilidade e expiação = sacrifícios substitutos (o Projeto Atman)
2. Modo mais avançado = início do nível sutil (nível 6) = *insight* de uma divindade ou deus/deusa arquetípico = Grande Deusa = autossacrifício consciente = realização ou comunhão com a unidade arquetípica = sacrifício verdadeiro (em direção a Atman)

Acho óbvio que o modo médio e o modo mais avançado frequentemente interajam em seu simbolismo e sustentem tangencialmente um ao outro até certo ponto. Por exemplo, considere a magia e o psíquico nos tempos tifônicos: os feitos e atos de um verdadeiro psíquico apoiavam imensamente (mas sem querer) as massas em sua crença supersticiosa na eficácia da simples magia. Igualmente, como veremos, afirmações do superconsciente de Cristo sobre Deus Pai sustentaram a autoridade de nível muito mais baixo do patriarcado egoico. Da mesma maneira, as afirmações e os atos dos santos verdadeiros, que acessaram os domínios representados pela Grande Deusa, devem ter tido um profundo impacto na mitologia comum da Grande Mãe.

Em cada estágio de evolução, a influência contrária – a influência do médio para o mais avançado – também é frequentemente evidente. Eis um exemplo: o modo mais avançado, na maior parte das vezes, possui apenas a terminologia do modo médio para expressar-se. Essa é uma das razões (mas não a única) por que o *insight* inicial da unidade sutil – uma unidade que, como vimos, pode ser representada por um Deus Único ou uma Deusa Única – tenha sido normalmente apresentado em termos maternos, por uma Deusa. Historicamente, essa unidade sutil foi primeiramente vislumbrada, embora breve e grosseiramente, durante o matriarcado, ou o reinado da Grande Mãe. A expressão da unidade transcendente sutil foi, na maioria das vezes, inicialmente expressa em termos de uma Deusa Única. Mais tarde, com a ascensão do patriarcado, o domínio sutil foi representado por um Deus Único – o Pai que está no céu.

Isso não é um simples equívoco ou uma indecisão por parte dos santos e sábios envolvidos (homens e mulheres). Pois, começando no nível psíquico, todos os níveis mais elevados são realmente transverbais e transmentais, e uma mudança nas palavras e nos símbolos mentais usados para melhor expressar esses domínios inexprimíveis e transverbais reflete não uma confusão sobre os domínios propriamente ditos, mas uma decisão real sobre suas metáforas mais convenientes. E as metáforas, de modo geral, ancoram-se no nível médio de consciência.

Não deveria haver confusão entre a existência, lado a lado, da religião da Grande Mãe e da religião da Grande Deusa, muitas vezes no mesmo lugar, ao mesmo tempo, e frequentemente, usando os mesmos símbolos. Pois esse é simplesmente o fenômeno das religiões exotéricas e esotéricas em geral. Isto é, praticamente desde o início das expressões religiosas da humanidade, essas expressões têm sido entendidas exotérica ou exteriormente, e esotérica ou interiormente. De fato, cada grande religião mundial apresenta *ambos* os aspectos, exotérico e esotérico, e, normalmente, eles coexistem perfeitamente um com o outro, as cerimônias exotéricas servindo às massas, as esotéricas servindo ao modo mais avançado.[368] Tudo que estou fazendo é aplicar essa distinção perene às religiões mítico-associativas da Deusa Mãe – em cada caso, elas são exotéricas, da Grande Mãe, ou esotéricas, da Grande Deusa?

Da mesma maneira que fomos cuidadosos ao diferenciar a cognição mágica do tifão médio dos reais *insights* psíquicos do xamã, agora diferenciamos a simples imagem mítico-materna da dependência biológica, da fertilidade da colheita e da oferenda sádica – a Grande Mãe – do real domínio sutil da Grande Deusa – a Deusa que representava transcendência, transformação e autossacrifício verdadeiros. E notamos que a ampla maioria dos eus associativos estava sob o domínio da Grande Mãe, uma imagem de dependência e atração corpóreas, ampliada a proporções miticamente cósmicas, evidenciadas em ritos sexuais de fertilidade, esforços por imortalidade, sacrifícios fetichistas e luta ambivalente. Para essa mesma grande maioria, a mãe mítica agia como a destruidora ctônica da consciência, a Grande e Voraz Mãe Terra que puxava o eu de volta ao corpo, de volta aos instintos, de volta às entranhas da escuridão, e, assim, evitava a evolução posterior, da terra subconsciente para o céu superconsciente. E isto é exatamente o que a maioria dos mitos desse período mostra (como claramente assinalado por Neumann, Bachofen, Berdyaev etc.). Somente no próximo estágio de crescimento, o mental-egoico, a consciência se livraria da tentação da Escuridão e anunciaria em seus mitos a chegada do Sol-Luz.

Finalmente, gostaria de voltar aos ritos sacrificatórios literalmente humanos propriamente ditos, os sacrifícios para a Grande Mãe. Pois o fato de que esses sacrifícios eram literais, e não simbólicos, significa várias coisas. Primeiramente: quando um ser vivo era sacrificado, especialmente se contra sua vontade, podemos assumir que essa interpretação literal servia às massas como uma *função substituta*. Isto é, envolvia não uma aceitação mística e, portanto, transcendental da morte, mas uma tentativa mágica de negar a morte por uma promessa de um novo e produtivo futuro, um campo fértil de colheitas encharcadas de sangue, uma promessa fecunda de autossobrevivência. Era uma tentativa mágica para assegurar o futuro, saciando a morte no presente e, nessa lógica, quanto mais sangue vertesse de algum outro, haveria menos risco de verter o seu.

Em outras palavras, estamos vendo aqui o nascimento de uma forma completamente nova de *sacrifício substituto* – não o verdadeiro autossacrifício, mas o sacrifício brutal de uma vítima. Isto é, assassinato. Em nenhuma parte da história, antes dessa época, encontramos o assassinato, premeditado, a sangue frio, em grande escala. É quase uma unanimidade que nas culturas tifônicas praticamente não havia assassinatos; a guerra, como a conhecemos, simplesmente inexistia. O mais violento sacrifício substituto, como vimos, era de articulações de dedos. Mas de dedos até seres humanos inteiros, e de seres humanos a nações inteiras – tal tem sido a história dos sacrifícios substitutos, todos de boa vontade e deixando um rastro infernalmente sangrento para a humanidade, impulsionada por seu Projeto Atman, tentando obter um futuro imortal à custa do sangue de outrem.

A MITOLOGIA DO ASSASSINATO 8

HOMICÍDIO: UMA NOVA FORMA DE SACRIFÍCIO SUBSTITUTO

De acordo com o budismo – em verdade, com a filosofia perene em geral –, a natureza suprema da realidade é *sunyata*, normalmente traduzido por "vacuidade", "vazio" ou "nada".[387] Mas *sunyata* não significa espaço vazio ou ausência indefinida. O vazio não quer dizer sem traços característicos, mas inconsútil[52] – "o manto inconsútil do universo", como teria dito Whitehead. *Sunyata* significa que, da mesma maneira que as mãos, pernas e braços são entidades bem diferentes, mas também partes de um corpo, todas as coisas e eventos no universo são aspectos do Todo supremo (Atman). Isso vale, obviamente, para homens e mulheres. A psicologia suprema é uma psicologia da Inteireza suprema ou do Todo superconsciente. De qualquer modo, essa inteireza, de acordo com o budismo, é o que é real e tudo que é real. Uma entidade radicalmente separada, isolada e limitada não existe em lugar nenhum.

Segue, então, que, para erguer uma fronteira ou barreira do eu e manter uma sensação de identidade separada *contra* a Inteireza inicial, exige-se um gasto constante de energia, uma atividade perpétua de *contração* ou restrição. Isto, claro, obscurece a Inteireza inicial propriamente dita, e essa – como sugeri anteriormente – é a repressão primordial.[429] É a repressão da consciência universal e sua projeção como um eu interior *versus* um mundo exterior, um sujeito *versus* um objeto.

Surgem em virtude dessa fronteira, como vimos, dois principais fatores dinâmicos: Eros e Tânatos. Eros é, em última instância, o desejo de recuperar a Inteireza inicial que foi "perdida" quando se construiu a fronteira entre o eu e o outro. Mas para conseguir de fato um verdadeiro reencontro entre sujeito e objeto, eu e outro, são necessárias a morte e a dissolução da sensação exclusiva do eu separado – e é justamente a isso que se resiste. Desse modo, Eros não pode encontrar união verdadeira, Inteireza real; ao invés, é impulsionado por substitutos simbólicos para o Todo perdido. Eros, então, é a eterna energia de buscar, pegar, desejar, querer, perpetuar, amar, viver, decidir, e assim por diante. E *nunca* está satisfeito porque encontra apenas substitutos. Eros é a fome ontológica.

Chegamos, então, a Tânatos. A fronteira entre sujeito e objeto, eu e outro, tem de ser constante e incessantemente recriada momento a momento – e a razão é simples: ela não é real em primeiro lugar. Ao mesmo tempo, a força básica da realidade, a "tração" do Todo supremo, atua, a cada instante, para destruir essa fronteira. *E essa "força" é Tânatos*. À medida que o indivíduo, momento a momento, recria suas fronteiras ilusórias, a realidade, momento a momento, conspira para derrubá-las.

Tal é Tânatos, e seu verdadeiro significado é transcendência. Tânatos não é uma força tentando reduzir a vida à matéria inorgânica, ou uma compulsão à repetição, ou um princípio homeostático, ou um desejo suicida. Tânatos é o poder de *sunyata*, a energia e o empuxo para transcender fronteiras ilusórias, mas *parece*, para um eu que não renuncia a suas fronteiras, uma ameaça de morte literal e mortalidade física.

Assim, tudo que é *outro* para o eu age como uma fonte de Tânatos: porque qualquer outro trabalha para a dissolução das fronteiras do eu – atua para a "morte" da sensação do eu separado. Mas *qualquer coisa* que seja outro é meramente uma projeção da própria Natureza mais profunda do eu, o Todo supremo. Nesse sentido, e somente nesse sentido, Tânatos é um "desejo de morte", porque ele, em última instância, provém do próprio Ser do indivíduo como o Todo.

Onde quer que haja fronteiras, o Tânatos da Natureza mais profunda de um indivíduo age, momento a momento, para removê-las. Desde que haja fronteiras, existe Tânatos. E cada um se submeterá a Tânatos e à transcendência, ou terá de descobrir outra coisa para aplacar esse "desejo de morte". Isto é, deverá encontrar *sacrifícios substitutos*. Pois Tânatos surge a cada momento – e precisa ser manipulado.

Nos níveis anteriores e mais primitivos do espectro da consciência – o urobórico e o tifônico –, os sacrifícios substitutos exigidos são bem singelos e facilmente executados. As fronteiras do eu não são tão rígidas, complexas ou fortemente defendidas – em verdade, elas nem sequer existiam nos tempos urobóricos, e eram bastante fluidas nos tifônicos. A morte e Tânatos podiam ser alijados e negados por medidas descomplicadas – como a autopreservação normal ou, na pior das hipóteses, algumas articulações de dedo sacrificadas, como vimos.

Mas agora – no nível mítico-associativo – estamos nos aproximando rapidamente de um ponto em que essas formas mais primitivas e simples de sacrifício substituto não são mais suficientes para lidar com Tânatos. Elas precisam ser complementadas. O pseudo eu está se tornando mais complicado, mais articulado e mais estruturado no mundo da forma. Igualmente, a ameaça de Tânatos é mais sutil e complexamente apreendida. Um novo modo de percepção do eu sempre enfrenta uma nova forma de Tânatos; e para sobreviver em seu mundo imaginário de permanência e perpetuação, deve inventar novas formas de busca substituta (Eros) e novas formas de sacrifício substituto (Tânatos).

Agora – pelo menos no ciclo ontogenético dos homens e mulheres da atualidade e, provavelmente, até certo ponto, também no ciclo filogenético, como discutirei – esse nível associativo é o primeiro em que a busca substituta ou Eros começa a alçar voo para o tempo estendido ou não presente. Pois, usando o veículo da linguagem, a busca começa a mudar de satisfações instintivas para metas temporais, objetivos, desejos e anseios futuros. O eu movimenta-se no novo mundo e entrega-se inteiramente a um novo conjunto de desejos por intermédio desse mundo mais desenvolvido.

Mas esse nível também é o primeiro nível importante em que Eros pode ser, pelo menos de uma forma rudimentar, *retrofletido*, ou voltar para o sistema do eu (similarmente ao conceito psicanalítico do narcisismo secundário). *E da mesma maneira que Eros pode vir para dentro, Tânatos pode ir para fora.* Pois, no nível associativo, temos um eu interior suficientemente complexo para aglutinar Tânatos e *extrovertê-lo.* E, como bem sabia Freud, Tânatos extrovertido apresenta-se como agressão assassina. Brown afirma que "é nesse estágio, pela transformação de passividade em atividade, que a extroversão fatal do instinto de morte, visível para o mundo sob a forma de agressão, acontece".[61]

Traduzamos essas formulações psicanalíticas para o contexto do espectro da consciência. Tânatos não é o "impulso para retornar ao estado inanimado de existência", e sim o impulso para que o eu separado retorne ao mais essencial estado de todos, isto é o da suprema Totalidade ou consciência da Unidade. De uma forma ou de outra, Tânatos sempre surge onde quer que haja fronteiras e trabalha para a dissolução ou a transcendência dessas fronteiras, da mesma maneira que o fluxo natural de água trabalha para enfraquecer quaisquer represas ou barreiras postas adiante dele. Mas, uma vez que uma barreira *é* colocada como realidade, Tânatos apresenta-se, para o eu limitado por ela, como um apavorante impacto de morte. E é esse impacto de morte que é extrovertido, no nível associativo, sob a forma de agressão, peculiarmente mórbida, cruel e não mitigada, conhecida apenas pela humanidade.*

---

*Embora use pensamentos de Freud para ajudar a explicar minha tese, não quero sugerir que ele sempre tenha usado o termo "Tânatos" como eu uso; ele não o fez. Porém, é interessante notar que ele usou esse termo para representar quase exatamente o mesmo "impulso" que a filosofia perene chama "involução": o impulso do mais elevado para o mais baixo, até chegar à matéria inerte e ao ser inanimado, o qual é um tipo de "desejo de morte" ("desejo de morte" inanimado), cuja existência reconheço totalmente; baseei minha tese global no conceito de involução (que explico brevemente no capítulo 17). Neste capítulo não estou discutindo a involução e o papel que poderia ter em assassinato/agressão/morte etc. Entretanto, é claro que o uso completo dos *insights* freudianos e perenes a respeito de morte, agressão, masoquismo e sadismo, lançaria mão da agressão biológica inata, Tânatos (como eu uso), e da involução (que é a forma como Freud usa "Tânatos"). Ver Wilber, *Eye to Eye,* cap. 7, e *Uma breve história do universo* para uma discussão mais ampla sobre esses temas.

Observemos as prioridades lógicas envolvidas: sob o desejo de matar jaz o impacto da morte extrovertido, e sob o impacto da morte jaz a pulsão de transcendência. Isto é, o assassinato é uma forma de sacrifício substituto ou transcendência substituta. O homicídio é a nova forma do Projeto Atman. O mais profundo de todos os desejos é sacrificar o próprio eu – "matá-lo" – para encontrar a transcendência verdadeira e Atman; mas, falhando isto, arruma-se o sacrifício substituto, matando de fato outra pessoa, e, desse modo, agindo sobre, e satisfazendo, a aterrorizante confrontação com a morte e Tânatos.

É quase desnecessário ressaltar, mas conclui-se que a transcendência, a verdadeira transcendência, é a única cura para o animal homicida. Se, ao matar, o que o homem quer é matar, estamos numa profunda enrascada; o desejo de matar é insuperável e inextirpável. Se, por outro lado, ao matar, o homem inconscientemente almeja a transcendência, então existe pelo menos uma saída: transcender o eu; "matar" o eu em vez de outros.

Quero enfatizar, porém, que não estou negando a existência de agressão simples, instintiva, biológica, em mamíferos ou humanos. O coiote agride – mas sem ódio. Como afirmou Ashley Montagu, o coiote não mata o coelho porque o odeia, mas porque o ama – ele ama o coelho tanto quanto eu amo sorvete. O homem – e somente o homem – mata regularmente por *ódio*, e quanto a isso, teremos de procurar em outro lugar que não os genes.

Em outras palavras, estou negando que o ódio humano e os disseminados impulsos assassinos sejam inatamente biológicos. Ao contrário, como Arieti demonstrou,[6] o ódio é uma elaboração quase completamente *cognitiva* e *conceitual*, indo muito além da mera agressão biológica, que, em geral, está sempre a serviço de tendências evolucionárias, não podendo dizer-se o mesmo do assassinato e da guerra humana. Estou sugerindo que, na elaboração cognitiva entre agressão biológica simples e assassinato humano intencional, a morte e o terror da morte estão significativamente entrelaçados na motivação final, e esse fato sozinho tem verdadeiro poder explanatório a respeito da violência humana, como Rank, Lifton e outros assinalaram.

Desse modo, embora a agressão natural possa estar presente inatamente nos humanos, o ponto significativo é que ela é amplificada por domínios conceituais, e parte dessa amplificação inclui a preocupação exagerada com a morte, que, quando se vira para o exterior, explode em agressão e hostilidade realmente odiosas, e em proporções não dadas instintivamente. E *essa* hostilidade assassina é proeminentemente o sacrifício substituto, o assassínio de outros para subornar magicamente a morte do eu. O terror original da morte transforma-se em negociação com a morte, e *aí* está a fonte humana do assassinato prazeroso.

Assassinato: uma nova forma de evitar magicamente a morte, ofertando-se a vida de outro ser como sacrifício substituto. Tânatos surge momento a momento e deve ser manipulado; e, se o indivíduo não se submeter ao verdadeiro sacrifício de seu eu separado, ele sempre estará aberto a substituí-lo morbidamente por outra pessoa. E a história da humanidade, começando justamente no estágio associativo, é a história dos sacrifícios substitutos e desperdícios assassinos por atacado que marcaram especificamente o animal chamado *Homo sapiens*.

O ASSASSINATO NA MITOLOGIA

Para entender exatamente como o cerne simbólico do sacrifício verdadeiro, ou o "esvaziamento da consciência do eu", pode ser convertido por um eu separado, pouco disposto a render-se, em formas substitutas de imortalidade pessoal, poder e cosmocentrismo, basta olharmos para o ritual Maki dos habitantes da ilha melanésia de Malekula, nas Novas Hébridas. Pois o ritual Maki "atende, por um lado, aos objetivos da comunidade, visto que promove magicamente a fertilidade da raça, e por outro, a fama e ambição pessoais do indivíduo, já que é um rito extremamente competitivo, em que os homens da aldeia, criando e sacrificando inumeráveis javalis, competem por *status* neste mundo e no próximo".[69]

A "supermatança" dos sacrifícios substitutos durante a cerimônia é impressionante, "já que no curso de um ritual cerca de quinhentos porcos podem ser ofertados em um dia". Quinhentos! O homem passa retalhando por um campo de animais, cortando-os em pedaços, chafurdando em uma massa de carne e intestinos, tingindo o solo de vermelho. "É claro", diz Campbell, "que qualquer homem que leva a sério a salvação de sua alma eterna deve ocupar-se consideravelmente com o exercício espiritual [substituto] da procriação, comércio e contagem de seus porcos, que servem como dinheiro em Malekula [...] da mesma forma que, nas culturas mais desenvolvidas, o ouro supre o padrão básico de todos os valores monetários."[69] O vínculo, como vimos, é o dinheiro como símbolo de imortalidade.

"A besta ofertada é um *quantum* [magicamente] capturado do poder divino, que, pelo seu sacrifício, é integrado ao doador. O doador sobe, por assim dizer, os degraus do seu sacrifício. E Maki é uma grande escada com tais degraus."[69] E deve-se manter subindo a escada – a salvação está sempre no futuro e, portanto, sempre exige mais sacrifícios. Pois Tânatos, Shiva e Sunyata precisam ser saciados. "O guardião", como esses nativos o chamam, "está em pé no meio do caminho de fogo e aproxima-se rapidamente para nos consumir, mas ele se contenta em comer o javali."[69]

Ele se contenta em comer o javali – eis, perfeitamente caracterizado, o sacrifício substituto. E se um javali não for suficiente, então outro ser humano. Otto Rank resume com precisão: "O medo da morte do ego é reduzido pela morte sacrifical do outro; pela morte do outro, compra-se o direito de não se submeter à pena de morte, de não ser morto".[26] O ponto essencial é, como colocado por Becker, "o oferecimento do corpo de outro a fim de livrar-se da própria morte". E tudo motivado pelo desejo inconsciente de transcender realmente para a imortalidade verdadeira e eterna.

Assim, nesse momento da história, de consciência intensamente temporal ou agrária e do florescer do Projeto Atman, homicídio e guerra entraram em cena como veículos indiscriminados de sacrifício substituto, o lado negativo do Projeto Atman. É extremamente revelador descobrir que um dos temas predominantes das mitologias das culturas agrárias de todos os lugares é o surgimento, no mundo, da morte e do sexo. E por que a morte?

Aqueles seres ancestrais pré-mortais, pré-sexuais, da narrativa mitológica viveram o idílio do princípio, uma idade em que todas as coisas estavam inocentes do destino da vida no tempo [a era urobórica]. Mas ocorreu naquela era um evento, o "evento mitológico" *par excellence*, que acabou com seu modo atemporal de ser e transformou todas as coisas. Como consequência dele, morte e sexo entraram no mundo como as correlações básicas da temporalidade. E o ponto específico [não registrado em mitologias de nenhuma parte antes desse momento] é que a morte surgiu *por causa de um assassinato*. Uma complementaridade fundamental é vividamente reconhecida não só entre nascimento e morte [como nos mitos antigos das sociedades caçadoras], mas entre sexo e assassinato (grifo meu).[69]

Assim, vida e morte simples, ser e não ser, tão característicos do nível tifônico, foram agora – no nível associativo – elaborados e transformados nos opostos mais complexos de sexo e assassinato. Quer dizer, Eros e Tânatos assumiram novas formas: Eros como vida em Eros como sexo; Tânatos como morte em Tânatos como assassinato – e todos correlacionados ao mundo em florescimento da extensão temporal e da consciência agrária.

Mas, colocando esse fato em perspectiva, observemos logo que o evento mitológico precipitante – o assassinato sacrificatório do deus –, que gerou esse mundo temporal de morte, sexo e homicídio, ainda não era representativo, em nenhuma mitologia, da agonizante Queda do Homem. Em verdade, o deus assassinado havia sido enterrado para renascer como milho, trigo e outros alimentos a ser colhidos, para o necessário sustento de todos, de forma que, frequentemente, nos ritos de fertilidade, a vítima assassinada era esquartejada e enterrada nos campos como uma reatuação mágica do homicídio primordial propriamente dito. Assim, embora o assassinato divino gerasse algumas privações no mundo, não foi todo culpa, terror e pecado. Foi uma Miniqueda, posicionando-se aproximadamente a meio caminho entre a Queda inicial do tifão e a Queda final do nível mental-egoico. E os mitos de todos esses três períodos apontam exatamente para isso.

A MÁQUINA DE GUERRA: O SACRIFÍCIO CRESCE EXUBERANTEMENTE

A mitologia da morte sacrifical, deturpada de símbolo para sinal e posta em ação em larga escala pela percepção do eu separado, é a função substituta e a tentativa substituta para a transcendência, conhecida por nós como guerra.

Assassinato como autopreservação: a oferenda da vida de outra pessoa como uma tentativa mágica de perpetuar-se por meio de um sacrifício substituto – que reviravolta incrível em Sunyata! E mais, sem nenhuma dúvida, "a lógica de matar outros a fim de afirmar nossa própria vida esclarece grande parte do que nos intriga na história",[26] desde o bode expiatório à guerra em massa, aos jogos da arena romana, até os sacrifícios sangrentos dos nazistas. Todos os homens e mulheres intuem que a caveira sorrirá maliciosamente, e a guerra é um simples arranjo para que a caveira seja de outro sujeito.

Assim, vemos novamente: quando as pessoas tornam-se objetos do Projeto Atman negativo, transformam-se em *vítimas*, sacrifícios substitutos, bodes expiatórios – e a guerra, a oferenda maciça de negociação com a morte por imortalidade, é meramente uma vitimização por atacado de forma completa. E a vitimização, como Robert Jay Lifton a coloca, é simplesmente "a necessidade de reafirmar-se a própria imortalidade, ou a do seu grupo, contrastando-a com sua ausência absoluta na vítima maculada pela morte". Kenneth Burke assinalou que o cerne da motivação social do homem é a "decretação cívica da redenção por meio da vítima sacrificada". E Eugene Ionesco resume maravilhosamente: "Enquanto não estivermos seguros da imortalidade, continuaremos a nos odiar, uns aos outros, apesar de nossa necessidade mútua de amor". Odiar o outro e matar o outro. Realmente, Mumford construiu seu extraordinário estudo de história, política e tecnologia em torno do fenômeno do sacrifício propriamente dito e da *necessidade* especial de sacrifício em massa e de guerra para manter o equilíbrio social do Estado.

Pois o que está em jogo na guerra não é comida, não são propriedades, nem mesmo ideologias, mas a própria versão do Projeto

Atman: suas qualificações de poder de imortalidade e transcendência da morte. E quanto mais inimigos sucumbem, mais imortal se sente o conquistador. "Afortunado e favorecido, o sobrevivente sobressai-se no meio dos caídos. Para ele existe um tremendo fato; enquanto incontáveis outros morreram, muitos seus camaradas, ele ainda está vivo. Os mortos jazem impotentes; ele está de pé entre eles, e é como se a batalha tivesse sido lutada para que ele sobrevivesse a ela. [...] É um sentimento de ser escolhido. [...] Ele é mais forte. [...] Ele é o favorito dos Deuses."[74]

Que forma patética de criar sentimentos de cosmocentrismo, especialmente porque é apenas um substituto para a verdadeira transcendência. Mas é precisamente esse o desejo que está por trás de todo sacrifício substituto, em qualquer escala, do preconceito a guerra generalizada. Momento a momento, o eu separado intui Tânatos, Shiva e Sunyata – intui que ele é ilusório e fadado a morrer, que a morte de fato sorrirá, mas se sorrir primeiro para outra pessoa, a pressão diminui por um tempo.

> Se sorte, como disse Aristóteles, é quando a flecha acerta o sujeito a seu lado, então eleger um bode expiatório é colocar o sujeito na sua frente como escudo – com especial entusiasmo se ele for um estranho para você. Uma frase particularmente mordaz sobre a lógica do bode expiatório e a fuga da própria morte foi expressa por Alan Harrington: é como se o sacrificador dissesse para Deus, após avaliar como a natureza se alimenta vorazmente da vida: "Se isso é o que você quer, tome aqui! – mas *me* deixe em paz!"[26]

O sacrifício substituto.

E o fato simples é que, por volta do terceiro milênio a.C., especialmente na Suméria – nas antigas cidades-Estado de Ur, Uruk, Kish, Lagash e outras –, nasceu a maciça guerra moderna de um Estado contra outro. Uma crônica real daquele período diz: "Sargon, rei de Ágade, atacou a cidade de Uruk e destruiu sua muralha. Lutou com o povo de Uruk e o derrotou. Lutou com Lugal-zaggisi, rei de Uruk, capturou-o, acorrentou-o e arrastou-o pelo portão de Enlil. Sargon de Ágade combateu o exército de Ur e o derrotou; atacou sua cidade e destruiu sua muralha. Atacou E-Ninmar, destruiu sua muralha e seu território inteiro, de Lagash até o mar. E lavou suas armas no oceano".[70]

Aqui, exatamente aqui, precisamente no apogeu do estágio associativo, foi inventada a guerra moderna, como a conhecemos, e ela foi simplesmente um novo reflexo do Projeto Atman – a tentativa de tornar-se Deus, agarrando-se a símbolos substitutos de imortalidade, cosmocentrismo e poder. "Nas palavras de um grande orientalista, o finado professor Hans Heinrich Schaeder [...], foi exatamente aqui, com essa crise notável na história da humanidade, que o processo histórico do mundo de que participamos assumiu seu tema especial e sua essência característica: *o exercício programático do poder por homens sobre homens.*" Como o próprio Schaeder colocou, "o exercício do poder é determinado em todos os lugares pela lei de intensificação, ou, como diriam os gregos, 'cobiça por mais do que a parte de cada um'".[72] Cobiça, Eros, *trishna*, apego – o braço direito do Projeto Atman, buscando no domínio finito a saciedade infinita e, necessariamente, não tendo sucesso, sendo impulsionado para uma "intensificação" sempre maior. Da mesma forma que no ritual Maki se matariam quinhentos porcos por dia como sacrifício substituto, as novas máquinas de guerra destruiriam a mesma quantidade de humanos em questão de minutos.

Assim, em nossa lista de novos modos de atividades substitutas, encontramos os *primórdios* da máquina de guerra: uma nova forma de poder e pretensa imortalidade, conseguida ao preço de sangue rubro. Eu digo "primórdios" porque a situação piorou com o surgimento da estrutura mental-egoica. Mas penso que, embora um pouco penosamente, temos de olhar calma e persistentemente para a guerra, como fizeram Duncan, Burke, Rank, Becker, Lifton e tantos outros, e chegar à única conclusão óbvia possível. O ponto surpreendente e apavorante sobre a guerra é que, apesar das coisas repugnantes ditas sobre ela por um lado, e apesar das causas nobres, razões sagradas e ideais elevados ressaltados por outro lado, em seu apoio, um fato vale por si mesmo: a guerra tem sido popular. Portanto, tem servido a uma finalidade necessária, e servido bem. E foi conveniente ao Projeto Atman cultural, às tentativas de transformar egos em deuses, encharcados de poder e imunes ao sangue. Todos nós conhecemos a estatística: para cada ano de paz na história da humanidade, há quatorze anos de guerra.

E por que sua popularidade? Creio que a razão central é muito simples: a guerra, da mesma forma que o dinheiro, é um símbolo de imortalidade básico e facilmente acessível. Tanto a guerra quanto o dinheiro têm sido igualmente populares ao longo da história, porque nenhum deles exige muito talento para ganhar ou usar. Eles são muito, mas muito mais fáceis de ser obtidos do que outros símbolos de imortalidade, como a pirâmide ou a mumificação. Desse modo, dinheiro e guerra foram as formas culturais do Projeto Atman mais acessíveis para vastas quantidades de pessoas comuns. Ouro e guerra colocaram perspectivas de imortalidade nas mãos do cidadão médio e, assim, mantiveram vivo o braço cultural do Projeto Atman do eu separado. Pois se podia negociar a imortalidade não só no mercado, como também no campo de batalha. E historicamente *ambos* têm sido as colas necessárias para sociedades complexas – uma positiva, uma negativa, cobrindo os dois lados do Projeto Atman. Já discutimos o papel necessário do dinheiro na civilização. Sem repisar o ponto, vamos simplesmente observar também que a "capacidade de empreender guerras e impor sacrifícios humanos coletivos permanece como marca identificadora de todo poder soberano ao longo da história".[26]

PÓLIS E PRÁXIS

A típica relação do uroboro alimentar envolve comida. A típica relação do tifão corpóreo envolve sexualidade instintiva. Essas, porém, são relações compartilhadas, em maior ou menor grau, com o resto da natureza – isto é, são capacidades subumanas. Mas a relação típica do eu associativo envolve *comunicação verbal*. E foi o surgimento da associação verbal e da comunicação intersubjetiva (via linguagem) que proporcionou e constituiu a existência daquilo que os gregos glorificariam como pólis. A pólis foi a primeira arena de relacionamento verdadeiramente humano, não encontrado em nenhuma outra parte da natureza, a relação que definiu *especificamente* a nova espécie *Homo sapiens*. Não é de admirar que as duas mais famosas definições de homem sejam: "O homem é o animal *symbolicum*" (Cassirer) e "O homem é o animal da pólis" (Aristóteles).

Uso "pólis", que é a palavra de origem grega para cidade-Estado, no sentido original e idealista, como uma *comunidade humana compartilhada*, comunidade baseada em comunicação irrestrita (via linguagem). No melhor sentido, pólis é simplesmente a arena da associação, uma forma mais elevada de unidade baseada na troca de símbolos transcendentes. Você e eu estamos agora *trocando* ideias (embora unilateralmente, devido ao meio de comunicação impressa; melhor seria imaginar que estamos conversando sobre tudo isso), e essa troca é um ato de comunicação verbal e compartilhamento intersubjetivo que vai bem além das capacidades subumanas do resto da natureza e de nossos próprios organismos. Portanto, pólis é a arena do eu associativo.

A atividade na pólis é chamada práxis. Práxis significa, no sentido restrito, "prática". Mas como tradicionalmente usada, por exemplo, por Aristóteles, práxis é muito mais que isso; é comportamento moral, esclarecido, intencional, adotado na convivência da pólis. É uma atividade *significativa* e *importante*, que não se baseia em necessidades e desejos subumanos, mas em reconhecimento humano mútuo e comunicação irrestrita. Além da necessidade da comida urobórica e do sexo tifônico, nossa vida, como indivíduos verdadeiramente humanos, é uma vida de prática e atividade sociais, uma vida que nos faz superar o corpo animal e nos introduz em uma comunidade humana compartilhada de símbolos, fala, comunicação, metas e ideais. Só consigo tornar-me verdadeiramente humano na pólis, ou comunidade simbólica, e só posso exercitar minha humanidade na práxis, ou compromisso social, compartilhada com comunicadores da mesma categoria. E *tudo* isso é possível pela linguagem, que *proporciona* a troca intersubjetiva de ideias, de forma que, quando você e eu nos comunicamos de fato, penetramos literalmente na psique um do outro em um entendimento compartilhado. A arena desse compartilhamento é a pólis; o exercício dele é a práxis. É uma pena que pólis tenha sido rebaixada a "política", e práxis, a "moralismo" – esses termos realmente encerram conceitos muito mais nobres.

Para Aristóteles, práxis, ou atividade social moral e esclarecida, não deveria ser confundida com *techne*, ou atividade tecnológica. Ambas dependem da mentalidade racional e linguística, mas, fora isso, são radicalmente diferentes. O motivo é básico e profundo: *techne* lida com a manipulação de níveis subumanos, com bens materiais, com natureza, com produção de alimentos, com investigações empíricas (animal-sensórias), com inovações tecnológicas, e assim por diante. Práxis lida com a interação e a troca humanas de entendimentos compartilhados. Não é o uso da mente para sondar a natureza, mas o uso da mente para encontrar outra mente. *Techne* são os níveis 3-4 atacando os níveis 1-2. Práxis é o exercício dos níveis 3-4 em comunhão com outros níveis 3-4: humano para humano, não humano para subumano. E, como disse Habermas, a catástrofe dos tempos modernos (e da teoria sociológica e psicológica moderna) é que a práxis foi reduzida a *techne*.[178]

A consciência da pólis, ou consciência associativa, *transcende* (mas *inclui*) as necessidades e características dos estágios subumanos que a precederam na evolução. Com a pólis-práxis, a consciência assume suas primeiras características verdadeiramente humanas, e mostra ser mais que as (mas não separada das) leis da física, biologia, natureza, vegetais e animais. A mente associativa, uma vez que estava começando a transcender o corpo, foi conduzida a um domínio completamente novo e "superorgânico", cujas leis são escritas com símbolos diferentes daqueles da física e da biologia. O homem não estava mais vivendo apenas no mundo natural, mas também no mundo cultural; não mais somente instintos, mas aprendizagem verbal; não mais natureza, mas história. Esse era um domínio completamente mais elevado, o da pólis, e possuía leis totalmente mais desenvolvidas, as da práxis social.

Combinemos tudo isso da seguinte forma: a diferença entre natureza e história, física e psicologia, animal e cultura, impulso e fala, instinto e intenção, sobrevivência biológica e ética, é a diferença entre corpo (níveis 1-2) e mente (níveis 3-4). E assim, ao desenvolver uma verdadeira mentalidade (embora primitiva), a humanidade tomou posse da história, da intenção, da cultura, da razão e da ética. Isto é, assumiu a pólis-práxis. Não precisamos concordar com a filosofia de Rousseau para apreciarmos sua afirmação de que "essa passagem do estado natural para o estado social [pólis] produz uma mudança bem notável no homem, ao substituir, em sua conduta, o instinto pela justiça e dar a suas ações a moralidade [práxis] que antes lhes faltava".[112]

Observemos simplesmente que a consciência da pólis-práxis continha um potencial extraordinário. E tão extraordinário foi esse potencial, a ponto de produzir duas visões fantasticamente opostas da natureza da pólis: o Estado e a comunidade social em geral. Por um lado, por causa do monumental potencial embutido na pólis-práxis, sua simples existência sempre gerou visões utópicas, algumas muito profundas, a maioria excessivamente romântica. Por outro lado, já que em nenhuma época da história, a pólis-práxis correspondeu às expectativas do potencial subjacente à comunicação livre e irrestrita, seu fracasso prático sempre gerou críticas acerbas a respeito da sociedade em geral e do Estado em particular. Essa arena completa de debate é geralmente chamada "ciência política" ou "teoria social".

Bertrand Russell uma vez comentou que o que deveria ser ensinado na escola não era a lógica, mas como evitar seu uso, já que quase todo mundo a usa de forma errada. Às vezes, sinto o mesmo sobre teoria social e ciência política e tento, nesses momentos, evitar usá-las. Em vez disso, sigo o sensato mandamento: "Não confieis em uma ciência política".

Mas, claro, algo deve ser dito, embora deplorável e, assim, cometerei generalizações e platitudes, pois essas simplificações serão perfeitamente satisfatórias para nos permitir esboçar o amplo perfil da evolução da consciência, nossa exclusiva tarefa atual.

Começamos repetindo que cada estágio de evolução transcende, mas inclui, seu predecessor. Isto é certamente verdadeiro também para humanos. Vimos ao longo deste volume que cada estágio de evolução humana, embora transcenda seus predecessores, deve incluí-los e integrá-los em uma unidade mais elevada (o fracasso em fazê-lo = neurose). Outra forma de dizer isso é que o ser humano é um *indivíduo composto* (Whitehead, Hartshorne) – isto é, composto de todos os níveis de realidade que se desdobraram antes do estágio presente do homem e foram coroados por esse estágio presente propriamente dito. "O homem", afirmou Gregory Palamas, "é a concentração em um todo de tudo que existe, a recapitulação de todas as coisas criadas por Deus. Por essa razão, ele foi o último a ser produzido, da mesma maneira que nós também (por nossa vez) completamos satisfatoriamente o que temos a dizer com uma conclusão."[375]

Neste volume, não precisamos ser excessivamente precisos sobre a natureza exata dos níveis primitivos de evolução que estão embutidos no homem e o compõem. Para começar, condensei (por conveniência) todos os tipos de níveis inferiores em "um" estágio – o uroboro, que definimos miticamente como a "recapitulação de todos os níveis mais baixos". Em outra ocasião, apresentei de forma mais precisa um exaustivo detalhamento de todos esses diversos níveis (ver *O Projeto Atman*). Para nossos propósitos mais genéricos, podemos considerar o detalhamento de senso comum dos estágios da evolução: matéria a planta, a animal menos desenvolvido, a animal mais desenvolvido, ao homem (ou à mente, que é até onde a evolução em geral chegou).

Os primeiros hominídeos, embora animais já mais desenvolvidos, estavam emergindo de todos os níveis mais baixos da evolução – matéria, planta e animal inferior – e recapitulando-os; chamamos esse estágio, genericamente, de uroboro (nível 1). O estágio animal mais avançado, quando começou a clara transição para a primeira espécie humana, chamamos tifão (nível 2). E a mente – incorporada na comunicação linguística – chamamos estágio mítico-associativo (nível 3). O ponto essencial é que, ao usarmos esses termos muito gerais, não estamos supondo que, por exemplo, durante os tempos urobóricos, o homem fosse *apenas* material, vegetal e reptiliano, mas que ele teve de passar *por tudo isso* (especialmente em seu próprio ciclo ontogênico) e, portanto, estava, em princípio, imerso *em* todos eles e dominado *por* todos eles.

De qualquer modo, quando chegamos ao eu mítico-associativo, esse eu já é um indivíduo composto de todos os níveis anteriores de evolução – matéria, planta e réptil (uroboro), mamífero mais desenvolvido e formador de imagens (tifão), bem como da nova e "coroante" mente verbal (associativa). Portanto, o homem nesse estágio contém uroboro, tifão e mente mítica, todos encapsulados *em um organismo*. Mais importante, *cada um desses níveis continua a funcionar e a existir no homem*. Isto é, cada um desses níveis expressa suas necessidades e mantém sua própria existência por *sistemas de relacionamento ou trocas* com os níveis *correspondentes* do mundo exterior. Assim: o corpo físico do homem (pleroma e uroboro alimentar) depende para sua existência de um sistema de trocas literais com outros corpos físicos, minerais e vegetais, resumidos no ato de comer ou trocar alimentos. Seu corpo animal mais desenvolvido (tifão) é um sistema de trocas com outros corpos animais viventes, sintetizado no ato sexual biológico humano, que inclui todas as relações emocionais em geral. Sua mente linguística (associativa) é um sistema de trocas de símbolos ou comunicação com outras mentes. Todos esses sistemas de trocas nada mais são que os vários níveis do Grande Ninho à medida que eles aparecem, embutidos e imersos, no indivíduo humano composto.

Observe, também, que cada nível sucessivo de troca representa um maior crescimento evolucionário e expressa uma tentativa de unidade de ordem superior (ou um Projeto Atman de ordem superior). O uroboro busca unidade juntando-se ao alimento físico; o tifão busca uma unidade mais elevada juntando-se corporalmente a outro tifão (isto é, cópula ou relação sexual e troca de sensações em geral). Entretanto, essas são todas unidades subumanas. A primeira forma de unidade especificamente humana é a "com-unidade",* ou comunicação verbal em uma pólis associativa de compreensão intersubjetiva e fala prática (práxis).

Assim, o ser humano é um indivíduo composto de todos os níveis inferiores de realidade, coroados por seu próprio nível particular e definidor (nesse ponto da história, era o linguístico-associativo). E a sociedade, ou pólis, é simplesmente um *composto* desses indivíduos compostos. Igualmente, práxis é a atividade de indivíduos compostos nessa sociedade composta. Entretanto, a sociedade composta e os indivíduos compostos são profundamente inseparáveis, porque cada um deles é construído sobre *sistemas de trocas* que são, primeiramente, compostos, e *trocas*, por definição, não ocorrem em sistemas isolados. É ridículo especular sobre a *mentalidade* de um "selvagem nobre" existindo "incorrupto" na sociedade, pois a mentalidade surge, inicialmente, no terceiro nível de troca (o verbal-simbólico), e sem essa troca social, para começo de conversa, não existe *nenhuma* mente: existe apenas comida e sexo – selvagem, com certeza, mas nobre só para os olhos do romântico incurável.

Já falamos o suficiente para formar nossa primeira generalização sobre "ciência política" (apresentaremos outra mais tarde): é somente na pólis-práxis e na troca comunicativa que a humanidade se torna, pela primeira vez, verdadeiramente humana e descobre, nessa humanização elevada, potenciais não presentes na natureza em geral.

É exatamente esse novo potencial da pólis-práxis que está subjacente a utopias sociais, idealismos e tradicionalismos diversos. Uma versão do potencial da pólis-práxis foi estabelecida em sua mais memorável forma por Edmund Burke:

---

* No original, "comm-unity", expressando "unidade de comunicação" – "*com*munication-unity". (N. do T.)

O Estado não deve ser considerado uma mera parceria para o comércio de pimenta e café, morim ou tabaco, ou algum outro negócio. É para ser visto com respeito, com reverência, porque ele não é uma parceria para coisas úteis apenas à existência animal bruta de uma natureza temporária e perecível. É uma parceria de todas as ciências; uma parceria de todas as artes; uma parceria de todas as virtudes e toda a perfeição. [...] Cada contrato de cada Estado particular nada mais é que uma cláusula do grande contrato da sociedade eterna, ligando as naturezas mais baixas às mais altas, conectando os mundos visível e invisível, de acordo com um pacto fixado e sancionado pelo juramento inviolável que mantém todas as naturezas físicas e morais em seus devidos lugares.[112]

Se você compreende completamente o Grande Ninho do Ser, entenderá facilmente essa citação.

O mesmo tipo de potencial idealista está presente nos trabalhos de Platão, Kant, Green, Bosanquet e Hegel – embora, claro, eles variem extensivamente nos detalhes. Hegel, por exemplo, sustentava que o indivíduo é verdadeiramente ele mesmo somente em sociedade, enquanto Bosanquet foi mais longe (isto é, muito mais longe) ao afirmar que a sociedade é mais real do que qualquer de seus membros. Mas, desconsiderando seus extremismos, o *insight* inicial dessa posição é certamente compreensível.

Central a essa tendência idealista (uma tendência que compartilho em parte – logo a aperfeiçoarei com nossa segunda generalização) é o reconhecimento de que pólis ou "com-unidade" é, realmente, uma forma mais desenvolvida de unidade e, portanto, tem o potencial para superar a fragmentação de vários grupos dissidentes. Erik Erikson apresentou esse princípio de uma forma agora clássica:

A história prové um modo pelo qual a mentalidade pseudoespecífica de grupos antagônicos pode desarmar-se, por assim dizer, no âmbito de uma *identidade mais ampla*. Isso pode acontecer por unificação territorial: a *Pax Romana* abarcou raças, nações e classes. Avanços tecnológicos no "tráfego" universal também unem: navegação, locomoção mecanizada e comunicação sem fio têm ajudado a disseminar mudanças que, no final, encerram uma sensação de ampliação de identidade, ajudando a superar o receio econômico, a ansiedade da mudança de cultura e o temor de um vácuo espiritual.[119]

Em seus momentos mais radicais, porém, o idealismo social parece produzir algo similar ao delírio extático, especialmente quando seu proponente conclui ser ele próprio parte da maior sociedade que já existiu. Hegel, por exemplo, cai em arrebatamentos quase maníacos sempre que menciona o Estado em geral e o Estado alemão em particular. Bem que ele poderia ter vivido para encontrar-se com *Herr* Hitler.

Mas essa não é uma crítica ao germanismo; assinala a perfeita inadequação do idealismo puro. A grande dificuldade relacionada a teorias sociais idealistas, variando de Burke a Hegel, é uma cegueira uniforme para o fato de que o *potencial* do Estado para a bondade é quase igual a seu *potencial* para a brutalidade. E para entender essa brutalidade, precisamos de uma segunda importante generalização a ser juntada à nossa primeira.

Verificamos que o indivíduo humano composto consiste de vários sistemas de trocas, que, nesse ponto da história, incluíam alimento material, sexo emocional e comunicação verbal (níveis 1, 2 e 3). Cada um desses sistemas de troca ocorre mediante uma interface apropriada; a troca propriamente dita consiste de um *ciclo* de recepção, assimilação e liberação. A sociedade, como um composto desses indivíduos compostos, é, portanto, uma amalgamação de *todas* essas trocas. Assim, ela inclui, no *mínimo*, várias *instituições* para manter e reproduzir a vida de cada um desses níveis do indivíduo humano composto, a saber:

- Nível 1: A produção tecnológica e a troca econômica de entes materiais, cujo paradigma é o alimento e cuja esfera é o trabalho físico.
- Nível 2: A produção e a troca de vida biológica, cujo paradigma é emoção e sexo e cuja esfera é o intercurso emocional (da emoção ao sexo e à força).
- Nível 3: A produção e a troca de ideias, cujo paradigma é a fala (linguagem) e cuja esfera é a comunicação (práxis).

À medida que prosseguirmos para níveis mais desenvolvidos de evolução, adicionaremos a esta lista trocas mais elevadas (no nível mental-egoico, por exemplo, veremos a necessidade social para facilitar a troca mútua de autorreconhecimento, cujo paradigma é a autoconsciência reflexiva e cuja esfera é a estima pessoal mútua). Mas esta lista simples servirá ao nosso propósito geral. O ponto é que, embora a pólis-práxis seja um potencial que *conclui* esta lista, deve *incluir* todos os itens da lista – isto é, incluir instituições para *todos* os vários níveis de troca, do fundo ao topo, do alimento-cultivo ao sexo-casamento, até o pensamento-educação.

Agora, é óbvio que a pólis-práxis, como um composto de indivíduos compostos, pode – como qualquer outro composto – funcionar bem ou mal, crescer ou degenerar, servir ou oprimir. Especificamente, precisamos apenas observar que qualquer sistema de trocas – do trabalho material ao intercurso emocional, até a comunicação conceitual – pode ser restringido, oprimido, reprimido e distorcido pelo *ambiente social no qual a troca deveria, idealmente, ocorrer livremente* (livremente significa "adequadamente", não "excessivamente"). Na maioria das vezes, a distorção e o rompimento são instigados por indivíduos, cidadãos ou líderes poderosos, que deveriam ser os guardiães da troca e do relacionamento sem distorções. Esse rompimento tende a institucionalizar-se, de forma que se reproduz sem intenção consciente (por força da inércia social).

Os paladinos arquetípicos da *relação não reprimida* em cada uma dessas esferas são: Marx (trabalho social, uroboro, nível 1), Freud (intercurso emocional, tifão, nível 2) e Sócrates (discurso verbal, comunicação associativa, nível 3). E, claro, uma teoria social completa adicionaria (como sugerirei mais tarde) as esferas mais elevadas e seus respectivos "paladinos", tais como: autoestima (nível 4, Locke*); intuição psíquica (nível 5, Patanjali); unidade sutil (nível

---

* Listei Locke aqui por sua ênfase na liberdade egoica; mais adiante, mencionarei Hegel por seus estudos sobre a relação senhor-escravo. Essas são escolhas subjetivas – o leitor pode ter seus próprios favoritos para os diversos níveis. Outros eminentes analistas do nível 4 são Kierkegaard, Sartre, Carl Rogers, Hobbes.

6, Kirpal Singh); e suprema transcendência (níveis 7-8, Buda/Krishna/Cristo).

Para nosso propósito simplificado, tudo que precisamos é estabelecer nossa segunda generalização: se a pólis-práxis é a expressão de uma conquista evolucionária mais elevada – e é –, também é a causadora de uma potencial mutilação, não só de seu próprio nível, mas de *todos os outros níveis*. O Estado – como Marx, Freud, Sócrates e Cristo descobriram em suas próprias esferas – pode ser brutalmente opressor de tudo, desde a religião até ideias, sexo e trabalho.*

As *razões* para a opressão, os *meios* específicos de opressão e as *estruturas* reais de opressão são inumeráveis e, além disso, variam em cada esfera de troca. De fato, este tópico é tão complexo a ponto de, neste momento, até generalizações e platitudes serem insuficientes, e, para seguir adiante, eu definitivamente teria de me submeter a uma ciência política. Mas novamente algo deve ser dito, e o que me proponho a fazer é limitar drasticamente a discussão – sem esquecer, eu espero, seu pano de fundo mais amplo esboçado até agora – e concentrar-me em uma instituição particular, normalmente encarnada *em* um indivíduo específico: a instituição da *monarquia*.

Ela realmente serve muito bem a nossos objetivos *genéricos*. Em primeiro lugar, a monarquia é um epítome (e uma caricatura) da pólis, como logo explicaria Luís XIV ("L'état, c'est moi" – "O Estado sou eu"). Segundo, é também uma concentração de todas as formas possíveis de opressão e exploração. Terceiro, a *psicologia* de *subserviência* à monarquia é um paradigma de subserviência em geral, sendo, portanto, como veremos, um paradigma de subjugação e opressão *espontâneas*. Para demonstrar os fundamentos envolvidos, limitarei a discussão às trocas do nível 1, ou alimento, materiais e bens urobóricos. Em capítulos subsequentes, expandiremos a discussão para incluir esferas mais desenvolvidas. Por fim, obedecendo à nossa política de observações genéricas, concentrarei a discussão em um plano trivial.

---

*Religião: níveis 5-8; ideias: níveis 3-4; sexo: nível 2; trabalho: nível 1.

A MONARQUIA DIVINA

Sabe-se realmente muito pouco sobre as origens dos primeiros reis da humanidade. A monarquia verdadeira – diferentemente da simples chefia tribal – começou por volta do período associativo baixo, talvez pelo décimo milênio a.C., pois a tumba do rei em Eynan (cerca de vinte quilômetros ao norte do mar da Galileia), datada mais ou menos de 9000 a.C., é a mais antiga já descoberta.[215] E, claro, a monarquia propriamente dita floresceu, de fato, no período associativo alto, nas cidades-Estado hieráticas do Egito e da Mesopotâmia. Além disso, faltam detalhes precisos, ou melhor, falta uma leitura coerente dos dados arqueológicos que possuímos.

Entenda que a invenção da monarquia é um fenômeno de inigualável impacto. Em termos políticos, foi, provavelmente, a maior mudança específica de consciência da humanidade que já ocorreu; suas repercussões foram incríveis – e suas consequências ainda hoje são sentidas.

A monarquia não era meramente um estamento para governar um povo; não era uma medida prática, concebida para organizar e governar de fato uma sociedade. O rei não era meramente um sujeito especialmente brilhante, escolhido para tomar decisões pelas massas e com o poder de representá-las como um todo. Ele não recebia apenas respeito e o simples poder de decisão – pois a humanidade, nesse momento, tinha muito mais para dar, muitas posses e muita riqueza acumulada. Com a invenção da agricultura, a humanidade tinha agora um *excesso* em termos de comida, bens, somas em dinheiro, riqueza. Nas sociedades tifônicas prévias, as pequenas quantidades de bens e riqueza que existiam eram igualmente compartilhadas entre todas as pessoas – eram sociedades de doação e compartilhamento.

Mas agora, nas sociedades emergentes das grandes cidades-Estado, existia uma sobra maciça – de bens, alimentos, somas em dinheiro – e, muito simplesmente, essa sobra era doada, em larga escala, ao rei e a sua corte. Começou uma volumosa redistribuição de bens, que passavam das mãos das pessoas em geral para um pequeno e seleto grupo, uma repartição completamente desconhecida antes dessa época. Os bens e riquezas produzidos por uma sociedade não eram mais igualmente compartilhados entre aqueles que realmente os haviam produzido. Em vez disso, eram canalizados para as mãos – normalmente gananciosas – de uma elite. Nunca antes na história puderam poucos acumular a riqueza produzida por tantos. Em outras palavras, nunca antes existiu exploração material e opressão tão difundidas. E estudiosos da infelicidade política, da brutalidade e da exploração da humanidade sempre concordaram que a confusa desordem, que denominamos opressão política, começou justamente lá, nas grandes cidades-Estado, com os primeiros grandes reis. Algo incrível estava em progresso, algo de que nunca nos recuperamos, algo que, no final, poderá vir a causar a morte de todos nós.

Monarquia: o que de fato aconteceu? Como pôde acontecer? E por quê?

Como eu disse, as origens da monarquia estão envoltas em sombras e quase perdidas, sobrando apenas a especulação. Mas uma coisa é bem certa e aceita universalmente: os primeiros reis foram deuses.[70,153,201,215]

Isso em si é fascinante, mas devemos ser cuidadosos, pois existem duas diferentes questões ocultas na simples e aceita conclusão de que "os primeiros reis foram deuses". Isto é, os primeiros reis foram *realmente* deuses, consciências divinas ou superconsciências (digamos, do nível sutil)? Ou os primeiros reis foram meramente vistos como deuses ou seres divinos pelos simples e confiantes agricultores e camponeses? Eles foram deuses ou figuras de deuses? Bodisatvas ou políticos?

Campbell, por exemplo, crê firmemente que muitos dos primeiros reis-deuses eram realmente iluminados ou "absorvidos e perdidos em Deus", e essa iluminação "caracterizou a santidade real dos reis sacrificatórios das primeiras cidades-Estado hieráticas".[70] Acredito que seja possível, mas não provável. É possível porque, durante esse período associativo, alguns indivíduos altamente avançados iluminaram-se de fato na Unidade sutil, e não existe nenhuma razão para que o rei não estivesse entre eles. Não é provável, porém, porque a única evidência que Campbell apresenta para a verdadeira santidade dos reis é que eles, quase universalmente, submeteram-se ao sacrifício humano literal. Campbell acha que isso é evidência da Grande Deusa, enquanto, como expliquei anteriormente, essa é uma característica perfeita da Grande Mãe. A própria evidência de Campbell me convence de que os primeiros reis "divinos" eram miticamente vistos como cônjuges da Grande Mãe, e sabemos o que acontece a tais cônjuges: "Quando chegava o momento para a morte do deus", explica Frobenius, "o rei e sua venérea esposa eram estrangulados e seus restos mortais colocados em uma caverna na montanha que lhes servia de sepulcro, de onde, supunha-se, eles ressuscitariam como as novas, ou 'renovadas', esferas divinas".[153] Esse é um perfeito ritual da Grande Mãe – ritos de renovação mágicos/míticos, sacrifício de sangue humano, o deus morto e ressurrecto etc. É simples lógica mágica, não transcendência.

Entretanto, o que é admirável nesses primeiros reis "divinos" não é sua transcendência, mas sua firme dedicação à visão de mundo mítica. Esses reis mais antigos, frequentemente se submetendo ao regicídio ritualista, serviram a uma função integrativa para a sociedade e tenderam a ser subservientes a essa função. Essa subserviência é evidentemente resumida nos ritos sacrificatórios, aos quais, não importando quão selvagens fossem, o rei se submetia voluntariamente, para que o pensamento da mentalidade mítica exercesse uma função necessária: ele morria por sua pólis. Pela lógica paleolítica, o rei-deus, cônjuge da Grande Mãe, tinha de morrer ou a vida seria extinta completamente. O rei, também, acreditava devotamente nisso e submetia-se a seu dever cívico. Assim, embora os primeiros reis "divinos" mais antigos possam não ter sido verdadeiramente Divinos, não eram ainda políticos coniventes.

Assim, os primeiros reis-deuses foram ritualmente imolados ao fim de um período de anos, em subserviência à pólis mítica. Mas é bastante óbvio que os grandes líderes políticos das dinastias militares posteriores não fizeram tal coisa. O que eles queriam, de fato, era exatamente o contrário: *nunca* abandonar o poder, mas alcançar a imortalidade substituta aqui na terra e ser adorado como um Rei-Deus Sobrenatural. E foi justamente o que aconteceu. Na verdade, em um breve espaço de tempo, as primeiras comunidades e cidades-Estado dos reis-deuses ritualmente imolados transformaram-se em Estados militaristas dinásticos encabeçados por políticos tirânicos que, todavia, eram vistos como "reis divinos". E, de acordo com Mumford, foi exatamente essa monarquia "divina", combinada ao sacrifício humano e a uma máquina militar, que produziu o terror infernal da megamáquina assassina sob cuja sombra ainda permanecemos. Aqui, conforme Mumford (e ele não está de modo algum sozinho nessa opinião), foi o ponto preciso – durante a ascensão dos primeiros Estados dinásticos/políticos – que surgiu a guerra em massa. E a escravidão – ela nunca realmente existiu em larga escala antes dessa época. E a exploração. E as distinções de classes arrogantemente elitistas. E a pesada opressão dos muitos pelos poucos. Isso, pelo menos, é um fato histórico. É o legado da monarquia "divina" e do Estado dinástico. E nada mais é que "o colosso do poder enlouquecido, um colosso baseado na desumanização do homem que começou não com o materialismo newtoniano, não com o racionalismo iluminista, não com o mercantilismo do século XIX, mas com a primeira exploração maciça de homens nas grandes monarquias divinas do mundo antigo".[26]

Pondere: como você pode aspirar, como rei, a construir um império imenso, acumular poder e riqueza, açambarcar o excedente agrícola e canalizá-lo para a guerra, moldar um céu na terra para você mesmo e um punhado de nobres – como pode ser possível fazer tudo isso quando sua hora chegará em alguns anos? Se você está fadado ao punhal sacrifical em pouco tempo, assumir uma vida de conquistas militares e políticas, de alguma forma, não o atrai muito.

Assim, a *primeira* coisa que teve de mudar, para que os políticos exercessem o ofício da monarquia "divina", foi livrar-se desse negócio desagradável de sacrifícios.

Mas livrar-se simplesmente dos ritos sacrificatórios seria muito difícil, talvez muito óbvio também. Não, o primeiro rei político deveria apresentar algo melhor que isso. E realmente o fez: apegando-se a uma ideia que já amadurecera, o rei "divino" convenceu aqueles ao seu redor de que o sacrifício substituto de *outra pessoa* funcionaria da mesma maneira. E foi exatamente o que aconteceu: na Suméria (provavelmente por volta de 2500 a.C.) sacerdotes já estavam sendo usados como substitutos nos ritos de renovação da vida. Frobenius explica:

> E quando chegava o momento para a morte do deus, o rei e sua venérea esposa eram estrangulados, e seus restos mortais colocados em uma caverna na montanha que lhes servia de sepulcro, de onde, supunha-se, ressuscitariam como as novas, ou "renovadas", esferas divinas. E essa, certamente, deve representar a forma mais arcaica do contexto mitológico e ritual. Na antiga Babilônia ela já se enfraquecera, a ponto de, no Festival de Ano Novo, apenas despir-se o rei de suas vestimentas no templo, humilhá-lo e espancá-lo, enquanto, na praça do mercado, um substituto, que fora cerimoniosamente investido em toda a glória, era enforcado.[153]

E nesse ponto, a visão do rei foi liberada, pela primeira vez na história, para um mundo de possibilidades temporais. Ainda considerado um deus pelos devotos, mas com os apetites de qualquer outro idiota, o rei "divino" encontrava-se em posição de satisfazer as mais selvagens fantasias do Projeto Atman: poder, imortalidade, cosmocentrismo, onipotência. E com uma rapidez surpreendente, o molde básico do tirano político padrão foi fixado. Em resumo, os reis guerreiros livraram-se da subserviência à comunidade. Em vez de servir à sociedade, eles conseguiram o contrário: substituíram o sacrifício social por desmedida ambição pessoal.

E já que essa ambição pessoal situava-se justamente no centro das *redes do poder* da pólis (isto é, nos *pontos de decisão* dos sistemas de trocas materiais, emocionais, comunicativas, à medida que as decisões eram tomadas), o rei podia distorcer, oprimir e explorar essas trocas em benefício próprio – e aí está o ponto crucial da questão.

Como concordamos em limitar temporariamente esta discussão às distorções de trocas materiais (nível 1), recordemos que a única atividade social importante desse período era a produção agrícola de um excedente, e esse excedente – além de ser o produto de uma verdadeira expansão de consciência – serviu também como uma oferta de tempo adicional e futuro suplementar para o eu separado, promessas de imortalidade. O excedente de alimento, tempo adicional e futuro suplementar podiam ser representados por dinheiro – "tempo é dinheiro" – e, desse modo, uma pessoa "podia negociar a imortalidade no mercado".

Sabe-se há muito tempo que as primeiras grandes quantidades de excedentes (cereais, ouro etc.) eram normalmente oferecidas aos reis "divinos" nos primeiros grandes complexos de templos do Oriente Próximo. A principal razão para isso, indubitavelmente, foi a extensão do sacrifício substituto e fetichista – dar ao "deus" a fim de evitar magicamente catástrofes e receber bênçãos ("Conceda-me algo bom em troca", dizia o ritual dos *crows*). E assim, os *templos*, em sua função *exotérica*, logo se transformaram em *bancos*. E o excedente sacrificado deu origem à riqueza *acumulada* e aos *impostos*. É uma verdade incontestável que "os primeiros bancos foram templos, os primeiros a emitir dinheiro foram sacerdotes ou reis-sacerdotes".[61]

Ora, um banqueiro é simplesmente um sacerdote substituto, pois negocia com a moeda corrente de símbolos de imortalidade em lugar da transcendência atemporal propriamente dita. Assim, muitos dos que hoje chamamos sacerdotes (ou pregadores) são, de fato, banqueiros – eles não nos prometem libertação eterna, mas autopreservação perpétua. De qualquer modo, como os primeiros templos transformaram-se nos primeiros bancos, os primeiros sacerdotes tornaram-se sacerdotes-banqueiros e, finalmente, apenas banqueiros. E os banqueiros trabalhavam para os reis "divinos".

O fato irônico é que, à medida que os reis e sacerdotes (banqueiros) passaram a controlar e possuir os excedentes, não lhes foram dadas apenas sobras de alimentos e algumas moedas metálicas brilhantes. Foi-lhes outorgado nada menos que o controle dos símbolos de imortalidade da comunidade, pois é justamente isso o que o excedente representava: poder de imortalidade. Desse modo, os reis e sacerdotes, políticos e tiranos, recebiam os cordéis internos para manipular o Projeto Atman de cada indivíduo da sociedade. Isso, e apenas isso, é a chave e a natureza do poder sociopolítico. E agora o rei "divino" tinha a chave. Hoje concordamos que o quadro é mais ou menos assim:

[...] uma vez que a humanidade obteve os meios para manipulação em larga escala do mundo, a avidez pelo poder começou a cobrar pedágios devastadores. Isso pode ser notavelmente observado na ascensão das grandes civilizações baseadas em monarquias divinas. Esses novos Estados eram estruturas de dominação que absorveram a vida tribal ao redor e construíram impérios. Massas humanas eram transformadas em ferramentas obedientes para projetos de poder realmente amplos, dirigidos por uma classe poderosa e exploradora. [...] Perdeu-se simplesmente o controle do poder – ou melhor, ele concentrou-se em poucas mãos – e, em vez de sacrifícios isolados e fortuitos [substitutos] em nome de uma tribo temente, um número cada vez maior de pessoas foi deliberada e metodicamente arrastado para uma "cerimônia terrível" em nome dos poucos. [...] Esse novo acordo desencadeou sobre a humanidade inumeráveis misérias que sociedades primitivas vivenciaram apenas ocasionalmente e normalmente em escala pequena. Os homens [...] conseguiram devastar-se com as novas pragas liberadas por sua obediência aos políticos.[26]

A FUNÇÃO PSICOLÓGICA DO REI

Assim, estamos diante de uma pergunta muito genérica e um pouco simplista: por que homens e mulheres se submeteriam de boa vontade ao que deve ser chamado "governo opressor"? Por que tanta lealdade a figuras de autoridade que frequentemente eram loucos tirânicos? E ainda que os governantes fossem benevolentes, por que tal devoção servil? Pois, ao longo da história, esses governantes foram quase sempre adorados como figuras divinas, fossem eles demoníacos, caridosos ou até sutilmente inqualificáveis. Note que não estamos falando sobre líderes que *realmente* tiveram consciência de Deus (como numerosos dalai-lamas, Gandhi, talvez alguns dos primeiros reis-deuses etc.), mas sobre por que, em primeiro lugar, as pessoas desejam, necessitam e anseiam sujeitar-se a figuras divinas, sejam elas de fato divinas ou não. Isto é, já analisamos a forma externa de opressão (os *loci* de poder, na sociedade composta, ambiciosamente explorando os vários níveis de trocas de seus indivíduos compostos); olhemos agora para sua forma interna (a aquiescência pessoal e psicológica, e até a aprovação, de tais explorações e distorções). Pois ocorreu que, ansiando ser *sujeitos*, homens e mulheres buscaram, inconscientemente, a *sujeição*. E a fim de conseguir o primeiro, toleraram o último.

> Por que as pessoas saíram de uma economia de simples compartilhamento entre iguais para um monopólio, via uma figura autoritária que tinha posição elevada e poder absoluto? A resposta é que *o homem queria um deus visível sempre presente para receber suas oferendas e, para isso, estava disposto a pagar o preço de sua própria sujeição.* [...] Uma vez que os homens consentiram em viver pela redistribuição de bens vitais por meio de uma figura de deus que representava vida, eles selaram seu destino. Não houve como parar o processo de monopolização da vida nas mãos do rei.[26]

Exemplo de Hocart: "Os fijianos tinham deuses invisíveis, às vezes presentes no sacerdote ou em um animal; mas eles preferiam um deus sempre presente, um que pudessem ver e falar, e o chefe tribal era tal deus. Essa é a verdadeira razão para a existência do chefe fijiano".[26]

Somos então forçados a dar um passo atrás em nossa pergunta: por que as pessoas anseiam por uma figura de deus visível? Pois, se as pessoas necessitam de figuras divinas, e se, muito frequentemente, patifes opressores assumem o papel, então, na realidade, as pessoas *necessitam* de opressão. Como colocado por Brown, as pessoas, historicamente, têm sido politicamente escravizadas, mas no nível psicológico mais profundo, o escravo, de alguma maneira, está apaixonado por seus grilhões. E se isso for verdadeiro – ou parcialmente verdadeiro – nenhuma reforma social, muito menos a revolução marxista, aliviará de fato o problema. Se as pessoas querem lançar-se aos pés de Heróis, elas o farão de qualquer maneira, não importando quão escravizadoras sejam as exigências do Herói – especialmente se os tempos estiverem um pouco ruins. Uma poesia da depressão americana: "Não nos importa se tua bandeira é branca ou vermelha; Vem, Salvador implacável, mensageiro de Deus; Lênin ou Cristo, nós seguimos tua espada fulgurante". Se escolhemos a espada de "Avante, Soldados Cristãos" ou adotamos a foice e o martelo de Lênin, psicologicamente a motivação é a mesma: a necessidade da figura de um deus visível.

Qual é, portanto, a natureza dessa necessidade? Muitas respostas foram dadas e, dentre elas, as seguintes são as que considero mais pertinentes; isto é, todas são parciais, mas significativamente conclusivas: a figura de deus existe para receber presentes e oferendas (via sacrifício substituto); prover a liderança necessária; assegurar prosperidade; suprir a unidade comunitária. A maioria dos psicólogos manteve – e considero isso especialmente pertinente – que a figura de deus é um receptáculo de projeções do inconsciente do indivíduo ("a sombra"). Isso envolve um tipo de "transferência" para a figura divina de uma necessidade não resolvida de amor parental (paterno). As crianças irrealmente (mágica e misticamente) veem seus pais como titãs, capazes de protegê-las, abraçando-as, elevando-as, sustentando-as. Que tal se o rei cumprisse (e ainda cumpre) tal propósito para as massas infantis?

Finalmente, foi sugerido que a monarquia propriamente dita, independentemente de suas funções grosseiras, serviu como um avanço evolucionário *inicial* da civilização e da consciência. Kenneth Clarke, por exemplo, disse algo como: "Não se pode deixar de perguntar até onde iria a evolução da civilização se dependesse da vontade popular". E mais: "Somente na corte real o homem poderia testar seus limites e potenciais". O ponto é que a monarquia e a vida na corte foram uma concentração de atividade cultural que, embora frequentemente mal utilizada, tendeu a servir como um reservatório de pólis e práxis potenciais e, assim, proporcionar a evolução da civilização e da consciência. Desse ponto de vista específico (que é importante, mas ainda parcial), o rei serviu como o condutor original da consciência *individualizada* ou egoica. O rei foi o primeiro eu egoico (um eu que examinaremos nos próximos capítulos) e, por isso, distinguiu-se merecidamente de seus companheiros e anunciou a forma da futura evolução. Nesse sentido, o rei foi visualizado corretamente como um herói.

Mas essas várias razões não são mutuamente exclusivas. Em minha opinião, todas contribuíram para o espantoso respeito normalmente atribuído à figura do rei pelas massas. Entretanto, gostaria de acrescentar mais uma razão, e uma razão que realmente engloba, embora não substitua, todas as outras.

Como temos dito frequentemente, todos os seres sencientes intuem sua anterior e real consciência de Atman ou Natureza de Buda. Mas o indivíduo normal não consegue vivenciar Atman diretamente, já que isso exigiria morte e transcendência. Por um lado, ele apega-se tanto quanto possível à intuição de Atman, criando um eu substituto que se parece com Atman (cosmocêntrico etc.). Por outro lado, ele cria e agarra-se a inúmeras recompensas substitutas objetivas. Porém, essas atividades nunca são totalmente bem-sucedidas e, então, o indivíduo transfere suas intuições de Atman para outros no seu entorno. Ele sabe que *alguém* é Deus, mas já que não parece ser ele, deve ser outra pessoa. E ele *precisa* ter figuras visíveis de deus para manter viva sua intuição de Atman. A fim de manter o contato com a intuição de Atman, as pessoas a transferirão para qualquer lugar (interno ou externo) onde possa sobreviver. No homem moderno, ela reside simbólica e principalmente em seu próprio ego e em seus próprios heróis – e quanto menor o primeiro, maiores os outros.

Em resumo, homens e mulheres *necessitam* de figuras visíveis de Atman porque se esqueceram de que *são* Atman. E até que essa memória seja recuperada, homens e mulheres sempre serão escravos de heróis. Psicologicamente, e, portanto, politicamente.

Acredito que essa transferência da intuição de Atman foi uma das forças mais importantes por trás da criação de reis "divinos". O rei-deus foi um símbolo visível e substituto da consciência da unidade, consciência de deus, consciência de Atman. As pessoas sempre procuraram isso e o esperto rei-herói sempre soube exatamente como manipular essa necessidade: "Proclamando-se deuses do império, Sargão e Ramsés desejavam realizar em sua própria pessoa aquela unidade mística ou religiosa [...] que, sozinha, poderia unir todos os membros de um império. Alexandre, o Grande, os Ptolomeus e os Césares, por sua vez, imporão a seus súditos a adoração ao soberano. E assim [...] o princípio místico [...] sobreviveu no império".[26]

De qualquer modo, essa necessidade de criar receptáculos para a transferência do Atman positivo foi, certamente, um fator único no apoio histórico ao "rei divino", a grande figura de mana que, até hoje, domina a história política. E da mesma maneira que uma criança cria deuses visíveis de seus pais, ainda que eles batam nela, homens e mulheres anseiam por senhores, ainda que os escravizem. Uma vez que as pessoas precisavam de um deus-herói visível, submeteram-se de boa vontade à escravidão virtual em seu nome. "*E nunca houve, historicamente, nenhuma mudança fundamental na pesada estrutura de dominação e exploração representada pelo Estado.*"[26]

Essa, claro, é uma afirmação algo exagerada, mas ressalta o fato de que, de nossas duas generalizações sobre os potenciais da pólis-práxis, a segunda – a da opressão significativa – tem, em geral, levado a melhor. A grande rede noética da práxis social foi, quase desde o começo, infectada em pontos estratégicos pelo poder diabólico, um poder que, em virtude de sua posição na hierarquia da sociedade composta, pôde distorcer e oprimir, em maior ou menor grau, as trocas materiais, sexuais e comunicativas de seus indivíduos compostos. E por diabólico, não me refiro apenas ao mal intencional, mas também ao expresso pelo ditado "Para que o mal triunfe, basta que os homens e mulheres de bem não façam nada".

No sentido mais geral, portanto, essa atividade diabólica (e a inatividade "inocente") viu o foco da efetiva práxis social mudar das mutualidades do clã, do grupo, da comunidade, da pólis, para o rei, o herói, o chefe de Estado, o Estado propriamente dito. E esses heróis – alguns divinos, a maioria demoníacos, alguns coletivos, a maioria singulares – começaram a esculpir a face da história com o apoio silente das massas escravizadas.

E a história está prestes a começar.

Parte IV
O EGO SOLAR

10
ALGO DESCONHECIDO ACONTECEU...

Estamos agora no limiar dos primeiros vislumbres da era moderna. Todos os fundamentos estão presentes: uma consciência agrária, o Estado, a hierarquia, o dinheiro, a guerra, a monarquia, a matemática, a escrita, o calendário, uma protossubjetividade na consciência. Tudo que é preciso é a decisiva transformação da consciência para estabelecer o mundo moderno...

É incrível quando você começa a pensar sobre o assunto, mas em algum momento durante o segundo e o primeiro milênios a.C., a estrutura de consciência exclusivamente egoica começou a emergir do inconsciente essencial (*Ursprung*) e cristalizar-se no consciente. E é exatamente essa incrível cristalização que devemos agora examinar, o último estágio importante – até o presente – na evolução histórica coletiva do espectro da consciência (os indivíduos podem ir além, por conta própria, pela meditação, até a superconsciência). Foi essa transformação que gerou o mundo moderno.

Anteriormente, seguimos a evolução da consciência até, e durante, o período associativo alto, que datamos, genérica e aproximadamente, em torno de 4500-1500 a.C. Mas essas datas – como todas as que demos – são apenas gerais e aproximadas. Pois as raízes de qualquer estrutura de consciência considerada podem ser normalmente rastreadas até bem antes de seu pleno surgimento; e igualmente, cada estrutura propriamente dita não só contém as raízes da estrutura seguinte, mas também continua a exercer sua influência profunda muito além de seu próprio período de evidência. Adicionalmente, e mais importante, até mesmo quando uma estrutura dada não é mais um estágio de evolução, ela permanece como um nível mais baixo no indivíduo composto do próximo estágio, da mesma maneira que nós, hoje, ainda contemos uroboro, magia e mito em nossa composição (fato maravilhosamente expresso em nossa própria estrutura cerebral, em que o neocórtex envolve ou engloba os cérebros límbico e reptiliano).

Estamos simplesmente rastreando os períodos históricos e pré-históricos em que o modo médio do eu era um nível particular de consciência. Isso é não dizer que, em qualquer período dado, certos indivíduos não se afastem do modo médio – pois eles realmente o fazem. Durante o período mítico-associativo, por exemplo, existiu uma porcentagem pequena de pessoas que, invariavelmente, nunca evoluiu além dos estágios urobórico ou tifônico – elas pareciam "retardadas", "insociais", "retrógradas". E existiram aquelas que regressaram aos estágios tifônico, urobórico ou autista infantil – os "insanos", os "loucos", os "possessos". Por outro lado, houve aquelas que transcenderam até os domínios do superconsciente, com consciência da unidade mais desenvolvida. E finalmente, existiram aquelas que evoluíram precocemente para estruturas protoegoicas ou egoicas. Esses últimos indivíduos foram – usando o termo de forma um pouco diferente da do capítulo anterior – heróis, o que neste contexto (o contexto que destacarei nos capítulos seguintes) significa *alguém que primeiro experimenta a próxima estrutura principal de consciência*.

Da mesma maneira que fizemos com o período associativo global, é muito útil subdividir o estágio egoico em períodos importantes. Já que a estrutura egoica está tão perto de *nós* – nós *somos* ela –, temos uma infinidade de detalhes históricos com que trabalhar e, desse modo, podemos subdividi-la de inumeráveis modos, desde perspectivas espaciais a estilos de arte e formas cognitivas; de estilos tecnológicos a filosóficos e políticos. Todas essas subdivisões são válidas e importantes – e foram desenvolvidas por vários estudiosos –, mas, para nossos propósitos muito mais simples, usaremos apenas uma divisão cronológica em três períodos gerais: os períodos egoicos baixo, médio e alto.* Para o Ocidente (Europa e Oriente Pró-

---

* Não devem ser confundidos com egos primitivo, médio e tardio, como definidos em *O Projeto Atman*. Para correlações, ver nota da página 39.

ximo), as datas são: baixo, 2500-500 a.C.; médio, 500 a.C.-1500 d.C.; alto, 1500 d.C. até o presente.

O período egoico baixo foi um tempo de transição: o colapso da estrutura associativa, o surgimento da estrutura egoica, a resultante reestruturação da sociedade, filosofia, religião e política. Esse período inicial continuou até algum dia do primeiro milênio, quando um inequívoco "ego moderno" emergiu experiencialmente. Gebser marca esse ponto (o início do "ego mental verdadeiro", que estou chamando o início do período egoico médio) pelo aparecimento da *Ilíada*; Jaynes, pela *Odisseia*; outros preferem defini-lo pelo marcante Sólon da Grécia (sexto século a.C., Grécia: Sólon, Anaximandro, Tales, Pitágoras – pessoas que *nós*, hoje, conseguimos entender com pouca dificuldade). De qualquer modo, desde o sexto século a.C., o mundo nunca foi o mesmo – esse período egoico médio durou até cerca de 1500 d.C., com o Renascimento, e logo após Galileu e Kepler, e, em seguida, Newton, e... de repente chegamos ao presente, ainda no período egoico alto. Uma vez que estamos interessados no surgimento ou na evolução de estruturas de consciência, é natural que nos concentremos nas marcas registradas do período egoico baixo (2500-500 a.C.), o período da emergência da consciência egoica.

Ao mesmo tempo em que celebramos cada passo do crescimento da consciência, podemos honestamente lamentar o aumento resultante da capacidade para atividades destrutivas e maléficas. Como frequentemente vimos, há um preço a pagar para cada incremento de consciência. Novas capacidades, novos potenciais, novos *insights* são abertos – mas novos terrores e novas responsabilidades seguem em sua esteira. E em nenhuma parte, isso se torna tão evidente quanto no surgimento da estrutura mental-egoica. Por um lado, foi uma tremenda experiência de crescimento – marcada por uma transcendência sobre um vago consciente, ainda um pouco pré-pessoal, uma estrutura mítica e difusa do estágio associativo. Ela ensejou a possibilidade do pensamento verdadeiramente racional e lógico (em tempos tifônicos, o ambiente começou a se tornar um objeto da consciência e, desse modo, pôde ser "operado", usualmente pela magia; em tempos associativos, o corpo começou a se tornar um objeto e, assim, pôde ser "operado" ou cultivado – seus impulsos adiados, seus instintos controlados; em tempos egoicos, os próprios processos pensantes começam a se tornar objetos da consciência e, portanto, os pensamentos podem ser operados, o que, no final, resulta no "pensamento operacional formal" ou lógico, como mostrou Piaget). O ego trouxe introspecção e autoanálise, ciência e filosofia penetrantes. E, o mais significativo de tudo, marcou a saída definitiva do domínio subconsciente, significando que o eu pode agora retornar ao superconsciente por modos e graus nunca antes possíveis. Embora muito poucos egos *tenham tentado* o Retorno, a possibilidade, pelo menos, fez-se presente – como Buda, Shankara, Lao-Tsé e Cristo nos contaram (retornaremos a este ponto brevemente).

Existe, porém, o outro lado da história. Com o nível do ego, alcançamos um estágio de evolução em que o eu separado é tão complexo e tão "forte", a ponto de, ao livrar-se de seus vínculos anteriores e subconscientes com o cosmos, natureza e corpo, poder voltar a esses estágios prévios (que agora também são níveis de sua própria individualidade composta) com ímpeto nunca antes evidenciado. Pois o ego – posicionado exatamente a meio caminho entre o subconsciente e o superconsciente – está em condições de negar sua dependência de ambos. E de formas nunca antes vistas, o ego não só transformou-se além dos estágios tifônico e associativo, como os *reprimiu* violentamente. O ego tornou-se arrogante e agressivo, e – envaidecendo-se com seu Projeto Atman – começou a cortar suas próprias raízes em uma tentativa fantasiosa de provar sua independência absoluta.

Vou me concentrar frequentemente nas consequências desastrosas do Projeto Atman forjado pelas mãos desse novo eu substituto. Pois o que não percebemos hoje é exatamente o que o eu típico de cada estágio anterior também deixou de compreender: *este* não é o mais elevado e desenvolvido modo de consciência que pode ser atingido – jazem adiante os domínios do superconsciente, e o ego mesquinho, em comparação, é como um pingo de nada. Mas aconteceu que esse pingo, emergindo do subconsciente ctônico, por seu próprio esforço verdadeiramente heroico e meritório, assolou tanto suas raízes do subconsciente quanto seu futuro no superconsciente. Tentou – e foi bem-sucedido – reprimir o acesso a ambos os domínios e, imaginando estar correto, começou a refazer o cosmos à sua própria imagem.

O NASCIMENTO DO EGO: UM OLHAR MITOLÓGICO

Como de hábito, primeiramente entremos em contato com Jean Gebser:

> Temos duas razões para escolher a designação "mental" [nosso mental-egoico] para caracterizar a estrutura de consciência ainda prevalecente [desde a época da *Ilíada* até o presente]. Primeiro, a palavra abriga uma extraordinária abundância de relações em sua raiz original, que em sânscrito é *ma*, e da qual derivam raízes secundárias, como *man-*, *mat-*, *me-*, e *men-*; todas as palavras formadas a partir dessa raiz expressam características definidas da estrutura mental. Segundo, essa palavra situa-se no princípio de nossa cultura ocidental, pois é a primeira importante palavra no primeiro importante verso do primeiro importante canto da primeira importante manifestação ocidental. A palavra "mental" está contida no [...] acusativo de *Menis*, com que começa a *Ilíada* [...] – um depoimento que, pela primeira vez no âmbito do nosso mundo ocidental, não só evoca uma imagem, como também descreve um ato cerimonial dirigido pelo homem (não exclusivamente pelos deuses), em um curso ordenado ou causal de eventos.
>
> Portanto, estamos lidando com pensamento direcional, que chega ao conhecimento público experimentalmente. Se o pensamento mítico [ou paleológico] [...] era uma projeção imaginativa, simbólica, que ocorria dentro das fronteiras do círculo de sua polaridade, o pensamento direcional é radicalmente diferente. Não é mais polarizado, isto é, conservado como relíquia e refletindo polaridade; é orientado para o objeto e, consequentemente, direcionado ao mundo objetivo.[159]

"Esse processo", conclui Gebser,

é um acontecimento tão extraordinário que, literalmente, agitou o mundo. Por meio desse evento [emergência do nível mental-egoico], o círculo protetor da alma – a incorporação do homem no abraço [nível mítico-associativo] de uma alma mundial, na qual ele viveu em relação polar com a natureza, o cosmos e o tempo – voou pelos ares. O círculo explodiu; o homem passa do plano para o espaço, que ele tentará conquistar pelo pensamento. Algo desconhecido aconteceu, algo que mudou o mundo em seus próprios fundamentos.[159]

Mudou o mundo em seus próprios fundamentos – a mudança foi simplesmente a seguinte: de acordo com o Grande Ninho do Ser, o próximo estágio de evolução, após o mítico-associativo, seria a diferenciação e a cristalização final da mente fora do corpo. Para que isso pudesse acontecer, o eu teve de lutar contra sua prévia incrustação e imersão na natureza, no corpo, nos resquícios de *participation mystique* e dissolução urobórica. Teve de lutar contra (ou melhor, *transformar*) aqueles fatores que agiam para reduzir a consciência a impulsos pré-pessoais.

Em termos mitológicos gerais, o eu teve de libertar-se da Grande Mãe Ctônica e estabelecer-se como um centro de consciência independente, voluntarioso e racional. Como cuidadosamente explicado por Neumann: "A consciência egoica nascida por último [isto é, a última importante estrutura de consciência que evoluiu até o momento], teve de lutar por sua posição e defender-se dos ataques interiores da Grande Mãe e exteriores da Mãe do Mundo. No final, ela teve de expandir seu próprio território em uma luta longa e amarga", que a levou a nada menos que a emergência e a emancipação da consciência mental-egoica.

Se agora observarmos mais de perto as mitologias coletivas do início desse período egoico, o que descobrimos é inequivocamente claro: uma *forma completamente diferente de mito começa a surgir*, um mito nunca antes visto em larga escala. A maneira mais fácil de apresentar esse novo mito é recordar a estrutura típica dos antigos mitos da Grande Mãe. Naqueles mitos, como explicamos, o indivíduo (isto é, a estrutura do eu daquele período), envolvido pela Grande Mãe, tem normalmente um fim trágico – morte, mutilação, castração ou sacrifício. A Grande Mãe é sempre vitoriosa – o eu nunca triunfa; pelo contrário, é sempre reduzido a um de seus meros satélites, permanecendo um "filhinho da mamãe" pré-pessoal.

Mas nos novos mitos descobrimos uma ocorrência extraordinária: os triunfos individuais sobre a Grande Mãe – o eu liberta-se dela, transforma-a, derrota-a ou transcende-a. E esse é o "Mito do Herói", que *caracteriza* esse período da história. Assim: "Por volta do término da Idade do Bronze [c. 2500 a.C.] e, mais acentuadamente, no alvorecer da Idade do Ferro (c. 1250 a.C. no Levante), as antigas cosmologias e mitologias da deusa-mãe foram radicalmente transformadas [...] e abandonadas em favor de mitologias com orientação masculina, patriarcais, de deuses lançadores de trovões que, transcorridos mil anos, c. 1500 a.C., se tornaram as divindades dominantes do Oriente Próximo".[71]

É apenas por essa razão, Campbell explica, que "as primeiras literaturas da Idade do Ferro, tanto da Grécia e Roma arianas quanto do Levante semítico vizinho, são abundantes em variantes da conquista, por um herói brilhante, da escuridão e [...] de monstros desacreditados da antiga ordem divina, de cujas entranhas se conquistaria um tesouro: uma terra encantada, uma donzela, uma dádiva em ouro, ou simplesmente a própria libertação do monstro impugnado".[71]

Existem vários aspectos fascinantes para o aparecimento histórico do Mito do Herói – o mito do Herói individual triunfando sobre a Grande Mãe, ou sobre um de seus cônjuges, como a antiga serpente-dragão-uroboro, ou sobre um derivante da Grande Mãe, como a Medusa com cabelos serpentinos, ou sobre um descendente da Grande Mãe, como o Tifão. O primeiro aspecto é que *o Herói é simplesmente a nova estrutura egoica de consciência*, que, passando a existir nesse momento (o período egoico baixo), é naturalmente representado por expressões vivas na mitologia desse período. E os mitos do herói verdadeiro não surgiram antes porque não existiam egos nos períodos prévios. Campbell, por exemplo, declara especificamente que o *início* da transformação da Grande Mãe acontece c. 2500 a.C. – a data que escolhemos para o início do período egoico baixo.

O segundo aspecto importante do Mito do Herói egoico é a natureza do monstro que é morto, capturado ou dominado. Retornaremos brevemente a este tópico com detalhes, pois existe um punhado de pontos fascinantes entrelaçados nessa batalha decisiva. Mas para o momento, precisamos somente notar que o monstro morto é a Grande Mãe, ou um de seus símbolos, ou um de seus cônjuges. E o "tesouro difícil de ser conquistado" que o monstro serpentino guarda e tenta esconder é simplesmente a estrutura do ego propriamente dito. Isto é significativo, porque a serpente é de fato o uroboro, a estrutura que, com a Grande Mãe, manteve o ego submerso e enroscado na inconsciência. O dragão guarda o ego – e é ele que o Herói deve libertar. Antes desse período da história, a Grande Mãe (com seu antigo cônjuge uróborico, remanescente do amanhecer da humanidade) engolia egos sacrificialmente e os mantinha em subconsciência, assim evitando, como vimos, o necessário surgimento da consciência egoica. Mas em algum momento durante esse período, o Herói arrebatou seu eu egoico das mandíbulas da Mãe Voraz e assegurou sua própria emancipação.

Tal é a natureza do impetuoso indivíduo e "herói brilhante da escuridão e de monstros desacreditados da primitiva ordem divina". Há, hoje, poucas dúvidas de que "a contrapartida para os gregos foi a vitória de Zeus sobre o Tifão, o filho mais jovem de Geia, a deusa Terra [ou Mãe Terra biológica e ctônica], façanha que assegurou o reinado dos deuses patriarcais do monte Olimpo sobre a prévia linhagem de Titãs da grande [...] mãe".[71] Além disso, "a semelhança dessa vitória com a de Indra, rei do panteão védico, sobre a serpente cósmica Vritra está fora de questão".[71] E todos eles representam o princípio embrionário do herói individual sobre a antiga "força da ordem cósmica propriamente dita, o mistério sombrio [...], que supera os feitos do herói [mental-egoico]: a força da serpente [uroboro] imortal que, esfolando vidas como peles e girando em seu círculo de retorno [mítico], continua assim para sempre, co-

Figura 22. Zeus derrotando o Tifão, um clássico Mito do Herói. O ego mental finalmente emerge dos domínios tifônicos.

mo vem fazendo desde toda a eternidade [tempo sazonal], não chegando absolutamente a lugar algum".[71]

Esse é o círculo natural-mítico que, nas palavras de Gebser, voou pelos ares com o surgimento do ego heroico; *esse* foi o "acontecimento tão extraordinário que literalmente agitou o mundo". E exatamente *esse* foi o algo desconhecido que aconteceu durante esse período, o "algo que mudou o mundo em seus próprios fundamentos". No Ocidente, diz Campbell,

> O princípio [...] representado pelo livre-arbítrio do herói historicamente ativo não só conquistou, mas também reteve a esfera de ação, assegurando-a até o presente. Além disso, essa vitória do princípio do livre-arbítrio, junto com seu corolário moral da responsabilidade individual, estabelece a primeira característica distinta do mito especificamente ocidental: e aqui pretendo incluir não apenas os mitos da Europa ariana (gregos, romanos, celtas e alemães), como também os dos povos semitas e arianos do Levante (acadianos semitas, babilônicos, fenícios, hebreus e árabes; persas arianos, armênios, frígios, trácio-ilíricos e eslavos). Pois, se pensarmos nas vitórias de Zeus e Apolo, Teseu, Perseu, Jasão e outros sobre os dragões da Idade de Ouro, ou nos voltarmos para a vitória de Javé sobre o Leviatã, a lição é, igualmente, a de um poder movido por um eu maior que a força de qualquer destino serpentino terrestre. Todas permanecem *"antes de tudo, como um protesto contra a adoração da terra e dos demônios da fertilidade da terra"*.[71]

Em resumo, o núcleo característico dos mitos do herói recentemente surgidos e das filosofias desse período foi simplesmente o ego pessoal "livremente" resoluto. Pois "a ênfase dos antigos temas míticos básicos mudou dramaticamente do lado do arquétipo sempre repetido para o da individualidade única [...] e não só para sua individualidade particular, mas também para a inteira ordem de valores que possa ser chamada adequadamente de pessoal. [...] Essa dramática, notável e – até onde nossa documentação mostra – inédita troca de lealdade do impessoal para o pessoal é comparável a uma mutação psicológica evolucionária".[71] Meu próprio sentimento, como frequentemente expus, é que esse movimento foi absolutamente desejável, pois temos de caminhar do impessoal para o pessoal, rumo ao transpessoal. Eu certamente concordo com "uma mutação psicológica evolucionária" – e, como vimos, essas também foram as palavras exatas de Gebser.

Mas Campbell e Gebser não estão sozinhos em sua leitura dos registros antropológicos, mitológicos e psicológicos da história da humanidade. Neumann esforça-se para demonstrar cuidadosamente que, só após a libertação da Mãe Voraz, só depois da heroica batalha com o dragão, "só então é que [a humanidade] nasceu para uma personalidade com um ego estável". Neumann é específico: "O ego torna-se o 'herói' mediante a masculinização e a emancipação da consciência egoica. A história do herói, como apresentada nos mitos [desse período], é a história dessa autoemancipação do ego. [...] O desenvolvimento do sistema consciente, tendo como seu centro um ego [...] é prefigurado no mito do herói". E é assim porque o herói é simplesmente o "portador do ego, com seu poder para disciplinar a vontade e moldar a personalidade". Finalmente, isso significa "não só que a consciência egoica do homem conquistou independência; mas que sua personalidade total separou-se do contexto natural do mundo circundante".[311]

E, claro, em *The Origin of Consciousness in the Breakdown of the Bicameral Mind*, Julian Jaynes acabou de apresentar sua posição a respeito de uma reformulação, um pouco radical, dessa completa transformação. Não obstante, ela se baseia em uma cuidadosa, até brilhante, leitura da mitologia e, assim, vamos mencioná-la rapidamente. De acordo com Jaynes, a humanidade, antes do segundo milênio a.C., "não tinha nenhum ego". Mas, entre o segundo e o primeiro milênios a.C. (isto é, por volta do período egoico baixo), "ocorreu a grande transiliência na mentalidade. O homem tornou-se [auto]consciente de si mesmo e de seu mundo. [...] A consciência subjetiva, isto é, o desenvolvimento baseado em metáforas linguísticas de um espaço operacional no qual um 'eu' podia relacionar ações alternativas a suas consequências, foi, claramente, o grande resultado mundial".

Vamos, portanto, nos unir a esses estudiosos – cujas formações e orientações são, como podemos notar, bem diferentes – e aceitar como muito provável o seguinte fato: em algum momento entre o segundo e o primeiro milênios a.C., o que conhecemos por estrutura de consciência egoica emergiu do nível de consciência mítico-associativo. O heroico surgimento do nível do ego: algo, realmente, bem desconhecido...

DISSOCIAÇÃO MÍTICA

Mas observemos, agora, uma nota de rodapé crucial para essa história do aparecimento do ego heroico, uma nota de rodapé que, historicamente, quase se transformou em um texto completo, e deturpado. Dissemos que o ego, no curso necessário de seu surgimento, teve de livrar-se da Grande Mãe ou da incrustação de natureza biológica. Isso está bem e é bom – o ego, de fato, conseguiu libertar-se de seu apego e subserviência à Mãe Ctônica, o domínio de incrustação tifônica e mítica, e estabelecer-se como um centro de consciência independente, voluntarioso e constelado, um feito representado nos Mitos do Herói. Mas, em seu zelo para afirmar sua independência, não só *transcendeu* a Grande Mãe, o que era desejável, mas a *reprimiu*, o que foi desastroso. E, assim, o ego – o ocidental (a história foi um pouco diferente no Oriente*) – demonstrou tanto uma positividade esclarecida quanto uma arrogância cega.

Não mais harmonia com os céus, mas uma "conquista de espaço"; não mais respeito pela Natureza, mas uma investida tecnológica na Natureza. A estrutura do ego, para se sobressair arrogantemente da criação, teve de suprimir e reprimir a Grande Mãe, mitológica, psicológica e sociologicamente. E reprimiu a Grande Mãe em *todas* as suas formas. Uma coisa é libertar-se das flutuações da natureza, das emoções, dos instintos e do meio ambiente – outra muito diferente é aliená-los. Em resumo, o ego ocidental não apenas se liber-

---

* Por duas razões básicas: o Oriente desenvolveu e implementou, em larga escala, técnicas de transformação para os domínios do superconsciente, que funcionaram como contrapeso e libertação da tirania exclusiva do ego; por outro lado, massas de pessoas do Oriente nunca se desenvolveram, de fato, além de sociedades associativas, com forte ênfase em laços pré-egoicos e valores comunais.

tou da Grande Mãe; ele rompeu suas profundas interconexões com ela. Uma grave lesão cresceu, não só entre o ego e a natureza (Grande Mãe), mas entre o ego e o corpo (uma lesão que examinaremos no próximo capítulo).

Essa repressão teve graves e profundas repercussões, as quais discutiremos frequentemente. Para o momento, com o intuito de continuar nossa pesquisa mitológica, precisamos apenas notar que, uma vez que os mitos da Grande Mãe foram transcendidos pelos Mitos do Herói, a Grande Mãe não foi integrada na mitologia subsequente (como, idealmente, deveria ser; lembre-se de que cada estágio de evolução, em condições ideais, transcende, mas inclui, nega, mas preserva, seus predecessores, e o fracasso em fazê-lo = patologia). E mais, os temas, as disposições e as estruturas da doutrina da Grande Mãe foram simplesmente *omi-*

Figura 23. Grande Deusa Kali, Índia. Kali, quando vista em sua mais elevada forma como esposa de Shiva, é um exemplo perfeito da assimilação da antiga imagem da Grande Mãe em um novo corpo de doutrina mitológica mais desenvolvido da Grande Deusa – justamente o que não aconteceu no Ocidente (com a possível, mas bem tíbia, exceção de Maria, que, não obstante, foi completamente expungida pelos protestantes). A Deusa Kali é normalmente representada com todos os antigos símbolos da Grande Mãe Voraz – punhal sacrificatório, crânios, sangue, a serpente –, mas em sua adoração pelos verdadeiros santos e sábios (por exemplo, Ramakrishna), e em sua forma puramente metafísica, ela sempre foi a Grande Deusa, nunca exigindo sacrifício de sangue humano, mas sempre convidando ao sacrifício interior da sensação do eu separado. Observe, a esse respeito, o halo de luz do nível sutil que circunda sua cabeça – algo nunca encontrado em ícones da Grande Mãe. A beleza desse esquema é dupla: 1) A antiga mitologia da Grande Mãe é mantida na maior parte de suas formas, mas integrada e transformada em uma mitologia mais elevada que serve ao sacrifício real de consciência, não ao sacrifício substituto de sangue. 2) A arcaica e apavorante imagem da Grande Mãe Voraz é retida como uma lembrança de que a vida do eu separado está realmente cercada pela dor, pelo sofrimento e, em última instância, pela morte, e que precisamos transcender o eu para transcender essa angústia. Kali, então, é a Grande Deusa perfeita: ela preserva, mas transcende a Grande Mãe e, assim, integra o mais baixo e o mais alto.

tidos na mitologia posterior. De fato, tão omitidos a ponto de ser necessário o gênio de Bachofen, em tempos bem recentes, para simplesmente descobrir a existência dessa mitologia maternal mais antiga.[16] Isso é o que Campbell quer dizer quando afirma que "as antigas cosmologias e mitologias da deusa-mãe foram *transformadas* e, em larga escala, até *suprimidas*". Aplaudimos a transformação; lamentamos a supressão. (Parece-me que Campbell se mostra tão fortemente indignado com essa supressão em sua obra que, ocasionalmente, não nota a importância da transformação *per se*.)

Mas até Neumann, defensor supremo do Mito do Herói, reconheceu claramente que o ímpeto heroico foi longe demais, e "com isso, começa a notável reavaliação do feminino, sua conversão para o negativo, posteriormente levada a extremos nas religiões patriarcais ocidentais".[311] De fato, tão radical a ponto de, nessas religiões, não se fazer nenhuma *menção* explícita à Grande Mãe, muito menos a suas funções necessárias, embora reconhecidamente inferiores. E não se pode integrar o que, primeiramente, não se admite.

O ponto é que, onde o eu egoico deveria ter passado da *identificação* mítica com a Grande Mãe para a *diferenciação* mítica da Grande Mãe (o que *permitiria* a integração subsequente – não se pode integrar o que, primeiramente, não foi diferenciado), ocorreu, ao contrário, a *dissociação* mítica. Foi-se longe demais, por assim dizer, e transformou-se transcendência e diferenciação em repressão e dissociação: a dissociação e a alienação da Grande Mãe.

Meu comentário final é que, quando se reprime a Grande Mãe, oculta-se a Grande Deusa. Esses *não* são os mesmos arquétipos, como exposto no capítulo 7. A Grande Mãe é representativa dos níveis 2-3; a Grande Deusa, do nível 6; e os Mitos do Herói, como explicado, referem-se especificamente à vitória do nível 4 sobre os níveis 2-3 (a Grande Mãe). Porém, quando a Imago Feminina é rejeitada *in totum*, a sabedoria superior, ou Sofia, que normalmente desvela sua expressão natural na Grande Deusa, tem sua manifestação igualmente negada. Eis uma terrível constatação: pode-se buscar em vão nas religiões judaica, cristã e islâmica por qualquer traço autêntico do toque mais elevado da Deusa sutil. E *isso*, como veremos, se transformaria em uma perfeita e aterradora nota de rodapé de uma civilização inteira.

11
A MORTE VIOLENTA DO TIFÃO

Com o surgimento do nível de ego, o eu finalmente teve sucesso em diferenciar-se da Grande Mãe e da Mãe Natureza. Ao mesmo tempo, vimos que o processo foi levado a extremos no Ocidente, resultando não só em uma diferenciação entre ego e natureza, mas em uma dissociação entre ego e natureza. Do mesmo modo, não houve apenas uma *diferenciação* entre mente e corpo – a qual foi um necessário e positivo passo na evolução –, mas também uma *dissociação* entre mente e corpo. E afirmo que essas duas dissociações são *uma*: a alienação do eu da natureza (e da Grande Mãe) é a alienação do eu do corpo.

A fim de facilitar esta discussão – que é relativamente complexa –, condensarei as estruturas tifônica e associativa e passarei a referir-me a elas como os "domínios tifônicos". Isso é perfeitamente aceitável, desde que nos lembremos de que é uma simples generalização. Essas duas estruturas, a tifônica e a associativa, são, de fato, bem diferentes, mas, *em comparação com a estrutura mental-egoica*, têm muito em comum. Por exemplo, ambas são dominadas pela Grande Mãe, falta-lhes uma diferenciação definitiva entre mente e corpo, ambas ainda estão entrelaçadas com a natureza e o instinto, ambas tendem para a impulsividade, e assim por diante. Mas, acima de tudo, notamos que falta a essas estruturas uma diferenciação definitiva entre mente e corpo – isto é, a mente ainda está "no" corpo (totalmente na era tifônica, parcialmente na era associativa). Assim sendo, vou me referir a essas duas estruturas, coletivamente, como "os domínios tifônicos ou corpóreos", os domínios em que mente e corpo ainda estão pré-diferenciados (enquanto, claro, continuarei a me referir a eles, *individualmente*, como o nível do tifão e o nível associativo). Pois o que queremos acompanhar é o *destino* do corpo quando finalmente surge a mente egoica – e o que descobriremos é que, quando o organismo deveria ter se diferenciado em mente e corpo, ele tendeu, em vez disso, a *dissociar-se* em mente e corpo.

Portanto, o que estou dizendo é que, na história ocidental, os domínios tifônico e da Grande Mãe foram enterrados juntos, e o novo eu substituto, o ego – embora representasse um importante crescimento de consciência – nasceu viciosamente agressivo em sua nova visão de cosmocentrismo e imunidade da morte. Já examinamos a supressão e a repressão da Grande Mãe; vamos nos voltar agora para a supressão e a dissociação do tifão (dos domínios tifônicos).

Felizmente, nosso trabalho já foi feito por L. L. Whyte, em um livro notável chamado *The Next Development in Man*.[426] Aclamada por estudiosos desde Mumford até Einstein, essa obra trata, basicamente, de um fenômeno único – que Whyte chama de "dissociação europeia", uma

> forma particular de desintegração dos processos organizacionais no indivíduo que, embora surjam de uma tendência latente em uma característica fisiológica de todas as raças [o que explicaremos em breve], atingiu sua forma mais marcante nos povos europeus e ocidentais durante o período por volta de 500 a.C. [lembre-se de que estamos no sexto século a.C., na Grécia] até o presente. Durante esses dois milênios e meio, essa dissociação tornou-se um elemento permanente na tradição europeia e a marca distintiva do homem europeu e ocidental.

A dissociação europeia é, basicamente, a dissociação entre a mente e o corpo – uma vez mais: não apenas uma diferenciação, mas uma dissociação.

De acordo com Whyte, a dissociação europeia entre ego e corpo repousa em uma dupla especialização do organismo inteiro. Por um lado, o organismo pode atuar espontaneamente no presente, mas por outro, pode preservar registros de ações passadas. Essas duas diferentes capacidades não estão necessariamente em conflito, mas podem tender a desgarrar-se:

As faculdades registradoras do cérebro tendem a enfatizar os registros do passado, enquanto os processos transmissores dos nervos ligam o organismo aos desafios de seu ambiente presente. Assim, isso desenvolve uma tendência para sistemas de comportamento deliberado, que fazem maior uso dos registros organizados do passado para respostas imediatas do eu. [...] Essa dupla especialização é útil e não causa danos à integridade do organismo, desde que o funcionamento dessas duas funções parciais seja mantido em equilíbrio.

Whyte explica essa "dupla especialização" de muitos ângulos. No lado da gravação da memória jaz o mundo de conceitos mentais, comportamentos adiados, respostas controladas, ações deliberadas e voluntárias, raciocínio – tudo a que nos referimos geralmente como mental-egoico. No outro lado, fica o mundo de respostas imediatas, processos dinâmicos, atividade presente espontânea, instintos, sentimentos atuais e imediatos – tudo a que nos referimos geralmente como corpo. "Nos estágios primitivos de desenvolvimento dessa dupla especialização, o contraste entre os dois modos não era excessivo e o equilíbrio era mantido adequadamente."

Em breve apresentaremos um rápido resumo da história da geração da dissociação europeia como vista por Whyte, mas, para o momento, observemos simplesmente que o grande desequilíbrio e a separação definitiva dos dois sistemas surgiram gradualmente entre o segundo e o primeiro milênios a.C. Pelo agravamento da dupla especialização do organismo e a mera explosão do crescimento do componente mental, o organismo derivou-se em dois sistemas antagônicos: mental-retardado-estático *versus* corporal-espontâneo-dinâmico. "Gradualmente, o contraste das duas funções produziu uma lesão orgânica; o comportamento deliberado era organizado pelo uso de conceitos estáticos, enquanto o comportamento espontâneo continuou a expressar um processo formativo [e dinâmico]; assim, a parte especial da natureza que chamamos de pensamento alienou-se formalmente do resto da natureza; ocorreu uma ruptura entre a organização do pensamento e a organização da natureza."
Mais especificamente:

As necessidades de comunicação levaram o homem primeiramente a enfatizar elementos permanentes, mas o homem, como a natureza, é um sistema de processos. Esse contraste inevitável prejudicou a harmonia orgânica. O comportamento totalmente natural do homem antigo e primitivo fragmentou-se em dois sistemas basicamente incompatíveis, nenhum deles conseguindo ocupar o ser humano por completo: o sistema de comportamento espontâneo, de respostas imediatas a situações presentes, relativamente não influenciado pela organização racional de experiências passadas; e o sistema de comportamento deliberado, de respostas retardadas, baseado na experiência sistemática do passado, com relativa negligência de estímulos presentes.

Além disso, à medida que o intelecto expande seu campo de ação, tende a dominar o sistema inteiro e a forçar para um lado, distorcendo as formas de comportamento espontâneo. Já que o intelecto imaturo tem uma predisposição estática e, portanto, está parcialmente divorciado dos processos do organismo, ele não consegue, por si mesmo, prover uma coordenação geral capaz de unir os comportamentos deliberado e espontâneo. Consciente e inconsciente, razão e instinto, estão separados, com a consequente distorção mútua.

Em resumo, "na dissociação europeia, razão e instinto estão em guerra". E o problema não está na existência da razão ou do instinto, mas no conflito entre os dois, como o próprio Whyte frequentemente assinala. Como colocado por Neumann: "Nossa intranquilidade ou desassossego cultural deve-se ao fato de que a separação dos sistemas [mente e corpo] – *em si mesma um produto necessário da evolução* – degenerou em um cisma [dissociação] e precipitou uma crise psíquica cujos efeitos catastróficos se refletem na história contemporânea".[311] Não é, portanto, a existência do ego *per se* que é lamentável, mas a incapacidade de integrar o ego recém-emerso aos domínios tifônicos prévios, os domínios do instinto, da emoção, da percepção e das atividades corporais.

Historicamente, de acordo com Whyte, a dissociação europeia aconteceu da seguinte forma:

Durante o primeiro período [da evolução humana como esboçado por Whyte] os homens viviam [...] sobriamente em pequenas comunidades nômades ou abrigando-se em cavernas, caçando e coletando seu alimento [isto é, os tempos do tifão]. Esse período cobre parte da Era Paleolítica e encerra-se por volta do aparecimento das primeiras pontas de flechas e da cerâmica neolíticas. A diferenciação do comportamento individual e da organização social não foi longe [e] os simbolismos verbais representavam apenas um pequeno papel. Até mesmo no fim do período, as comunidades mais avançadas apresentavam uma faculdade limitada de fala e poucos conceitos gerais.

Note que Whyte (como Jaynes) não considera que a linguagem exerça um papel significativo no eu tifônico.

Esse período "não verbal" de caça e coleta terminou, de acordo com Whyte, por volta de 9000 a.C., e o período de 8000 a 4000 a.C. (nosso "estágio associativo baixo") é considerado por ele preparatório para o surgimento das civilizações desenvolvidas, c. 4000-1000 a.C. (nosso "estágio associativo alto"). Whyte declara o seguinte a respeito do período associativo completo:

> Os milênios de 8000 até 1000 a.C. incluem tantas formas diferentes de sociedade, desde as comunidades neolíticas até as civilizações antigas, a ponto de uma única generalização não conseguir cobrir todas elas. Não obstante, se essas sociedades forem consideradas de um ponto de vista biológico, evidencia-se uma tendência ao longo desse período. Comparadas com as formas relativamente estáticas e simples do homem primitivo [tifônico], processa-se agora um desenvolvimento mais rápido em direção a uma diferenciação mais complexa do comportamento, tanto no âmbito da vida de cada indivíduo quanto nas diversas funções dos indivíduos na comunidade. As respostas do homem primitivo ao seu ambiente eram relativamente rápidas, isto é, seguiam o estímulo imediatamente ou após um breve tempo de espera. Sua memória era também muito curta e sua atenção muito inconstante, de forma que não permitiam um planejamento muito à frente, e seu poder para dominar o ambiente

era correspondentemente restrito. [...] Mas com as vantagens da vida urbana [associativa], o homem antigo pôde exercitar faculdades para as quais, previamente, tivera pouca oportunidade de fazê-lo; ele desenvolveu novas ferramentas para agir e novas palavras para pensar [...] e, assim, os complexos e amplos padrões de comportamento deliberado, característicos da sociedade civilizada, evoluíram gradualmente. [...] Em contraste com as respostas relativamente rápidas do homem primitivo, uma parte considerável do conjunto da atividade humana é agora composta dos sistemas de comportamento deliberado [...], que incluem planejamento e rituais intencionais que se estendem por meses ou até anos (comparados com os dias ou semanas cobertos pelos planos do homem primitivo). [...]
Fala, escrita e pensamento conceitual agora crescem em importância na organização da sociedade. O conceito, ou ideia, torna-se um dos principais instrumentos de coordenação social, e as ideias começam a ser ligadas em sequências que permitem que seja dada atenção racional a novas situações, levando a respostas deliberadas de longo prazo, resultantes do pensamento sustentado.

Essa também foi a importante e única distinção que fizemos: o eu associativo foi marcado pela linguagem e pela extensão temporal, com consequentes satisfações adiadas e reações deliberadas de longa duração, que contrastam com as reações impulsivas e imediatas tão características do eu tifônico anterior.

Não obstante [e Whyte esforça-se para enfatizar este ponto], embora a tradição social já fosse complexa e de longo alcance em sua modelagem das formas prévias de vida instintiva [tifônica] e tradicional [associativa] [...], o controle geral do comportamento do indivíduo e os fatores determinantes de escolha em situações de dificuldade ou conflito ainda não eram objeto da atenção geral e, consequentemente, também não eram objeto de formulação verbal como uma parte aceita da tradição. Também não havia nenhuma necessidade de uma concepção geral de homem como pessoa independente, com capacidade de escolha conforme seu caráter individual.

Isto é, ainda não existia ego. "O homem ainda é uma parte da natureza, embora já pensante; pensante, mas não sobre si mesmo; um indivíduo, mas ainda exibindo integração orgânica comum."

Então, historicamente, o incrível "algo desconhecido aconteceu...". De acordo com Whyte, "uma importante mudança abre o terceiro período [ou egoico]; o fim do mundo arcaico e o desenvolvimento da autoconsciência racional. A transformação coincide com o colapso da civilização da Idade do Bronze e da expansão da vida resultante do uso do ferro. Durante os séculos de 1600 até 400 a.C. os processos da história adquirem uma forma completamente nova [...]". Assim, acrescentamos outro estudioso que vê a autoconsciência egoica e racional emergindo entre o segundo e o primeiro milênios a.C. Não existe nenhuma dúvida na mente de Whyte de que o crescimento da autoconsciência e da racionalidade foi uma conquista altamente desejável; e ele também viu claramente as consequências fatais de tal passo. Desse modo, Whyte complementa a frase interrompida por mim com um sentimento incrível, "pois agora [1600-400 a.C.], e não antes, ocorre a queda do homem".

O que aconteceu? Em essência, a resposta dada por Whyte é notavelmente semelhante à de Jaynes (*sans* alucinações e fisiologia cerebral), e o fato de que eles desenvolveram suas ideias independentemente (Whyte escreveu trinta anos antes; Jaynes não o menciona nem como referência bibliográfica) simplesmente empresta suporte à tese em si. E a tese, em sua forma *geral*, pode ser enunciada simplesmente como: o ego surgiu do "colapso" da mente associativa. Já ouvimos a versão especial de Jaynes; a de Whyte é a seguinte: "Todo mundo", começa ele, "que se detém na consideração da importância desse momento na história do homem [emergência do ego] deve espantar-se com a grandiosidade da transformação que foi consumada em tão curto tempo". E essa transformação para o nível mental-egoico foi possível, até obrigatória, por um único fato significativo: "Parece que os processos que organizavam o comportamento humano estavam prontos para uma rápida reorganização; o padrão [associativo anterior] tornou-se instável e agora se estabeleceu velozmente sob uma nova forma".

Na era pagã, o homem podia refletir sobre problemas práticos sem se sentir envolvido por qualquer conflito geral ou persistente. Pensamento e ação nunca se afastavam de necessidades instintivas imediatas, nenhum dualismo de incompatibilidades tornara-se dominante na natureza humana ou em pensamentos do homem sobre si mesmo, e, portanto, decisões sobre uma linha particular de ação poderiam, às vezes, ser difíceis, mas a dificuldade parecia encontrar-se na natureza das coisas e não em sua própria natureza.

Entretanto, essa condição primitiva estava destinada, mais cedo ou mais tarde, a ser rompida, seja por uma crescente diferenciação de pensamento e de comportamento deliberado, seja pelo choque entre diferentes modos de vida postos em contato pelo aperfeiçoamento dos métodos de comunicação. Quando isso ocorreu, a antiga confiança desmoronou, os sistemas instintivo [tifônico] e tradicional [associativo] deixaram de ser adequados para organizar o comportamento, o homem ficou indeciso sobre o que fazer e sentiu-se inseguro sobre si mesmo.

Mas isso, como Jaynes comentaria mais tarde, foi a incerteza que degradou. "Essa hesitação", continua Whyte,

significou que o instinto e a tradição [tifão e associação], provando-se inadequados, compeliram o indivíduo a confiar na orientação de seus próprios processos mentais. Em vez de ser apoiado, basicamente, por respostas instintivas a estímulos externos e por adaptação às formas de uma tradição social estável, o indivíduo era agora crescentemente dominado e controlado, em momentos de decisão, pelas formas peculiares de seus próprios processos de pensamento. Esse domínio dos processos mentais particulares do indivíduo significa, em pensamento unitário, que sua atenção foi atraída para esses processos. As respostas instintivas e tradicionais para o mundo exterior não eram mais suficientes para organizar a totalidade do comportamento, e, as decisões, agora, eram crescentemente tomadas de acordo com formas internas a si mesmo. Desse modo, o homem tornou-se autoconsciente. O indivíduo tomou ciência de seu próprio pensamento.

A vida social e cultural estava, simplesmente, tornando-se muito complexa para ser adequadamente tratada pela rígida estrutura associativa. Primeiramente em heróis específicos, mas, em seguida, cada vez mais em indivíduos médios, a translação associativa passou a falhar e ocorreu a transformação para a estrutura egoica, de forma que, ao final do período egoico baixo, sociedades inteiras de personalidades individuais autoconscientes, "livremente" dispostas, começaram a surgir. Pois as cada vez mais exigentes "circunstâncias da vida humana demandavam que a escolha individual, baseada em considerações pessoais dos problemas comportamentais, devia dominar o comportamento em grau crescente. A atenção do indivíduo era atraída progressivamente para seu próprio pensamento, bem como para estímulos externos, e ele tornou-se consciente de si mesmo como uma pessoa com pensamento e sentimento, dotada da faculdade de escolha. [...] Ele teve de ficar ciente de si mesmo como pessoa".

É claro que tudo isso é um resumo muito simplificado das visões de Whyte, e não pretendo minimizar transformações que são bastante complexas. Mas, mesmo que entrássemos em todos os detalhes, sua conclusão ainda estaria nos aguardando: "O processo que estamos considerando pode ser visto como o desenvolvimento da personalidade individual [e] foi somente durante o primeiro milênio a.C. que esse grau de autoconsciência se difundiu".

UMA LENDA EM SUA PRÓPRIA MENTE

Neste ponto, olhemos mais de perto para esse novo eu substituto, o mental-egoico. De acordo com Whyte, existe uma característica comum que subjaz a uma quantidade significativa de atividades egoicas. É uma característica bem simples: muitas das atividades mental-egoicas são, em grande parte, baseadas no *passado*. Quer dizer, baseiam-se nos registros de memória de ações passadas, experiências passadas, eventos passados. À medida que você, agora, pensa sobre tudo isso, está trabalhando amplamente com memórias – pois é da memória, do passado, que você saca palavras, nomes e conceitos.

Isso não é propriamente uma coisa ruim – foi por meio do uso da memória que a humanidade pôde acordar de seu sono subconsciente. Pode parecer estranho, mas a memória é uma forma de transcendência, pois permite que a pessoa paire sobre as flutuações do momento. À medida que o eu da humanidade começou a deslocar-se do corpo em direção à mente, ao pensamento e à linguagem, começou, da mesma forma, a deslocar-se em direção à memória. O ego é, em parte, um eu-memória, e é isso que lhe permite pairar sobre as flutuações do corpo. Até mesmo Bergson reconheceu claramente que "a consciência [mental] significa, antes de tudo, memória".*

Tudo isso é bom. Existem apenas dois problemas básicos com o ego. Primeiro: depois que o ego é formado, é muito, muito difícil transcendê-lo. O ego é tão estável, tão "permanente", tão "forte", que não só escapa do subconsciente como tende a negar o superconsciente. O ego precisa ser muito maltratado pela vida para se abrir para a transcendência. Todavia, ele é uma desejável e necessária "casa intermediária" entre a subconsciência e a superconsciência. Segundo: as próprias características do ego (seus componentes de memória) tendem a várias complicações, a principal delas sendo a dissociação europeia. Pois o pensamento opera amplamente com o passado, e existe uma coisa certa sobre o passado: ele é estático.**

---

* É verdade que os estados superconscientes são memórias transmentais; o ponto é que eles não são *memórias* pré-mentais: as plantas e os animais são pré-memória. Quando sábios como Krishnamurti criticam francamente a memória, falham na distinção entre pré-memória e transmemória, não veem que a memória é um estágio necessário, embora intermediário, a caminho da transmemória da Consciência como Tal.

**Não pretendo sugerir que o pensamento funcione *somente* com o passado. O mais nobre uso da mente está em sua capacidade como ferramenta *criativa* de potenciais futuros, potenciais não desenvolvidos no passado ou no presente. A criatividade, por definição, transcende o dado (o passado e o presente), e essa é a realização mais elevada da mente. Mas a criatividade é uma capacidade geralmente inerente apenas a um intelecto bastante avançado e maduro; o intelecto inicial, imaturo e ordinário meramente rumina sobre o passado e o presente. E repete seus velhos registros; é disso que estou falando. Isso é bem parecido – diria até idêntico – à distinção de Whyte entre o "intelecto imaturo e estático" e o "intelecto maduro e processador".

Assim, o pensamento tende a entrar em conflito com o mundo mais simples da impulsividade instintiva. O pensamento tende a separar-se da natureza. E aí, à medida que o indivíduo começou a identificar-se com os registros, pensamentos e aspectos de memória do organismo, passou a formar uma concepção de si mesmo como um eu estático, permanente, persistente; e esse eu pensante tendeu a sentir-se separado, não só do mundo impulsivo em torno dele, mas também dos aspectos naturais do seu próprio corpo.

"Essa é a maldição lançada sobre o *Homo sapiens*", explica Whyte. Pois durante o desenvolvimento inicial da mente e do intelecto, isto é, durante o estágio egoico baixo, "o homem intelectual não teve nenhuma escolha a não ser seguir o caminho que facilitou o desenvolvimento de sua faculdade de pensamento, e o pensamento só podia clarificar-se alijando conceitos estáticos que, por serem estáticos, deixaram de ajustar-se à sua matriz orgânica ou às formas da natureza. [...] O pensamento alienou-se formalmente do resto da natureza." O ego, por outro lado, que foi um magnífico crescimento de consciência, tendeu também a formar-se (inicialmente) como uma lesão separativa da consciência. Whyte esforça-se para assinalar que o pensamento não tem de operar exclusivamente com conceitos estáticos – o pensamento pode formar conceitos de *processo* (que é realmente do que trata seu livro). Whyte não terá nada a ver com a falácia romântica e a glorificação do corpo sobre a mente, apesar do uso que fizeram do seu trabalho gestaltistas contemporâneos, defensores da consciência sensorial, "terapeutas vivenciais" e assim por diante. É apenas que, pelo menos inicialmente, o pensamento *tende* a esclarecer-se via formas estáticas.

E não é tão difícil de entender como isso aconteceu, e por quê. Tudo que devemos lembrar é que o ego era o novo eu substituto, e como todos os eus substitutos, teve de fingir realizar o desejo por alguma forma de cosmocentrismo, imortalidade e perpetuidade. E o ego fez exatamente isso com *seus próprios processos de pensamento*.

Seu ponto é que não é o pensamento em si que causa a dissociação europeia, mas o pensamento imaturo/estático. E, afirma Whyte, o ego mental primitivo foi presa, quase inevitavelmente, de tais padrões estáticos e fixos.

O próprio Whyte está bem consciente das questões mais profundas inerentes à emergência do ego na dissociação europeia. A criação de entidades permanentes, estáticas, fixas – especialmente o conceito do eu estático – baseia-se no medo de mudança, de fluxo, de realidade dinâmica e de processo. Subjacente à criação da "entidade existente 'eu'", diz Whyte, está simplesmente "a demanda por entidades permanentes, significados que não mudem por si mesmos. O intelecto imaturo, incapaz de lidar com processos, cria essas entidades persistentes para sua própria conveniência".

Whyte, então, vai com precisão ao cerne da questão. Há uma razão por trás do desejo de criar "entidades permanentes", e ele sabe exatamente qual é: "Essa autoconsciência [recém-emersa] leva a uma sensação mais vívida da precariedade da vida individual. Tornar-se autoconsciente é passar a ter consciência da ameaça perpétua da natureza à segurança do eu e do fato inevitável da morte. [...] Uma vez solitário e com medo, o homem teme [...] a ação do todo [isto é, teme a verdadeira consciência da unidade, pois ela requer a morte da sensação do eu separado] e, *ao contrário, almeja a vida eterna [perpétua]*".

Eis uma definição muito clara do Projeto Atman! E mais, uma vez que o ego não pode "escapar da sensação de separação", procura por algo que, nas próprias palavras de Whyte, "*o recompense com promessas de imortalidade*". Desse modo, essa procura por perpetuidade e imortalidade é meramente um substituto para a real unidade com o Todo, e "contentar-se com um substituto tão espúrio foi o preço inevitável do engano do homem quanto à sua própria natureza e sua parte no todo". O preço inevitável, diríamos, do sono de sua Natureza de Buda.

Assim, podemos começar a entender por que o processo de pensar, os conceitos, as ideias e as memórias foram tão importantes: em seu ímpeto por uma imortalidade prometida, a nova percepção do eu, de forma nunca antes tão grandiosa, apoderou-se das características do mundo do pensamento. Pois o pensamento, sendo inicialmente estático, parecia oferecer algo que nem a natureza, nem a carne ofereceriam: *permanência*. A palavra "árvore", por exemplo, mantém-se a mesma enquanto todas as árvores reais mudam, amadurecem e morrem. O pensamento promete a eternidade ofertando seu substituto: permanência. Não é de admirar que Rank afirme que todas as ideologias foram projetos de imortalidade. Portanto, "o pensamento do homem – ainda que traindo seu desejo secreto por permanência" – transformou-se no realizador do Projeto Atman, a tentativa de tornar-se cosmocêntrico, imortal, enganando a morte para sempre com o invariável mundo cristalino dos conceitos. E o pensamento, o ego mental estático, simplesmente *dissociou*, como um *sacrifício substituto*, o mundo variável e impulsivo do *corpo* – daí a dissociação europeia. "O deus do seu próprio pensamento", conclui Whyte, "foi, daí em diante, a principal fonte de inspiração do homem." O eu, fugindo da morte, abandonou o corpo, o corpo completamente mortal, e conseguiu um refúgio substituto no mundo do pensamento. Estamos, por assim dizer, nos escondendo nele até hoje.

Tendo usado o pensamento para transcender o corpo, ainda não aprendemos a usar a consciência para transcender o pensamento. Esse, creio, será o próximo desenvolvimento de homens e mulheres.

UM NOVO TEMPO, UM NOVO CORPO

O grande crescimento de consciência representado pelo ego parece que foi como uma explosão, e tem-se a sensação de que a humanidade se comportou como uma criança que ganhou sua primeira bicicleta – poderia movimentar-se muito mais rapidamente, mas passou a maior parte do tempo batendo no meio-fio. O ego trouxe tantas mudanças, tantos potenciais e tantos desastres a ponto de os fragmentos dessa explosão ainda estarem caindo ao nosso redor. E parte dessa explosão foram um *novo modo de tempo* e um *novo modo de corpo*. O tempo: histórico, linear, conceitual; o corpo: desvitalizado e deformado.

O DESCOBRIMENTO DA HISTÓRIA

Comecemos pelo tempo, pois o nível do ego, à medida que emergia dos domínios tifônicos, trouxe consigo um modo de tempo linear e histórico que nunca antes existiu. É bem verdade que a estrutura mítico-associativa, principalmente pelo veículo do não presente (isto é, da linguagem), tinha uma compreensão bastante vívida de um mundo de tempo estendido, de passado, presente e futuro – de fato, discutimos a criação desse mundo temporal (de futuros cultivados) com algum detalhe, especificamente no sentido de que uma sequência ampliada de tempo foi parte integrante da consciência agrária, e sua marca de negação da morte e de esforços de imortalidade. Mas esse mundo de tempo prolongado era de uma natureza muito peculiar, uma natureza que, na verdade, impedia que o tempo fosse *perpetuamente* "linear", sem um fim discernível (como é o tempo histórico, egoico). O tempo mítico-associativo era certamente uma série estendida, mas *sazonal*. Era cíclico. Estava embutido no mito natural de retorno periódico, fluxo e refluxo, inverno para o verão, de volta para o inverno e novamente para o verão, sempre em círculo, "não indo absolutamente a lugar nenhum", disse Campbell.

Esse era, sem dúvida, um mundo temporal, e suficientemente temporal para assegurar os futuros necessários à imortalidade agrária – próxima estação e próxima estação e próxima estação –, mas um mundo temporal que, *em última instância*, não tinha direção, exceto perpetuar-se em círculos. Movia-se, mas para nenhum destino em especial; seguia, mas sem significado; era o tempo do carrossel, semelhante ao das esferas celestes que circulavam perpetuamente e voltavam sempre ao ponto de partida. "A natureza era vista em sua imaginada pureza de ciclos infinitos de crepúsculos matutinos e vespertinos, luas crescentes e minguantes, mudanças de estações, animais nascendo e morrendo etc. Esse tipo de cosmologia não é favorável à acumulação de culpa ou propriedade, uma vez que tudo é saldado completamente com as oferendas e a natureza é renovada com a ajuda de cerimônias rituais de regeneração."[26]

E, aparentemente, assim era nas culturas mítico-associativas. Os rituais anuais de regeneração agiam tanto como uma imersão no mito natural do retorno cíclico, quanto como uma expiação substituta do medo e culpa inerentes a qualquer tipo de eu separado. Era um sentimento de esperança que muitas pessoas ainda sentem nas celebrações de Ano Novo – o sentimento de que tudo pode ser zerado, o carma pode ser magicamente ignorado, um novo começo é possível. Nos tempos antigos, porém, essas cerimônias de regeneração (que permanecem até hoje na véspera do Ano Novo) eram provavelmente mais um batismo completo da alma e um alívio total (mas temporário) da sensação de pecado que se agarra tenazmente a qualquer tipo de eu. O ponto fundamental é que esse sentimento do mundo era circular e cíclico; ele não se acumulava conscientemente; a percepção dos erros do ano anterior era simplesmente apagada e purificada pela amnésia. Mas é claro que o carma do ano anterior se acumulava, de forma que, apesar do inevitável apelo de inocência da situação, que influenciou alguns estudiosos, o princípio implícito era realmente que "onde a ignorância é felicidade, a insensatez é sabedoria". Mas essa ignorância não era uma questão de escolha ou destino – era simplesmente o limite de compreensão atingível pela consciência natural circular.

Entretanto, durante o período egoico baixo, a consciência começou a separar-se e livrar-se desse simples modo natural de tempo sazonal. "Daí, na devida época, surgiu a nova mitologia, um desenvolvimento além da primitiva visão estática de ciclos repetidos. Uma mitologia progressiva, temporalmente orientada, de uma criação [...] no início dos tempos, uma queda subsequente e um trabalho de restauração [hierárquico ou evolucionário], ainda em curso."[71]

O ponto, agora incontestado, é que, antes do período egoico baixo, a história, como a crônica dos eventos de uma sociedade, absolutamente não existia. Perguntar a um indivíduo que vivesse durante o período mítico-associativo: "Qual é a história do seu povo?" seria o mesmo que perguntar: "Qual é a história do inverno?" Os antropólogos reconheceram há longo tempo que somente culturas progressistas mantêm histórias. A mais antiga forma de história data de c. 1300 a.C., bem no meio do período egoico baixo; e o "pai da história", Heródoto, situa-se no quinto século a.C. na Grécia – início do período egoico médio.

> As evidências mais precisas são encontradas nas inscrições em edificações. Na inscrição típica anterior a essa data [1300 a.C.], o rei apresentava seu nome e seus títulos, prodigalizava louvores a seu deus ou deuses particulares, mencionava brevemente a estação e as circunstâncias do início da construção e, então, descrevia algo do funcionamento do recinto. Após 1300 a.C., não existe nenhuma menção ao evento imediatamente precedente à edificação, e sim um resumo de todas as façanhas militares do rei até aquela data. E nos próximos séculos, essas informações passaram a ser sistematicamente organizadas de acordo com as campanhas anuais, culminando, finalmente, na elaborada configuração anual, que é quase universal nos registros dos soberanos assírios do primeiro milênio a.C. Tais anais continuaram a crescer além da narrativa crua dos fatos, passando a incluir declarações de motivo, críticas a rumos de ação, ava-

liações de qualidade. E, em seguida, mudanças políticas, estratégias de campanha, notas históricas sobre regiões particulares. [...] Nenhuma dessas características é encontrada em inscrições prévias.[215]

"Eis", conclui Jaynes, "a invenção da história..."
Como todo crescimento de consciência, a apreensão do tempo histórico foi, para falar de forma franca, boa e ruim. Boa pelo fato de a evolução da consciência passar necessariamente de pré-temporal a temporal até transtemporal, ou de pré-histórica a histórica até trans-histórica. A compreensão de realidades históricas foi, em si mesma, um avanço perfeito de consciência, uma realidade que só teóricos da decadência negariam. A consciência histórica, como reflexão de hoje sobre ontem, é o paradigma do pensamento reflexivo em geral, da filosofia, da ciência, da psicologia. A consciência histórica é o epítome da pólis-práxis.

Ruim, porém, porque no vasto mundo novo de horizontes históricos – estendendo-se além de círculos sazonais – influenciou diretamente o habitualmente enlouquecido apetite pelo poder do ego heroico. O poder busca nada mais que se expandir e *acumular* continuamente essa expansão. E considerando que o tempo sazonal/cíclico não é favorável para tal acumulação, já que "começa tudo de novo" na próxima estação, o tempo histórico – expandindo-se linearmente além de todas as estações – é o lar perfeito para as pulsões de poder que buscam crescimento ilimitado. "É óbvio", diz Campbell, "que uma potente fórmula mítica para a reorientação do espírito humano é aqui fornecida [nos mitos históricos recém-surgidos] – lançando-o adiante no caminho do tempo, convocando o homem a assumir uma responsabilidade autônoma para a renovação do universo em nome de Deus, e, desse modo, fomentando uma nova filosofia, potencialmente política, de guerra santa."[71] E se desejarmos deixar o nome de Deus completamente fora disso, a guerra secular funcionará bem da mesma maneira – e isso, como veremos, foi exatamente o que aconteceu.

Essa perigosa situação foi drasticamente agravada pelo fato de o surgimento heroico do ego, por outro lado, ter sido corrompido por sua repressão frequentemente violenta do corpo, da natureza e da Grande Mãe. Já que a natureza/corpo é o *referente* do tempo sazonal e a *mente* é o referente do tempo histórico, a separação entre mente e corpo significou uma separação correspondente entre história e natureza. Essa não foi a transcendência da natureza via história, que é o propósito da existência da última, mas a dissociação entre natureza e história, que tende a deformar ambas. Pois, uma vez que o ego desligou-se da natureza sazonal e do corpo, não teve raízes sensíveis para sedimentar sua consciência de ordem mais elevada. Assim, tornou-se perfeitamente aceitável para o ego começar um ataque premeditado à natureza, não importando as consequências *históricas* de tal atividade, porque história e natureza não estavam mais integradas de uma forma mutuamente dependente. Igualmente, o ego, quase desde o início, não compreendeu que um ataque à natureza era um ataque *a seu próprio corpo* (níveis 1-2 do indivíduo humano composto), de forma que o projeto inteiro, no sentido mais profundo e mais verdadeiro, foi finalmente suicida. O fato de essa interdependência ecológica entre corpo humano e ambiente natural só ficar óbvia neste século – quer dizer, quatro mil anos após a emergência do ego! – mostra justamente quão profundamente arraigado estava esse preconceito.

O ponto é que o ego recém-emerso, colocando sua fé no pensamento dissociado e na história "desenraizada", ajustou seu Projeto Atman em um passo tangencial ao futuro desincorporado. Desse modo, história, mente, cultura e pensamento foram todos contaminados pela dissociação europeia. O Projeto Atman do ego, sua busca por recompensas substitutas e projetos de imortalidade, exigia e reconhecia somente um tempo que continuava seguindo adiante linearmente, levando seus sonhos de imortalidade com ele.

Dessa forma, embora a apreensão do modo histórico do tempo fosse em si mesma um processo de crescimento, foi imediata e *exclusivamente* aplicada à estrutura egoica dissociada. Assim, para o ego, a história era uma crônica de seus feitos interligados pelo poder, e não uma crônica dos passos evolucionários em direção a Atman – sendo um desses passos, claro, a morte e transcendência do próprio ego.

Assim, se tudo era "apagado" na regeneração sazonal, como normalmente tinha sido o caso nos tempos míticos, os projetos de imortalidade do ego acompanhariam isso. Com sua consciência da morte mais intensificada, o ego precisava de *mais tempo*. Tinha *metas* para assegurar a perpetuação de sua permanência, e essas metas eram energizadas pela impaciente, embora deslocada, busca pela verdadeira libertação em Atman. Apartando-se em um mundo linear e progressivo de tempo, que era não só transnatural, mas antinatural, antiecológico e ilimitado, os desejos essencialmente inextinguíveis e irrealizáveis do ego encontraram espaço para seguir em frente indefinidamente.

Por todas essas razões, o ego heroico moldou a ilusão de que não só veria seu futuro, mas viveria para dominá-lo. E assim o ego passou a ver seu *passado* inteiro por essa óptica. Não é de surpreender que, até mesmo no ponto mais antigo em que a realidade histórica foi descoberta, ela tenha sido infectada pela noção egotista de que a história era, primeiramente, uma *crônica das conquistas do ego* e de seus feitos heroicos. Os primeiros registros históricos foram, como vimos, narrativas pomposamente egoicas de vitórias, triunfos, façanhas ousadas, normalmente em batalhas, sempre presunçosas.

Nós, hoje, ainda somos pegos nessa visão egotista da história. Mas a verdade real, oculta no novo modo do tempo histórico, era que a consciência é nosso destino, e o despertar, nossa sina; a verdade é que o mundo está indo de fato para algum lugar, *com significado*: está indo em direção a Atman. O problema é que o ego em si *não* está indo para lá – não está se dirigindo propriamente para Atman, pois é meramente um dos passos do caminho. Em minha opinião, quanto mais cedo o ego mental perceber que a história é uma narrativa de sua própria morte, mais rapidamente deixará de tirar conclusões errôneas dessa narrativa, como uma crônica exclusiva de suas próprias proezas.

UM NOVO CORPO

O eu separado, então, passou a ter um novo modo de tempo – mas também um novo modo de corpo, e eu gostaria de discorrer sobre esse novo corpo, alienado e dissociado. Vimos que, histori-

Figura 24. O Diabo. Veremos ao longo deste texto que o(s) deus(es) ou imagens sagradas de um estágio de desenvolvimento se transformam em demônios, diabos, demiurgos ou deuses desacreditados do próximo estágio de evolução. Sugiro que essa seja a lei suprema do desenvolvimento mitológico – e não apenas dele, pois o mesmo princípio se aplica a qualquer sistema de crescimento psicológico. A razão é que o que é natural e adequado a um estágio se torna arcaico, regressivo e infantil no próximo. Desse modo, do estágio mais alto, o mais baixo – que anteriormente fora adorado e venerado – agora é considerado algo a ser combatido, subjugado e até desprezado. Chegamos, assim, ao Diabo clássico, como retratado na mitologia ocidental tardia, e – sem nenhuma surpresa – o Diabo é simplesmente a antiga estrutura tifônica. A figura 24 é, de fato, uma representação absolutamente perfeita de Satanás. Primeiro, ele é claramente tifônico – metade homem, metade animal, com ênfase no animal. Na verdade, ele é notavelmente parecido com o Feiticeiro de Trois Frères. Aquele Feiticeiro, que era o deus supremo para os caçadores tifônicos, é agora o demônio supremo para o ego mental, mas tal é o desenvolvimento natural. Segundo, esta figura também mostra a serpente-uroboro, que está corretamente retratada como tendo evoluído apenas pelos três chacras inferiores – alimento, sexo e poder –, o que é perfeito tifonismo. E terceiro, ele é hermafrodita ou Grande Mãe infusa. Enquanto a serpente em si frequentemente representa o Diabo, Satanás alcança sua arquipersonificação no tifão, porque este contém a serpente-uroboro e os aspectos mais primitivos da natureza humana (sexualidade instintiva e magia). Idealmente, os estágios mais baixos devem ser transcendidos, transformados e integrados nos e pelos estágios mais altos. Os estágios mais altos inicialmente têm de lutar contra os níveis mais baixos e, frequentemente, os combatem intensamente, a fim de livrar-se de suas exclusivas motivações e identificações de baixo grau. Mas a batalha pode ir longe demais, como estou sugerindo que aconteceu no Ocidente, produzindo não apenas diferenciação, mas dissociação, não apenas transcendência, mas repressão. O Oriente desenvolveu o ego mental, combateu o uroboro e o tifão (por exemplo, o triunfo de Indra sobre Vritra), mas a batalha terminou em diferenciação e transformação, não em dissociação e repressão. No Oriente, portanto, todos os antigos mitos da Grande Mãe, da serpente e do tifão, foram considerados e integrados em uma nova e mais desenvolvida mitologia. É verdade que os antigos deuses e deusas eram vistos como demônios ou figuras divinas menores, mas sua existência e sua utilidade eram reconhecidas e consideradas até manifestações inferiores das figuras do Deus mais elevado. O Oriente tinha suas figuras satânicas – mas elas eram vistas como manifestações mais primitivas de Deus e como protetoras do Darma, desde que não fossem adoradas por si mesmas. Somente no Ocidente, onde normalmente ocorreu uma grave dissociação entre ego-mente e corpo-tifão, foi que o tifão (agora excluído da participação consciente) assumiu, de fato, proporções ameaçadoras (como Satanás) e pareceu revestir-se de um significado suprema e absolutamente maléfico. A verdade

mais comum encoberta por esse terror satânico cósmico era que Satanás fosse o corpo-tifão personificado; que o crescimento exigia uma luta contra a força regressiva que puxava de volta para uma exclusiva e obsessiva consciência corporal; e que a busca pelo Satanás tifônico era necessariamente um "mal" ou um impedimento para o surgimento das estruturas mais elevadas. Entretanto, o que o Ocidente omitiu foi a máxima "Dê ao Diabo o que lhe é devido". Satanás não foi integrado à nova mitologia dos Deuses Solares (nem a Grande Mãe), e isso aconteceu em paralelo, justamente, com a alienação do corpo pelo ego heroico. "Dê ao Diabo o que lhe é devido" significa realmente que o tifão tem uma adequada, embora limitada função, que, quando exercitada de forma apropriada, funcional e não obsessiva, é útil à reprodução do nível prânico do indivíduo humano composto. O tifão dissociado, porém, aparece, por um lado, em abuso obsessivo e, por outro, em puritanismo repressivo e bloqueio vital. As mais famosas manifestações disso, mas não as únicas, são, respectivamente, o sábado das feiticeiras (figura 25) e a caça às bruxas (figura 26). Psicologicamente, ele se manifesta, por um lado, em hedonismo, sexualidade genital obsessiva e perversões, estetismo exclusivo, predomínio do princípio do prazer, emocionalismo degenerado; e, por outro, em hiperintelectualismo, mentalidade esquizoide, abstracionismo árido, história divorciada da natureza, ego aterrorizado pelo corpo.

camente, os domínios tifônicos não apenas se diferenciaram entre mente e corpo, mas se dissociaram em mente e corpo, e nosso ponto agora é que, como o organismo se dissociou entre o polo egoico e o polo somático, *ambos* foram *deformados*. Não transformação, mas deformação – eis o nosso tópico.

Em uma importante discussão, L. L. Whyte define o ponto crucial da questão:

> A divisão fundamental está entre a atividade intencional organizada por conceitos estáticos [o ego primitivo] e a vida instintiva e espontânea [o corpo impulsivo]. A dissociação europeia desses dois componentes de [o] sistema resulta em uma distorção comum a ambos. A vida instintiva perdeu sua inocência, seu ritmo próprio, sendo substituída pelo desejo obsessivo. Por outro lado, o comportamento racionalmente controlado desviou-se, em parte, para ideais que também obcecaram o indivíduo com sua sedução de perfeição e perturbaram o ritmo de tensão e liberação.[426]

A propósito, "o ritmo de tensão e liberação", que é tão destacado por Whyte em sua discussão sobre instintos e conceitos, é simplesmente aquele *ciclo de troca* (recepção, assimilação e liberação) que definimos como a atividade básica de *cada nível* do indivíduo composto, do alimento ao sexo e ao pensamento.* Seu ponto, usando meus termos, é que a dissociação dos níveis de troca mental e corporal rompe e deforma ambas as trocas, sobrecarregando-as com atividades obsessivas e recompensadoras, impulsionadas pela própria dissociação dos sistemas, não por características intrínsecas aos sistemas individuais.

O resultado é que ambos os componentes do organismo são deformados (o corpo, ou níveis 1-2 e a mente, ou níveis 3-4), e as mesmas deformidades e pulsões reaparecem em ambos os componentes dissociados. "Esta semelhança", conclui Whyte – e eu gostaria de enfatizar isto –, "não é acidental. Ao cindir o [...] sistema de uma dada maneira, a mesma forma de distorção aparece em ambos os componentes dissociados. Nesse caso, a periodicidade do processo naturado completo é transformada em uma obsessão dual; pouco importa se a meta é a união com um deus ou uma mulher, o êxtase da busca [substituta] da verdade ou unidade, o poder ou o prazer – a intensidade sustentada e a falta de satisfação comprovam o cunho da [dissociação] europeia."[426] Mais especificamente:

> A alma europeia [isto é, o ego alienado do corpo] nunca se entrega verdadeiramente a Deus; a mente nunca descobre a verdade suprema; o poder nunca é seguro; o prazer nunca satisfaz. Fascinado por esses objetivos ilusórios que parecem prometer o absoluto [o Projeto Atman], o homem afasta-se do ritmo adequado dos processos orgânicos para perseguir um êxtase enganoso. A religiosidade mórbida, o hiperintelectualismo, a delicada sensualidade e a fria ambição são algumas das variantes para a personalidade dissociada tentar escapar de sua própria cisão. As oscilações do misticismo emocional para o racionalismo, e do racionalismo até um poder materialista, que marcam a história da Europa, não representam nenhuma mudança essencial. Elas só expressam as sucessivas hesitações na busca por estímulos inovadores dentro dos limites fixados pela dissociação básica.[426]

---

* Do psíquico ao sutil e ao causal.

A ideia é que a ênfase compulsiva na sensualidade corporal e na sexualidade, por um lado, e a pulsão obsessiva do ego para o poder, para as verdades abstratas ou para as metas futuras, por outro, são ambas usualmente características do eu dissociado, porque, embora diferentes, representam a mesma separação, a mesma fragmentação. Isso implica que o ego alienado, por um lado, e a sexualidade e a sensualidade hipergenital, por outro, são deformidades correlatas do organismo. Realmente, o próprio Whyte afirma isso em várias ocasiões. Historicamente – e permita-me lembrar ao leitor que esta discussão se refere, em última instância, a dados antropológicos e ocorrências históricas – Whyte vê a ascensão do idealismo egoico e da sensualidade e sexualidade intencionais como dois aspectos da mesma dissociação europeia, que ocorreram, como vimos, durante o período egoico baixo:

> Os modos instintivos de comportamento foram urdidos pela tradição primitiva em um sistema de vida que, ao longo das civilizações antigas [do período associativo], foi relativamente estável. As tendências instintivas foram [...] mantidas em equilíbrio por um controle fisiológico, semelhante em caráter ao controle orgânico dos mamíferos menos desenvolvidos. Mas à medida que as civilizações antigas desenvolveram métodos técnicos mais poderosos e a comunidade, ou pelo menos alguns de seus membros, teve assegurada a sobrevivência imediata, surgiu um fator novo e desestabilizador. Já que a satisfação dos instintos era gratificante, indivíduos favoravelmente posicionados podiam dedicar seus excedentes em segurança material [os excedentes agrícolas] à busca intencional de prazeres instintivos. O equilíbrio orgânico dos instintos, que fora adequado para manter uma coordenação conveniente de comportamento enquanto as condições sociais ainda eram primitivas, falhou duplamente nessa nova e mais complexa situação. Não só deixou de estabelecer respostas oportunas para situações novas e urgentes, como não conseguiu nem manter um equilíbrio apropriado da vida instintiva, agora que o indivíduo estava ciente do que lhe dava satisfação e possuía os instrumentos para, deliberadamente, explorar e intensificar essa satisfação.[426]

"Mas, paralelamente a essa nova sensualidade intencional", conclui Whyte, "que desordenou a coordenação adequada e foi acompanhada por sadismo e masoquismo, desenvolveu-se também o novo idealismo intencional. [...] Ambos, a sensualidade e o [idealismo obsessivo], eram novos e representaram [em parte] as dualísticas e, portanto, distorcidas [trocas entre os dois níveis]."

Além disso, com o surgimento da dissociação entre o corpo e o ego, "Eros degenera [regride] para o que é geralmente entendido pelo conceito de sexo, o princípio do prazer limitado a tendências internas isoladas [características do nível tifônico]. Egoísmo e sexo, que são normalmente desenvolvidos e consumados no âmbito da vida como um todo, apresentam-se, então, como propensões isoladas buscando esgotamento na morte [o sacrifício substituto]". A mitologia do sexo e do assassinato, que começou no período mítico-associativo, está agora *preservada*, *intensificada* e *combinada* em virtude de sua repressão – ela explode com uma vingança compulsiva nos tempos egoicos (dissociados). A obsessão pelo sexo e pela violência ainda nos acompanha até hoje, porque o ego dissociado também está conosco até hoje. Apesar de todas as consequências desastrosas de ambos, ainda não superamos nenhum deles.

Eu insisto no fato de que o ego dissociado e a hipersensualidade são deformações correlatas do corpo-mente total, porque esse é, em essência, o ponto discutido por Norman O. Brown em suas reformulações da psicanálise. A ideia principal do trabalho de Brown, como eu o reconstituiria, é basicamente rastrear as mudanças radicais no ego e no corpo à medida que o eu separado começa a despertar para sua própria mortalidade – para a morte, Tânatos e Sunyata. Pois, ao recuar da morte, o eu separado começa, igualmente, a recuar assustado da vida – tenta diluir a vida, diluir sua própria vitalidade, isolar suas próprias energias. E isso resulta em nada menos que a radical deformação do organismo total.

"As crianças no primeiro ano de vida, que Freud considera crítico, são incapazes de distinguir entre sua alma e seu corpo."[61] Eis o ponto de partida de Brown, que é, claro, o tifão infantil: o período genérico em que mente e corpo ainda não estão diferenciados (a mente propriamente dita mal existe, e os aspectos mentais existentes es-

Figura 25. Uma forma bem ostensiva de adoração do diabo. Essa fazia parte do sábado das feiticeiras, mas o ponto interessante a respeito dessa gravura particular é que os praticantes se mostram bem-vestidos, refinados, educados – tão educados a ponto de um zelo excessivo para abraçar os domínios mentais e negar os aspectos animais do indivíduo humano composto levar, justamente, à alienação dos domínios tifônicos e à sua subsequente fascinação obsessivo-compulsiva. Representando esse fato de forma dramática, quando Zeus matou o Tifão, em vez de transformá-lo e integrá-lo, ele pôs em movimento a causalidade do destino que selou o infortúnio da mulher – e não apenas dela, como Freud logo descobriria.

tão ainda embutidos no corpo). Em minha opinião (e aparentemente contra a de Brown), esse não é um estado *ideal* – o estado ideal é aquele de uma transdiferenciação madura, em que mente e corpo, uma vez diferenciados, estão agora integrados. Brown exalta o estado primitivo de pré-diferenciação, e fala como se, nele, mente e corpo fossem perfeitamente unos, quando, na verdade, mal existe uma mente a que se referir – nenhuma linguagem, nenhuma lógica, nenhum conceito – e o eu, basicamente, *nada mais é que* um eu corpóreo. Quando afirmamos que, nesse estágio, mente e corpo estão indiferenciados, queremos dizer que a mente ainda não se desenvolveu, e o que quer que exista como mente está ainda preso ao corpo. Todavia, o ponto essencial é que o indivíduo tem de emergir desse estado de pré-diferenciação, esse tifão infantil, e essa emergência é estressante e repleta de consequências. Foram essas consequências dramáticas que Brown investigou.

Agora, embora nesse primitivo estágio tifônico, mente e corpo estejam pré-diferenciados, o tifão propriamente dito está começando a separar-se do ambiente (e do antigo estágio urobórico) – está, portanto, enfrentando formas primitivas de medo, ansiedade e terror da morte. De acordo com Brown, o corpo-ego (ou tifão) encontra-se em fuga da morte (Tânatos) e sob a influência do que ele chama o projeto *causa sui* – a tentativa de ser pai de si mesmo, causa de si mesmo, deus para si mesmo (em nossas palavras, o Projeto Atman). Desse modo, o tifão, fugindo da morte e sob a influência do Projeto Atman ou *causa sui*, tem de começar a tomar atitudes para proteger-se da terrível visão de sua vulnerabilidade, mortalidade, impotência. Tem de, alguma forma, apagar ou reprimir o terror de tudo isso. Poderíamos dizer que, nesse ponto, se a repressão não existisse, seria necessário inventá-la. Simplesmente não há nenhuma outra forma de o eu separado enfrentar seu próprio surgimento a partir do sono urobórico – exceto reprimindo a morte, e seu terror reflexo, e *todos os aspectos da vida que o ameacem de morte*.

O tifão tem de ser cuidadoso – deve prosseguir com precaução. E à medida que o nível associativo emerge, com seu veículo de tempo estendido, o pesadelo começa a expandir-se em todas as direções, passadas e futuras. A fim de sobreviver, então, com um mínimo de terror, o eu tem de começar simplesmente a fechar seus olhos; a entorpecer-se; a limitar suas atividades e isolar sua própria vitalidade. *Para evitar a morte, precisa diluir a vida* – penso que é simples assim. Mas a ideia não é minha; pertence aos psicólogos existenciais, particularmente Brown e Becker: "A situação da criança é muito difícil, e ela tem de moldar suas próprias defesas contra o mundo, tem de achar um modo de sobreviver a ele. [...] Alcançamos uma compreensão notavelmente fidedigna do que de fato preocupa a criança, como a vida é realmente demais para ela, como deve evitar pensar demais, perceber demais, viver demais. E, ao mesmo tempo, como ela tem de evitar a morte, que retumba por trás de toda atividade despreocupada, que olha sobre seu ombro à medida que ela brinca".[25]

Desse modo, o eu infantil tem apenas uma escolha: nas palavras de Becker, ele

> tem de reprimir *globalmente* o espectro completo de sua experiência, se quiser manter uma sensação confortável de [...] segurança básica. Ele deve reprimir suas próprias [...] funções corporais comprometedoras, que representam sua mortalidade, sua consumição fundamental na natureza. [...] Em outras palavras – e isso é crucial e deve ser mais uma vez ressaltado –, a criança "reprime-se". Ela assume o comando do controle de seu próprio corpo como uma reação à

totalidade das experiências, não só dos seus próprios desejos. Como Rank discutiu exaustiva e definitivamente, os problemas da criança são existenciais.[25]

O eu infantil, com o impacto da morte, simplesmente recua e encolhe-se horrorizado tanto do Grande Ambiente em geral quanto de sua própria, mas incontrolável, vitalidade interna. Faz isso sem ajuda. É uma autorrepressão (que, mais tarde, é complementada e ampliada por "repressões adicionais" específicas impostas pela sociedade). Isso é bem parecido com o conceito de "choque vital" descrito por Sri Aurobindo e Bubba Free John. Esse recuo ou choque vital, esse encolhimento da vitalidade do ser corporal, significa que o eu separado desse estágio está simplesmente começando a retrair-se – isto é, começando a separar-se de si mesmo, cindindo-se ou dissociando-se em fragmentos "seguros" *versus* fragmentos "inseguros", e vemos aqui o início da dissociação europeia, o divórcio entre o ego "permanente" e o corpo carnal mortal.

Tudo isso se resume a um fato simples: o eu separado tem de começar a isolar e diluir a vitalidade do organismo, diluir a vida até um ponto em que não o leve à morte, *diluir as energias do próprio organismo* a um nível prudente de baixa intensidade.

Figura 26. O enforcamento de feiticeiras na Inglaterra. A caça às bruxas é o inverso preciso e formal, ou a imagem especular, do sábado das feiticeiras. Tanto a bruxa quanto seu caçador sofrem da mesma dissociação entre mente e corpo, mas assumem posições em lados opostos da fronteira (a fronteira real, claro, é interior a seus próprios organismos). A bruxa está obcecada pelo tifão; o caçador da bruxa, apavorado com ele. O caçador da bruxa, incapaz de transformar e integrar seus próprios impulsos tifônicos, horroriza-se com sua existência e dedica-se a exterminar quaisquer indivíduos que – fato real ou não – pareçam estar tifonicamente possuídos "por Satanás". O protestantismo moderno deve muito de sua existência à alienante fantasia satânica produzida pela dissociação europeia, pois, sem esse cisma neurótico, toda a motivação de sua fúria proselitista se evaporaria. Mas a caça às bruxas não é um monopólio do cristianismo exotérico – é parte de tudo, desde o bode expiatório até o preconceito: prova do axioma de que se odeiam nos outros aquelas coisas, e somente aquelas, que odiamos em nós mesmos.

Essa energia orgânica foi chamada de muitos nomes. Bergson definiu-a como *élan* vital; para os hindus, é prana; para Lowen, bioenergia; para Freud, libido. De forma geral, é simplesmente energia emocional-sexual, energia principalmente do nível 2, a força tifônica. É esse prana ou bioenergia tifônica que tem de ser isolado e restringido pela autorrepressão. E, de acordo com Brown, isso leva a um importante resultado.

Ao tentar restringir e isolar sua própria vitalidade, o organismo foca e limita sua libido em muito poucas áreas e regiões selecionadas do corpo – sendo a genital a mais notável. O resultado é que o ego normal, então, desfruta a vitalidade e a intensidade verdadeiras somente durante o orgasmo genital (e, às vezes, nem mesmo nele – impotência e frigidez, por exemplo). Esse é o único momento em que o ego pode "relaxar" e permitir a circulação da intensidade, da vitalidade e da felicidade reais. Nesse sentido muito especial, a sexualidade genital é o que Freud chamou de uma "tirania bem organizada" – não tanto por causa de sua simples existência (e aqui discordo profundamente de Brown), mas porque a vitalidade e a intensidade completas do corpo são restringidas *apenas* a essa atividade. Mais especificamente, eu diria que a manutenção de prana genital exclusivo, além de seu período de desenvolvimento *normal e necessário*, representa a recusa em aceitar sua morte e descobrir estados *mais elevados* de êxtase de corpo inteiro, êxtase além do genital. Mas o ponto geral é como diz Brown: "A concentração especial da libido na região genital [...] é engendrada [ou pelo menos mantida] pelo instinto regressivo da morte, e representa o resíduo da incapacidade humana para aceitar a morte".[61]

"Assim, uma das primeiras coisas que uma criança tem de fazer", como Becker resume o problema inteiro, "é aprender a 'abandonar o êxtase'." "L'enfant abdique son extase", afirmou Mallarmé. Estranhamente, ela abdica do êxtase, dilui o *élan* vital e a libido, só porque a ameaçam de *morte* – "é demais", como disse Maslow. E agora, então, vamos ao principal ponto de Brown: "As organizações sexuais [as restrições de vitalidade a certas atividades e áreas do corpo] são mantidas pelo ego infantil a fim de reprimir sua vitalidade corpórea [...], isolar pela repressão sua própria vitalidade incontrolável (*id*)".[61]

Essa, porém, é apenas metade da história. Uma vez que o eu está fugindo da morte, deve, como acabamos de ver, começar a desvitalizar e neutralizar a intensidade do organismo. Abafando o corpo, o eu pode fingir afastar-se dele, carne mortal que é. Isto é, o ego pode separar-se do corpo, enfraquecendo a forte influência dele sobre si. Tentando, por assim dizer, matar o corpo, o eu egoico pode fingir ser indiferente à carne, libertar-se de sua mortalidade e do estigma da morte, livrar-se da vulnerabilidade e da finitude do corpo. Reprimindo ou desvitalizando o corpo, o eu pode fingir ignorá-lo, levando-o à docilidade. Para que o corpo seja enterrado, ele primeiro deve ser morto. E, de acordo com Brown, é exatamente essa "negação que nos dá uma alma [dissociada] do corpo".[61]

Daqui em diante, a autoidentidade retrai-se do ser corporal e restringe-se exclusivamente ao ego. O organismo separa-se, o corpo está fora. "Por um processo de 'autocisão narcísica', o ego intelectual, na terminologia de Schilder, separa-se do ego corporal [tifão]."[61] Repito: o erro *não* está na diferenciação entre mente e corpo, mas na dissociação em mente e corpo. De qualquer modo, Brown é muito consciente de que tanto o ego desincorporado, quanto o corpo deformado (restringido) são distorções correlatas do organismo total. O corpo desvitalizado, ele diz, é simplesmente "a contrapartida corpórea da desordem na mente humana".

Como assinala Brown – e esse é realmente o único ponto que eu gostaria de gravar na mente do leitor – o legado inevitável de tudo isso é "*a radical deformação do ego humano e do corpo humano*". Daqui, finalmente, retornamos ao ponto principal de Whyte: "A dissociação desses dois componentes [ego e corpo] de um sistema orgânico resulta em uma distorção comum de ambos". Mas deixe-me rapidamente assinalar que, em seus vários trabalhos, Brown e Whyte não estão se referindo apenas ao que acontece às crianças hoje, *mas também ao que aconteceu a uma humanidade coletiva há mais ou menos quatro mil anos*. Se tudo isso estiver aproximadamente correto, chegamos a uma extraordinária conclusão histórica. Se existiu uma mudança de mente no princípio da nossa era egoica moderna – e existiu –, também ocorreu uma mudança de corpo. E Norman O. Brown sabe disso: "*Há uma revolução no corpo nos primórdios dos tempos modernos*".[62]

A humanidade simplesmente progrediu até o ponto em que o rápido crescimento de consciência permitiu que ela fosse além dos limites físicos do corpo. Ao mesmo tempo, ela se defrontou com uma percepção sempre mais intensa e reflexiva da morte. Em vez de integrar os prévios domínios tifônicos ou corpóreos ao ego recém-emerso, o ego simplesmente reprimiu os domínios tifônicos, dissociou a mente do corpo e, desse modo, distorceu e deformou ambos. E o esforço completo foi enfatizado pela crescente compreensão de que o corpo é mortal e decadente, uma completa ameaça ao projeto de imortalidade egoica de ideologia estática e história desincorporada. Na Grécia, surgiu um ditado: "Para o corpo, uma tumba". Até onde sabemos, essa frase *nunca* existiu na história, antes do alvorecer do período egoico.

É claro que não estou sugerindo que, antes da era egoica, não tenha existido, de alguma forma, nenhuma das condições anteriormente mencionadas; e, certamente, não estou sugerindo que, por exemplo, não existisse o sexo genital – obviamente existia. O ponto é apenas que o ego, fugindo da morte, desvitalizou e diluiu o organismo e suas energias. De modo global, reprimiu e deformou o corpo – "Para o corpo, uma tumba" –, o que também restringiu e deformou sua própria mentalidade (porque a mente é uma parte do indivíduo composto, e qualquer distorção de qualquer nível reverbera no todo). Assim, o ego afastou-se aterrorizado do corpo, ou explorou-o compulsivamente em busca de prazer e liberação orgástica, como Whyte demonstrou.

E as consequências foram absolutamente fatais: "O divórcio entre alma e corpo", diz Brown, "tira a vida do corpo, reduzindo o organismo a um mecanismo". Desvitaliza-o, mecaniza-o. O corpo transformou-se em um mecanismo. O ego racional e o corpo mecanicista – de fato, estamos aqui na trilha do início da psicologia, da ciência e da filosofia modernas, todas sustentadas não só pela mudança da mente no princípio da nossa era, mas também pela "revolução no corpo no princípio dos tempos modernos". "Nessa natureza humana desumanizada, o homem perde contato com seu próprio corpo, mais especificamente com seus sentidos, com a sensualidade e com o princípio do prazer. E essa natureza humana desumanizada produz uma consciência inumana, cuja única moeda de troca são abstrações divorciadas da vida real – a industriosa, friamente racional, econômica, prosaica mente."[61]

O ego racional. O corpo mecanicista. A era moderna.

SOLARIZAÇÃO

Vamos tratar agora de um ponto fascinante: a transição ou transformação do corpo para a mente – que, como vimos amplamente, ocorreu durante o período egoico baixo – foi representada quase universalmente como uma transição da terra para o céu,[311] e também como uma transição da escuridão para a luz.[76] Por quê?

Além disso, a transição do corpo para a mente foi geralmente comparada a uma transição da matriarquia (e Grande Mãe) para a patriarquia (e Deuses Solares).[70,71] Por quê?

Essas duas perguntas são o cerne deste capítulo.

E – como uma questão colateral intrigante, controversa, resmungona, mas sempre insistente – veremos que ambas as perguntas inevitavelmente convergem para o caráter mítico, ora mundialmente famoso, ora fortalecido na psique moderna, ora inegável em sua influência, mas ainda agora enganoso como sempre: a figura extraordinária de Édipo, filho de Laio, rei de Tebas, e da esposa de Laio, Jocasta – a mesma que logo seria esposa do próprio Édipo, com consequências globais miticamente arrebatadoras. De forma especial, começaremos este capítulo com Édipo, e com ele o concluiremos.

INDÍCIOS ONTOGENÉTICOS

Comecemos pela segunda pergunta: por que a transição do corpo para a mente é geralmente comparada a uma transição da matriarquia para a patriarquia?* Compreendo que para muitos estu-

---
* Mais precisamente, do matrifocal para o patrifocal.

diosos a resposta pareça bem óbvia. Para as feministas, é um simples caso de repressão machista: qualquer movimento relativamente abrupto da matriarquia para a patriarquia deve ter sido sexista até os ossos. Mas, se a patriarquia era sexista, a matriarquia precedente também não o fora, e exatamente pelas mesmas razões? Se a primeira era sexista, então a última também era, caso em que o sexismo cai fora como uma resposta definitiva e causal. Por outro lado, para muitos historiadores (homens), a transição foi um caso de supremacia (secretamente assumido) do princípio masculino: a sociedade da Grande Mãe era pré-pessoal, instintiva e normalmente subumana, quando deixada por conta própria. Portanto, foi necessário um princípio masculino para superá-la. Mas ainda que isso fosse parcialmente verdadeiro, por que *negar* o princípio feminino no processo? Isto é, não existe nenhum outro princípio "feminino" diferente do representado pela Grande Mãe? Não poderia haver uma feminilidade mais elevada, "solar", para combinar-se igualmente com a masculinidade solar da patriarquia? Nesse caso, por que foi negado acesso, na patriarquia, a *esse* princípio feminino mais desenvolvido, como definitivamente aconteceu? Em resumo, acho que a questão é muito mais complexa do que ambos os lados admitirão – e exploraremos justamente essas complexidades.

Podemos começar nossa investigação examinando o desenvolvimento ontogenético moderno em busca de *indícios*, mas não de determinantes, do que *possa* ter acontecido na transição da matriarquia para a patriarquia. E já apresentamos um indício: sugerimos que a Grande Mãe e os domínios tifônicos foram inseparavelmente ligados. Em grande parte, isto parece ser um simples dado biológico: a primeira marca da vida é o nascimento de um útero e a amamentação em um seio. Além disso, à medida que a criança começa ontogeneticamente a emergir de seu estado pré-pessoal de fusão urobórica, a primeira coisa que encontra conscientemente é a mãe – e não apenas a mãe, mas a Grande Mãe, a Mãe do Mundo. O mundo exterior é "o corpo da mãe com um sentido ampliado", disse Melanie Klein.[233] "Originalmente, o mundo inteiro é a mãe, e a mãe é o mundo inteiro", afirmou Brown.[62]

A moderna psicologia do desenvolvimento (por exemplo, Loewald, Margaret Mahler, Jane Loevinger, Louise Kaplan) nos diz que o eu começa embutido, ou fundido inconscientemente, naquilo que *mais tarde* apreenderá objetivamente como a Grande Mãe (essa unidade inicial e primitiva é o estado de fusão urobórico). Mas logo que o eu emerge, *como tifão*, dessa primitiva fusão urobórica e diferencia-se da Grande Mãe, esta passa a ter uma existência objetiva – e o eu, nesse estágio, depara-se com uma intensa luta e conflito *com* a Grande Mãe (daí por que ela influencia tanto os domínios tifônicos, mas não é objetivamente *reconhecida* nos domínios urobóricos).

Por um lado, o eu infantil é influenciado por um forte desejo (Eros) para unir-se *regressivamente* à Grande Mãe e, assim, mergulhar novamente no "prazer narcísico" relativamente tranquilo do estado urobórico (em que *ambos*, o eu e a Grande Mãe, desaparecem em fusão subconsciente).[126] Por outro, quanto mais forte fica o eu, ou quanto mais amadurece (como tifão), mais ele pode resistir a essa forma regressiva de unidade (isto é, a um nível inferior e regressivo do Projeto Atman: fusão oral, comida, uroboro alimentar).[106] Mas, pelo que se constata, essa é uma luta intensa. Jane Loevinger resume a evidência da seguinte forma: "Essa unidade primeva [urobórica] entre a [grande] mãe e a criança é gratificante, mas a forte ligação inicial com a mãe, e particularmente a regressão a ela de estágios posteriores [tifônicos], é também ameaçadora, já que implica um retorno a um estágio anterior, menos diferenciado de [auto] desenvolvimento [isto é, o uroboro]".[262]

O ponto essencial, e o único que precisamos realmente enfatizar, é que as reações do eu infantil em relação à Grande Mãe são essencialmente idênticas em ambos os sexos. Quer dizer, a menina, originalmente, deseja reencontrar-se com a Grande Mãe da mesma forma que o menino.[311] Obviamente, esse não é um desejo genital desse estágio primitivo, mas um simples passo atrás para o sono e a fusão urobóricos originais. No jargão psicanalítico, as relações iniciais da libido masculina e da libido feminina relativas à mãe pré-edipiana são essencialmente as mesmas.[232] Igualmente (cobrindo os aspectos negativos), a Grande Mãe também é uma fonte de terror, espanto e impacto da morte (onde há outro, há medo; o primeiro outro é a Grande Mãe).[384] Desse modo, a relação inteira é basicamente de anseio por unidade regressiva misturado a lutas existenciais reais, com vida e morte, vulnerabilidade e impacto da morte, amor e desejo – todos eles sentidos similarmente por ambos os sexos.

A questão é que as marcas mais profundas são indelevelmente gravadas na psique de ambos os sexos pela imagem da Grande Mãe, e de uma forma biologicamente impossível para a imagem paterna. Como Louise Kaplan explicou com muito cuidado, "a mãe é a única parceira com quem o bebê representa o drama da separação". A imagem de pai não entra significativamente nos estágios tifônicos; ou melhor, representa apenas um papel decididamente secundário. O pai, nesses primeiros estágios, ainda não foi inventado. (A criança muitas vezes percebe o pênis, mas, como veremos em breve, acha, em última instância, que o pênis pertence à Grande Mãe.)

Naturalmente, essa situação inicial logo muda. À medida que a criança amadurece e começa a mover-se pelos estágios associativos em direção aos níveis do ego, a Grande Mãe do Mundo cede lugar crescentemente para a mãe *individual* e *circunstancial*. Diferentemente da Grande Mãe, que é inicialmente uma peça única com o mundo exterior, a mãe circunstancial é percebida como um indivíduo puramente separado, com um nome particular, diferente de outros indivíduos e possuindo todos os tipos de características individuais. A Grande Mãe era o mundo inteiro ("inteiro" significa níveis 1-2 – não existe nenhum nível mais elevado nesse primeiro estágio); a mãe individual é simplesmente a figura mais importante entre as numerosas figuras que começam a aglomerar-se na consciência. Além disso – e mais importante – a mãe individual é *verbal*; ela interage com a criança em um nível mental (associativo e finalmente egoico), enquanto a Grande Mãe era uma disposição pré-verbal. E mais – e é aqui que começa o drama: a mãe individual envolve-se normalmente com um homem particular e individual – o pai.

O estágio, então, passa de uma *díade* de eu e Grande Mãe para uma *tríade* de eu, mãe individual e pai. Não mais dois atores no palco, mas três. Assim começa o drama da "separação dos pais" – os clássicos complexos de Édipo e Electra. Mas, como tanto os freudianos quanto os junguianos assinalam, essa separação dos pais, com verdadeiros traços de Édipo-Electra, começa seriamente apenas durante o período associativo verbal e só *culmina durante o período egoico inicial* (idades de 4 a 7 anos na sociedade moderna).[126,311] É somente nesse ponto, nesse primeiro nível egoico, que a imagem do pai (como uma figura de autoridade cultural) deixa decisivamente sua impressão na psique.[311] Portanto, essa mudança – e a estou simplificando drasticamente em apenas dois principais estágios, quando, na verdade, ela é extremamente complicada – vai do tifão-Grande Mãe para o ego-mãe-pai.

Mas essa é, de fato, uma grande mudança. Por uma razão: notemos que a Grande Mãe é a Mãe fálica ou a Mãe hermafrodita – a mãe que é tanto homem quanto mulher, a mãe serpentina, a mãe urobórica. E isso não vale apenas para a mitologia – a psicologia de profundidade moderna descobriu que a totalidade do desenvolvimento inicial da criança é permeada por uma atmosfera de sentimentos hermafroditas ou bissexuais (esses são termos capciosos – seu significado técnico logo ficará claro). O ponto básico é: já que, na percepção da criança, a Grande Mãe no final se transforma na mãe feminina individual e no pai masculino, *parece* que tanto o pai masculino (pênis) quanto a mãe individual (mulher) provêm *da* Grande Mãe. Isto é, o processo primário mágico do nível tifônico imagina que a Grande Mãe realmente contém *ambos* os órgãos genitais, feminino e masculino. Essa é provavelmente a razão mais básica por que a Grande Mãe é retratada em toda parte mitologicamente (e ontogeneticamente) como sendo a *Mãe fálica*, a mãe hermafrodita (e aqui a Grande Mãe *também* apresenta sua fusão original com o uroboro, como a mãe-fálica-serpentina).

Ao mesmo tempo, o tifão infantil contém em si mesmo desejos e impulsos precoces que ainda não estão diferenciados pela genitália macho *versus* fêmea (isto é, as tendências sexuais masculinas e femininas ainda não estão diferenciadas).[141] Assim, o eu corpóreo primitivo ou tifão é, como a Grande Mãe que ele agora enfrenta, hermafrodita; isto é, tanto o eu quanto a Grande Mãe são inicial e originalmente bissexuais.

Muito cedo no desenvolvimento da criança, essa situação hermafrodita original começa a se diferenciar e clarificar – em ambos os lados. No lado subjetivo, a criança desperta para sua identidade sexual real – genitália masculina ou feminina. No lado objetivo, a Grande Mãe fálica subdivide-se, por um lado, na mãe individual e, por outro, no pai fálico. Mas o estado original e primitivo de bissexualidade parece ser muito difícil de capitular, pois, quando uma pessoa desperta como um ser sexual separado (macho *ou* fêmea), ele ou ela se sente como uma "meia pessoa" que *precisa* de outra "meia pessoa" para completar uma unidade corporal (essa é exatamente a pulsão do sexo tifônico). Note que para Platão, como para o Gênese, a separação dos sexos relacionava-se à queda do homem.

É esse difícil (mas absolutamente necessário) despertar para a realidade da diferenciação sexual que, finalmente, prepara o caminho para os clássicos complexos de Édipo e Electra e *em parte* os impulsiona, sob a fórmula geral conhecida como a "separação dos pais", em que a criança se "apaixona" pelo genitor do sexo oposto e geralmente sente rivalidade pelo genitor do mesmo sexo; daí advém a tentativa de "separá-los". Pois a Mãe fálica diferenciou-se em mãe e pai fálico; essa unidade hermafrodita primitiva diferenciou-se em um reconhecimento mais elevado de diferenças sexuais reais, e os complexos individuais de Édipo/Electra são impelidos por uma tentativa de achar uma forma de unidade (Projeto Atman) semelhantemente mais elevada nesse novo nível de diferenciação. Assim, a criança concentra

Figuras 27A e 27B. A Grande Mãe urobórica. Estruturalmente um tifão (isto é, metade humana, metade animal), a figura da Grande Mãe representa tanto sua conexão de desenvolvimento com o uroboro como uroboro quanto sua constituição hermafrodita, em que o uroboro é o símbolo do falo. A figura 27B é a mais primitiva, porque o uroboro está literalmente ligado à mãe ou indiferenciado dela, enquanto na figura 27A ele está diferenciado da mãe, mas ainda intimamente associado a ela. Porém, em ambos os casos, o uroboro representa a estrita conexão da Grande Mãe com o estágio alimentar (nível 1, ou uroboro como uroboro propriamente dito) e com o estágio emocional-sexual (nível 2, ou uroboro como símbolo do falo da mãe hermafrodita).

a atenção no genitor do sexo oposto, para encontrar sua "metade perdida" e, dessa forma, completar uma nova e mais desenvolvida unidade de opostos: não mais corpo e Grande Ambiente (nível 2 mais nível 1), mas corpo macho e corpo fêmea (nível 2 mais nível 2) – e subir mais um degrau do Grande Ninho do Ser, um nível mais alto do Projeto Atman.

Desse modo, a criança começa a desenvolver esse nível emocional-sexual do ser (o nível tifônico). Agora, esse desenvolvimento não está somente acoplado ao genitor do sexo oposto – é de fato um desenvolvimento geral. É um crescimento e um exercício *completo* de sexualidade emocional – ou simplesmente do *sentir* genérico –, uma característica bem global dos domínios do corpo. Todavia, as evidências sugerem fortemente que o genitor do sexo oposto seja um ponto focal definido desse desenvolvimento emocional-sexual. Por isso é que, aparentemente, frustrações ou rejeições intensas pelo genitor particular, nesse estágio crucial, podem mutilar relações emocional-sexuais de modo geral, frequentemente pelo resto da vida. Assim, a sexualidade emocional da criança começa a desenvolver-se, mas normalmente se foca no genitor do sexo oposto, e até mesmo o deseja explicitamente – a ponto de brotarem frequentemente desejos genitais específicos por uma união corporal real. E essa complicação leva, mais ou menos, tanto ao desastre quanto à possibilidade de novo crescimento.

É claro, como a criança logo nota, que a unidade corporal *real* não é possível. Colocado de forma bem direta, existem agora *três* pessoas no estágio (ego-mãe-pai) e apenas *dois* órgãos genitais opostos. Quer dizer, alguém vai ser deixado de fora da união corporal. A chamada cena primária – quando a criança vê (ou fantasia) os pais em relação sexual – é relacionada a muitos problemas emocionais exatamente por essa razão. A cena primária é apavorante, porque a criança é a pessoa estranha que fica de fora. O desejo da criança de estabelecer-se em unidade corporal é mandado para o inferno bem diante de si. Mamãe e papai são como um corpo único amando, e a criança é sempre posta de lado. Ela terá de esperar até bem mais tarde na vida, quando a união corporal, longamente ansiada, finalmente for consumada com seu parceiro, enquanto uma devoção inconsciente à história de amor da família original – com seus desejos necessariamente insatisfeitos e ressentimentos profundos por ser a pessoa estranha a ficar de fora – parece constituir o cerne de muitas neuroses.

Isso pode soar bem trágico e cruel – a pobre criança sendo deixada totalmente de fora –, mas o fato crucial é que é justamente o *ser deixado de fora* dessa unidade corporal que força a criança a construir uma unidade de *ordem mais elevada*, que não é do corpo, mas da mente.

Começando pelo menino, podemos resumir isso da seguinte forma: o menino deseja possuir a mãe para completar a unidade corporal, isto é, ele quer estar com sua mãe e, desse modo, anseia "desalojar" o pai – essa é a "separação dos pais", com ciúme, raiva e descontrole em relação ao pai. A criança quer se intrometer entre os pais, separando-os, para, em seguida, tomar o lugar do pai com a mãe e fechar o círculo corporal. Isso, claro, é impossível, e aí, por um caminho bastante complicado, cujos detalhes não precisam nos preocupar, a criança assume a próxima melhor opção e *identifica-se* com o pai, uma vez que o pai *já* possui a mãe. O menino abandona, mais ou menos, o desejo de *possuir* a mãe e busca, em vez disso, ser *como* o pai ("identificações substituem escolhas de objeto").[126]

Mas a identificação é uma conquista mental. A criança só pode identificar-se com o pai usando conceitos, papéis e assim por diante. E isso significa que ocorreu uma transformação fundamental da união corporal para a união mental. A criança não absorve o pai real em seu corpo, mas assume a imagem do pai em seu ego. (Isso também faz parte da formação do superego, o pai internalizado.) Essa identificação global ajuda a criança a formar um eu de ordem mais elevada, um eu propriamente mental, e um ego mais forte, capaz de desejos além dos orientados apenas para o corpo.

Acontece, essencialmente, a mesma coisa com a menina, exceto, claro, que há inversão de papéis. A menina, como resultado de uma consciência crescentemente diferenciada, deseja formar uma nova (e mais elevada) unidade possuindo o pai: ela (como o menino) não se satisfaz mais em fundir-se subconscientemente com a Grande Mãe hermafrodita. Ao contrário, quer diferenciar e separar os pais reais e substituir a mãe individual na nova união corporal. Finalmente, vendo que isso é impossível, ela, em vez disso, toma o próximo rumo melhor e *identifica-se* mentalmente com a mãe individual, uma vez que a mãe já possui o pai. Isso, da mesma forma, é uma mudança da união corporal para a união (ou identidade) mental, que ajuda na criação de um eu verdadeiramente mental, um ego forte e um superego. Também ajuda a criar uma *feminilidade mental*, em oposição à Grande Mãe ctônica, porque a mãe individual é um *ser* mental e *verbal*. Isso é de uma importância crucial: a Mãe ctônica (direcionada ao corpo) cede lugar idealmente à feminilidade mental (que chamaremos de "feminilidade solar").

Tudo isso é bem direto, embora complexo, mas existe ainda outro lado: lembre-se de que a criança é originalmente hermafrodita ou bissexual – o menino, por exemplo, também tem um lado feminino (isto é, inclinações românticas em relação a outros meninos e homens). Assim, parte do menino acaba desejando *possuir* o pai. E, portanto, parte do menino *identifica-se* com a mãe. O mesmo acontece com a menina: ela, em parte, deseja a mãe e identifica-se com o pai. Embora esse cenário completo seja bastante complicado, o resultado é simples: cada criança acaba incorporando em sua estrutura do eu mental as imagens e conceitos de ambos os pais, homem e mulher. O ponto geral é que, enquanto o corpo *tende* a ser dominado pela Grande Mãe, a mente é definitivamente estruturada por ambos: a mãe mental e o pai mental, ou mental-feminino e mental-masculino (ou, novamente, feminilidade solar e masculinidade solar).

Ao mesmo tempo em que tudo isso está acontecendo, o superego é finalizado ("o superego é herdeiro do complexo de Édipo"): a mãe-progenitora e o pai-progenitor (ambos imagos *mentais*) são internalizados no ego como bolsões autoritários. No lado positivo, essa internalização ajuda, como dissemos, na formação de um eu mais desenvolvido e mental. No lado negativo, o superego potencialmente (e normalmente) contém injunções, proibições, exigências e tabus excessivamente severos. Se certos impulsos corporais forem considerados inaceitáveis pelo superego, ele tem o poder de *reprimi-los* e, ao mesmo tempo, fazer o ego sentir-se culpado por tê-los tido em primeiro lugar. Trazer o pai e a mãe para o ego é manter parte do ego como criança; o indivíduo pode agora não apenas elogiar-se, mas repreender-se; sentir não só orgulho, mas culpa. E faríamos bem em relembrar esse lado do novo superego: uma fonte importante de repressão corporal e uma fonte importante de culpa mórbida.

UMA SUGESTÃO DA MITOLOGIA

Apresentemos agora uma simples, mas universal, equação mitológica: o corpo é a terra, a mente é o céu. Entretanto, esse "céu" particular não deve ser confundido com o verdadeiro Céu Transcendente (níveis 6-7), da mesma forma que a Grande Mãe não deve ser confundida com a Grande Deusa. Esse céu não tem nada da elevação de um *Dharmakaya*, reino de Buda ou paraíso cristão. Ao contrário, esse céu específico representa simplesmente a ascendência da mente (nível 4) sobre o corpo (níveis 1-2) – é precisamente o *céu da racionalidade apolínea* (não a suprema transcendência). Desse modo, nesse sentido particular, a mente era o céu, o corpo era a terra, e a transcendência do corpo para a mente era celebrada em toda parte pelos Mitos do Herói desse período. O Herói, portanto, era Ego--Mente-Céu, todos representativos do nível 4 do Grande Ninho.

Com essa equação, podemos apresentar os resultados de nossos indícios ontogenéticos da seguinte forma: a terra é governada fundamentalmente e mais significativamente pela Grande Mãe, enquanto o céu é potencialmente governado tanto pelo mental-feminino quanto pelo mental-masculino.

Mas o novo céu mental-egoico, que passou a existir historicamente por volta do segundo ou terceiro milênios a.C., foi governado apenas pelo pai, o masculino, o macho. Por quê? Antes de responder, precisamos de mais alguns indícios.

O AFASTAMENTO DO CTÔNICO

Observemos primeiramente que, embora a Grande Mãe ctônica fosse importante como representante do corpo, da terra, do alimento, da fertilidade mágica e da sexualidade emocional, sua *transcendência* era necessária e desejável. Não estamos falando da transcendência do princípio feminino em si – existe a feminilidade solar (ou feminilidade mental), existe a Grande Deusa, e assim por diante. Estamos nos referindo à Grande Mãe, como representada nos mitos e rituais, até mesmo durante a matriarquia propriamente dita (o que descarta o machismo nesse caso). O fato mitológico é que a associação natural da Grande Mãe aos domínios do corpo mostra-a necessariamente ligada ao ctônico, à escuridão, ao vegetal e animal, ao úmido. "O fato de a adoração da Deusa da Morte e da Terra estar geralmente associada a regiões pantanosas foi interpretado por Bachofen como simbólico do nível escuro de existência em que vive, uroboricamente falando, o dragão [mãe urobórica ou mãe fálica], devorando sua prole assim que a gera. Guerra, flagelação, oferendas sangrentas e caça são as formas mais brandas de sua adoração."[311] E mais:

> A Grande Mãe, com esse caráter, não é encontrada apenas nos tempos pré-históricos. Ela impera sobre os mistérios eleusianos antigos, e Eurípides ainda conhece Deméter como a deusa colérica, dirigindo uma carruagem puxada por leões, sob o acompanhamento de chocalhos, tambores, címbalos e flautas báquicos. Ela é suficientemente obscura para aproximar-se das Ártemis e da Cibele asiáticas, e também das deusas egípcias. A Ártemis Ortia de Esparta exigia sacrifícios humanos e o chicotear de meninos; os sacrifícios humanos também eram exigidos pela Ártemis taurina; e a Ártemis álfica era venerada por mulheres com danças noturnas, para as quais lambuzavam o rosto com lama [sangue].[311]

A conclusão é que

> nenhuma das deusas "bárbaras" está sendo aqui adorada mediante práticas "sensuais" e "asiáticas"; todas essas coisas são meramente as camadas mais profundas da adoração da Grande Mãe. Ela [tem o] poder da fertilidade sobre a terra, os homens, o gado e as colheitas; ela também preside todos os nascimentos e, assim, é, ao mesmo tempo, deusa do destino [...], da morte e do mundo subterrâneo.

Em toda parte, seus rituais são frenéticos e orgíacos; como amante de animais selvagens, ela domina todos os machos, que, sob a forma do touro e do leão, se encontram no alto de seu trono.[311]

Isso é perfeitamente óbvio até nas cerimônias gregas associadas a Deméter e Perséfone.

Em um festival celebrado em memória de Deméter e Perséfone, leitões ainda não desmamados eram oferecidos de forma sugestiva não só de um primitivo sacrifício humano, mas de um sacrifício exatamente do tipo repulsivo que observamos na África e entre os Marind-anim da Melanésia [o sacrifício ritual da jovem donzela e seu companheiro, seguido por sua disposição canibalesca; sacrifícios para a Mãe]. O festival grego, chamado Tesmoforia, era exclusivamente para mulheres, e, como Jane Harrison demonstrou em seu *Prolegomena to the Study of Greek Religion*, tais ritos femininos na Grécia eram pré-homéricos, quer dizer, sobreviventes do período antigo, quando as [...] civilizações da era do bronze de Creta e Troia estavam em pleno florescimento e os deuses [solares], Zeus e Apolo, dos gregos patriarcais posteriores, ainda não haviam surgido para reduzir o poder da grande [mãe].[69]

Esses ritos são exemplos prístinos da natureza e da função da Grande Mãe Voraz; eles podem ser estudados em seus contextos históricos ou, de maneira mais interessante, embora menos precisa, nos romances de escritores modernos que têm pesquisado esse período (e esse nível arquetípico) e usado essas pesquisas para fins dramáticos (ver especialmente John Farris, *All Heads Turn When the Hunt Goes By*, e Thomas Tryon, *Harvest Home*; ambas são obras altamente recomendáveis, que também apresentam a vantagem adicional de reconhecer claramente que a Grande Mãe, e não o pai, é, em última instância, responsável pela castração e pelo desmembramento corporal). Os ritos, sob várias formas históricas, são típicos em todos os lugares; eles envolvem sacrifício humano ou animal (normalmente porcos), adoração fálico-serpentina, comer vísceras desmembradas (ou símbolos delas) e histeria orgíaca. A associação posterior da Grande Mãe à energia emocional-sexual é especialmente evidente nos próprios ritos, até mesmo em suas versões tardias e suavizadas. "Na celebração desses aniversários, as sacerdotisas de Afrodite induziam-se um estado selvagem de frenesi, e o termo Histeria passou a identificar o desarranjo emocional associado a tais orgias. [...] A palavra Histeria foi usada no mesmo sentido que Afrodisia, isto é, como um sinônimo para os festivais da [Grande Mãe]."[311]

Não é de admirar que "a superexposição do estágio da Grande Mãe não seja uma ocorrência histórica fortuita, mas psicologicamente necessária"[311] – isto é, necessária se tal consciência orgíaca, ctônica, direcionada ao corpo dever ser substituída por uma mentalidade mais elevada. No mínimo, como colocado no estudo clássico de Jane Harrison, "uma adoração dos poderes de fertilidade que inclui toda a vida vegetal e animal é suficientemente ampla para ser correta e saudável, mas à medida que a atenção do homem se centra cada vez mais em sua própria humanidade, tal adoração é uma óbvia fonte de perigo e doença", de forma que a nova e mais desenvolvida mentalidade se apresentou, "acima de tudo, como um protesto contra a adoração da terra e dos demônios da fertilidade da terra".[71,186]

A NOVA MENTALIDADE

Pelo menos, então, a transformação para a nova mentalidade – o ego heroico – foi um afastamento do ctônico, da Mãe Terra, do corpo subumano. Independentemente de qualquer outra coisa que possamos esclarecer, não negligenciemos essa verdade essencial. Entretanto, a nova mentalidade não se afastou apenas da Mãe ctônica, em direção a uma nova e mais alta feminilidade mental, bem como masculinidade mental; ao contrário, foi um movimento dominado somente pelo mental-masculino, e isso, com certeza, é do nosso interesse.

Pois não há nenhuma razão estrutural esmagadora para que a nova mentalidade, o ego heroico, não pudesse ser tanto feminina quanto masculina; nenhuma razão para que o Céu não pudesse ser governado pela feminilidade mental ou solar e também pela masculinidade solar. O ponto básico é apenas que ambas, a feminilidade e a masculinidade, deveriam ter sido libertadas de sua incrustação na Mãe Terra ctônica e abrir-se para o céu mental. Acho que as formas mais centrais e benignas do Mito de Herói permitem justamente essa interpretação, porque, mesmo com sua marca patriarcal, o "tesouro difícil de ser conquistado" – que, como vimos, era fundamentalmente a estrutura do ego emancipado – é normalmente representado por uma *figura feminina*. Está bem, é o homem que salva a figura (afinal, essa é a versão patriarcal), mas o ponto essencial é que ambas as figuras, a masculina e a feminina, se livram da armadilha do dragão ctônico e da voraz matriarquia da terra.

> Com a libertação da *anima* do poder do dragão urobórico, um componente feminino é construído na estrutura de personalidade do herói. Foi-lhe atribuída sua própria contrapartida feminina, essencialmente como si mesmo, seja ela uma mulher real ou sua própria alma, e [...] *este elemento feminino é a parte mais valiosa* da [libertação da mãe serpentina]. Aqui, justamente, jaz a diferença entre a princesa [feminilidade solar mais elevada] e a Grande Mãe [poder ctônico], entre as quais nenhuma relação em condições iguais é possível.[311]

Em outras palavras, a nova mentalidade heroica, emergindo vitoriosa da Mãe ctônica, era, idealmente, uma masculinidade solar/feminilidade solar. Mas quando, idealmente, deveríamos ter tido os filhos e filhas do Céu, tivemos apenas os filhos do Céu. Por quê?

A PATRIARQUIA NATURAL

Por que, então, a patriarquia? Vou sugerir que não foi nem puro machismo, por um lado, nem pura superioridade masculina, por outro, mas uma complexa mistura de atitudes machistas e comportamentos masculinos acoplados a uma mistura ainda mais estranha de opressão da mulher e submissão feminina consentida em seu planejado destino de irresponsabilidade. Ou seja, é altamente improvável que um fenômeno tão difundido e de longo alcance como a patriarquia fosse *somente* um produto de brutal insensibilidade e viciosa inumanidade, coordenado mundialmente para, simultaneamente, levar metade da humanidade a uma ruinosa servidão. Ao contrário, foi seguramente o produto de uma mistura de tendências naturais e inclinações antinaturais, e eu gostaria de refletir brevemente sobre ambas.

Comecemos pelas tendências naturais que poderiam ter predisposto a mentalidade heroica a ser inicialmente masculina. Costumava ser psicologicamente aceitável afirmar que os comportamentos masculino e feminino são inatamente diferentes, com o homem supostamente sendo mais agressivo (mas, por outro lado, imperturbável), positivo e ativo, e a mulher, mais passiva, pacifista e não agressiva (mas, por outro lado, emocional). Mais recentemente, a moda psicológica tendeu a mudar para o extremo oposto; não é incomum ouvir pessoas cultas afirmar que *todas* as diferenças de papel sexuais são puramente culturais, e que, em sua psicologia essencial, o homem e a mulher são equivalentes. Quanto a mim, considero que ambas as posições são verdadeiras; depende apenas se estamos nos referindo ao corpo do homem e da mulher, ou à mente masculina e feminina.

Isto é, acredito que o corpo do homem e o corpo da mulher, em virtude de suas diferentes estruturas e funções biológicas, estão inatamente relacionados às diferenças de sexo que são caricaturadas como o macho estereotipado (ativo, agressivo, mas, por outro lado, imperturbável etc.) e a fêmea estereotipada (passiva, não agressiva, mas, por outro lado, emocional etc.). Entretanto, a mente humana, até o ponto em que consegue transcender sua incrustação inicial no corpo, tende realmente a transcender essas diferenças sexuais. Quanto mais os homens e mulheres crescem e evoluem, mais transcendem suas diferenças corporais iniciais e descobrem uma equivalência mental e uma identidade equilibrada. Essa é, de certo modo, uma forma de androginia mental mais elevada (não bissexualidade física, que é uma regressão ao tifão polimorfo). Reciprocamente, quanto menos evoluída (e inteligente) é uma pessoa, mais ele ou ela exibe características estereotipadas de macho e fêmea, definidas pelo corpo animal do qual o eu ainda não se diferenciou. Penso que pesquisas recentes mostram muito claramente que as personalidades mais desenvolvidas exibem um equilíbrio e uma integração de ambos os princípios, masculino e feminino, e são, desse modo, "mentalmente andróginas", enquanto indivíduos menos desenvolvidos tendem a exibir as atitudes estereotipadas de seu sexo particular.[344] Quanto mais você cresce, menos macho ou fêmea é, até que, no limite do crescimento, não existe "em Cristo nem homem nem mulher".

Todavia, isso com certeza colocaria uma carga extra no desenvolvimento inicial de uma feminilidade realmente solar, um verdadeiro ego heroico feminino. Uma vez que o ego-mente deve diferenciar-se do corpo, o sistema corporal inato não consegue evitar deixar sua marca no desdobramento mental inicial. E já que a estrutura corporal da mulher tende para a passividade e o emocionalismo, a mente feminina inicial tenderia para a mentalidade emotiva, modos de cognição "intuitivos" (afinados à percepção), paleológicos, e assim por diante (daí a difundida crença na "intuição feminina", que não é *insight* transcendente, mas pressentimento emocional; Frances Vaughan, em *Awakening Intuition*, reconhece a existência da "intuição feminina", mas ressalta que é intuição emocional, não intuição espiritual). Esse tipo de mentalidade incluiria um rápido domínio da linguagem, mas *não* da lógica ou da racionalidade mais desenvolvidas. Até hoje, as meninas desenvolvem habilidades de linguagem mais cedo que os meninos, mas sentem dificuldade para a lógica, a matemática, o pensamento operacional formal etc.[344] O ponto é que, por mais valiosa que essa mentalidade afinada à percepção possa ser para outros fins, provavelmente foi mais um obstáculo que uma ajuda para a emergência na mulher de uma mentalidade lógica, racional e transctônica.

O princípio masculino, por outro lado, cuja base corporal inicial seria facilmente ampliada para a guerra e a exploração agressiva, teve, justamente por essas razões nada admiráveis, maior tendência para desenvolver as mais úteis formas de mentalidade ativa conhecidas, como lógica, razão e compreensão conceitual, isto é, um ego mental livre e não ctônico. Se isso é verdade, seria claramente uma primeira propensão natural para o ego heroico emergir como ego heroico masculino, e creio que esse foi, de fato, em parte, o caso.*

Outra tendência natural foi reconhecida há muito tempo pelos antropólogos. Como assinalado por Ruth Underhill, "os mistérios do parto e da menstruação são manifestações *naturais* de poder. Os ritos de isolamento protetor, defendendo tanto a própria mulher, quanto o grupo a que ela pertence, estão arraigados a uma percepção e ideia de perigo misterioso, enquanto os ritos dos meninos e dos homens são, ao contrário, eventos *sociais*".[69] Isto é, falando explicitamente, uma vez que a imagem da mulher-mãe já estava naturalmente embutida no domínio do nascimento-corpo-terra, quando ocorreu o desenvolvimento da cultura mental, ele tendeu a declinar no domínio do homem-pai. Desde que o princípio feminino já estava associado à terra, a transformação para o céu foi deixada, em grande parte, para o princípio masculino. "Daí a correlação fundamental entre céu e masculinidade."[311] Portanto, nesse sentido, não é surpreendente que "todas as culturas humanas, e não apenas a civilização ocidental, apresentem caráter masculino, desde a Grécia e o mundo judaico-cristão até o Islã e a Índia".[311]

Isso também ajuda a explicar o fato, de outra forma desconcertante, de que "existe uma ampla semelhança entre as figuras de mãe dos tempos primitivos, clássicos, medievais e modernos; elas permanecem entranhadas na natureza. Mas a figura de pai muda de acordo com a cultura que ele representa". Desse modo,

> Os "pais" são os representantes da lei e da ordem, desde os tabus mais antigos até os sistemas jurídicos mais modernos; eles transmitem os valores mais elevados da civilização, enquanto as mães controlam os mais elevados, isto é, mais profundos, valores da vida e da natureza. O mundo dos pais é o mundo de valores coletivos; é histórico e relacionado ao [...] desenvolvimento cultural no âmbito do grupo. A defesa do cânon de valores herdados dos pais e impostos pela educação manifesta-se na estrutura psíquica do indivíduo como "consciência" [superego].[311]

---

*Para o papel da tecnologia nessa emergência, ver Wilber, *Uma breve história do universo*.

E isso, claro, remete-nos a uma característica distintiva do ego: por ser largamente formado por comunicação sociomental com outros, carrega a pesada marca de suas trocas sociais mais antigas e mais significativas, uma marca geralmente conhecida como o superego (ideal da consciência e do ego). E já que a cultura social era agora, para todos os efeitos e propósitos, o mundo dos pais, o superego, igualmente, passou a ser amplamente patriarcal. Assim, e historicamente há poucas dúvidas sobre isso, "o 'Céu' e o mundo dos pais agora constituem o superego, um dos mais importantes auxílios na luta do ego por independência".[311] (Explicamos o último ponto no princípio deste capítulo: identificações mentais ajudam a substituir impulsos corporais.)

Mas, tendo dito tudo isso, devemos agora concluir enfatizando que o superego também trouxe uma nova capacidade para dissociação interna. O superego é, de fato, parte integrante do novo e mais desenvolvido eu mental; mas, exatamente por essa razão, pode ajudar a reprimir, negar e dissociar os domínios mais baixos (em particular, o uroboro e o tifão, a agressividade e a sexualidade emocional). A transcendência dos domínios inferiores é necessária e desejável; sua repressão, porém, é patológica e mórbida, e representa nada mais que uma falha estratégica para integrar as raízes da consciência. A repressão é uma negação fanática da evolução, uma negação de que nosso cérebro-mente seja composto de tronco reptiliano (uroboro) e sistema límbico (tifão), bem como do neocórtex (ego-mente), uma negação de que nossos pés estão na terra e nosso corpo inclui o do tifão serpentino. Finalmente, a repressão é um insulto e uma crueldade para com esses estágios primitivos, mas necessários, sobre cujos sucessos iniciais repousa agora nossa consciência.

A repressão dessas energias primitivas não resulta em sua aniquilação; o insulto da repressão resulta meramente em sua violação e em sua subsequente entrada na consciência sob formas disfarçadas, dolorosas, sintomáticas, patológicas e mórbidas. A serpente e o tifão enfurecidos, descartados de participação na consciência, chicoteiam de volta, de modo selvagem, como bestas feridas. E descobriremos que, desse ponto em diante, a história não é mais definida pela irracionalidade, mas por irrupções violentas de irracionalidade.

Entretanto, a sociedade não é necessariamente fundamentada na repressão; a esse respeito, creio que Freud estava profundamente errado. A sociedade é fundamentada na ascensão, transformação e evolução verdadeiras da consciência, que são um desdobramento natural de potencialidades mais elevadas, e não o trabalho forçado da primitiva serpente urobórico-tifônica. A sociedade é uma tarefa superior; nenhum açoitamento seria capaz de fazer com que o réptil a criasse. Afirmar que a vida mental é fundamentalmente construída sobre a repressão da vida animal é o mesmo que dizer que a vida animal é construída sobre a repressão da vida das plantas, e que a vida das plantas é construída sobre a repressão do pó – é exatamente regredir sobre todo o Ninho do Ser. A tese de Freud parece fazer sentido porque ele considerou apenas um nível do Ninho – o da sexualidade emocional tifônica – e o definiu como o único nível real do Ninho, enquanto todos os outros – especialmente, os mais desenvolvidos, como mente, ego, sociedade e cultura (sem mencionar a religião) – parecem ser nada mais que uma reestruturação sorrateira desse nível mais baixo. Essa reestruturação obviamente deve ser forçada e, portanto, pareceu natural para Freud que o mais alto seja construído a partir de uma repressão e um esmagamento forçados do mais baixo.

A verdade é que o mais alto, uma vez emerso do inconsciente essencial, *pode* reprimir o mais baixo. O ego/superego *pode* reprimir o tifão, e é isso que nos interessa. Em particular, notemos simplesmente que a repressão egoica de energias emocional-sexuais resulta em suas expressões mórbidas; proeminentes entre essas expressões mórbidas – e cruciais para a compreensão da era histórica que começa neste momento – são, por um lado, a agressão excessiva e desenfreada e, por outro, a culpa mórbida e impiedosa. Historicamente, a patriarquia produziu ambas. E isso nos leva diretamente ao próximo tópico.

A PATRIARQUIA ANTINATURAL

Creio que os fatores anteriormente apresentados (além da repressão) foram as características mais ou menos naturais que predispuseram o primeiro herói egoico a ser masculino. Mas note que essas características eram de função, não de *status*. Todavia, a *função* temporariamente preferencial do princípio masculino foi aproveitada com sucesso, por exploração opressiva, até um *status* preferencial do princípio masculino. Uma simples diferença de função tornou-se uma diferença de *status* e resultou finalmente na ignobilidade do "taceat mulier in ecclesia", a oração diária de agradecimento dos judeus por não terem nascido mulher, um inacreditável insulto pelo qual o estereótipo da Mãe ctônica judia extrai diariamente vingança sob a forma de culpa mórbida. Essa opressão machista é antinatural e criminosa – ou quaisquer outros termos puramente aviltantes que se prefira – e é para essas inclinações antinaturais que devemos olhar agora.

Os motivos para opressão não são uniformes, porque existem tipos fundamentalmente diferentes de opressão – opressão do trabalho material, da sexualidade emocional, da troca comunicativa, da espiritualidade. O motivo para opressão depende, em parte, do tipo de opressão envolvida. O tipo de opressão envolvida é determinado averiguando-se, tão cuidadosamente quanto permitam as circunstâncias, o nível de troca que está sendo negado para grupo(s) qualificado(s) de indivíduos.

Falando de forma bem genérica, não existe nenhuma dúvida de que, historicamente, a principal esfera de consciência, cujo acesso foi negado ao princípio feminino pela recém-emergente patriarquia, foi a da comunicação sociocultural; isto é, troca mental livre, acesso ao céu livre, ideação livre. Negou-se ao princípio feminino acesso à mente recém-surgida.

E não precisamos ir longe para descobrir esse tipo particular de opressão. Pois vimos que o curso natural de eventos evolucionários, que deveria ter levado à diferenciação entre mente e corpo, levou (no Ocidente), um pouco furiosamente, à dissociação europeia entre mente e corpo. Sob a tensão das responsabilidades do recém-emerso ego mental; sob o impacto de uma nova e mais aguda apreensão da mortalidade; sob a tensão de uma crescente vulnerabilidade; sob uma preferência para o pensamento estático; sob um pico de pulsão de poder e agressão exacerbada – em resumo, sob uma nova guinada no Projeto Atman que anteviu a imortalidade no pensamento abstrato e o cosmocentrismo na liberação da expansão egoica –, sob tudo isso, os dois sistemas, mente e corpo, romperam-se. E eis o ponto imediato: já que, historicamente, o corpo era equiparado à feminilidade, e a mente, à masculinidade, a dissociação interna e psicológica entre corpo e mente significou uma opressão externa e sociológica do masculino ao feminino.* Uma vez que o corpo era considerado uma ameaça ao Projeto Atman egoico, o feminino foi visualizado como uma ameaça ao céu masculino, egoico, comunicativo. Em síntese, quando Adão caiu, caiu em dois – Adão Júnior e Eva, homem e mulher, céu e terra, psique e soma. E Adão Júnior era um machista.

Isso está cuidadosamente oculto na narrativa do Gênese ao se chamar o primeiro humano de "Adão", como se o proto-humano fosse masculino. Porém, uma vez que Eva estava inicialmente contida em Adão, a única conclusão possível é que o Adão *original* não fosse masculino, mas corporalmente hermafrodita ou bissexual. Quer dizer, Adão Sênior. foi realmente o hermafrodita primordial, a Mãe fálica, a grande Mãe Terra Ctônica, da qual, como vimos, emergiu a mãe mulher individual e o pai fálico individual. A liberação final do princípio feminino e do princípio masculino da Mãe Ctônica ocorre com o aparecimento do ego mental verdadeiro: Adão livre e Eva livre. Na narrativa do Gênese, o Adão livre emergiu; a Eva livre, não.

Para entender isso, recordemos simplesmente que o novo ego estava sob influência da dissociação europeia – a separação entre mente e corpo. E já que não havia apenas a transcendência do corpo, mas sua repressão, não houve a transformação do materno-ctônico, mas sua supressão. Essa supressão do materno-ctônico pareceu multiplicar seu aparecimento em toda parte (via projeção), e, assim, es-

---

* A questão é que a opressão, repressão e/ou exploração da natureza, do corpo e da mulher ocorreram *pelas mesmas razões*; natureza, corpo e mulher eram vistos como *uma entidade única*, a ser suprimida. Posto de forma diferente, os três eram sacrifícios substitutos do e pelo ego masculino – o *mesmo* sacrifício substituto.

forços para cancelar o materno-ctônico foram redobrados, com o resultado líquido de que o princípio feminino *in totum* foi suprimido. Isto é, apenas o princípio masculino, mas não o princípio feminino, foi liberado de suas origens ctônicas. O mental-feminino não foi liberado do corporal-ctônico; Adão emergiu livremente da Grande Mãe, enquanto Eva foi *identificada* unicamente com a Grande Mãe, com o corpo, com a sexualidade emocional. "Afastar-se do inconsciente materno" foi confundido com "afastar-se completamente do feminino".

Isso está claro até mesmo no próprio mito do Gênese. Enquanto no jardim do Éden, Adão está totalmente sob influência da masculinidade ctônica – isto é, ele é, de fato, a mãe fálica. Ele caduca ao redor de plantas e animais; ele não trabalha, não lavra, não cultiva; não tem cultura, não faz nenhum esforço mental, não tem mente. Enquanto os românticos afirmam ser esse o supremo Paraíso, vimos que é, na verdade, o estado de imersão pré-pessoal na natureza e no instinto. Quando Eva entra em cena, ela também é ctônica ou está entranhada na natureza, levando essencialmente a mesma vida que o Adão instintivo. Mas, após a queda, Adão passa a se relacionar com o conhecimento, a mentalidade, o cultivo, a disciplina, a cultura e a autoconsciência – ele se liberta do destino de amores-perfeitos, frutas e sono subumano e começa a assumir um perfil propriamente humano. Mas Eva não faz nada disso – ela permanece ctônica. Banida do Jardim, é impedida de participar do discurso cultural. *Só* lhe é permitido ser mãe, fazer sexo, cozinhar, procriar, seduzir fisicamente, trabalhar arduamente, confortar corporalmente. Ela não está apta a pensar, planejar, falar alto, aconselhar, filosofar, calcular, cultivar. E foi isso que eu quis dizer quando afirmei que o Adão livre emergiu do Éden ctônico, mas a Eva livre, não (isso se tornará mais evidente em breve).

O fato histórico – nem mesmo oculto na mitologia – é que o princípio feminino *in totum* foi excluído do recém-emerso mundo da mente racional, da cultura, da troca comunicativa livre, do céu apolíneo. A injunção primária para a fêmea era ser vista, mas não ouvida, isto é, não falar, não participar da comunicação mental. Feminilidade solar, feminilidade consciente, feminilidade mental – isto lhe foi negado. Desse modo, as Filhas do Sol nunca emergiram, e a mulher foi socialmente identificada somente como uma filha da terra, ctônica, misteriosa, perigosa, uma ameaça para a razão, uma ameaça para o céu. Daí em diante, o papel básico da mulher, além de mãe ctônica, foi o de grande sedutora, e ela teve de aprender a representar bem um ou o outro (e, frequentemente, ambos ao mesmo tempo, uma tarefa impossível; assim, no casamento, depois que a mulher dava à luz uma criança, ela passava a ser automaticamente a mãe ctônica, e o marido habitualmente procurava em outro lugar por uma grande sedutora – daí o chamado padrão duplo de conduta sexual).

No Gênese, porque, diferentemente de Adão, Eva é forçada a permanecer ctonicamente ligada, ela aparece *somente* no papel da Mãe ctônica, da Mãe fálica, do uroboro-tifão, da noiva-serpente, cuja caracterização, quanto a isso, é perfeitamente verdadeira para a forma ctônica: uma mulher emocional-sexual *estruturalmente* ligada a um falo secreto (serpente), sem nenhuma alusão à masculinidade real. "A serpente era mais astuta que todas as alimárias do campo que o Senhor Deus tinha feito. E esta disse à mulher: 'É assim que Deus disse: Não comereis de toda a árvore do jardim?'" (3,1).

E então aconteceu, neste conto patriarcal meio tortuoso, que algumas das primeiras palavras registradas que o homem disse para o Senhor seu Deus foram: "A mulher que me deste por companheira, ela me deu da árvore, e eu comi" (3,12). Grande sedutora, ela o induziu a comer. E algumas das primeiras palavras registradas deste Senhor Deus para a mulher foram: "Multiplicarei grandemente a tua dor e a tua conceição; com dor terás filhos; e o teu desejo será para o teu marido, e ele te dominará" (3,16). Não era mentiroso, aquele Deus. E para Adão: "Porquanto deste ouvido à voz de tua mulher e comeste da árvore de que te ordenei, dizendo: 'Não comerás dela'; maldita é a terra por causa de ti; com dor comerás dela todos os dias da tua vida" (3,17). Adão foi castigado por ouvir a *voz* de Eva, isto é, por *permitir que a feminilidade entrasse no campo mental-comunicativo*.

Quão rápida e violentamente essa opressão aconteceu, só podemos supor. Que, em certos casos, ela foi fisicamente implementada (além de ter sido psicologicamente gerada) é certo. O lado opressor inteiro da patriarquia foi prefigurado em certas lojas maçônicas e sociedades secretas de homens, organizações em que, como Neumann mostrou, primeiro emergiu o ego mental, mas por meio das quais, como padre Schmidt sugeriu, a opressão machista foi instituída pela primeira vez. Esses "festivais dos homens não só eram direcionados a um objetivo imoral e ignóbil, mas empenhavam-se nele por meios imorais e ignóbeis. O objetivo era [...] estabelecer, por intimidação e sujeição das mulheres, uma ascendência cruel dos homens".

"Os meios eram paródias do Halloween, nas quais os próprios atores não acreditavam, e que, consequentemente, eram mentiras e imposturas do princípio ao fim. E os efeitos maléficos que surgiam de tudo isso não eram apenas perturbações no equilíbrio social dos sexos, mas também um espessamento e uma autocentralização dos homens, que se empenhavam para tais fins por esses meios."[69] E assim, nas palavras de Campbell, "pode ser que muito do que foi apregoado como representando o legado do 'Velho Sábio' não passe, na verdade, da herança de muitos homens velhos, e que a principal ideia não seja tanto honrar Deus, mas simplificar a vida mantendo a mulher na cozinha".[69]

IMORTALIDADE PATRIARCAL

Mas, claro, boa ou má, certa ou errada, natural ou antinatural, a patriarquia deve ter servido ao Projeto Atman, e lhe servido bem. E, realmente, assim foi.

"A organização social focalizou-se na família patriarcal sob a proteção legal do Estado. Foi nesse momento que a paternidade biológica passou a ter importância preponderante, porque se tornou o modo universal de assegurar a imortalidade pessoal."[26] Patriarquia fálica: uma nova e crucial forma do Projeto Atman social. Como Becker explica:

Rank chamou essa de a "era sexual" porque a paternidade física era completamente reconhecida como a estrada real para a autoperpetuação via filhos – na verdade, era um dever sagrado. A instituição do casamento estendeu-se do rei para seu povo, e todo pai tornou-se um rei com seus próprios direitos, e seu lar transformou-se em um castelo. De acordo com a lei romana, o pai tinha direitos tirânicos sobre sua família; ele a dominava legalmente; Rank foi perspicaz ao observar que *famulus* corresponde a servo, escravo.[26]

A patriarquia tornou-se um novo e facilmente acessível símbolo de imortalidade individual, uma nova guinada no Projeto Atman. Na lei romana sobre herança, "o conceito era que, embora a pessoa física do falecido tivesse perecido, sua personalidade legal sobrevivia e mantinha-se incólume em seus herdeiros ou coerdeiros, por meio dos quais sua identidade (até onde dizia respeito à lei) perdurava". Desse modo, e isso encerra o assunto, "na antiga lei romana da herança, o conceito de um legado ou testamento está indissoluvelmente ligado, eu diria quase confundido, com a teoria da existência póstuma do homem na pessoa de seu herdeiro – a eliminação da ocorrência da morte".[62]

O ponto é que o homem médio (pai) mantinha símbolos de imortalidade não apenas por propriedades, dinheiro, ouro e bens que conseguisse acumular, mas também por sua progênie, especialmente seus filhos, seus herdeiros. Pois seus herdeiros eram seus *súditos* enquanto ele estava vivo e sua "existência póstuma" quando ele "morria". Seus herdeiros eram sua propriedade e seus sujeitos, por lei. "Hoje ficamos chocados quando tomamos conhecimento do antigo homem grego que cegava seus filhos por desobedecê-lo e irem para a guerra – mas a vida deles era, literalmente, sua propriedade pessoal, ele tinha essa autoridade e a usava."[26] Pelo simples fato de que havia (e ainda há) uma "unidade profunda entre a ideologia da família patriarcal e a monarquia".[61] E isso aconteceu por uma razão muito simples: à medida que mais e mais pessoas começaram a emergir para personalidades egoicas, individuais, heroicas, com as concomitantes formas do Projeto Atman, elas precisaram de novas formas de cosmocentrismo e símbolos de imortalidade – e *os acharam observando a vida dos reis*. As maciças propriedades e riquezas dos reis, e os obedientes súditos e servos reais, proclamavam a "boa vida". Assim, "com o surgimento da monarquia, os homens passaram a imitar os reis com o intuito de conseguir poder".[26]

Desse modo, a casa do homem passou a ser seu castelo, e ele, seu soberano absoluto. Ele acumulava símbolos de imortalidade não só em propriedades e ouro, mas também em sua família, sua esposa, sua prole – seus sujeitos e seus herdeiros. "Como Heichelheim mostrou, a Idade do Ferro, no fim da qual vivemos, democratizou as conquistas da Idade do Bronze (cidades, metais, dinheiro, escrita) e tornou acessível ao cidadão médio a busca dos reis (riqueza, [sujeitos-herdeiros] e imortalidade)."[61] E, naturalmente, "a nova patriarquia legou não só a imortalidade da família para o filho, mas também ouro, propriedades e vantagens – e, por sua vez, o dever de continuar acumulando-os".[61]

Assim, aconteceu que, por uma nova estrutura do eu (egoico) e um novo conjunto de objetos substitutos, a busca dos reis – propriedades, ouro e súditos (herdeiros) – foi aberta ao cidadão médio em geral. Ou melhor, ao Adão médio em geral. Eva permaneceu na cozinha, sem propriedades, sem ouro e sem súditos. Na verdade, sendo ela mesma uma súdita, formou parte da base oprimida sobre a qual foram construídos os projetos de imortalidade do ego masculino. Quão profundo ainda é esse terror do homem! O feminino ameaçava não só a mentalidade masculina, mas a imortalidade egoica. Não procure por motivos adicionais do terror masculino em relação ao "poder feminino", motivos ainda hoje desenfreados, ainda "ignóbeis e imorais" em seus meios e fins.

SOL INVICTUS

Desse modo, por várias razões, algumas machistas, outras não, a monumental transição para o ego mental heroico foi amplamente deixada para o princípio masculino. Mas é extremamente importante que, ao jogar fora a água do banho do machismo, não joguemos junto o bebê da transformação real. A *verdade* oculta na patriarquia, embora presa em uma armadilha, foi o eu de ordem superior conhecido como ego mental, caracterizado pela autoconsciência e estabelecido por uma mutação verdadeiramente evolucionária de consciência. E é essa verdade que devemos finalmente celebrar, até mesmo enquanto corrigimos seus desequilíbrios.

Vimos que essa verdade mais elevada – o surgimento da mente liberta (nível 4) – foi representada na mitologia de toda parte pelo advento do Céu e dos Heróis-deuses do Céu. O orbe celeste que mais se distingue é, claro, o sol, e, assim, os novos deuses heroicos foram, em todos os casos, Deuses Solares. O Sol tornou-se simplesmente representativo da *luz da razão*. Passou a representar a racionalidade apolínea. (Não era representativo do supremo Vazio da Luz Pura, da mesma forma que o céu em que existia não era representativo do *Dharmakaya*, mas da mente. O Sol representou o "iluminismo" no sentido europeu, a racionalidade de Voltaire, e não, no sentido oriental, a transcendência do Buda.)

O ponto é que o Herói desses mitos não trouxe só o ego-mente, *mas também luz*. A luz não era a luz física, e também não a Luz Suprema, mas a luz da clareza mental, que foi dramaticamente simbolizada pelo brilho do Sol que fulgura no céu mental. Desse modo, adicionamos outro termo à nossa equação: Herói = Ego = Mente = Céu = Luz = Sol.

É justamente por isso que

> o arquétipo mais extensamente disseminado da luta com o dragão é o mito do sol, em que o herói é engolido toda noite pelo monstro marinho noturno que vive no oeste e que luta com seu duplo, por assim dizer – o dragão que ele encontra nessa caverna uterina. Em seguida, o herói renasce no leste como o sol vitorioso, o *sol invictus*, ou seja, forçando sua saída do interior do monstro [ctônico], ele conquista o próprio renascimento. *Nessa sequência de perigo, luta e vitória, a luz é o símbolo central da realidade do herói. O herói é sempre portador e emissário da luz* (grifo meu).[311]

Nesse sentido, também podemos entender "a vitória do filho, que se torna um matricida a fim de vingar seu pai, e que introduz a nova era do patriarcado com a ajuda do *princípio paterno-solar*. Usamos a palavra 'patriarcado' para [...] representar o mundo predominantemente masculino do [céu], sol, consciência e ego. No matriarcado, por outro lado, o [...] mundo terreno, ligado ao corpo, do inconsciente reina supremo, e a característica predominante aqui é uma forma de pensar e sentir pré-consciente, pré-lógica [mítica] e pré-individual [*não* transindividual]".[311]

Semelhantemente, "o orbe celestial ao qual o monarca é agora comparado não é mais a lua prateada [...], mas o sol dourado, a chama eterna perante a qual sombras, demônios [...] fogem. A nova era do Deus Solar amanheceu, e vai seguir um desenvolvimento [mitológico] extremamente interessante, conhecido por *solarização*, em que o sistema completo da era anterior será [...] transformado, reinterpretado e, em grande parte, até suprimido".[71] A *transformação* das antigas mitologias ctônicas e telúricas (via solarização) fez parte do crescimento da consciência; porém – e isso precisa ser repetido mais uma vez – a supressão dessas mitologias (e dos domínios que elas representavam) foi uma catástrofe que ainda nos afeta a todos. Temos, homens e mulheres, atualmente, de nos reconciliar adequadamente com nossas raízes ctônicas. E isso nos leva ao nosso último tópico.

ÉDIPO

Com a compreensão do que foi exposto, estamos em condições de retornar ao nosso ponto de partida deste capítulo e tentar um fechamento: a natureza e o significado básicos do mito de Édipo (Electra), o mito que pesou intensamente sobre nossa psique coletiva, o mito escolhido por Freud como definidor da consciência humana. Não precisamos ser fãs dogmáticos de Freud para nos impressionarmos com o fato de que o maior psicólogo do século XX escolheu um mito particular como central à natureza humana. Freud certamente exagerou o caso, mas algo profundamente significativo está acontecendo aqui. O que se segue é minha reinterpretação e minha reconstrução do significado essencial do mito de Édipo.

Os detalhes efetivos do mito são bem simples: Édipo, sem saber, comete incesto com a mãe e mata o pai e, quando descobre seu crime, cega-se por causa da culpa. O significado é direto: na superfície, Édipo parece ser meramente um buscador e sofredor inocente, passando por uma vida que inclui um assassinato indefinível e um caso amoroso incomum. Mas sob a superfície, no subconsciente (ou nos "bastidores"), Édipo ama não uma mulher, mas sua Mãe, e mata não um adversário, mas seu Pai, e quando descobre seu crime – quando o torna consciente pela primeira vez – a culpa o impele para a autoinfligida cegueira.

Édipo é o mito da consciência dividida entre o antigo matriarcado ctônico e o nascente patriarcado solar. Ele se rebela contra o princípio solar-paterno do modo mais elevado e exigente de consciência e busca, ao contrário, uma união com o antigo conforto da terra ctônica, um incesto emocional-sexual com a Mãe, uma imersão em seu domínio. Édipo, em outras palavras, *não* é um verdadeiro herói egoico – ele não subjuga a antiga fascinação ctônica, ao contrário, sucumbe a ela. Ele não desenvolve a transformação final do corpo telúrico para a mente solar, do instinto para o ego, do prazer para a razão, mas, rebelando-se contra e finalmente assassinando o princípio solar mais alto, retorna aos braços da Mãe Terra.

E isso é concluído pelo fato de que, ao regressar à condição de filho-amante da Grande Mãe, Édipo sofre o destino trágico de *todos* os cônjuges fálicos da Mãe: castração, sacrifício e desmembramento. Ele elimina sua própria visão, cega-se, usando como arma o gancho simbólico do antigo sistema matriarcal. Mas observe: não é tanto uma castração corpórea, mas uma castração mais alta da visão, que é, em toda parte, símbolo do conhecimento, da luz e da razão solar. Édipo destrói, castra seu próprio ego-mente individual, e retorna ao eu corpóreo pré-pessoal da mãe natureza, em que é "descartado como pó". Desse modo, coroando a história, já velho, cego e fraco, ele desaparece misteriosamente nas entranhas da terra. Bachofen, em sua forma singularmente brilhante, conclui que Édipo "é uma das grandes figuras humanas, cuja agonia e sofrimento levam a comportamentos mais benevolentes e civilizados, e que, ainda impregnadas na velha ordem [ctônica] da qual são os produtos, mantêm-se lá como suas últimas grandes vítimas e, ao mesmo tempo, como fundadoras de uma nova era".[16,311]

O que caracteriza a genialidade da narrativa de Sófocles do conto de Édipo é que os desejos e feitos *reais* deste são rígidos e impactantes demais para que ocorram a ele *conscientemente*. Eles acontecem na história sem seu conhecimento. Isso representa perfeitamente, com inventivo faro dramático, o fato de que seus desejos são subconscientes. Assim, quando finalmente se tornam conscientes, quando Édipo percebe o que fez, a culpa resultante é devastadora. Não é de admirar que Freud tenha sido totalmente subjugado por sua mensagem e visualizado sua importância universal. Pois a universalidade do mito deve-se simplesmente ao fato de que todo indivíduo, durante seu próprio desenvolvimento, deve passar pelo drama de Édipo (Electra). Como sugerimos na primeira parte deste capítulo, o complexo de Édipo está diretamente relacionado a uma guinada do Projeto Atman *do* corpo para a mente: uma transformação na busca de unidade via corpo (intercurso emocional-sexual) para a busca de unidade via mente (intercurso comunicativo), uma versão em miniatura da mudança do matriarcado ctônico para o patriarcado solar. *Falhar* nessa transformação evolutiva é simplesmente sofrer o destino de Édipo: culpa mórbida, incesto e desejo emocional-sexual, autodesmembramento, morte masoquista.

Se você quer saber a mais exata, porém drástica, simplificação de Freud, ei-la: um "neurótico" tem um "problema edipiano", e um "problema edipiano" significa que a *mente* se fixa em certos aspectos do *corpo* (oral, anal, fálico) – ou os reprime – e, portanto, sofre dessa fixação/repressão sob a forma de sintomas. Já vimos que o fracasso em transformar e integrar os níveis mais baixos de evolução resulta em neurose. Freud simplesmente sintetizou todos os níveis mais baixos como *corpo* (libido), e viu sua repressão como o núcleo – o núcleo edipiano – de toda neurose. Essa não é a única fonte de ansiedade e neurose, mas é suficientemente básica, e suficientemente proeminente, para tornar a tese de Freud fundamental para uma teoria abrangente da natureza composta do ser humano.*

---

* Desnecessário dizer, o complexo de Édipo freudiano não tem nada a ver com a natureza real das esferas mais elevadas, níveis 4-8. É essencial *apenas* na transição do corpo para a mente, dos níveis 1-2 até os níveis 3-4, com ênfase

O ponto é que Freud pôde encontrar o complexo de Édipo no centro de toda psique porque ele é essencial na universal, mas difícil, transformação do corpo para a mente, da serpente-tifão para o eu egoico, da Esfinge para o Homem. O enigma da Esfinge não é absolutamente um enigma – a Esfinge é metade animal e metade humana, isto é, um tifão. E foi justamente o tifão-Esfinge que concedeu Jocasta a Édipo como sua esposa – isto é, que ajudou a unir Édipo com sua própria Grande Mãe e, assim, selar seu destino subumano.

Afirmar que uma pessoa tem problemas edipianos significa que ele/ela está buscando, *inconscientemente*, a união (a liberação de Atman) via corpo, via sexo, via descargas emocionais, e, rebelando-se contra as exigências de uma mentalidade solar mais elevada, a pessoa permanece, até hoje, entre as "figuras [...] que, ainda impregnadas na velha ordem [...], se mantêm ali como suas últimas grandes vítimas".

---

direta nas contribuições do nível 2. Como sempre, não sou fã de Freud além dos níveis mais baixos.

EU E O PAI SOMOS UM

Vamos analisar agora a segunda linha de evolução durante esse período mental-egoico, a linha de evolução que não envolve o *modo médio* de consciência, e sim o *modo mais avançado* de consciência. Pois certas almas mais altamente evoluídas desse período, sábios como Buda, Krishna, Cristo e Lao-Tsé, penetraram o supremo domínio causal propriamente dito, o domínio do *Dharmakaya* (e do *Svabhavikakaya*, já que os estamos tratando em conjunto, como explicado a seguir), o domínio além do Deus ou da Deusa pessoais, o domínio do Vazio não manifesto. Essa era uma compreensão muito além de qualquer coisa produzida antes do período mental-egoico em geral, e significou simplesmente que a consciência *global* evoluiu suficientemente, de forma que os heróis verdadeiramente avançados da época puderam, por assim dizer, saltar o resto do caminho até o derradeiro Atman. Note que os primeiros grandes "sábios axiais", como Buda e Lao-Tsé, começaram a surgir por volta do sexto século a.C. – exatamente no início do período egoico médio –, mas raramente antes, para não dizer nunca.

Em outras palavras, com esses tipos de sábios altamente avançados, a ponta de lança da consciência moveu-se da religião do *Sambhogakaya* (nível 6) para a religião do *Dharmakaya* (níveis 7-8). As diferenças entre essas religiões (e seus respectivos níveis de consciência) são profundas e facilmente reconhecíveis. Examinaremos essas diferenças em detalhe ao longo deste capítulo, mas, como uma introdução, observe: no *Sambhogakaya*, o domínio sutil, uma unidade transcendental – um Deus, uma Deusa – torna-se evidente para a alma, e ela comunga, em consciência sacrifical, com essa unidade arquetípica. No *Dharmakaya*, o domínio causal, o caminho de transcendência vai além, pois a alma não mais comunga com, ou adora, essa unidade – ela *se torna* essa unidade, em um estado que os místicos muçulmanos chamam de Identidade Suprema. Isto é, no domínio sutil, existe um leve resquício do dualismo sujeito-objeto, uma distinção sutil entre o Criador e a criatura, entre Deus e a alma. Mas no *Dharmakaya*, sujeito e objeto tornam-se radicalmente idênticos; o Criador e a criatura tornam-se profundamente unidos – na verdade, tão unidos, a ponto de ambos desaparecerem como entidades separadas. Ambos, Deus e alma, dissolvem-se e retornam à essência radiante do Vazio prévio, ou da Consciência como Tal, livre e onipresente – que anteriormente chamamos de superconsciência e o derradeiro Todo.

Em resumo, se o domínio sutil é o domínio de um Deus único, o causal é o domínio "além de Deus", o domínio de uma prévia Mente-de-Deus, Essência, Fonte ou Vazio, do qual emerge o Deus/Deusa pessoal. Se no *Sambhogakaya* o Deus único era visto (corretamente) como o Criador dos mundos, no Vazio do *Dharmakaya* se poderia dizer, como Osíris/Rá o fez: "Eu sou a Alma divina oculta (Atman) que criou o(s) deus(es)". E se no *Sambhogakaya*, era "nosso Pai que está no Céu", a voz do Vazio do *Dharmakaya* diria: "Eu e o Pai somos Um".

REVELAÇÃO MOSAICA E CRISTÃ

Essas transições são muito fáceis de ser localizadas, até mesmo no Ocidente. Quando, por exemplo, Moisés desceu do monte Sinai (o motivo da montanha é representativo de elevação transcendente), trouxe consigo o *Sambhogakaya*, uma revelação dada a ele via voz ou iluminações *nada* do nível sutil (a sarça ardente, a voz de Deus etc.). Essa religião compreendeu claramente que existe um Criador (nesse caso, Deus Pai) que transcende perfeitamente os mundos materiais, embora tenha dado forma a eles. Essa era a religião de Moisés e antes dele (em menor grau), de Abraão, Isaque e Jacó. Era uma religião do domínio sutil.

Era, em resumo, o *monoteísmo*, ou revelação do Deus Único. Ora, já vimos que essa unidade do nível sutil (nível 6) foi ocasionalmente intuída nos tempos míticos, normalmente sob a forma da Grande Deusa, mas que essas primeiras intuições foram, de acordo com a opinião geral, muito incipientes. A Grande Deusa, por exemplo, era normalmente considerada um Uno proeminente entre muitos, não um Uno sem um segundo. Isto é, ainda existiam componentes politeístas naquela religião, resquícios do domínio naturado. Mas o claro surgimento do monoteísmo sinalizou um fim para todas as formas de politeísmo (e animismo) exclusivo, e expressou a primeira revelação inequívoca da Divindade Única.

O primeiro Deus claramente monoteísta surgiu no Egito. Não foi Ptah, Rá, Osíris ou Ísis, mas Aton – revelado para e por Akhenaton, rei do Egito c. 1372-1354 a.C., da XVIII dinastia, filho e sucessor de Amenhotep III. E, de acordo com estudiosos, de Freud a Campbell, Aton – ou pelo menos a concepção monoteísta – foi levado do Egito para o Sinai pela figura histórica conhecida por Moisés. Moisés é um nome egípcio, e independentemente das datas finalmente atribuídas a ele, quase certamente ele nasceu um egípcio nobre. Na opinião de Freud, Moisés foi um membro da corte do próprio Akhenaton, embora exista alguma dificuldade a respeito de datas aqui.[149] De qualquer modo, a concepção monoteísta foi levada por Moisés para o deserto (no caminho para Israel e a Terra Prometida), onde, na montanha conhecida como Jabal Musa (em árabe, "monte de Moisés"), ou monte Sinai, essa inspiração atônica foi complementada, ou coroada, por uma comunhão real com o próprio Deus Celestial (exatamente como narrado no Êxodo) e epitomada por fogo, luz, arquétipo angélico e voz (*nada*, mantra). Entretanto, por razões que estão longe de ser claras (alguns afirmam que o assassinato de Moisés se deveu à rígida disciplina que impôs a seu povo), o nome Aton foi substituído pelo nome de um deus vulcânico local, Javé (Jeová), e estabeleceu-se o Deus básico da civilização ocidental.

Essa religião monoteísta foi, até onde lhe diz respeito, um reflexo correto do domínio do *Sambhogakaya*: existe um Deus superior, que é Fogo e Luz, que pode ser alcançado por revelação e êxtase profético, que confere significado ao destino pessoal, que deve ser contatado com disciplina e luta, mas que se mantém, *em última ins-*

tância, um Outro – basicamente um Criador separado de toda a criação, um Deus separado do mundo e da alma. É possível comungar profundamente com esse Deus, mas, definitivamente, não é possível tornar-se uno com Ele. Esses são todos *insights* mais ou menos verdadeiros do domínio sutil.

Observe que, de acordo com a própria narrativa bíblica, a primeira coisa que Moisés enfrentou, quando retornou do monte Sinai para seu povo, foi a antiga religião pagã, a religião de feitiçaria, de deuses da natureza e da mãe ctônica (o bezerro de ouro), a religião de rituais emocional-sexuais e transes corporais. Mesmo em seu ápice, esses rituais desvelam apenas o domínio do *Nirmanakaya* ou psíquico, como vimos na religião xamanística. Em outras palavras, Moisés, trazendo a religião evolutivamente mais elevada do *Sambhogakaya*, teve de enfrentar, combater e transcender as antigas religiões do *Nirmanakaya*. E, a julgar pelo Velho Testamento, essa não foi uma luta fácil – na verdade, se Moisés foi assassinado, essa seria minha primeira suposição do porquê.

Similarmente, a revelação de Cristo foi um avanço evolucionário, uma revelação do *Dharmakaya*, uma revelação de que "eu e o Pai somos Um". (Essa foi a mesma revelação que os Upanixades trouxeram para a Índia – *Tat tvam asi*, "Tu és Isso", você e Deus são, em última instância, um, uma mensagem não encontrada explicitamente nos antigos Vedas, que foram uma revelação semelhante à mosaica.) Mas Cristo agora arrostou a antiga lei mosaica do Deus Único externo do *Sambhogakaya*, que foi por ele criticada como sendo parcial, de forma que, finalmente, foi crucificado porque "você, sendo um homem, fez-se passar por Deus". Isto é, ele foi crucificado porque ousou evoluir *do Sambhogakaya* – em que o dualismo sujeito-objeto permanece de forma sutil, e no qual, portanto, o dualismo entre Criador e criatura também permanece de forma sutil – *para* o *Dharmakaya* – em que sujeito e objeto se reduzem à unidade primordial, e no qual, portanto, Deus e alma se convertem na prévia Mente-de-Deus ou no Vazio da Identidade Suprema.

Com a extraordinária descoberta e a liberação definitiva dos evangelhos gnósticos (Biblioteca de Nag Hammadi),[350] agora parece certo que a essência do ensinamento de Cristo, o lado esotérico, foi uma gnose pura, que em sânscrito é justamente *jnana* (a mesma raiz: gno = jna). *Jnana* (ou *prajna*) é simplesmente o *insight* que desvela o *Dharmakaya*. *Prajna* (pró-gnose) é exatamente o que proporcionou a Buda sua iluminação; *jnana* é precisamente o que revelou Brahman-Atman a Shankara, e assim por diante. Não é de admirar que nesses textos gnósticos cristãos encontremos instruções como: "Abandone a procura por Deus e a criação, e por outras questões semelhantes. Procure por Ele assumindo-se como o ponto de partida. Descubra quem está dentro de você. [...] Conhecer o eu é conhecer Deus". A partir desses textos, também fica óbvio que a atividade religiosa primária de Jesus foi encarnar em, e como, seus seguidores, não sob a forma, por assim dizer, de *único* Filho de Deus histórico (um conceito monstruoso), mas de um verdadeiro Guia Espiritual, ajudando todos a se tornar filhos e filhas de Deus: "Jesus disse: 'Eu não sou seu senhor, porque você bebeu, você embriagou-se com o fluxo borbulhante que eu proporcionei. [...] Aquele que beber da minha boca se tornará como eu sou'".

Elaine Pagels assinala que existem três linhas essenciais para a mensagem esotérica de Cristo, como reveladas nos evangelhos gnósticos: 1) "Conhecer-se é conhecer Deus; o eu [supremo] e o divino são idênticos"; 2) "O 'Jesus vivo' desses textos fala de ilusão e iluminação, não de pecado e arrependimento"; 3) "Jesus é apresentado não como o Senhor, mas como guia espiritual".[321] Observemos simplesmente que esses são exatamente princípios da religião do *Dharmakaya*.

O ponto claro é que Cristo deixou um círculo esotérico de discípulos gnósticos, que no fim incluiria João, Maria Madalena, Teudas, Márcion e o grande Valentino.

> E embora os valentinianos confessassem publicamente fé em um Deus único, em suas reuniões privadas eles insistiram em distinguir a imagem popular de Deus – como amo, rei, senhor, criador e juiz – daquilo que essa imagem representava: Deus entendido como a fonte suprema de todo o ser. Valentino chama essa fonte [nível 7] de "a profundeza" [Abismo ou Vazio]; seus seguidores descrevem-na como o princípio primordial, invisível, incompreensível. Porém,

a maioria dos cristãos, eles dizem, confunde meras imagens de Deus com essa realidade.[321]

Entretanto, a compreensão gnóstica era até mais profunda que essa. Não que o conceito cristão comum de Deus Criador estivesse *errado*, mas era *parcial*. "Para Valentino, o que Clemente e Inácio [primeiros bispos cristãos exotéricos] erroneamente designavam por Deus na verdade aplica-se somente ao *criador* [nível 6]. Valentino, seguindo Platão, usa o termo grego *demiurgos* para criador, sugerindo que ele seja um ser menos divino que serve como instrumento dos poderes mais elevados [dos níveis 7-8]."[321] Há um perfeito entendimento de uma das diferenças entre o Deus Criador (*Sambhogakaya*) e o Vazio-Fonte (*Dharmakaya*). Quando o gnóstico primitivo Márcion sugeriu que deveria haver dois Deuses diferentes [nível 6 *versus* 7], ele estava certo. E Valentino, como Cristo antes dele, sabia disso: "Não é Deus [ou nível 7]", ele explica, "mas o demiurgo [domínio sutil ou nível 6] que reina como rei e Senhor [criador], que define a lei e julga aqueles que a violam – em síntese, ele [o demiurgo do domínio sutil] é o 'Deus de Israel'", o Deus de Moisés, o Deus Pai do domínio sutil e arquetípico, o *Sambhogakaya*. Tudo isso parece estar muito claro para os primeiros gnósticos, e expressa uma sofisticação e precisão de compreensão espiritual verdadeiramente impressionantes – em particular, demonstra um profundo entendimento da hierarquia das esferas superconscientes.

Figura 28. O Coração de Cristo. Este não é o coração físico nem o coração do chacra sutil – é o supremo Coração causal, precisamente descrito por Sri Ramana Maharshi e Bubba Free John e intuído via identificação por todos os sábios do *Dharmakaya*.

Para Valentino, chegar à gnose implicava ir *além* do Deus Criador, ou o deus-demiurgo do domínio sutil. Para alcançar o nível 7, deve-se ir além do nível 6; para alcançar a Mente-de-Deus, deve-se ir completamente além de Deus. Isso envolvia, de fato, uma libera-

Figura 29. Buda Gautama; escultura cambojana, século XI d.C. O Buda Gautama (século VI a.C.) foi um dos primeiros sábios do Oriente – e provavelmente o maior dos sábios orientais históricos – que apreenderam, clara e inequivocamente, o *Dharmakaya*. Seu profundo *insight* foi quase um análogo exato do de Cristo, embora as manifestações culturais e o embasamento filosófico fossem naturalmente bem diversos. Isto é, os dois descobriram a estrutura profunda do *Dharmakaya*, mas as estruturas superficiais pelas quais expressaram esse entendimento foram bastante diferentes, refletindo as diferenças de condicionamento histórico, personalidades, contingências culturais, idiomas, *background* filosófico etc. Observe as sete serpentes, que representam os sete principais níveis do ser pelos quais passou a consciência do Buda antes de sua iluminação suprema e como condição para ela. Note, também, que as serpentes representam a sublimação e o retorno absolutos da consciência *kundalini* a sua mais elevada e original Morada, além da mente, do corpo, do mundo e do eu. Finalmente, observe que as serpentes não estão no sexto chacra (ou mesmo no sétimo), como estavam nos tempos dos faraós, mas vão além de todos os centros cerebrais. Esse não é mais o nível sutil, mas o causal. Exatamente as mesmas localizações serpentinas podem ser vistas em Vishnu e Nagarjuna (figuras 34 e 31). Mas é muito importante perceber que a representação da energia da serpente, estando além do cérebro-mente, não é necessária para os verdadeiros sábios – nem há necessidade de auréolas luminosas (como nos santos do nível sutil) –, porque o ponto fundamental do sábio é que ele ou ela transcendeu completamente os chacras, altos ou baixos. Desse modo, enquanto iogues (nível 5) são quase sempre representados com o terceiro olho e/ou uma serpente no sexto chacra, e santos (nível 6) são quase sempre representados com auréolas de luz e/ou uma serpente no sétimo chacra (no topo da cabeça), ou ligeiramente além dele, o sábio (níveis 7-8) é quase sempre mostrado sem nada (como nas figuras 30 ou 33). Incluí essa figura do Buda, bem como as de Vishnu e Nagarjuna, porque elas indicam que, quando sábios verdadeiros são ocasionalmente representados com a energia serpentina, a(s) serpente(s) sempre aparece(m) de forma exagerada, estendendo-se muito além do cérebro-mente – além do sexto ou sétimo chacras –, representando sua derradeira transcendência. Por fim, escolhi essa figura como forma de dar um afetuoso adeus a nossa velha amiga, a serpente. Pois esse uroboro – que vimos no início do Estado de Alvorecer da humanidade, enrolada na base do Grande Ninho, controlando o sono no Éden – está aqui representado em sua liberação final e em seu supremo retorno evolucionário à Fonte, elevando-se além do organismo pessoal e retornando a sua Morada essencial.

ção (*apolytrosis*) do Deus Criador. "Nesse ritual, ele se dirige ao demiurgo, declarando sua independência, anunciando que não mais pertence à esfera de autoridade e julgamento do demiurgo, mas àquela que a transcende." Isso também envolvia uma recepção de conhecimento transcendente ou gnose: "Alcançar a *gnose* envolve entrar em contato direto com a fonte verdadeira do poder divino – isto é, 'a profundidade' de todo o ser. Quem quer que venha a conhecer essa Fonte [nível 7], simultaneamente, passa a conhecer a si mesmo".[321]*

O místico cristão Jacob Behmen foi eloquente nesses pontos, e de uma forma que mostra perfeitamente o quão semelhante é o cristianismo gnóstico quando comparado a *todas* as religiões do *Dharmakaya*, inclusive o budismo:

Figura 30. Bodhidharma (século VI d.C.), fundador do budismo *ch'an* (zen), a escola religiosa que, com a possível exceção de sua prima Vajrayana, historicamente produziu o maior número de praticantes iluminados, seja no Oriente ou no Ocidente (isto é, indivíduos claramente estabelecidos no *Dharmakaya*). Bodhidharma e seus herdeiros – Hui-neng, Ma-tsu, Huang-Po, Lin-chi (Rinzai), Tung-shan, Ts'ao-shan, Yun-men, Dogen, Hakuin – encarnaram a primeira clara e significativa percepção não só do *Dharmakaya*, mas do *Svabhavikakaya*. Bodhidharma é aqui mostrado praticando *pikuan* – *kuan* é o equivalente chinês do sânscrito *prajna* (gnose).

Quem quer que o descubra [o supremo, níveis 7-8] acha Nada e Todas as Coisas. Mas como acha Nada? Aquele que acha, acha um Abismo supersensual [o Vazio], sem chão em que se basear; e acha também que nada é como ele e, portanto, pode ser adequadamente comparado a *Nada*, pois é mais fundo que qualquer *Coisa*. E porque é Nada, está livre de Todas as Coisas, e é somente Bom, o que um homem não pode expressar ou articular o que é, sendo, portanto, Nada a que possa ser comparado, a ser simbolizado.

---

* "Meu ser é Deus, não por simples participação, mas por uma verdadeira transformação do meu Ser. Meu *eu* é Deus" (santa Catarina de Gênova). "Veja! Eu sou Deus! Veja! Eu sou todas as coisas! Veja! Eu crio todas as coisas!" (dama Juliana de Norwich). E a melhor de todas: "A Essência de Deus e a Essência da alma são uma e a mesma" (Mestre Eckhart).

Figura 31. Nagarjuna (c. século II d.C.), descendente espiritual do Buda e fundador do budismo *madhyamika*. Nagarjuna foi o primeiro grande sábio não só a ver, mas também a enunciar completamente, de forma dialética, o *Dharmakaya*-Vazio, desse modo formulando e estendendo o *insight* original do Buda. Sua influência, direta ou indireta, sobre o pensamento religioso oriental subsequente foi profunda. Todas as principais seitas do budismo maaiana determinam sua linhagem a partir dele (inclusive Bodhidharma e Padmasambhava). Entretanto, tão importante quanto, seu pensamento/contemplação exerceu ampla influência sobre Shankara, fundador do hinduísmo vedanta (todos os grandes sábios indianos modernos reconhecem Shankara como o principal mestre histórico da Índia). A forma mais simples de entender a metafísica de Nagarjuna é dizer que se assemelha a um cruzamento entre Kant e Schopenhauer: a mente impõe categorias fenomênicas à realidade numênica, mas, ao se apagar da consciência a elaboração conceitual e a dualidade sujeito/objeto, o númeno absoluto pode ser intuído via *prajna*. Mas para Nagarjuna, como para todos os sábios, isso não é mera filosofia, e sim percepção direta (*satori*, iluminação, liberação).

Figura 32. Padmasambhava, fundador do budismo tibetano (c. século VIII d.C.). Padmasambhava foi para o Tibete o que Bodhidharma/Hui-neng foram para a China: portador da primeira intuição significativa não só do *Dharmakaya*, mas também do *Svabhavikakaya* (embora Lao-Tsé tenha precedido Bodhidharma na China por mil anos, sua escola nunca se enraizou como meio real de prática).

Mas isso não é um vácuo transcendente. O Vazio significa inconsútil, não sem traços característicos; transcende, mas inclui *toda* a manifestação. Assim, Behmen continua: "Mas sobre isso finalmente digo: *Aquele que o descobre, descobre Todas as Coisas*. Ele é o Início de Todas as Coisas; também é o Fim de Todas as Coisas. Todas as Coisas surgem dele, e nele, e por ele. Se tu o descobres, penetras naquela essência da qual derivam Todas as Coisas, e em que elas subsistem".

Tornando uma história muito longa e muito complicada brutalmente curta, essa religião evolucionária mais desenvolvida nunca se enraizou oficialmente no Ocidente. Desde Cristo a Valentino, são Dionísio, Al-Hallaj, Giordano Bruno e Eckhart, tais *insights* foram

Figura 33. Lao-Tsé (c. século VI a.C.), o primeiro grande explorador do *Dharmakaya* na China. Embora Lao-Tsé, fundador do taoísmo, tenha sido o primeiro chinês importante a penetrar o domínio causal (que ele chamou o Tao), sua escola nunca floresceu como método de prática real e verdadeiro *sadhana*, mas – talvez porque ele estivesse muito à frente de seu tempo na China – tendeu a degenerar nas mãos de seus seguidores menos evoluídos, em formas de rituais mágico-míticos ou, na melhor das hipóteses, em meras técnicas iogues (nível 5), denominadas taoísmo *hsien, versus* taoísmo contemplativo. Mas Lao-Tsé mantém-se para sempre como parte de uma elite histórica: Cristo, Buda, Lao-Tsé, o(s) autor(es) dos Upanixades – os primeiros grandes exploradores do *Dharmakaya*. O melhor de Lao-Tsé foi absorvido quase inteiramente pelo budismo *ch'an* (zen), de forma que, no zen, o melhor do Buda e o melhor de Lao-Tsé não só sobreviveram, como também floresceram magnificamente. Tal foi, exatamente, o esplendor do zen: Buda e Lao-Tsé combinados e preservados.

Figura 34. O Senhor Vishnu. Observe novamente as sete serpentes bem afastadas do cérebro-mente. Mas a verdadeira razão para ter incluído esta figura é homenagear os autores dos importantes Upanixades, que, com Buda, Cristo e Lao-Tsé, representam os mais antigos grandes exploradores do domínio do *Dharmakaya*. Não posso apresentar uma figura dos autores dos Upanixades, porque sua existência histórica se perdeu na antiguidade. Simplesmente não sabemos os nomes reais, muito menos os detalhes históricos verdadeiros, dos grandes sábios que compuseram os Upanixades. Todavia, as doutrinas desses escritos estão popularmente associadas aos nomes de vários sábios, talvez factuais, talvez míticos: Aruni, Yajnavalkya, Balaki, Svetaketu e Sandilya. Mas um fato é certo: começando por volta do sexto século a.C., um corpo de escritos – os Upanixades – foi elaborado de forma eloquente e brilhante; na verdade tão brilhante que Max Miller declarou que os Upanixades encarnaram "um sistema em que a especulação humana parece ter alcançado o clímax". Porém, mais do que isso, não foi apenas especulação, mas o resultado e o produto de uma brilhante penetração e compreensão dos domínios de existência causal e suprema: um despertar real para o próprio Brahman-Atman. Os *insights* dos Upanixades finalmente amadureceriam no esplendor de Shankara, e dele até Sri Ramana Maharshi. Em homenagem a esses sábios originais, mas historicamente silenciosos, incluímos esta figura. Em capítulos subsequentes, frequentemente representarei essa linha completa de exploração do *Dharmakaya* com o nome de Krishna (simplesmente porque, por intermédio do *Bhagavad Gita*, ele se tornou o mais popular sábio indiano).

barbaramente combatidos e finalmente erradicados, geralmente por execução. Houve duas razões básicas para isso.

A primeira, a nova e a mais elevada religião do *Dharmakaya* simplesmente parecia estar errada para os crentes do *Sambhogakaya*. Como se podia pedir a alguém para "ir além de Deus" ou até "renunciar a Deus"? Isso não era blasfêmia, heresia, diabrura? Os seguidores do *Sambhogakaya*, claro, estavam equivocados (ou parcialmente equivocados), mas é razoavelmente fácil de ver que, habitualmente, foi um equívoco honesto, apesar de suas consequências geralmente cruéis.

A segunda razão: os indivíduos mais politicamente motivados – os primeiros bispos e padres banqueiros – perceberam corretamente que um Deus além de Deus significava o fim do seu poder, que se baseava no Deus número um. Vemos isso em Clemente, Bispo de Roma (c. 90 d.C.). "Clemente afirma que Deus, o Deus de Israel [nível 6], manda sozinho no céu como divino Senhor, amo e juiz. Mas como é realmente administrada a lei de Deus? Deus, diz ele, delega sua 'autoridade de reinar' para 'regentes e líderes na terra'. Quem são esses regentes designados? Clemente responde que são bispos, padres e diáconos. Quem se recusa a 'baixar a cabeça' e obedecer aos líderes da Igreja é culpado de insubordinação contra o próprio Senhor divino."[321] E assim seguiria a triste crônica da religião exotérica no Ocidente.*

O problema de tudo isso é que, nas religiões ortodoxas ocidentais, as esferas do Divino e do Humano nunca evoluíram para o ponto natural em que se tornam uma. A religião ortodoxa ocidental parou no domínio do *Sambhogakaya*, e nunca apreendeu verdadeiramente o *Dharmakaya*. Desse modo, a *separação* de Deus e Homem, ou Criador e criatura, que é natural e inevitável nos níveis evolutivos mais baixos, nunca foi superada em uma síntese e em uma transformação mais elevadas, tanto na teoria quanto na prá-

---

* Claro que houve boas exceções – e a favorita de todos é Mestre Eckhart. Mas foram raras e sempre marginais (as teses de Eckhart foram oficialmente condenadas pela Igreja). O misticismo no Ocidente permaneceu basicamente subversivo.

tica. O florescimento do *Dharmakaya* foi deixado, de modo geral, para o Oriente, para o hinduísmo, o budismo, o taoísmo, o neoconfucionismo. Portanto, não é de admirar que membros das religiões do *Dharmakaya* fiquem tão perplexos e até mesmo exasperados com a visão dualista de realidade ainda mantida nas religiões ocidentais do *Sambhogakaya*. E juntando-se essa cisão dualista entre Deus e Homem à dissociação europeia entre Homem e Natureza (mente e corpo), chega-se perfeita e completamente à visão de mundo ortodoxa ocidental, que o erudito zen D. T. Suzuki descreveu de forma extravagante, mas correta, como: "O homem é contra Deus, a Natureza é contra Deus, e Homem e Natureza são um contra o outro".

A EVOLUÇÃO DA EXPERIÊNCIA RELIGIOSA

Se juntarmos tudo que vimos sobre a natureza e os níveis da consciência de vanguarda, ou da consciência mais avançada, chegamos a um esboço da *evolução hierárquica da experiência religiosa*, que é, ao mesmo tempo, um esboço dos níveis sucessivos da esfera superconsciente. Ei-lo:

Nirmanakaya – nível 5; transe xamânico, *shakti*, capacidades psíquicas, *siddhi*, *kriyas*, forças elementais (deuses e deusas da natureza), transmutação emocional-sexual, êxtase corporal, *kundalini* e *hatha* ioga.

Sambhogakaya – nível 6; domínio sutil; visões arquetípicas e angelicais; Deus/Deusa Único, o Criador de todos os domínios inferiores (níveis 5 a 1), o demiurgo ou Senhor Arquetípico; religião santa de auréolas de luz sutil e som (nada, mantra); nada e *shabd* ioga, *savikalpa samadhi*, *saguna* Brahman.

Dharmakaya – nível 7; domínio causal; Vazio não manifesto, Essência Fundamental, a Mente-de-Deus; unidade da alma e Deus, transcendência da dualidade sujeito-objeto, coalescência do humano e do divino; a Profundidade, o Abismo, a Essência de Deus e da alma; eu e o Pai somos Um; *jnana* ioga, *nirvikalpa samadhi*, *nirguna* Brahman.

Svabhavikakaya – nível 8; culminação da religião do *Dharmakaya*; identidade entre manifesto e não manifesto, ou identidade entre todo o Processo Mundial completo e o Vazio; transcendência perfeita e radical em e como suprema Consciência como Tal, ou Brahman-Atman absoluto; *sahaja* ioga, *bhava samadhi*.

Há alguns pontos a considerar sobre esse esboço. Em primeiro lugar, ao longo deste volume, evitei extensas discussões sobre as diferenças entre os níveis 7 e 8, ou o *Dharmakaya* e o *Svabhavikakaya*. Ao contrário, normalmente os tratei como um nível único (nível 7-8), que chamei de Atman, Espírito, a derradeira Totalidade, o Todo superconsciente, suprema consciência da unidade, Mente-de-Deus, ocasionalmente "Deus" em um sentido absoluto, ocasionalmente apenas *Dharmakaya*. A razão é que, embora as diferenças entre o nível 7 e o nível 8 sejam importantes e profundas, elas transcendem completamente o escopo deste trabalho (expliquei essas diferenças em O Projeto Atman). É suficiente dizer que o *Dharmakaya* é o *limite* assintótico do espectro da consciência, e o *Svabhavikakaya* é a *essência* sempre presente e anterior de cada nível do espectro. O primeiro é a Fonte de todos os níveis, o último é a Quididade (*tathata*) de todos os níveis; o primeiro é o mais elevado de todos os níveis, o último é a Condição de todos os níveis. Mas, como disse, para nossos propósitos mais simples, podemos normalmente visualizá-los como um "nível" único, nível 7-8, Atman, Mente-de-Deus – que é, ao mesmo tempo, Um e Muitos, Fonte e Quididade, Único e Todos.

Em segundo lugar, se olharmos historicamente para o uso das figuras da Grande Deusa, Deus Pai, e Vazio/Mente-de-Deus, descobrimos invariavelmente que elas parecem alinhar-se ao lado dos vários níveis de experiência religiosa de uma forma definida. Não vou insistir nesse ponto, mas simplesmente propô-lo no que possa ser de interesse. Por exemplo, vimos que o primeiro *insight* da Unidade sutil foi geralmente representado pela Grande Deusa, mas que esse *insight* inicial era incipiente e ainda contaminado pelo politeísmo; isto é, ainda ligado a níveis mais baixos em geral e ao nível 5 em particular. Até hoje, iogues do nível 5 veneram proeminentemente a Grande Deusa. O ponto é que a Grande Deusa normalmente, e na média, representou a *culminação* do nível 5 e o *início* do nível 6.

Com o advento da patriarquia, essa Unidade sutil passou a ser vista mais claramente na forma das religiões monoteístas – Aton, Jeová etc. Com o amadurecimento da patriarquia – por volta do período egoico médio – esse Deus Único sutil foi sobrepujado pelo Vazio/Mente-de-Deus, em que "eu e o Pai somos Um". Assim, o Deus Pai patriarcal representou a *culminância* do nível 6 e o *início* do nível 7.

Podemos resumir isso tudo do seguinte modo: *historicamente*, a Grande Deusa começa no *Nirmanakaya* e desaparece no *Sambhogakaya*; Deus Pai começa no *Sambhogakaya* e desaparece no *Dharmakaya*; o Vazio/Mente-de-Deus começa no *Dharmakaya* e desaparece no *Svabhavikakaya* (e o *Svabhavikakaya* é a Essência e a Condição de todos eles). Assim:

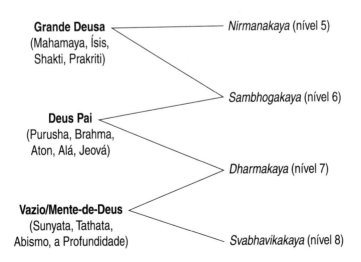

Não estou dizendo que a religião evolui necessariamente da Deusa para o Deus Pai até a Mente-de-Deus; estou dizendo que ela evolui do *Nirmanakaya* para o *Sambhogakaya*, para o *Dharmakaya*, até o *Svabhavikakaya*, mas que *historicamente* a Deusa, o Deus Pai, e a Mente-de-Deus alinharam-se caracteristicamente com essa evolução hierárquica de uma forma identificável e igualmente hierárquica. Esse alinhamento pode ter sido machista, natural, acidental ou qualquer outra coisa. Uma vez que descobri que esses paralelos repetem-se quase universalmente, eu os ofereço como roteiros sugestivos.*

Finalmente, essa hierarquia da experiência religiosa – nível 5 a 6 a 7 a 8 – não é apenas um interessante movimento histórico. Ela apresenta dois outros significados relacionados: um é o caminho da evolução futura em geral, o outro é o caminho da meditação atual. Consideremos primeiramente o último: uma pesquisa cuidadosa de relatórios sobre a meditação contemporânea mostra que a meditação avançada desvela, na mesma ordem, exatamente as mesmas estruturas elevadas de consciência,** primeiramente descobertas em sequência histórica pelos antigos heróis *transcendentes* das várias épocas. Isto é, a pessoa hoje (nível 4) que começa e eventualmente conclui um ciclo completo de meditação passa primeiro pela intuição xamanística (nível 5), em seguida pela unidade sutil (nível 6), depois pelo vazio causal (nível 7), até chegar à iluminação final e completa (nível 8).[11,48,59,64,67,164,226,275,436]

Em segundo lugar, já que hoje estamos, *coletivamente*, no exato ponto da história (nível 4) em que a curva exotérica (níveis 1-4) está *começando* a atingir a curva esotérica (níveis 5-8), nossa análise sugere que a evolução futura de modo geral começará a alcançar as

---

* Ao mesmo tempo, isso não implica que não haja outros significados para a relação Deus-Deusa. Na verdade, talvez a mais importante relação seja que Deus e Deusa representam, respectivamente, ascensão e descensão, evolução e involução, sabedoria e compaixão, Eros e Ágape. Aqui, Deus e Deusa estão em condições equivalentes, não hierárquicas. Para a elaboração desses temas, ver Wilber, *Uma breve história do universo*.

** Ou seja, similares em termos de estrutura profunda, não necessariamente (nem mesmo usualmente) em termos de estrutura superficial.

mesmas estruturas mais altas primeiramente vislumbradas, de forma sucessiva, pelos heróis esotéricos de eras passadas – e o fará na *mesma ordem*. Se nossa análise estiver, em tese, correta, esse fato proverá necessariamente uma ferramenta sociologicamente prospectiva muito poderosa e *geral*. E essa análise é sustentada não só pelo ordenamento hierárquico de heróis transcendentes do passado, mas também pelas revelações hierárquicas de meditadores da atualidade.

O ponto fundamental é o seguinte: a evolução futura de modo geral (isto é, o modo médio de consciência) seguirá, provavelmente, o mesmo caminho hierárquico primeiramente vislumbrado, estágio por estágio, pelos sucessivos heróis transcendentes do passado, *da mesma maneira* que a meditação de hoje segue o mesmo caminho hierárquico, porque o que todos os três – heróis transcendentes do passado, meditadores atuais e evolução futura de modo geral – estão seguindo é simplesmente a sequência *dos níveis mais elevados do Grande Ninho do Ser*.

Retornaremos a este tópico em capítulos posteriores e analisaremos algumas de suas implicações. Minha questão básica aqui é que, para mapear os estágios e níveis mais elevados de consciência, temos duas fontes de informações muito diferentes: uma são os relatórios atuais dos estágios de meditação avançada, e a outra, as narrativas históricas da consciência esotérica (mais desenvolvida ou de vanguarda), à medida que evoluiu e se desdobrou em seus vários estágios nos heróis transcendentes do passado. Em *O Projeto Atman*, sugeri os estágios da primeira fonte; neste volume, rastreamos os estágios da última. O fato de os estágios hierárquicos de ambas as fontes serem aparentemente bastante semelhantes em termos de estrutura profunda é, para mim, algo notável de grandes consequências. E, se essas duas correlações se sustentarem, sugerirão fortemente que a terceira linha – a evolução futura de modo geral – seguirá exatamente o mesmo rumo, precisamente na mesma ordem.

IMAGENS PATERNAS

Por fim, temos uma pequena tarefa ainda inacabada: para manter nossa política de diferenciar cuidadosamente o modo médio de consciência do modo mais avançado, devemos tratar da existência da "imagem paterna" média da patriarquia solar e distingui-la da concepção de Deus Pai ou até da própria Mente-de-Deus. Isto é, da mesma maneira que distinguimos entre mágico e psíquico (nos tempos tifônicos), entre a Imagem da Grande Mãe de dependência biológica e a da Grande Deusa de Unidade sutil (nos tempos míticos), devemos agora fazer uma cuidadosa distinção entre a Imagem Paterna de autoridade cultural (na patriarquia egoica) e a Fonte do Progenitor (seja Deus Pai ou a Mente-de-Deus propriamente dita).

A Imagem de Pai básica surgiu como um simples correlato da existência *mental*, porque "os pais" – tanto por razões machistas quanto naturais – representavam a cultura, a comunicação mental, a lei e a autoridade. Como vimos, o aparecimento desse princípio solar-paterno-mental a partir da antiga profundeza ctônica ocorreu em toda parte, encarnado e celebrado no mito do ego heroico triunfando sobre a Grande Mãe da era mítica anterior.

Pelas mesmas razões, indivíduos, homens e mulheres, dependiam dos pais para a transmissão da cultura e segurança mentais. E assim, em tempos de tensão, o indivíduo médio recorria naturalmente (ansiosamente) a pensamentos de um grande pai protetor, um pai divino pessoal.

Não é de admirar que, durante esse período, cerimônias culturais e atividades religiosas exotéricas fossem direcionadas ao "deus pai". A atmosfera religiosa exotérica inteira era uma prostração substituta ante o "rei dos reis", "o xá dos xás", o "grande aiatolá", a imagem fetichista do pai que prometia (mas não concedia) alívio para a culpa, a mortalidade e a existência do eu separado. Não importa que houvesse uma Divindade verdadeiramente transcendente chamada "Deus Pai" (ou mais alta ainda, a "Mente-de-Deus") para os verdadeiros santos e sábios desse período. O fato é que as massas tinham pouca ou nenhuma compreensão real da Divindade sutil ou causal, e, assim, caíam na manipulação mental da *imagem paterna cultural*, mas uma imagem adequadamente elevada a proporções cósmicas como um Grande *Paizão* que vigia pessoalmente os egos. Isto é, embora a grande maioria de egos mentais primitivos rezasse e se prostrasse diante de "deus pai", muitos o faziam não como um caminho direto para Atman, mas como uma nova forma do Projeto Atman, como uma tentativa de expiar a culpa, assegurar a imortalidade, obter benefícios e esconder a caveira da morte. Até hoje, muitos egos imaturos continuam essa mesma prática fetichista sob a forma de evangelismo, fúria proselitista, jogos de poder político, e assim por diante.

O ímpeto imediato para isso surgiu principalmente do imenso impacto psicológico da figura de autoridade do pai. Quer dizer – e acho que há poucas dúvidas sobre a questão –, o deus das massas (naquela época e agora) era uma simples *projeção do superego paterno*, pois, como Freud disse, "eu não poderia apontar qualquer outra necessidade na infância tão forte quanto a da proteção do pai". Desse modo, até esse ponto, a existência e a função do pai-deus, bem como as da mãe-deusa biológica e as da magia emocional, têm uma explicação mais ou menos naturalista. E, até esse ponto, concordo completamente com essas explicações, e até disponho-me a discuti-las contra todas as explicações alternativas.

Mas a partir desse eu médio, egoico e paterno, certos sábios altamente evoluídos tiveram acesso a domínios reais e supremos do superconsciente, culminando na Perfeição do *Dharmakaya/Svabhavikakaya*. Especificamente, por meio de várias disciplinas gnósticas, as translações do nível egoico foram substituídas, a *morte* do ego foi aceita, e a transformação para a superconsciência começou, uma transformação suficientemente intensa para, se completada, resultar em uma verdadeira revelação de Deus ou em uma união real com ele. Foi justamente por isso que Buda introduziu o conceito de *anatta*, que significa "nenhum ego" ou "morte do ego", e fez dele o princípio fundamental de seu sistema. Da mesma forma, Cristo disse que aquele que não odeia sua própria psique, ou ego, não pode ser um discípulo verdadeiro. E o exato significado simbólico da crucificação de Cristo foi a crucificação ou a morte do eu separado, sob todas as formas, seguida pela Ressurreição da derradeira consciência da unidade (eu e o Pai somos Um) e a Ascensão para uma liberação radical na, e como a, Mente-de-Deus.

Por várias razões, principalmente metafóricas, os santos e sábios geralmente falaram desses domínios mais elevados como "Deus Pai" ou "a Mente-de-Deus", a ideia, como apresentada por Kant, sendo que aquilo que um pai é para seus filhos e filhas, o Absoluto é para todos os humanos. Mas daí não se pode inferir que, pelo fato de alguns sábios, como Cristo, Eckhart ou Teresa, falarem de "Deus Pai", isso fosse uma mera projeção do superego. Não se pode fazê-lo porque, se fosse verdade, não existiria nenhuma diferença entre Cristo, Krishna ou Buda e qualquer eu egoico médio pego em simples projeção parental. Mas uma vez que, independentemente do que possa ser dito, existe uma diferença *estrutural* entre Budas e egos, o argumento reducionista desmorona. A conclusão óbvia é que existe uma diferença radical entre a figura mental do pai (nível 4) e o Deus Transcendente ou Mente-de-Deus (níveis 6 ou 7), e os dois só podem ser confundidos ignorando-se as sutilezas incrivelmente complexas envolvidas, sutilezas que este livro e inumeráveis outros tentam explicar.

Embora possamos estar errados, isso não pode ser estabelecido reduzindo-se a visão budista/cristã a uma projeção parental do superego, já que as duas apresentam estruturas radicalmente diferentes (finito *versus* infinito, mental *versus* causal, temporal *versus* eterno, grande *versus* adimensional, egoico *versus* não egoico etc.). Esse argumento reducionista é o *único* que foi desenvolvido; é também o *único* que *pode* ser apresentado no âmbito de uma estrutura cientificista, fisicista, empiricista (a fim de "dar conta" da concepção universal de uma Fonte Transcendente). Entretanto, desde que esse argumento desmoronou completamente, o campo agora está aberto a interpretações propriamente transcendentes. Isto é, com o colapso do reducionismo, não existe uma resposta intelectual respeitável para a interpretação filosófico-perene. Ainda assim, todos os cientistas, como Sagan, Monod etc., assumem implicitamente (e inconscientemente) o argumento freudiano-reducionista, sem a menor chance de poder prová-lo. Ou seja, quando perguntados sobre o *"porquê* das proclamações universais, de Cristo a Buda, a Lao-Tsé, de uma suprema Essência Transcendente", eles respondem imediatamente com explicações projetivas, ansiosas, freudianas, violando e colapsando as diferenças estruturais cuja explicação lhes é solicitada.

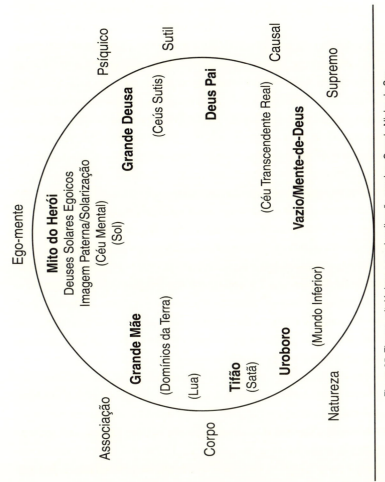

Figura 35. Figuras mitológicas e sua localização geral no Grande Ninho do Ser.

Como um tipo de resumo, podemos juntar todas as variadas "figuras mitológicas" que examinamos neste volume, da mais baixa à mais alta, como mostrado na figura 35.

Como dissemos anteriormente, os modos e imagens esotéricos e exotéricos com certeza interagem, em especial sociologicamente. Não apenas muitos sábios falaram metaforicamente de "Deus Pai" *porque* viviam em uma patriarquia; seus pronunciamentos, reciprocamente (mas não necessariamente de forma intencional), sustentaram e reforçaram a patriarquia. Quando os sábios místicos falaram de "Deus Pai", ou "eu e o Pai somos Um", ou "Purusha (Criador pai-homem) é o ente supremo", e assim por diante, isso imediatamente foi reduzido a dimensões ordinárias e símbolos cotidianos pelas massas de ouvintes egoicos, e, assim, convergiu para o eu egoico típico, em que meramente reforçou o superego paterno. Nosso Pai que está no Céu tendeu, ilicitamente, a sustentar nosso pai, despótico e machista, rei do seu castelo.

Isso também tendeu a sustentar e reforçar muitos tipos de opressão (econômica, sexual, comunicativa), porque os pais culturais reinantes reivindicavam (como muitos hoje ainda o fazem) a autoridade do Deus Pai real (ou Fonte Transcendente verdadeira), quando, claro, não tinham absolutamente tal imprimátur. Mas ao reivindicar a autoridade divina do Deus transcendente, os pais culturais eram mais facilmente capazes de sustentar sua própria autoridade e ambições políticas – eles incentivavam os medos e as projeções paternas das massas egoicas, cuidando desses medos *e* reforçando-os ao demarcar os limites de uma Moldura Cósmica, "o direito divino dos reis". E essa autoridade política, como estudiosos de Reich até Marcuse explicaram, era uma autoridade cunhada no superego paterno de todo cidadão desde o berço, simplesmente porque o superego era, então, forjado em uma atmosfera de dominação política. Como colocado por Reich, a ideologia ancorava-se em estrutura de caráter. E assim aconteceu que a consciência do superego não era a voz verdadeira de Deus no homem, mas meramente as vozes interiorizadas de outros homens.

Minha maior esperança – permita-me concluir este capítulo com um breve editorial – é que, da mesma forma que o homem, um dia, livrou a consciência do matriarcado ctônico, a mulher, hoje, possa ajudar a livrar a consciência – e seu irmão – do patriarcado. E já que o modo próprio masculino, no princípio, pareceu adequado para livrar a consciência do matriarcado, o modo próprio feminino, agora, parece apropriado para livrar a consciência do patriarcado. Hoje encaramos uma nova luta com o dragão, e precisamos de um novo Mito do Herói. O dragão que agora devemos combater é simplesmente a própria estrutura egoica, e o novo "tesouro difícil de conquistar" é a consciência centáurica e psíquica (ou, simplesmente, o nível 5 em geral). E essa realização exigirá um novo tipo de Herói, um Herói que, séculos a partir de agora, será elogiado de forma semelhante como elogiei o ego solar. Hoje precisamos desenvolver a intuição e a consciência alerta, mas passiva, do mesmo modo que ontem tivemos de desenvolver tão desesperadamente a lógica assertiva e a mentalidade ativa. O novo Herói será centáurico (o que significa mente e corpo unidos e não dissociados), integral, mentalmente hermafrodito, psíquico, intuitivo *e* racional, masculino *e* feminino – e a liderança desse novo desenvolvimento pode vir mais facilmente *da* mulher, uma vez que nossa sociedade já está adaptada ao masculino.

Mas, a menos que os homens parem de se matar (e matar outros) a fim de se sentir fortes e calmos; a menos que as mulheres parem de encorajar exatamente esse comportamento como prova do "verdadeiro homem"; a menos que os chauvinistas acertem suas contas com sua própria masculinidade e deixem de explorar suas irmãs como defesa; a menos que as iradas feministas parem, por um lado, de reativar obsessões matriarcais ctônicas de "somente as mulheres" e, por outro, de tentar cooptar a odiosidade patriarcal; a menos que as intelectuais feministas parem de perguntar o que significa ser verdadeiramente mulher e, em vez disso, comecem a perguntar o que significa ser humano e integral, independentemente de sexo – então o patriarcado, o ego mental, que cumpriu sua função necessária e útil, embora intermediária, e ao qual, por isso, temos muito a agradecer, não obstante em breve provará, literalmente, ser a causa da morte de todos nós.

TORNAR-SE PESSOA

DISTORÇÃO NAS TROCAS

Vimos que o ser humano é um *indivíduo composto*, composto de matéria, prana, mente verbal-associativa, ego, alma e espírito. O corpo material é exercitado pelo trabalho; o corpo prânico é exercitado pela respiração e pelas sensações; a mente verbal-associativa é exercitada pela comunicação (e início da práxis); o ego, pelo reconhecimento pessoal mútuo e pela troca de afeição (a culminação da práxis); a alma, pela transcendência psíquica e sutil; o espírito, pela absorção absoluta em Atman.* Ou seja, cada nível do indivíduo humano composto é exercitado em um sistema complexo de trocas idealmente desobstruídas com os níveis correspondentes do processo do mundo em geral.

Além disso, a humanidade *reproduz-se* de fato, e literalmente, em cada nível, por uma troca adequada entre os elementos do respectivo nível. A humanidade reproduz-se materialmente pela troca de alimento assegurada pelo trabalho físico (técnico) no ambiente natural. Reproduz-se biologicamente via respiração e sexo. Reproduz-se culturalmente via comunicação verbal ou simbólica, e assim por diante.

Mas todos esses níveis não se *manifestam* nos indivíduos humanos desde o nascimento. Ao contrário, o indivíduo composto humano

---
* Pelo fato de que, no momento atual da história, apenas os primeiros quatro níveis tenham emergido em larga escala, limitaremos, basicamente, mas não totalmente, nossa discussão neste capítulo a esses quatro níveis; o leitor interessado pode extrapolar, além da nossa discussão, para níveis mais elevados, já que estão envolvidos os mesmos princípios.

começa seu crescimento e seu desenvolvimento ajustando-se primeiramente ao mundo físico, em seguida ao mundo emocional, depois ao verbal, ao eu reflexivo, e assim por diante (até que, em cada caso, o crescimento pare).[436] Embora esses desenvolvimentos geralmente ocorram em paralelo ou se sobreponham uns aos outros, cada um deles é construído sobre a fundação proporcionada por seu nível imediatamente anterior, apoiando-se nela.

Desse modo, o superior repousa sobre o inferior – mas o superior *não é* causado ou constituído pelo inferior.[375,435] O superior não provém *do* inferior; provém *do* inconsciente essencial *via* o inferior.[436] A mente, por exemplo, emerge do inconsciente essencial por meio do corpo e só eventualmente aprende a diferenciar-se dele e assim transcendê-lo. Essa diferenciação seria impossível se a mente fosse meramente constituída *pelo* corpo. O mais alto não poderia transcender o mais baixo, isto é, não poderia tornar-se mais alto, se fosse apenas uma arrumação do mais baixo. Afirmar o contrário é abraçar a falácia reducionista.

E já que o mais alto transcende *de fato* o mais baixo, o mais alto pode "reprimir" o mais baixo. Por exemplo, o sexo não pode reprimir facilmente o sexo, mas a mente pode, simplesmente porque é mais elevada que o sexo e, portanto, pode "descer" até ele.

Ora, a capacidade para repressão (mecanismos de defesa em geral) existe, em um grau ou outro, em quase todos os níveis do espectro, mas não se torna realmente ampla até o nível verbal-associativo, e não se torna verdadeiramente "poderosa" até o nível egoico.[126,139] Para nossos objetivos simplificados, normalmente assumirei que a repressão verdadeiramente "poderosa" provém basicamente do ego mental – vimos, por exemplo, que a dissociação europeia, a completa repressão do corpo pela mente, não aconteceu em grande escala até o período egoico médio.

Afirmar que o mais alto tem condição de reprimir e deturpar o mais baixo pode dar a entender que o mais baixo não tenha nenhuma capacidade para corromper o mais alto. De certo modo, é verdade que, por exemplo, o sexo não pode reprimir a mente. Mas o mais baixo pode "infectar" o mais alto de duas formas básicas: 1) pode, por assim dizer, explodir e desorganizar o funcionamento do mais alto; 2) se o mais baixo estiver fundamentalmente distorcido, pode transmitir parcialmente essa distorção ao mais alto. O primeiro ponto é evidente; o segundo ocorre da seguinte maneira: uma vez que o inferior tende a surgir primeiro no desenvolvimento, um inferior distorcido *predispõe* o superior a, subsequentemente, reproduzir a distorção em seu próprio domínio. Isto é, já que o superior emerge do inconsciente essencial *por meio* do inferior, então, se o inferior estiver distorcido, influenciará o superior a apresentar uma distorção semelhante (mediante o que podemos chamar de "contaminação emergente"). O fato de o superior vir por meio do inferior e, em seguida, apoiar-se sobre a fundação do inferior faz com que uma "inclinação" no primeiro andar tenda a causar uma "inclinação" semelhante no segundo, e assim por diante. Porém, isso não é uma causalidade absoluta: não apenas a distorção do inferior é transmitida parcialmente, como também o nível mais elevado, em virtude de sua transcendência, geralmente consegue reparar o desequilíbrio.* Frequentemente, porém, uma distorção no mais baixo predispõe o mais alto a distorções semelhantes ou, no mínimo, a gastar muito do seu tempo para compensar o defeito do mais baixo (por exemplo, a "inferioridade orgânica" e a afirmação masculina de Adler etc.).

Entretanto, agora chegamos a um dilema. Dissemos que um indivíduo humano se desenvolve geralmente do nível 1 para o 2, para o 3, para o 4 etc. Dissemos que as distorções de um nível mais baixo (por exemplo, nível 2) podem ser transmitidas para um nível mais alto (para o 3, o 4 etc.). Mas também dissemos que a capacidade de distorcer e reprimir os níveis mais baixos não existe de forma "poderosa" *até* atingirmos o nível egoico (4). Como, então, o nível 2 transmitiria suas distorções para o nível 4, se o nível 2 não é distorcido até que o nível 4 exista?

---

* Desse modo, por exemplo, uma distorção no terceiro nível afeta mais imediatamente o quarto, menos um pouco o quinto, menos ainda o sexto, e assim por diante. Não só cada nível subsequente se afasta mais da distorção original, como tem mais oportunidade para repará-la. Mas todos os níveis (exceto 7-8) podem ser distorcidos, e quanto mais próximo estiver um nível de uma distorção de um nível inferior, mais provavelmente ele a reproduzirá.

Em parte, a resposta é simples: o ego, ao emergir, pode reprimir e distorcer os níveis mais baixos, e essas distorções voltam, por efeito "bumerangue", para o ego. O ego pode mutilar suas fundações, que, então, tendem a mutilar o ego. Além disso, rompendo temporariamente nossa generalização, os níveis mais baixos *podem* ser distorcidos por fatores independentes do ego: privações ambientais, traumas repetidos e severos, tipos grosseiros de autorrepressão, mecanismos de defesa primitivos (como delineados pela psicologia psicanalítica do ego), e assim por diante.

Mas a outra parte da resposta é mais intrigante: dissemos que o ego mental é o instigador primário de repressão vigorosa. E assim, obviamente, até que o ego surja em um indivíduo particular (por exemplo, enquanto o indivíduo ainda é bebê ou criança pequena), ele estará propenso somente a formas incipientes de repressões autoinduzidas. Entretanto, mesmo que esse indivíduo (criança) ainda não possua uma estrutura egoica, está cercado e é educado por indivíduos que *possuem ego*. E esses egos *podem* distorcer e oprimir as funções de troca dos níveis mais baixos do indivíduo ainda sem ego. E, desse modo, quando o ego finalmente emerge nesse indivíduo, *emergirá sobre fundações já distorcidas pelos egos em seu entorno*, e reproduzirá parcialmente essas distorções em seu próprio domínio.

Isso não significa que um indivíduo possa *reprimir* diretamente outro. Significa que um indivíduo pode *oprimir* outro. Essa opressão tem várias consequências, que exploraremos neste capítulo; duas delas são: 1) a opressão pode distorcer os níveis mais baixos dos oprimidos, de forma que, quando o ego mental surge, ele o faz por meio de uma base trincada e sobre ela; 2) o ego mental, emergindo na atmosfera de opressão, pode internalizar a opressão originalmente externa, e a opressão internalizada, então, leva à repressão.

Isso também não significa que toda repressão tenha sua fonte na opressão. A situação é muito mais complexa. Ainda mais importante, quando o novo ego emerge, surge pronto e ansioso para reprimir-se, esforçando-se para evitar a morte e Tânatos. *Todos os níveis fazem isso em maior ou menor grau*, mas, sendo coerente com nossa generalização, essa repressão do eu atinge proporções "poderosas" com o ego. A *maioria* das repressões egoicas são autorrepressões. O ego criará e sofrerá repressão até no ambiente mais idílico, simplesmente porque *todos os* egos fogem da morte e devem reprimi-la. Todavia, quando opressões específicas são *adicionadas* a essa autorrepressão fundamental, o ego sofre *repressão excedente*. E, assim, aperfeiçoamos nossa fórmula: opressão internalizada é repressão excedente.

Funciona da seguinte forma: vimos que o ego mental contém um importante componente chamado de "superego" ou "pais internalizados". De acordo com a teoria padrão, o superego propriamente dito é composto do ideal do ego e da consciência. O ideal do ego contém todas as injunções, metas, desejos, regras e afirmações positivas forjadas pelo jovem ego em sua *relação* com outros significantes verbais (especialmente a figura de autoridade patriarcal). Isso inclui uma *rede de permissões* sobre o que se pode pensar (mente), sentir (emoção) e fazer (físico) *a fim de manter essa relação desejada*. Seguir as injunções é sentir *orgulho*.[436]

Por outro lado, a consciência é composta de todos os comandos negativos e proibições forjados pelo jovem ego em sua relação com outros significantes verbais (especialmente a figura de autoridade patriarcal). Isso inclui uma *rede de tabus* sobre o que não se pode pensar, sentir ou fazer. Violar os tabus é violar a relação com o outro significante, e, desse modo, experienciar *culpa*.[436]

Assim, as relações originalmente *externas* entre o jovem ego e outros significantes transformam-se em *estruturas internalizadas* do próprio ego – isso é (em parte) o superego, o ideal do ego, e a consciência.[262,263] E essas relações, injunções e tabus internalizados são levados a todos os lugares pelo ego, como parte de sua composição, independentemente do fato de que o outro significante esteja realmente observando ou não, presente ou não, até mesmo vivo ou não.[36] O pai – especialmente, neste momento histórico, o pai patriarcal – torna-se uma estrutura interna do ego, donde o superego paterno.

Ora, a vontade do ego, como dissemos, provoca automaticamente uma boa dose de repressão por si mesma. Mas um superego severo simplesmente aumentará o problema. Isto é, a dura opressão parental (social), quando internalizada, levará o ego à repressão extra, repressão excedente. Ou seja, qualquer impulso, pensamento ou atividade julgado tabu pelo superego interiorizado será reprimido, alienado, dissociado – e isso é repressão *excedente*, repressão acima e além daquela que o ego específico acharia necessário estimular por si mesmo. Nesse sentido, uma pessoa que é membro de uma sociedade opressora – que está "dentro" dessa sociedade – com o correr do tempo passa a achar que a sociedade também está "dentro" dela e, assim, perpetua em si mesma as alienações originalmente externas a ela. Desse modo, os pecados das mães e pais hospedam-se nas filhas e filhos, "até a terceira e quarta gerações". Não há dúvida, por exemplo, de que o superego paterno, com uma carga excessiva de culpa e tabu corporal, contribuiu para a dissociação europeia.

No capítulo 9, vimos que com o surgimento da pólis, os vários níveis de existência puderam ser externamente *oprimidos*. Aqui, vemos que com o surgimento da mente (associativa e, especialmente, egoica), os vários níveis de existência podem ser interiormente *reprimidos*. Esses são potenciais *correlatos* para distorções no e do ser humano composto, cujos caminhos se cruzam mais notavelmente, mas não somente, no superego, em que a internalização da opressão da sociedade leva o indivíduo à repressão excedente.

ALGUMAS RECONSTRUÇÕES

Eis nossas generalizações até o momento: 1) o superior vem *por meio* do inferior, mas não *do* inferior; 2) um inferior distorcido *predispõe* o superior a reproduzir distorções semelhantes em sua própria esfera; 3) mas não *força* absolutamente o superior a reproduzir as distorções (o superior pode, até certo ponto, revertê-las, corrigi-las, compensá-las etc.); 4) o indivíduo pode, defensivamente, *reprimir* ou distorcer, de uma forma ou outra, alguns ou todos os seus próprios níveis de troca (físico, emocional, mental etc.);* 5) um ou-

---

* Quanto a defesas, tenho em mente justamente a hierarquia de defesas delineadas pela psicologia psicanalítica do ego: negação, introjeção/projeção, com-

tro externo (poderoso) pode *oprimir* e distorcer níveis de troca do indivíduo; 6) a opressão internalizada é repressão excedente. Essas generalizações são tudo de que precisamos para reconstruir os princípios básicos de teóricos como Marx e Freud sem suas tendências reducionistas. Permita-me apresentar alguns exemplos breves e simplificados.

As investigações centrais de Marx sempre se concentraram, usando suas próprias palavras, nas "relações de produção adequadas a um dado estágio de desenvolvimento das forças materiais de produção. A totalidade dessas relações de produção constitui a [...] base real [da sociedade]".[292] Isto é, ele estava interessado, acima de tu-

---

pensação, formação reativa, conversão, identificação, deslocamento, repressão (própria), racionalização. Essa hierarquia de defesas ajusta-se perfeitamente aos primeiros quatro níveis do ser, começando pelo uroboro alimentar (negação, introjeção/projeção) e terminando no ego/superego (repressão [própria], racionalização). Todas essas defesas são, primeiramente, *autoinduzidas*, mas *todas* podem ser excedente-induzidas por ambientes opressivos/traumáticos, por modelagem simples de papéis de pais ou pares alienados, por condicionamento operante, e assim por diante. Em minha opinião, existem apenas dois importantes problemas com a teoria psicanalítica de defesas. Primeiro, claro, ela omite todos os níveis mais elevados do ser e, desse modo, também omite todas as defesas contra os níveis mais elevados (o ego defende-se da transcendência tão intensamente quanto se defende do *id*). Segundo, a teoria psicanalítica falha em captar que cada nível do indivíduo humano composto possui uma fronteira ou interface, e que a introjeção e a projeção podem ocorrer, e ocorrem, por meio das fronteiras de *qualquer* nível. Isto é, a introjeção/projeção, embora certamente característica do uroboro oral, não é *apenas* urobórica. A introjeção/projeção não é simplesmente uma forma de defesa primitiva e baixa; é inerente a cada nível da hierarquia, universal para os níveis da hierarquia, não apenas para um estágio hierárquico. A deficiência na observação desse ponto força a psicanálise a afirmar que *todas* as internalizações são regressões ao estágio oral, o que simplesmente não é o caso. Essa confusão acontece porque a psicanálise assume a fronteira da pele do organismo como *a* fronteira fundamental, quando é meramente a mais visível. Há fronteiras emocionais, associativas, egoicas, psíquicas etc., e *cada uma delas* sustenta o tráfego de internalização (introjeção) e alienação (projeção). E enquanto, por exemplo, algumas introjeções do mental-egoico são regressivas (p.ex., aspectos do superego), a ampla maioria não é. Acho que qualquer analista lhe dirá que as teorias psicanalíticas sobre introjeção/internalização/identificação são as mais confusas do campo (todas as outras defesas são razoavelmente bem explicadas), e eis acima, em minha opinião, exatamente o porquê.

do, nas várias formas de troca do nível 1, ou trocas materiais centradas na produção material, no alimento, no capital, na terra, na propriedade, na atividade econômica e no trabalho físico. E concluiu que "o modo de produção de vida material condiciona o processo geral de vida social, política e mental".[292]

Marx percebeu particularmente que a *exploração* econômica, de uma forma ou outra, significava uma *alienação* do trabalho natural, e que a alienação do trabalho produzia uma alienação de pensamento e sentimento – o que ele chamou de "falsa consciência".

Isso é mais facilmente entendido pelos escritores populares do pensamento marxista, especialmente quando tocam nas questões de opressão e exploração. De certo modo, Rousseau foi um dos primeiros "marxistas" quando declarou: "O primeiro que, tendo cercado um pedaço de chão, o assumiu em sua cabeça a ponto de dizer que *isto é meu* e encontrou pessoas suficientemente simples para acreditar nele, foi o verdadeiro fundador da sociedade civil"[358] – mas "sociedade" em um sentido "ruim" (observe que ele disse "suficientemente *simples*", isto é, suficientemente idiota). O ponto, como colocado por Becker, é que "a igualdade primitiva terminou com a propriedade privada, o que resultou na propriedade pessoal diferenciada de riqueza".[26] Assim, como Robinson ressalta, "tanto para Hegel quanto para Marx, o fato histórico da alienação estava diretamente ligado à instituição [e à exploração] da propriedade privada. Em *Princípios da filosofia do direito*, Hegel expôs de forma totalmente marxista a ligação entre a acumulação de capital e o empobrecimento crescente dos trabalhadores, culminando com o surgimento de um 'vasto exército industrial'".[351] Pois "esses novos estados foram estruturas de dominação que absorveram a vida tribal ao redor deles e construíram impérios. Massas de homens foram forjadas como ferramentas obedientes para operações de poder realmente amplas, dirigidas por uma influente classe exploradora. Foi nessa época que [indivíduos] foram firmemente compartimentados em vários ofícios específicos que exerciam monotonamente; eles se tornaram objetos autômatos dos soberanos tirânicos".[26]

Ora, humanos como "objetos autômatos", *ajustados* a uma realidade social que é opressiva e falaciosa, é aproximadamente o que

Marx quis dizer por "falsa consciência" e "indivíduos alienados". O ponto é que, *se a troca física é distorcida* (por volumosa e imerecida propriedade privada para poucos, pela concentração de grandes quantias de dinheiro, capital, bens etc., nas mãos de uma elite rica, e assim por diante), *forma uma base angustiada sobre a qual se constroem sentimentos e pensamentos* (tanto nos ricos quanto nos pobres, embora, claro, em rumos drasticamente diferentes: os pobres em direção ao empobrecimento, os ricos em direção à decadência). E à medida que o sentimento e o pensamento *se ajustam* a essa falsa base, à medida que os níveis 2 e 3-4 se equilibram nas distorções do nível 1, eles tendem a reproduzir essa falácia em suas próprias esferas. Assim, como um simples exemplo, a *mentalidade* dos brutalmente pobres tende para a depressão; a dos ricos, para o elitismo.* Em geral, a filosofia pega nessa armadilha produz o que Marx chamou de "ideologia" – filosofia que se origina da opressão, da exploração e da não emancipação e as reforça. Isso levou Marx à famosa declaração que, enquanto a maioria dos filósofos meramente pensa sobre o mundo, a real necessidade é mudá-lo.

---

* Sendo mais preciso, podemos visualizar o Grande Ninho em termos da hierarquia de necessidades de Maslow e apresentar a questão da seguinte forma: 1) A distorção na troca material – a excessiva concentração de bens materiais nas mãos de poucos – priva o pobre de satisfazer necessidades fisiológicas e de segurança, e isso *confina* sua consciência aos níveis mais baixos; ao mesmo tempo, permite ao rico explorar e abusar dessas necessidades – um uso decadente e degenerado do nível material que, ironicamente, também tende a confinar *sua* consciência fixando-a nos domínios mais baixos, mas de forma contrária. 2) Essas distorções *materiais* – tanto nos ricos quanto nos pobres – tendem a reproduzir-se em níveis mais altos, mas, novamente, de formas opostas. Nos pobres oprimidos, essa reprodução leva a pensamentos e sentimentos de impotência depressiva, ódio ou amargura, autoestima baixa etc. Na elite rica, leva a pensamentos e sentimentos de autoestima excessiva, irrealista e imerecida, ao imperialismo, elitismo, socialismo etc. (Por favor, lembre-se de que tudo isso são tendências, não causalidades.) O ponto é que *ambos*, ricos e pobres, se alienam pela troca material distorcida. Obviamente, muito mais os pobres, mas também os ricos, que, baseando sua riqueza material nas necessárias privações de outros, se afastam da totalidade moral da humanidade e põem em movimento a "causalidade do destino", descrita por Hegel, em que a alienação dos outros resulta, inexoravelmente, na alienação do eu.

A questão é que a exploração física não nos priva simplesmente de uma troca material apropriada, mas tende, muitas vezes profundamente, a moldar a forma de níveis mais elevados do indivíduo humano composto. *Sobre o trabalho alienado, tendem a emergir sentimentos e pensamentos alienados* (nos ricos e nos pobres). E esse, penso eu, é um dos duradouros *insights* de Marx.

Entretanto, existem quatro inadequações básicas na teoria marxista corrente. Primeiro, há um supercomprometimento com o materialismo (advindo de Feuerbach), que leva Marx a ver a história como quase nada além do que o desdobramento de forças materiais ("materialismo dialético"), visando a uma troca material não distorcida e desobstruída, livre da propriedade privada obsessiva e da exploração material. Embora isso provavelmente (e auspiciosamente) seja suficientemente verdadeiro para o nível 1, apresenta apenas uma leve relação direta nas motivações do nível 2, muito menos no nível 3, menos ainda no nível 4 etc. (É importante nesses níveis, mas somente à medida que estejam contaminados por distorções do nível mais baixo.) Reduzir a história ao materialismo dialético é reduzir o Grande Ninho do Ser ao nível 1.

Segundo, esse supercomprometimento materialista normalmente predispõe Marx para a noção de que o nível mais baixo do ser – alimento, matéria, trabalho econômico e produção – não só influencia os níveis mais altos (da mente, da filosofia e da religião), mas os causa e os cria. Daí sua tão citada afirmação de que não é a consciência dos homens que determina sua existência, e sim sua existência material e econômica que determina sua consciência. Ele não vê que o superior vem por meio do inferior e é geralmente afetado por ele – acha que o mais alto vem do mais baixo e é causalmente produzido por ele.

Terceiro, Marx, de modo geral, não compreende que os efeitos de distorções materiais possam, embora com alguma dificuldade, ser amplamente superados em e por um nível mais elevado. Um exemplo simples: pense no número de indivíduos sob severa opressão material que sobrepujou essas distorções para produzir duradouros e até brilhantes *insights* filosóficos/mentais (para não falar de transcendências espirituais): Homero foi um (dizem que era escravo e também cego); o próprio Marx foi outro (ele viveu em amarga indigência durante a maior parte de sua vida). Isso, de forma alguma, desculpa a exploração; apenas demonstra que a produção material absolutamente não determina a consciência, nem mesmo é um fator proeminente.

Quarto, embora o marxismo tradicional compreenda bem a brutalidade da opressão externa, ele dá pouca atenção à mecânica e à brutalidade mais profundas da demanda interna por opressão. É ridículo sugerir que, em casos de extrema exploração, como a escravidão literal, a vítima seja secretamente responsável. Mas, em tantas outras formas mais brandas e sutis de exploração, o oprimido realmente está "apaixonado por seus grilhões". A Escola de Frankfurt – auxiliada pelo *insight* psicanalítico – passou seus primeiros anos exatamente reparando esse desequilíbrio e mostrando que, em muitos aspectos da opressão, o oprimido fecha os próprios grilhões e entrega a chave a seus futuros opressores – "o laço inconsciente oculto", disse Marcuse, "que liga o oprimido a seus opressores".[351] Já discutimos as razões disso no capítulo 9 e não precisamos repetir o que foi dito. O ponto, simplesmente, é que o eu já está ansioso por reprimir-se, e, uma vez que a internalização da opressão ajuda a produzir repressão extra, o eu é *parcialmente* uma potencial vítima desde o começo. Consideremos a seguinte frase de Marcuse, um resumo objetivo: "Existe algo como o Eu [que, para nós, é Atman] – ele ainda não existe [ou ainda não emergiu da consciência coletiva], mas, para ser atingido, devem ser combatidos todos os que estão evitando seu surgimento e que o *substituem* por um *eu ilusório* [o sujeito substituto], isto é, o sujeito da escravidão voluntária em produção e consumo, o sujeito da eleição livre de senhores".[282]

Isso é suficiente para nossa reconstrução simplificada de Marx. Mas a opressão material, como descrita por ele, não é o único meio de manipulação e exploração, seja interna ou externamente imposto: é meramente o mais ontologicamente primitivo e, portanto, o mais visível. O "próximo nível acima" no indivíduo composto é o emocional-sexual, e nele, também, podem ser infligidas distorções e cicatrizes, pela própria pessoa e por outras, com repercussões igualmente profundas.

Esse nível, claro, foi o grande campo de Freud: as distorções da sexualidade. Entretanto, como Marx, ele tendeu para o mesmo tipo de reducionismo. Mas da mesma forma que Marx viu o nível 1 (matéria) como totalmente abrangente e considerou a produção material paradigmática,* Freud fez o mesmo com o nível 2: somente o *id* (prana) é *fundamental*, e todas as estruturas mais elevadas e mentais provêm *dele*. O sexo, para Freud, era paradigmático.** O ego, a psique e a civilização derivam do *id*, via repressão, sublimação

---

* Marx tornou o alimento paradigmático.

** Freud estava realmente interessado nos níveis 3 e 4, mas tendeu a transformar o nível 2 em paradigma (ele condensou os níveis 1 e 2 em um nível, o *id*; porém, estava ciente de sua existência separada, porque seus primeiros dois instintos foram fome e amor, ou uroboro-oral e tifão-sexual; ou, novamente, seu instinto de autopreservação – alimento – e seu instinto de preservação da espécie – sexo). Embora o nível 2 fosse paradigmático para Freud, ele, no final, amenizou essa "psicologia da libido" reducionista com a tentativa de introdução da "psicologia do ego" (em *O ego e o id*), embora tenham sido *O ego e os mecanismos de defesa*, de Anna Freud, e *Ego Psychology and the Problem of Adaptation*, de Hartmann, as obras que começaram a reverter a maré reducionista – e, incidentalmente, ao mesmo tempo a livrar a psicanálise de seu valor de choque incorreto. A psicanálise inicial era tão "divertida" – "Espere até que eles ouçam o que temos para lhes contar!", exclamou Freud em sua primeira visita aos Estados Unidos – simplesmente porque, como um menino malcriado, ela tentou descobrir algo "sujo" por baixo de toda produção mental e cultural, e teve sucesso, até que o próprio reducionismo se tornou notoriamente autocontraditório, e os níveis mais elevados foram lenta, mas relutantemente, readmitidos – uma concessão que Freud fez quase com amargura. Acabou a diversão... A propósito, a mesma coisa aconteceu com a teoria marxista. Ela foi chocante e inovadora – foi "divertida" – somente enquanto pôde afirmar que todos os níveis mais elevados provinham de modo proeminente de trocas materiais/econômicas. Acredite ou não, os primeiros marxistas até acusaram os freudianos de ideologia, porque reduziram tudo apenas ao nível 2 e não tomaram conhecimento do nível 1! Mas quando Marx e Engels reviram sua posição mais cuidadosamente, necessariamente começaram a balançar e dizer que níveis superiores (mente, filosofia, religião) eram apenas fortemente influenciados pela troca material. Consequentemente, perderam seu lado chocante e inovador – corretamente, mas isso acabou com a graça deles. E, claro, deixou o sistema marxista em apuros; é como afirmar: "Tudo, mas tudo, provém do nível 1. Mais ou menos".

etc. O mesmo erro que vimos em Marx: espremer e torcer teoricamente o mais baixo na esperança de extrair o mais elevado.

O fato é que, à medida que a mente associativa emerge do inconsciente essencial, ela o faz *via* corpo emocional (*id*) e, em seguida, "apoia-se" nele. Desse modo, impulsos emocionais estão de fato "subjacentes" à mente e à cultura, como disse Freud; entretanto, eles não as causam ou produzem. E já que a mente e a cultura não são produzidas por uma repressão ou distorção da sexualidade emocional, como Reich e Marcuse logo ressaltariam de seus respectivos modos (bem diferentes), "*A cultura em si não é incompatível com a sexualidade*".[351]

Não obstante, já que a mente associativa emerge via sexualidade emocional, a mente pode ficar com "cicatrizes" em razão de distorções na esfera sexual, e essas distorções são, de fato, geralmente (mas não somente) induzidas por uma sociedade opressora e internalizadas como repressão excedente. Isto é, distorções opressivas (e repressões internalizadas) no *intercurso emocional* podem reproduzir-se parcialmente no intercurso comunicativo. Em resumo, uma falsa associação *tende* a apoiar-se em uma emocionalidade distorcida.

Finalmente, vamos simplesmente sugerir – sem explicação elaborada – que o próprio nível associativo pode ser internamente distorcido e reprimido, bem como externamente pressionado e oprimido; e mais, a internalização dessa opressão leva à repressão excedente. O resultado de quaisquer dessas deturpações é a distorção da troca comunicativa, a distorção da associação, a mutilação da práxis. Sigamos para o próximo nível: sobre essa associação distorcida, alienada e falsa tende a se apoiar uma autoestima fraudulenta ou um falso ego (embora, como em todos os níveis mais elevados, o ego possa, até certo ponto, reverter ou superar as distorções de níveis mais baixos em geral, inclusive, nesse caso, o associativo). O trabalho de Bateson sobre duplos laços, bem como a postura teórica completa da "comunicação em psiquiatria", apresenta muitas evidências de como a associação distorcida tende a induzir e sustentar egos fraudulentos.[23,359]

Por último, o ego propriamente dito, seja inicialmente falso ou não, pode ser igualmente reprimido, oprimido, e/ou sofrer repressão excedente. O resultado é a cisão do ego, a dissociação do ego em *persona versus* sombra, ou a simples divisão da personalidade (observada mais dramaticamente em transtornos de personalidade múltipla, embora dissociações semelhantes mais brandas ocorram em quase todas as desordens de caráter). Em geral, o resultado é uma distorção das trocas de autoestima, integridade egoica e autorreconhecimento acurado.

E assim prosseguem os vários tipos de distorções de troca que podem ocorrer *em cada nível** do indivíduo composto pelo fato de viver em uma sociedade composta: autorrepressão, opressão externa e repressão excedente internalizada.

Mas o conceito de "autoestima" egoica e autorreconhecimento mútuo, que acabei de apresentar, remete-nos diretamente ao nosso próximo tópico.

UMA PESSOA REAL

Mencionamos, no capítulo 9, que, com o surgimento da estrutura mental-egoica (histórica e ontogeneticamente), passou a existir um *novo nível de troca*: a troca mútua de autorreconhecimento, cujo paradigma é a autoconsciência reflexiva e cuja esfera é a estima pessoal recíproca.

Esse, claro, é um desenvolvimento decisivo e de longo alcance, um desenvolvimento que historicamente começou no período egoico baixo e consolidou-se experiencialmente durante o período egoico médio.** Mas em vez de discutir extensivamente esse desenvolvimento à medida que se desdobrou historicamente, precisamos apenas ressaltar os trabalhos de Hegel e Habermas (especificamente, a reconstrução que Habermas fez de Hegel), porque em seus diver-

---

* Exceto nos níveis 7-8.
** L. L. Whyte relata sobre esse período histórico: "A atenção do indivíduo foi atraída cada vez mais para seu próprio pensamento, bem como para estímulos externos, e ele tomou ciência de si mesmo como um ser pensante e perceptivo dotado de escolha [...] ele teve de se conscientizar como pessoa".[426]

sos textos eles já estabeleceram uma base teórica formidável exatamente para aqueles pontos que me parecem tão significativos. Embora só possamos mencionar alguns desses pontos nesta breve seção, deve ser dito que considero a reconstrução de Habermas/Hegel absolutamente essencial para uma compreensão não só desse período da história, mas, mais importante, desse nível completo de troca, como emerge e consolida-se hoje no desenvolvimento ontogênico e na maturação do indivíduo humano composto. Esse nível é, obviamente, o de estima egoica e de autorreconhecimento mútuo, baseado na comunicação livre de dominação e distorção.

Nesta seção, mencionarei brevemente quatro dos pontos básicos da posição de Habermas/Hegel (como reconstruídos por mim) mais pertinentes à nossa presente discussão.

O primeiro é o *insight* de que "a identidade da autoconsciência não é original, mas somente pode ser concebida como algo que se desenvolveu".[292] Embora isso hoje possa parecer um ponto óbvio, nenhum filósofo antes de Hegel o compreendeu. Essa visão desenvolvimentista é, claro, a coluna vertebral de nossa própria apresentação.

O segundo ponto é que a autoestima egoica é realmente um *sistema de troca mútua*; não é um ato autossuficiente de invulnerabilidade, muito menos uma garantia de sentimentos narcisistas, como sustentado por freudianos. Pois não se pode obter autoestima egoica sem outros, e o que *constitui* a verdadeira autoestima é, de fato, a *troca* de estima com outros. Isto é, a autoestima real surge "com base no reconhecimento mútuo – ou seja, com base no conhecimento de que a identidade do 'eu' somente é possível por meio da identidade do outro que me reconhece, e que, por sua vez, depende do meu reconhecimento".[292]

Na verdade, a autoestima é o *oposto* da "autoafirmação", pois a "autoafirmação mantém-se à parte da totalidade moral", revoga e nega "a complementaridade da livre comunicação e a satisfação mútua de interesses". E quem *se afasta* desse *processo de troca* experiencia "na repressão da vida dos outros a deficiência de sua própria vida, e no virar as costas à vida dos outros sua própria alienação de si mesmo". Conclusão: "A identidade pessoal só pode ser alcançada com base no reconhecimento mútuo"[292] – e eis nosso próximo nível mais elevado de troca (nível 4).

O terceiro ponto é que o reconhecimento mútuo e a troca comunicativa não podem ser reduzidos a níveis mais baixos, como empiricistas, marxistas, freudianos, cientificistas etc. tentam fazer. Habermas ressalta esse ponto cuidadosamente, distinguindo entre o que chamaríamos de níveis 1-2 – natureza, trabalho, corpo, propriedade, *techne* etc. – e níveis 3-4 – comunicação, práxis, linguagem, interação, autorreconhecimento mútuo etc.[177] Com essa distinção, Habermas demonstra marcantes diferenças em epistemologia, metodologia e estruturas de interesse cognitivo:

> Habermas desenvolve essa distinção [entre os níveis 1-2 e 3-4] para vários níveis. Em um nível "quase transcendental", a teoria de interesses cognitivos distingue o interesse técnico na predição e no controle dos processos objetificados [1-2] do interesse prático em manter a comunicação livre de distorção [3-4]. Em um nível metodológico, cria uma distinção entre investigação analítica empírica [adequada somente aos níveis 1-2] e hermenêutica ou investigação crítica [que especificamente considera "objeto" os níveis 3-4]. No nível sociológico, subsistemas de ação intencional-racional são distinguidos da estrutura institucional em que estão embutidos. E no nível de evolução social, o crescimento em forças produtivas e capacidade tecnológica [nível 1] é distinguido da extensão da livre interação e da dominação [níveis 3-4].[292]

Em termos mais simples, quando Habermas diz que a práxis não pode ser reduzida à *techne*, que a hermenêutica não pode ser reduzida à investigação empírico-analítica, que a interação simbólica não pode ser reduzida ao trabalho manual, que as trocas comunicativas não podem ser reduzidas a trocas materiais – tudo isso serve simplesmente para dizer que os níveis 3-4 não podem ser reduzidos aos níveis 1-2 – a mente não pode ser reduzida ao corpo.

O quarto ponto é que, não obstante, os níveis mais baixos formam o substrato para as trocas mais elevadas, e, desse modo, interagem e interconectam-se com eles. Para dar só um exemplo, limitaremos nossa discussão ao trabalho físico (nível 1) e à autoestima pessoal (nível 4). O ponto de Habermas/Hegel é que quando o reconhecimento pessoal mútuo é inicialmente estabilizado formalmente, ele o faz sobre a subestrutura do trabalho e da propriedade. (Na minha visão, ele se estabiliza sobre todos os níveis mais baixos, 1-3, mas estamos limitando este exemplo às trocas do nível 1 e suas influências no recém-emerso ego pessoal do nível 4.)

Assim, nesse exemplo, "Hegel estabelece uma interconexão entre trabalho [nível 1] e interação [reconhecimento mútuo, nível 3, mas especialmente nível 4] por via de 'normas legais, em que o intercurso social baseado em reconhecimento mútuo é formalmente estabilizado pela primeira vez'. A institucionalização do reconhecimento mútuo entre *pessoas legítimas* é uma questão de 'indivíduos reconhecendo uns aos outros como proprietários de bens produzidos por seu trabalho ou adquiridos por comércio'".[292] Em outras palavras, o reconhecimento *legal* ou institucional/convencional da *personalidade* egoica e o respeito por ela estavam relacionados à propriedade privada e ao reconhecimento desta, e inicialmente (mas não somente) construídos sobre eles. "Desse modo, os bens que surgem do processo de trabalho [nível 1] funcionam como [um] substrato de reconhecimento legal [da personalidade]."[292]

O ponto é que "a troca de equivalentes [bens do nível 1], formalmente institucionalizada no contrato [legal], torna-se o modelo para a reciprocidade em que se baseia a interação [troca de reconhecimento egoico mútuo]. Dessa forma, o resultado da 'luta por reconhecimento [pessoal]', a *autoconsciência legalmente reconhecida*, incorpora os resultados do processo de trabalho pelo qual nos libertamos dos ditames imediatos da natureza".[292] Observe que esse é um ponto que ressaltamos para *todo* nível de consciência: cada nível sucessivo inclui, mas transcende, incorpora e vai além de todos os seus predecessores. Portanto, não é surpreendente que Hegel e Habermas afirmem que a troca egoica por autorreconhecimento "*incorpora* os resultados do processo de trabalho pelos quais nos *libertamos* dos [ou transcendemos os] ditames imediatos da natureza".

Com esses pontos em mente, quero agora deixar de lado as questões específicas da reconstrução de Habermas/Hegel e amarrar suas características centrais aos desenvolvimentos históricos que começaram a acontecer durante o recém-emerso período egoico.

Como era somente por lei que existiam o reconhecimento e a proteção não violentos da *propriedade*, da mesma forma, foi por convenção social-legal que se proibiu a violação exagerada da *personalidade*. Os bens, não mais necessariamente, seriam possuídos apenas pelos mais fortes, mais agressivos ou mais parecidos com macacos, pois uma pessoa legítima tinha o direito legal de possuir os bens que resultaram de suas próprias trocas físicas (ou que, secundariamente, tivessem sido adquiridos por comércio). E isso significou que, para que a lei não fosse violada, os indivíduos *tinham de se reconhecer* mediante uma troca respeitosa. Uma *pessoa* possuía *propriedade*, e o respeito à propriedade exigia o reconhecimento e o respeito da personalidade.* E não existiram pessoas legítimas nem propriedade legalizada muito antes do período egoico.[85,215,252,417]

As evidências disponíveis sugerem claramente que, começando no período egoico baixo e concretizando-se no período egoico médio, o pai (ainda estamos na patriarquia) tornou-se o primeiro proprietário significativo e difundido de bens pessoais.[26] E a propriedade do pai era protegida não por seus músculos, mas por uma *consciência corporativa* encarnada em lei.[292] O rei não mais "possuía o mundo" – o pai individual, como "rei do seu castelo", lutou com o senhor da guerra por parte de sua propriedade.

Igualmente – e mais importante – o pai, detentor legal de propriedade, tornou-se pela primeira vez na história uma *pessoa legítima*, uma "autoconsciência legalmente reconhecida" ou ego.[26] Isso significou, primeiro, que a autoconsciência individual – o ego heroico que trabalhou tão longa e arduamente para produzir sua evolução – foi reconhecida e protegida por direito legal, e todos que cumpriam a lei reconheciam a autoconsciência pessoal e entravam em uma troca mútua com essa consciência. E segundo, uma pessoa legítima era alguém que não poderia, legalmente, ser transformada

---

* Fichte: "O direito à propriedade exclusiva foi gerado pelo *reconhecimento mútuo* e não existe sem esta condição. Toda propriedade é baseada na união de muitas vontades em uma única".[99]

em *escravo*, ou em *propriedade material* de outra pessoa. Dito de forma diferente, uma pessoa legítima era, entre outras coisas, *proprietária de si mesma*. Como Locke logo colocou: "Todo homem tem propriedade de sua própria pessoa". Ou, em jargão atual, toda pessoa pode ser seu próprio eu.

Em resumo, cada pessoa legítima, cada "eu" egoico era proprietário de si mesmo, seu próprio eu ou "me", e podia possuir bens externos, ou "meus". Isto é, *cada "eu" tinha seu próprio "me" e "meu"*. Entendo que, para aqueles espiritualmente orientados, isso pareça muito egotista e egocêntrico; mas devemos nos lembrar de que a evolução estava, naquele momento, ascendendo do pré-pessoal em direção ao pessoal, do animal e subumano para o individual e pessoal, e o "eu-me-meu" egoico era um correlato necessário dessa evolução ("eu-me-meu" desaparece na superconsciência, mas só após ter cumprido seu propósito intermediário).

O ponto é que a consciência estava lutando heroicamente para libertar-se de sua incrustação infantil na natureza instintiva, lutando para ascender daquele domínio em que a "lei do cão" estabelece a propriedade e em que "o direito do mais forte" estabelece a lei da selva. O que é deplorável, mas talvez inicialmente inevitável, não foi que o "eu-me-meu" egoico tornou-se legalmente reconhecido, respeitado e protegido, mas que esse direito não tenha sido estendido para mais pessoas. Não que o pai fosse uma pessoa, mas que a mãe não o fosse; não que o pai estivesse legalmente protegido, mas que os escravos não estivessem – eis a tragédia. Essa tragédia é corrigida, não privando alguém da personalidade, mas estendendo a personalidade a todos.

Que uma pessoa legítima tivesse e fosse sua própria propriedade significou que sua autoconsciência egoica foi socialmente sancionada e mutuamente reconhecida em trocas de estima. Significou que seu centro de consciência não estava mais necessariamente fundido e perdido na natureza, por um lado, nem outorgado publicamente a um amo humano, por outro. Nem sua personalidade podia ser violada por outras pessoas com reconhecimento legal. (É necessário ressaltar energicamente que há, atualmente, grande número de pessoas, governos e instituições que ainda não alcançaram essa simples e minimamente aceitável definição de humanidade.)

Da mesma forma, uma pessoa era uma *fonte sancionada de suas próprias ações*. "Uma Pessoa", disse Hobbes, "é o mesmo que um Ator." A palavra latina *persona* significa "papel do ator" – o ego é inicialmente e necessariamente uma coleção própria de *personae*, um complexo de papéis sociais para interações adequadas, ações mutuamente reconhecidas como significativas, convenientes, "legais". Consequentemente, um escravo, de acordo com a lei romana, não tinha nenhuma *persona* – ele não era sua própria pessoa; não era absolutamente uma pessoa (ou sua pessoa era propriedade do amo).

Ora, como uma pessoa legítima pode ser independente, ela tem o potencial para criar suas próprias ações. Nem a natureza instintiva, nem a associação conformista, nem o rei, nem os deuses míticos da natureza – nenhum deles possuía completamente o novo ego legal, e, portanto, nenhum deles era o autor dominante das ações do ego. Como colocado por Hobbes: "Do mesmo modo que aquele que fala de bens e posses é chamado de Dono, aquele que fala de ações é chamado de Autor". Portanto, um escravo, de acordo com a lei romana, não só não possuía nenhuma *persona*, como também não podia agir legalmente ou ser autor de suas ações (ele não podia votar etc.). O novo ego legal, como autopossuidor, também era autoautor. Quer dizer, tinha o *potencial* para organizar, até certo ponto, sua própria autonomia: decidir por si mesmo, livrar-se dos ditames da natureza (*id*) e do rei (superego), assumir responsabilidade ou autoria por suas ações. Em jargão psicológico atual, ser uma pessoa real.

Uma pessoa real – historicamente, vimos que uma pessoa real: 1) tinha e era sua própria propriedade; 2) podia potencialmente ser autora de suas próprias ações; 3) existia como um sistema de trocas de reconhecimento e respeito mútuos com outros atores/autores/pessoas. *Nada disso existiu em larga escala antes do período egoico médio*, e tudo isso sinalizou uma conquista evolucionária momentosa. Em essência, representou a interconexão e a troca da recém-emersa consciência autorreflexiva, uma união intersubjetiva e um compartilhamento da autoconsciência legalmente reconhecida, uma nova e mais elevada forma de unidade a caminho da Unidade.

De certo modo, toda criança atual, ao crescer, tem de passar por esse mesmo processo de construção de um "eu, me e meu". A criança tem de se tornar sua própria pessoa ou sua própria propriedade, e sua própria autora ou agente responsável de suas próprias ações. Primeiro, ela tem de se tornar sua própria propriedade, extraindo-se com dificuldade de sua incrustação inicial no ambiente material, na fusão materna, no animismo, magia e mito. Ela tem de transferir a propriedade de sua consciência de outros para si. Segundo, tem de assumir responsabilidade por essa propriedade. Ela tem de se tornar autora de suas ações e parar de conceder a autoria de sua vida à mãe, ao pai, ao rei e ao Estado. Ser uma pessoa real é assumir propriedade e autoria e, assim, passar da escravidão pré-pessoal para a autonomia pessoal. Em resumo, estabelecer a troca egoica livre.

A SOMBRA

Ora, o rompimento ou a distorção da troca egoica (histórica ou ontogeneticamente), tanto por repressão quanto por repressão excedente, leva ao desmembramento do ego entre as *personae* que são aceitáveis e as que são inaceitáveis, indesejáveis ou temidas.[222] As *personae* inaceitáveis são alienadas como a "sombra", ou "*personae* subconscientes" (às vezes chamadas de "subpersonalidades", embora eu me refira a elas, em sentido definitivo, como *personae* alienadas).[436] Uma *persona* subconsciente, ou sombra, torna-se uma "face oculta", uma "personalidade secreta" que permanentemente surpreende, distorce e edita as comunicações conscientes do ego. Uma *persona* da sombra é o modo de um indivíduo ocultar informação de si mesmo; é um texto pessoal cuja autoria é negada; uma voz cuja propriedade é rejeitada; uma frente ilegal. Uma *persona* da sombra é a forma pela qual um indivíduo rejeita possuir e criar seu texto de vida, seu próprio eu. A sombra é uma fonte inconsciente de edição, interpretação errônea e tradução incorreta de (partes do) eu *linguístico* e de sua história *narrativa*.[436] A sombra é um pesadelo hermenêutico, a sede de equívocos intencionais, embora inconscientes.*

---

* Por que um indivíduo oculta informação de si mesmo? Ele oculta aqueles aspectos da troca comunicativa *que parecem ameaçar de morte o ego ou o auto-*

E, portanto, a sombra representa ações e comunicações pessoais cujos *significados* não são conscientemente entendidos pelo próprio indivíduo; desse modo, sua sombra aparece como um *sintoma*.[436] Esses sintomas da sombra o iludem, o confundem – são "grego" para ele, idioma estrangeiro. Ele não sabe o que eles *querem dizer* porque, inconscientemente, interpretou mal seu próprio texto de vida e sua história narrativa. Daí por que ligo a sombra, direta e absolutamente, a questões hermenêuticas – a hermenêutica, recordemos, é a ciência da interpretação: qual é o significado de *Hamlet*? De *Crime e castigo*? De seu próprio comportamento, suas ações, sua vida? Perceba de uma vez por todas que não existe *nenhum caminho empírico possível* para estabelecer essas respostas.[316,433] Dê-me uma prova empírico-científica de que você tem o significado preciso de *Hamlet*, de *Um bonde chamado desejo*, do sonho de ontem à noite. O ponto é que, uma vez que alcançamos níveis mais elevados que os dos sentidos (1-2), uma vez que alcançamos associação e mente (3-4), estamos lidando com estruturas de significado que não podem ser definidas por nenhuma evidência sensório-empírica, e, então, somos forçados (ou melhor, privilegiados) a usar argumentação e *interpretação* simbólica, mental e comunicativa para resolver as questões cruciais – e aí entra a hermenêutica. Não é de admirar que Habermas (e outros) trace uma linha tão forte entre investigação empírico-analítica e investigação hermenêutica – é a diferença entre investigação baseada em modos que são subumanos *versus* aqueles propriamente humanos.[156,177] A razão por que a maior parte da psicologia ortodoxa ocidental não consegue definir um ponto interessante sobre o significado da sua vida é que, orgulhosamente, restringiu-se à investigação empírico-analítica, isto é, investigação *baseada* em modos e processos sensoriais, objetificados, subumanos. O *insight* libertador é que a vida do indivíduo como um ser mental é uma vida de trocas hermenêuticas, transempíricas.

E assim, *quando* uma pessoa oculta informação de si mesma, via sombra, ela, simultaneamente, esconde de si mesma o *significado*

---

conceito verbal. Em substituição, ele sacrifica esses aspectos, "mata-os", joga-os fora, aliena-os, a fim de preservar seu projeto de imortalidade egoica. Isto é, a sombra é um sacrifício substituto da forma mental-egoica do Projeto Atman.

de vários aspectos de sua vida, de seus comportamentos, pensamentos e sentimentos. A sombra se torna sua sede de interpretação errônea, hermenêutica ruim, uma leitura falsa do texto de sua vida. E é por isso que a sombra gera, simultaneamente, vários "sintomas" – ações e sentimentos que o indivíduo não entende, não compreende, não interpreta corretamente – e, portanto, ações e sentimentos que lhe parecem estranhos, alienados, ameaçadores, assustadores, angustiantes.[436]

Não confunda a sombra com o *id* (tifão). O *id* é energia emocional-sexual; a sombra é uma estrutura amplamente verbal e sintática.* Enquanto todas as repressões do *id* tendem a sustentar e energizar estruturas correlatas da sombra (isto é, posso ocultar o sexo de mim mesmo ocultando apenas alguns aspectos de comunicação de mim mesmo), uma repressão da sombra pode acontecer sem relação significativa para o *id* (isto é, posso ocultar amplos e importantes aspectos de comunicação mental de mim mesmo sem ocultar o sexo de mim mesmo). Não obstante, uma vez que uma narrativa da *persona* é alienada e dissociada do ego (transforma-se em sombra), ela é invariavelmente contaminada com e "fundida" a descargas urobóricas e tifônicas, e o complexo inteiro forma o núcleo básico da psicopatologia.

Chegamos agora a um ponto crucial. A *autoestima* não pode acontecer se o ego estiver dissociado em *personae* aceitáveis *versus personae* sombrias, pois, nesse caso, não pode *reconhecer* a si mesmo com precisão e honestidade, e, portanto, não pode *reconhecer* outros com precisão e honestidade. Já que não pode ver claramente tudo de si mesmo, não pode entrar em autopermuta mútua completa e honestamente – escondemo-nos de nós mesmos, e, consequentemente, dos outros; e os outros, por sua vez, ficam escondidos. O *fluxo* completo de autorreconhecimento *mútuo*, que *constitui* de

---

* Aqui me coloco decisivamente ao lado de Jung, Lacan e outros, e contra o Freud inicial: o "inconsciente" não é composto apenas de energia e imagens não verbais. Ele pode conter, e geralmente contém, sistemas altamente estruturados e linguísticos, sendo um deles a sombra. O *id* (tifão) é pré-verbal e consiste de impulsos sexuais e agressivos; a sombra é linguística e hermenêutica, e consiste de unidades narrativas significativas, mas dissociadas.

fato a autoestima, é interrompido e distorcido. É quase como se você desembarcasse em um país estrangeiro com um intérprete conivente e enganoso (a sombra), e tentasse estabelecer relações significativas com outros, relações sobre as quais logo repousaria sua própria autoestima. E você nunca suspeitou do intérprete nem o confrontou. *E você era o intérprete.*

O ego, pego inconscientemente nessa armadilha, pensa que está se comunicando sincera e abertamente com outros e consigo mesmo, mas, porque está realmente escondendo a sombra de si, não comunica exatamente mentiras, mas meias verdades. O fluxo inteiro da troca comunicativa é bombardeado por "textos ocultos" e sabotado por edição, remoção e distorção inconscientes. O indivíduo não é mais transparente para si mesmo ou para outros, e essa opacidade confunde todas as tentativas de autoestima, de integridade, de autorreconhecimento correto e de autoavaliação mútua. Ao narrar seu autotexto por meias verdades, lê em si apenas meia estima.

Essa situação só é revertida quando o ego inclui em seu texto de vida a história da sombra – quando faz amizade com a sombra e aceita sua narrativa como um conto legítimo na história completa do ego. Ou, dizendo a mesma coisa de outra forma, quando a sombra deixa de ser um proscrito e se torna uma *persona* legítima, parte da "autoconsciência legalmente reconhecida".

Ao mesmo tempo, isto quer dizer que o ego está disposto a, e é capaz de, *interpretar* a sombra corretamente, de captar conscientemente seu *significado*, e de integrar esse significado no significado maior da sua história de vida pessoal.[436] Não me estenderei mais a respeito desse assunto, mas assumo como perfeitamente óbvio que o núcleo central de qualquer psicoterapia significativa é a interpretação hermenêutica. Até mesmo a terapia psicanalítica baseia-se absolutamente no que ela chama explicitamente de "a interpretação" – o ego começa sua reconciliação com a sombra, aprendendo a interpretar corretamente os sintomas (depressão, ansiedade etc.) *nos quais* a sombra se esconde agora. O terapeuta, por exemplo, pode dizer: "Seus sentimentos de depressão são realmente sentimentos mascarados (escondidos) de raiva e ressentimento" – ele ajuda o cliente a reinterpretar seus sintomas para descobrir a distorção da sombra que ocasiona os sintomas em primeiro lugar. Quando, e se, a interpretação e o "processo" forem completados, o *significado* do sintoma da sombra fica mais transparente para o ego, e ele é capaz de adicionar esse significado da sombra ao seu estoque hermenêutico – pode ficar amigo da sombra porque agora consegue *entendê-la*. "Encontramos o inimigo, e o inimigo somos nós!"*

Essa interpretação da sombra geralmente envolve "cavar o passado" simplesmente porque se deve cavar a *história* narrativa do texto de vida de alguém, a fim de descobrir em que página desse texto, que se desdobra, primeiro começaram (inconscientemente) os mal-entendidos, as edições e distorções por autoria da sombra. Visualizar essa página claramente é conhecer a gênese da sombra, ler as primeiras linhas da história enganosa escrita desde então por um autor sombrio. *De lá*, pode-se mais facilmente *reconstruir* e *reinterpretar* as conclusões errôneas e os contos ocultos dessa *persona* da sombra, de forma que, em última instância, as duas narrativas – egoica e sombria – sejam reunidas em uma interpretação maior e mais precisa do significado do texto inteiro de uma vida. Não mais sombra, não mais sintomas. Freud dedicava-se completamente a "recuperar memórias passadas" simplesmente porque se deve recuperar a autoria da sombra – "lembremo-nos do passado, ou seremos condenados a repeti-lo".

Em resumo, o ego tem de *aceitar a autoria* do texto da sombra e *aceitar a propriedade* das comunicações provenientes da sombra. Ou seja, o ego tem de se tornar uma "pessoa real": assumir propriedade e autoria e, desse modo, mover-se em direção à autonomia e à integridade, em direção a uma unidade mais elevada, a caminho da Unidade. De forma simplificada, essa é a essência e a meta da terapia humanista/existencial: "Tornar-se Pessoa" (Rogers). O que a humanidade coletiva começou a fazer há cerca de três mil anos é o que todo indivíduo nascido desde então deve igualmente tentar: estabelecer um "eu-me-meu" egoico para transformar-se em ator, proprietário e autor responsável.

---

* Para o papel da fisiologia cerebral na psicopatologia, ver *Sex, Ecology, Spirituality*.

Mas, como sempre, finalizemos esta seção localizando a "pessoa egoica" na perspectiva adequada, isto é, no contexto do Grande Ninho de possibilidades humanas. O problema com o ego pessoal é que, como todas as formas de eu separado, ele não se reconhece como apenas um momento em um arco muito maior de evolução; com certeza um *momento necessário e desejável*, mas um momento intermediário e temporário. O novo ego e suas novas posses permanecem, em última análise, como meros novos sujeitos substitutos e novos objetos substitutos, novas guinadas no Projeto Atman, novos jogos de poder por imortalidade. Isso sempre foi compreendido pelos sábios místicos, e é provavelmente mais bem descrito nos escritos literários do sábio moderno Krishnamurti. Pois, como ele assinala, a derradeira realidade (Espírito) subsiste como "consciência sem preferências", uma consciência superconsciente que não fica, particular ou exclusivamente, apegada a qualquer sujeito ou objeto.[240] No Zen, esse estado supremo de consciência é conhecido por *wu-hsin* (*mushin*), que significa mente "não bloqueada" ou "não fixa", a mente que, como um rio impetuoso, não hesita, não tropeça, ou não para, mas cascateia livre e igualmente sobre todas as manifestações.[387] Como ressaltado no *Sutra do diamante*, "a mente desperta não se fixa nem subsiste exclusivamente em lugar algum". Salta livremente do *Dharmakaya* e retorna inteiramente a ele.

Mas *propriedade* e *pessoas* são, além de sua utilidade temporária, nada mais que "marcos" ou "bloqueios" para a consciência mais elevada. São modos de defender e fortalecer o eu separado contra a transcendência. Ou melhor, são tentativas de obter transcendência por modos que a impedem e forçam uma libertação substituta por exploração e fortalecimento deles. Quando Hui-neng resumiu a essência completa do Zen como "interiormente, nenhuma identidade; exteriormente, nenhum apego", ele estava apontando para essas duas importantes asas do Projeto Atman – o sujeito substituto e o objeto substituto, ambos energizados pela intuição sempre presente de Atman, deslocada para dimensões intermediárias. E o indivíduo, buscando em última instância essa ressurreição do Todo superconsciente, substitui, enquanto isso, o mundo interno do ego e o mundo externo da propriedade, e os explora no Retorno tentado.

Assim, para muitos indivíduos – antes e agora – o ego e seus domínios (eu, me e meu) não serviram apenas como um momento temporário no Projeto Atman, e sim como a *única* forma do Projeto Atman. A evolução cessou nesse caso, e tanto as pessoas quanto a propriedade tornaram-se desenfreadamente sobrecarregadas com o Projeto Atman. A *persona*, em princípio tão necessária, passou a ser um *eu permanente*: "A *persona* finalmente adquire o sentido moderno da personalidade como sendo o *eu real*".[62] O ego-*persona* permaneceu como o papel do ator, mas o ator não pôde retirar a máscara. O espetáculo deve continuar; desse modo, as palavras "Não eu, mas Cristo", próprias da autoria suprema, perderam o sentido. "Ser uma pessoa real", portanto, significa "evitar a superconsciência".

E essa é a última importante era de Rank, que ele chamou de "era psicológica",[26] uma era que alcançou um grau febril na América moderna, onde o blá-blá-blá psicológico é a novilíngua e "reações viscerais" valem mais que tudo, e onde se pode lançar mão de hipocrisias assassinas se simplesmente forem prefaciadas com "Aqui e agora, eu estou sentindo [...]". A era psicológica é meramente a era do ego fixado, a era em que o eu pessoal exclusivo é supremo, a era em que agora vivemos, em que, olhando fundo dentro da alma, não achamos nada, não conseguimos achar nada, a não ser nós mesmos. Nossas pessoas. Nossa propriedade.

CULPA, TEMPO E AGRESSIVIDADE

Argumentamos anteriormente que, embora a agressividade natural seja inata aos humanos, o ponto importante é que ela é amplificada por domínios conceituais, e essa amplificação – em si mesma *não* genética – constitui a agressividade específica, mórbida, excessiva, somente conhecida pelo homem. A parte mais significativa desse amplificador cultural e conceitual é um componente conhecido por "impacto da morte", pois a apreensão intensificada da morte impele o sistema do eu a manobras barbaramente defensivas, a mais comum sendo simplesmente *exteriorizar* o terror da morte em negociação da morte, no florescente *potlatch** de hostilidade assassina que tão frequentemente caracterizou a humanidade. A nova e exaltada autoconsciência do ego pareceu, de muitas formas, continuar nesse rumo: mais autoconsciente, portanto mais vulnerável e mais potencialmente capaz de assassinato jubiloso.

Tudo começa com a culpa e o tempo.

Ao longo deste volume, temos destacado o fato de que modos diferentes de tempo são inerentes a níveis diferentes de consciência. Além disso, cada nível de consciência encarna um modo particular de percepção do eu separado; cada modo de eu separado enfrenta um tipo novo e diferente de medo da morte (Tânatos); e a repressão desses diferentes modos de apreensão da morte, em cada nível, energiza o modo distinto de tempo do nível específico. Desde o simples presente passante, ao presente ampliado, ao tempo cíclico/sazonal, até o tempo histórico/progressivo: cada modo foi construído como uma transcendência do seu predecessor, mas também foi construído e sobrecarregado por um eu em fuga da morte, que exigia algum tipo de mundo temporal estendido, por meio do qual projetasse suas ideias de imortalidade e negação da morte.

E já que a *culpa*, em seu sentido mais amplo, é simplesmente a culpa da emergência, a culpa de ser um eu separado, a culpa ligada à apreensão da morte, dá no mesmo dizer, como Brown o faz, que "o tempo tinha de ser construído por um animal que sente culpa e busca expiá-la".[61] Que teme a morte e busca fugir – para *isso* precisa de tempo. Morte, culpa e tempo – três faces de um único terror existencial.

Ora, o ponto histórico de Brown – e é o único que desejo aqui enfatizar – é que a transição do período arcaico (mágico-mítico) para o período moderno (egoico) envolveu mudanças, tanto na estrutura do tempo, quanto na estrutura da culpa, e que essas mudanças estavam correlacionadas.[61] Embora essas correlações possam nos parecer hoje um pouco óbvias, ninguém antes de Brown realmente

---

* O *potlatch* é uma cerimônia praticada entre tribos indígenas da América do Norte, como os Haida, os Tingit, os Salish e os Kwakiutl. Também há um ritual semelhante na Melanésia. (N. do T.)

notou as extraordinárias ligações entre tempo, culpa, morte e repressão da morte, e elas merecem ser claramente mencionadas, mesmo que muito resumidamente.

"O homem arcaico experiencia culpa e, portanto, tempo", ele começa. Novamente, a conexão é que culpa, medo e ansiedade estão, em última instância, ligadas à morte, e a negação da morte energiza o tempo. A afirmação de Brown significa: "o homem arcaico-mítico já era suficientemente autoconsciente para sentir culpa, temer a morte *e* reprimir a morte, e, assim, ele projetava imaginariamente seu eu pelo tempo em um esforço para protegê-lo e preservá-lo".

Mas, de acordo com Brown, a culpa e o tempo correspondente desse período arcaico-mítico eram diferentes da culpa e do tempo da era moderna (egoica). Em primeiro lugar, ele aponta para a distinção amplamente aceita de Eliade, que já discutimos, entre o tempo mítico e o tempo moderno: "o tempo mítico é cíclico, periódico, anistórico, [enquanto] o tempo moderno é progressivo (histórico), contínuo, irreversível". Segundo, ele deduz a conexão necessária: "a distinção de Eliade entre tempo arcaico e moderno [...] é para ser entendida como *representativa de diferentes estruturas de culpa*". Assim: "No homem moderno, a culpa chegou a um ponto em que não é mais possível expiá-la por meio de cerimônias anuais de regeneração [sazonais e cíclicas]. A culpa é cumulativa e, portanto, o tempo é cumulativo [histórico]. A sociedade arcaica não tinha história. A culpa cumulativa impõe um destino histórico às sociedades modernas".[61] Eu não colocaria isso de forma tão negativa – a história não se deveu apenas a um aumento de culpa, mas também a um aumento de consciência – de qualquer modo, como afirma Brown, o ponto essencial é: diferentes estruturas de culpa significam diferentes estruturas de tempo.

Brown concorda que essa transformação do tempo/culpa arcaico-mítico para o tempo/culpa moderno-egoico ocorreu em sociedades patriarcais e, especialmente, em religiões patriarcais. Ele também correlaciona nitidamente essa nova estrutura de tempo/culpa à ascensão concomitante da propriedade e dos bens privados. "O tempo cumulativo [histórico], que rompe com a antiga solução para o problema da culpa [os ritos mítico-sazonais de expiação], organiza uma nova solução, que é acumular os símbolos de redenção, o excedente econômico." O ponto, que não deve nos atrapalhar, é que essa transformação de pulsões míticas para pulsões egoicas trouxe também uma nova forma de pulsão econômica, a pulsão de "consumo conspícuo", numa tentativa de apoiar as recém-emersas necessidades de autoestima.

Vemos, portanto, que o novo ego trouxe um novo tempo ao mundo, e uma nova culpa (e uma nova economia). Brown continua e estabelece a consequência crucial e fatal: "O novo esquema de posses, igualmente livre de culpa, inaugura o padrão predatório descrito por Veblen e transforma o masoquismo arcaico no sadismo moderno".[61] Isto é, a nova estrutura egoica trouxe com ela a possibilidade de uma nova e intensificada forma de agressão, em si mesma uma reação a um modo mais intenso de culpa.

Agressão e homicídio em massa, sob a forma de guerra, em geral começaram (como vimos) com a estrutura mítico-associativa inicial. E a máquina de guerra propriamente dita foi construída no final do período associativo, em torno do terceiro milênio a.C. nas cidades-Estado da Suméria – Kish, Lagash, Ur e outras. Tudo que já dissemos sobre a natureza da agressão assassina se mantém verdadeiro, e também se aplica a essa era egoica, mas de uma forma ainda mais penetrante e intensa. Pois não se pode deixar de notar que, durante o período egoico, a máquina de guerra, de muitas formas, está totalmente fora de controle. Os sagrados ou semissagrados limites desaparecem (ou são desvirtuados em "guerras santas"); as guerras são crescentemente combatidas por ideias e não por propriedades ou simples mercadorias, e, desse modo, a destruição pura e insensata de todos os bens, pessoas e propriedades torna-se perfeitamente aceitável – não mais bens, mas abstrações, são agora os objetos da guerra; a nova percepção do eu, embriagado pelo poder e desligado de suas raízes orgânicas e tifônicas, marcha simplesmente por pilhas de objetos finitos desfigurados, assegurando assim seus sentimentos simbólicos de Atman. Claro, não todos os egos – nem mesmo a maioria – são assim; mas *nada*, absolutamente nada, existiu dessa forma antes do período egoico, heroico, individualista. Tome Tiglath-Pileser I (1115-1077 a.C.) como exemplo. "Ele não mais liga o nome de seu deus a seu nome", começa a crônica horripilante:

Suas façanhas são bem conhecidas por meio de um grande prisma de barro de jactâncias monstruosas. Suas leis chegaram até nós em uma coleção de tábuas cruéis. Os estudiosos chamaram sua política de "uma política de horrores". E assim foi. Os assírios lançavam-se como açougueiros sobre aldeões inocentes, escravizavam os refugiados que pudessem e sacrificavam os outros aos milhares. Baixos-relevos mostram o que parece ser cidades inteiras cuja população era empalada viva em estacas que entravam pela virilha e saíam pelos ombros. Suas leis prescreviam as penas mais sangrentas até hoje conhecidas na história mundial mesmo para contravenções secundárias. Elas contrastavam dramaticamente com as represensões mais justas que o deus da Babilônia ditou para [...] Hammurabi seis séculos antes.[215]

"Por que essa crueldade?", pergunta Jaynes, e "pela primeira vez na história da civilização?" Sua resposta é substancialmente a mesma que estamos propondo: "A mera prática da crueldade como tentativa de controlar pelo medo, eu sugiro, está na ponta da consciência subjetiva [egoica]".[215]

Assim sendo, os impulsos assassinos do rei-tirano não eram simplesmente *impostos* ao mundo à vontade, pois o mundo como um todo geralmente os aceitava avidamente. O novo ego, sendo ainda mais autoconsciente que seu predecessor mítico-associativo, era mais vulnerável, mais culpado, mais aterrorizado pela morte, e, portanto, mais jubilosamente disposto a lidar com sacrifícios substitutos maciços. Não era apenas o rei que se empenhava em guerras, o povo também apoiava extaticamente suas matanças por atacado. "Daí", conclui Mumford, "a sensação de explosão de alegria que muito frequentemente acompanhava a erupção da guerra." Como colocado por Rank, o que está em jogo é a *conta de imortalidade* da comunidade, e quanto mais você puder despojar outros da imortalidade, matando-os, mais cresce seu próprio saldo.

E por que não nos revoltamos violentamente com a perda daqueles das nossas próprias fileiras mortos na guerra? "Pranteamos nossos mortos sem depressão excessiva", disse Zilboorg, "porque podemos celebrar igual número de mortes, se não maior, nas fileiras inimigas." E, assim, reabastecendo nossa conta de imortalidade, a pressão acaba por algum tempo, e na esteira dessa liberação de alegria, nosso "amor" pelos egos uns dos outros cresce. Duncan estava odiosamente correto: "Ao ferir e matar nosso inimigo no campo de batalha e massacrar sua mulher e filhos em seu lar, nosso amor pelos outros se aprofunda. Nós nos tornamos camaradas de farda; nosso ódio um pelo outro é purgado pelos sofrimentos do nosso inimigo".[26] E assim prosseguiria o novo Projeto Atman egoico, tentando, por um lado, ganhar autoestima cósmica e, por outro, reabastecer ou vingar os déficits em sua conta de imortalidade – por quaisquer meios disponíveis.

RESUMO: DISTORÇÃO NAS TROCAS E O PROJETO ATMAN EGOICO

Vimos (neste e nos últimos capítulos) que a nova estrutura egoica, como uma verdadeira evolução de consciência, trouxe novos e ampliados potenciais. Trouxe um novo nível de troca, o do autorreconhecimento e da estima mútuos. Trouxe uma mentalidade mais elevada; a possibilidade de compreensão racional; a autorreflexividade; uma compreensão do tempo histórico; uma transcendência definitiva da natureza e do corpo; o pensamento operacional formal; a capacidade de introspecção; uma nova forma de moralidade e um potencial respeito por ela; uma autoconsciência legalmente reconhecida; e o início da inviolabilidade da personalidade. Tudo isso pode não ter sido implementado e respeitado universalmente, mas o potencial para tais trocas estava claramente presente.

A nova estrutura egoica também trouxe, *necessariamente*, novos terrores. O ego autoconsciente ficou mais vulnerável, mais ciente de sua mortalidade, mais culpado por seu surgimento, mais aberto à ansiedade.

E os novos terrores *inerentes* ao ego, quando combinados com os novos *poderes* do ego, resultaram na *possibilidade* (não necessidade) de terrores ainda mais brutais exercitados pelo ego: novos sacrifícios substitutos, homicídios em massa, exploração opressora, escravidão maciça, alienação de classes, desigualdade violenta, excessiva indulgência hedonista, e recompensas substitutas desenfreadamente exageradas – os quais podiam mutilar os níveis de troca tanto em si quanto nos outros que, porventura, caíssem no círculo de influência ou poder.

Isso tudo pode ser resumido muito sucintamente: pelo fato de o ego ser (até agora) o nível "de tope" ou mais elevado do indivíduo humano composto médio, com o poder de distorcer, oprimir e reprimir não só *seu próprio* nível, como também *todos* os níveis inferiores, o Projeto Atman egoico pôde não apenas explorar seu próprio nível, mas *todos* os níveis mais baixos do ser, numa tentativa de obter satisfação substituta, transcendência parcial e imortalidade simbólica.

Não vou sobrecarregar o leitor com listas infindáveis de pormenores. Simplesmente sugerirei a ideia essencial e unificadora; isto é, o Projeto Atman egoico pode explorar (e, portanto, distorcer):

1. Trocas materiais: tentar possuir riqueza ilimitada em propriedades, dinheiro e ouro, bens e capital, como símbolos de imortalidade.
2. Trocas emocional-sexuais: tentar obter satisfação transcendente da liberação orgásmica e de excessiva indulgência hedonista, ou de excessos emocionais em geral.
3. Trocas verbal-associativas: tentar difundir verbalmente a própria ideologia e a própria versão de imortalidade simbólica; tentar distorcer a troca comunicativa idealmente livre, a fim de controlar a consciência associativa e alcançar onipotência simbólica; distorção comunicativa por manobras defensivas e substitutas.
4. Trocas de autoestima egoica: tentar despojar outros de reconhecimento e estima iguais, forçando o próprio ego a ser o "número 1", reconhecido acima de todos os outros, cosmocêntrico e glorificado por todos.

Adicionalmente, as distorções de quaisquer dessas trocas – distorções, em última instância, impelidas pelo Projeto Atman, impulsionadas pela tentativa de fazer o eu parecer imortal e cosmocêntrico por meio de qualquer nível – podem romper e distorcer qualquer um ou todos os outros níveis de trocas, em si e nos outros, como delineamos na primeira parte deste capítulo. Se a distorção acontece em um nível mais baixo, pode *predispor* o mais alto a reproduzi-la; se a distorção se dá em um nível mais alto, pode *induzir* (via repressão) uma distorção do nível mais baixo. Um *outro* poderoso pode oprimir as trocas do eu; o eu pode reprimir suas próprias trocas; e a opressão internalizada resulta em repressão excedente.

Não pode haver nenhuma dúvida de que a meta fundamental e imediata de qualquer teoria social sadia e humanitária seja o relaxamento e alívio da opressão e repressão, em cada nível de troca do indivíduo composto. Não obstante, sem depreciar de nenhuma forma essa meta, vamos concluir com a lembrança de que, embora *alguns* desses males (de opressão e repressão) sejam apenas potenciais e não obrigatórios no nível egoico, eles são *tendências possíveis* para o nível egoico – em qualquer pessoa. Concordamos que podem ser abrandados e humanizados; mas o ponto essencial é que, onde quer que exista um ego exclusivo, existirá o Projeto Atman egoico – e o problema básico é exatamente esse.

Enquanto formas egoicas do Projeto Atman estiverem presentes, todos os tipos de distorções de troca, opressões, repressões, desigualdades e injustiças estarão garantidos – tanto o amo quanto o escravo precisam deles. Não é de admirar – para dar apenas um pequeno exemplo – que Otto Rank tenha afirmado que a igualdade econômica está "além da tolerância do tipo democrático" de pessoa. E, eu complementaria, do tipo socialista também. O ego democrático e o ego socialista ainda são egos, e estes, por essência, acolhem a *tendência* e a *energia* para exploração, repressão e opressão. Como resumido por um assustador dito popular tchecoslovaco: "Na democracia, o homem explora o homem; no comunismo, dá-se o contrário".

A razão por que a igualdade está "além do ego" é que, se *todo mundo* tem a mesma porção e o mesmo tipo de símbolos visíveis de imortalidade, então esses símbolos falham miseravelmente em seu propósito consolador – se todos somos igualmente imortais, vale dizer, nenhum de nós é imortal. Uma vez que não consigamos encontrar a transcendência e a eternidade verdadeiras e reais, somos reduzidos a roubar quaisquer símbolos de imortalidade e transcendência que pudermos de nossos companheiros humanos. Esse é um dos fatores que levam à exploração (o rei e o Estado conseguem sempre tomar mais rápido que um cidadão sozinho), à desigualdade social (entretanto, alguns cidadãos conseguem tomar mais rápido que outros), à estratificação radical de classes (tomadores rápidos acima, lentos, abaixo). "O homem moderno não consegue tolerar a igualdade econômica porque não tem nenhuma fé em símbolos [...] de autotranscendência [isto é, na transcendência *real*]; a única coisa que pode lhe proporcionar vida eterna [substituta ou simbólica] são valores físicos visíveis."[26] E esse tipo de análise é verdadeiro para todos os níveis de troca, do material ao emocional, ao verbal, até o egoico – ou descobrimos o verdadeiro Atman, ou deixamos as trocas de todos os níveis nas mãos do Projeto Atman.

Suponho que Buda, com sua penetrante intuição a respeito da necessária relação entre apego, medo e ódio, provavelmente conseguiria colocar tudo isso de forma muito simples. De acordo com ele, ódio e agressão surgem onde quer que haja apego (aferro e avidez), pois nos mobilizamos para defender nossos apegos. Nesse sentido, a agressão é *defesa da propriedade*. Até no mundo animal, a agressão quase sempre ocorre como uma simples defesa da propriedade territorial. Mas, entre todos os animais, apenas o homem tem *propriedade* de sua *pessoa* e, desse modo, gera uma nova forma de agressão: somente o homem escoiceia cegamente para defender seu *status* de imortalidade egoica e "livrar a cara" (salvar a máscara). Cada apego, cada propriedade, seja interno como o eu ou externo como posses, atua como um ponto de aderência ou lesão para a consciência sem escolha, que supurará com o fedor da hostilidade. Essa lesão, essa defesa da pessoa/propriedade, essa nova guinada no Projeto Atman, pode estimular tanto a opressão quanto a repressão, pois agredimos externa e internamente para proteger a propriedade/pessoa.

E a humanidade nunca, mas nunca desistirá desse tipo de agressão assassina, guerra, opressão e repressão, apego e exploração, até que homens e mulheres desistam da propriedade chamada personalidade. Isto é, até que despertem para o transpessoal. Enquanto isso, culpa, assassinato, propriedade e pessoas permanecerão sempre como sinônimos.

16
O ALVORECER DA MISÉRIA

Alguns aspectos do retrato que pintamos da estrutura mental-egoica não são, infelizmente, muito bonitos. Ainda menos agradável é constatar que o próprio retrato contém, como manchas minúsculas no canto, seu rosto e o meu. Pois nós, modernos, estamos todos, todos, vivendo no mundo da estrutura egoica; ela emoldura nosso semblante, por assim dizer, e fixa os limites de nossas perspectivas.

Uma vez mais relembro ao leitor que não é a existência da estrutura egoica em si que constitui nossa prisão, e sim a identificação exclusiva de nossa consciência com essa estrutura. A estrutura propriamente dita abriga numerosos benefícios – uma clareza lógica e sintática que logo traria à luz a medicina, a ciência e a tecnologia. Mas não permitimos que essa estrutura trabalhe *para* nós porque nós *somos* essa estrutura – estamos totalmente identificados com ela e, desse modo, sobrecarregamos o ego com o Projeto Atman e corrompemos as produções do ego com exigências que não podem ser cumpridas. Por exemplo, imputamos à tecnologia a pretensão absurda de transformar esta terra em um céu, o que significa, na realidade, transformar o finito em infinito. Na tentativa frenética e direcionada de levar o finito a proporções infinitas, simplesmente destruímos o finito. Sentimos imensa aversão a seus limites, e, em vez de verdadeiramente transcendê-los, a atual ânsia inconsciente de transcendência nos leva a desfigurá-los e destruí-los. E *essa* é, de fato, a sombria situação atual, a natureza de nossa presente era, a gênese de tudo que delineamos brevemente nas últimas dezenas de páginas.

Mas esse obscuro estado de coisas, essa atmosfera egoica de culpa, destruição e desespero, não é simplesmente um estado que leio nas entrelinhas dos registros antropológicos; eu o leio diretamente *nesses* registros. Pois o grito angustiado, que é o ego, não partiu de alguns românticos ou transcendentalistas modernos, mas de uma humanidade coletiva durante o segundo e o primeiro milênios a.C. Como se os homens e mulheres soubessem exatamente o que estava acontecendo, soubessem precisamente que o dia da Queda alvorecera, que o ego estava emergindo de seu antigo sono no subconsciente – como se soubessem tudo isso, os registros escritos e as mitologias daquele tempo gritaram sob angústia psicológica, e de formas nunca antes expressas ou registradas. Aquele "algo desconhecido" anunciou sua presença para todo o mundo civilizado.

> Para onde quer que eu me virasse havia mal sobre mal.
> A miséria aumentava, a justiça afastava-se;
> Clamei a meu deus, mas ele não mostrou o semblante;
> Orei a minha deusa, ela não levantou a cabeça.[70]

Isso proveio do pobre Tabi-utul-Enlil, por volta de 1750 a.C., na Babilônia, 1.500 anos antes de Jó. E não que Enlil não fosse virtuoso ou devoto dos deuses:

> A oração era minha prática, o sacrifício, minha lei,
> O dia de adoração dos deuses, a alegria do meu coração,
> O dia de devoção à deusa, mais do que riquezas para mim.[70]

De alguma forma, por alguma razão, Enlil encontrava-se bem desperto, muito autoconsciente, muito vulnerável, muito ciente de seu dilema mortal para escamoteá-lo nas figuras de deuses míticos. Não mais havia protetores mágicos e míticos, mas simplesmente angústia – eis o destino de Enlil. E ele, abençoado seja o pobre homem, sabia disso.

> O homem que ontem estava vivo, hoje está morto;
> Num piscar de olhos é exposto ao sofrimento, de súbito esmagado.

Num dia ele canta e toca;
Num átimo, geme como um pranteador.[70]

Não há nada que se pareça com isso na literatura ou em qualquer outro tipo de registro antes desse período geral. Mas agora, no segundo e no primeiro milênios a.C., os registros explodem em dor, dúvida, pesar:

> Veja! Meu nome é detestado.
> Veja! Mais do que o odor dos pássaros
> Nos dias de verão, quando o céu está quente.
> Com quem posso falar hoje?
> Os irmãos são maus;
> O homem gentil pereceu.
> Estou carregado de miséria.
> A maldade castiga a terra;
> Não há fim.
> A morte está diante de mim hoje:
> Como o lar que um homem anseia ver,
> Após anos passados como prisioneiro.[70]

"Não existe o menor indício de tais preocupações em qualquer literatura anterior a [esses] textos [...]."[215]

De fato, o ego foi um crescimento monumental em consciência, mas também demandou um preço monumental. Um preço que, a julgar pela literatura da época, só pode ser classificado como terrível, apavorante, condenatório. "E assim", explica Campbell,

> finalmente, após todos aqueles mitos sobre imortalidade e reis que morriam e ressuscitavam como a lua; [...] após os importantes e sagrados contos de fadas da criação a partir do nada, da verbalização mágica, da masturbação ou do intercurso de seres divinos, das primeiras peças pregadas pelos deuses uns nos outros e em suas criaturas, inundações, criações equivocadas, e o resto – agora, finalmente: *o único ponto nem sequer admitido previamente na ordem do dia*, ou seja, o problema moral do sofrimento, assumiu o centro do palco, onde permanece desde então (grifo meu).[70]

Campbell chama esse clímax de "a grande reversão", já que ele foi o momento, o *primeiro* momento, em que "para muitos, tanto no Oriente quanto no Ocidente, [ocorreu] um anseio por libertar-se daquilo que foi sentido como um estado insuportável de pecado, exílio ou ilusão".[70] Se você olhar para a figura 1, a "grande reversão" é justamente o ponto na parte superior do círculo em que o caminho exterior reverte para o caminho interior. E é nesse ponto que, basicamente, estamos hoje, no topo da curva, na metade do caminho da evolução. Esse ponto da "grande reversão" é "onde permanecemos desde então", como Campbell observou.

O ego, portanto, encontra-se no ponto extremo da vulnerabilidade, a meio caminho entre o Éden do subconsciente e o verdadeiro Céu do superconsciente.* E, assim, podemos chamar o período egoico de o tempo da grande reversão, ou podemos chamá-lo, como os teólogos o fizeram desde então: a Queda do Homem. "Pois", repetindo as sensatas palavras de L. L. Whyte, "agora, se não sempre, é a queda do homem."

Agora, se não sempre. Mas o que aconteceu? O que ocorreu exatamente? Os deuses abandonaram o homem? Ou o homem virou as costas para os deuses? A humanidade simplesmente sofreu um colapso nervoso coletivo? O que quer que tenha acontecido, marcou nada menos que "uma profunda transformação da natureza humana naquele tempo", tomando emprestada uma frase de Whyte.

É claro que não existe uma resposta simples para esse problema bastante complexo. Ao contrário, o que gostaria de fazer é esboçar brevemente quatro fatores importantes que, quase simultaneamente, contribuíram para uma percepção da Queda.

Primeiro, a estrutura egoica, como uma entidade altamente consciente e autorreflexiva, estava (e está) *necessariamente* aberta à culpa *natural* e ao medo existencial. Como observado por Whyte: "Isso atraiu a atenção do homem para um novo campo, os processos mentais que ocorrem nele. O olhar pagão para fora se tornou in-

---

* Aqui e nos capítulos subsequentes, uso a palavra "Céu" no sentido puramente transcendente e superconsciente, cobrindo os níveis 6-8, e não como o céu egoico do nível 4.

Figura 36. Íxion. Espelho de bronze etrusco, século IV a.C. "No período de Pitágoras na Grécia (c. 582--500? a.C.) e de Buda na Índia (563-483 a.C.), aconteceu [...] a Grande Reversão. A vida passou a ser conhecida como um vórtice ígneo de ilusão, desejo, violência e morte, uma dissipação em chamas. [...] Nos ensinamentos de Buda, a imagem da roda girante com raios [...] tornou-se símbolo, por um lado, do ciclo repetitivo do sofrimento e, por outro, da libertação na doutrina solar da iluminação. E, no mundo clássico, a roda girante com raios também surgiu nessa época como um emblema do [...] malogro e da dor da vida."[72] Íxion, preso por Zeus em uma ardente roda com raios, é simplesmente a estrutura egoica, e a roda propriamente dita é o ciclo de *samsara*. A mensagem de Buda: "Vós sofreis por vós mesmos, nada vos compele,/ Ninguém mais vos obriga a viver e a morrer/ E a chiar sobre a roda, e a abraçar e beijar seus raios de agonia,/ Seu aro de lágrimas, seu cubo de inutilidade".

trospectivo; o homem ficou ciente do conflito moral, ciente de si mesmo e ciente de sua própria separação da natureza. A experiência do conflito levou à autoconsciência e à sensação de culpa".[426] Essa *não foi* uma culpa neurótica. Isto é, não foi uma culpa que pudesse ser evitada, ou uma culpa cuja existência sinalizasse uma percepção errada ou uma distorção da sombra. Ao contrário, foi uma consequência simples e natural do surgimento da autoconsciência, como Neumann disse: "Com a emergência do ego maduro, a situação paradisíaca é abolida. É experienciada como culpa, e mais do que isso, como culpa original, uma queda". Em resumo, o ego necessariamente assume "sua própria emergência com culpa, [e uma experiência de] sofrimento, doença e morte como punição condigna".[311]

Como se isso já não fosse suficientemente ruim, havia a possibilidade de adicionar a essa culpa natural a culpa excedente de desordens neuróticas – a culpa excedente resultante da repressão adicional pelas mãos do superego paterno. Por exemplo, a agressão conceitual excedente pode ser refreada pelo superego e retroflectida para o sistema do eu, com resultados que variam da culpa neurótica à desordem de ansiedade, à resposta fóbica.[126,328,429] Mas esse é simplesmente um exemplo do segundo fator contribuinte, que, em geral, se refere a todas as "coisas que podem dar errado" – todas as distorções de troca que delineamos no capítulo anterior. Essas, somadas aos terrores naturais da estrutura egoica, meramente duplicaram seu desconforto.

O terceiro fator contribuinte é, de certa forma, o mais significativo. À medida que os indivíduos (egos) despertaram de sua imersão em deusas e deuses mágicos e míticos – as imagens simples, exotéricas, naturadas, infantis de proteção materna e paterna –, perceberam *conscientemente*, como nunca antes, sua *alienação efetiva* da genuína Mente-de-Deus e do verdadeiro Espírito. Os indivíduos médios que viveram nos períodos mágico e mítico eram até *mais alienados* do Espírito que o próprio ego, mas, em sua ignorância e sono, não tiveram de enfrentar intensamente sua alienação vigente.*

Mas, quando esses indivíduos míticos despertaram como seres verdadeiramente separados e autoconscientes, defrontaram-se, por um lado, com a *perda* de seus protetores míticos infantis e, por outro, com uma percepção de sua real alienação anterior do Deus autêntico. Eles não perderam uma efetiva consciência de Deus, como imaginam românticos e teólogos; perderam sua simples imersão em imagens parentais míticas. Entretanto, também começaram a intuir *corretamente*, mais do que nunca, sua real separação do Espírito, e essa dupla separação deve ter sido uma fonte de agonia aguda para as almas mais sensíveis e inteligentes do período, como o pobre Enlil e, mais tarde, Jó.

Porém, nem todos os egos são sensíveis e inteligentes, e seguimos agora para o quarto fator contribuinte de uma sensação da Queda

---

*Isto é, eles estavam em um nível inferior do Grande Ninho – estavam muito longe do *limite* da evolução (nível 7), que contém uma percepção consciente do Espírito, embora fossem, como todas as entidades, em essência, Espírito (nível 8). Daí por que ressaltamos a diferença entre Espírito como o mais elevado de todos os níveis evolucionários (*Dharmakaya*) e Espírito como a Essência de todos os níveis evolucionários (*Svabhavikakaya*). Somente com esse insuperável paradoxo – Meta *e* Essência – conseguimos discutir inteligentemente o fato incontestável de que todos os indivíduos já estão iluminados, *mas* têm de praticar intensamente, evoluir e progredir continuamente por estágios meditativos (hierarquia) *a fim de* perceber esse fato. O Espírito é *ao mesmo tempo* o mais alto degrau da escada *e* a escada propriamente dita. Nada menos que esse paradoxo será suficiente em qualquer discussão sobre o Espírito.

do Homem, a "teimosia" do ego assume o primeiro plano. Como diversas vezes afirmamos, as grandes e duradouras conquistas do ego heroico se devem à sua capacidade para resistir aos ataques do uroboro, tifão, Grande Mãe, magia e mito, ataques que ameaçavam dispersar a consciência e fazê-la retornar à escuridão e à subconsciência ctônicas. Entretanto, a força legítima do ego heroico em geral o induziu a uma suposição errônea, até mesmo ilusória, de que era perfeitamente autossuficiente e independente. Essa foi a situação tão deplorada por Whyte, Brown, Campbell etc., e que fiz questão de criticar.

Ora, o ego só poderia sair desse ardil reprimindo ou fechando vigorosamente seus olhos, não só para os níveis mais baixos de consciência, de que finalmente emergira, mas também para os domínios mais elevados, que deveriam ser seu destino. Lacrou a subconsciência e a superconsciência. Daí surgiu essa peculiar disposição egoica ocidental: fria, racional, abstrata, isolada, corajosamente superindividual, sólida, desconfiada de suas emoções, mais desconfiada ainda de Deus. Esse ego – e ele, de fato, subscreveu uma civilização inteira – foi construído sobre uma negação da Terra necessária e uma recusa do Céu real. E dessa forma, defendendo duplamente a consciência (reprimindo o Abaixo e negando o Acima), o novo ego, com suas visões cosmocêntricas, partiu para o refazimento do mundo ocidental.

Poder-se-ia objetar, claro, que esse tipo de novo ego corajoso *não* contribuiria para uma sensação da Queda do Homem; ao contrário, bancando o valentão como John Wayne no meio de meros mortais, traria convicção, otimismo e até alegria ao mundo: o homem (isto é, o ego racional) pode fazer qualquer coisa! De certo modo, essa objeção é de fato verdadeira; além disso, o ego passa por sua necessária e adequada fase de evolução e, enquanto nela, tende a representar, com maior ou menor propriedade, o adolescente gabola, certo de que pode fazer qualquer coisa e esmurrar o mundo para provar isso. Mas essa atitude, se persistir na idade adulta, especialmente na idade adulta mais madura, torna-se uma fonte de cinismo, ceticismo, dúvida e desespero. Da mesma forma que existem muito mais coisas entre o céu e a terra do que as sonhadas por sua filosofia, existem mais níveis de consciência entre o céu e a terra do que os sonhados por seu ego. À medida que a consciência não continua sua progressão natural além do ego, à medida que o ego *luta* para evitar esse desapego, na mesma extensão o ego priva-se de sabedoria mais elevada, conquista mais elevada e identidade mais elevada, e, em seu lugar, tende a destilar amargura, dilema, remorso e desespero. E o mesmo acontece com a civilização construída por, e sobre, esse ego. [...] Esse quarto fator é na verdade o conceito grego de *hybris*, o "orgulho que precede uma queda", e essa *hybris* egoica com certeza fez parte da atmosfera da Queda do Homem.

RESUMO: A QUEDA

A Grande Reversão, ou "Queda do Homem", como *historicamente* ocorrida (examinaremos outro significado para a Queda no próximo capítulo), foi principalmente o despertar do conhecimento autoconsciente, que desvelou corretamente, entre muitas outras coisas, que homens e mulheres, *naquele momento* e *anteriormente*, já estavam alienados do Espírito genuíno e do Atman verdadeiro. Essa não foi uma Queda *real* do Céu espiritual (níveis 7-8), mas uma ascensão da Terra (níveis 1-3), um movimento que levou à compreensão de que homens e mulheres (e *todas* as coisas) *já* estavam Decaídos, ou aparentemente separados da Fonte e do Espírito (isto é, ainda não estavam *conscientes* do Céu real ou da consciência de Atman). A esse despertar verdadeiro (fator 3) adicionaram-se a culpa natural (fator 1), a culpa neurótica (fator 2) e o orgulho criminoso (fator 4) – todos cascateando uns sobre os outros em um pesadelo aterrador. Os textos desse período, segundo e primeiro milênios a.C., revelam exatamente essa atmosfera moral horripilante – tanto no Ocidente quanto no Oriente.

E assim, que tipo de mito logo se tornou crucial, se não central, nessa atmosfera terrivelmente injusta? Seguramente, o mito arquetípico do período egoico é o do rei Etana, da cidade de Kish, que, de forma condensada, contém todos os quatro fatores reunidos em uma narrativa curta e simples. O conto é direto: O bom rei Etana, nas costas da grande Águia Solar (solarização), parte para ascender ao Céu real (níveis 6-8) e assim encontrar a liberação eterna (superconsciência). Eles sobem (evoluem) cada vez mais alto, passam pelos céus mais baixos (dos antigos deuses e deusas) em direção ao cume mais elevado (Atman). Entretanto, Etana entra em pânico e grita para a águia: "Ah, minha amiga, não suba mais!" Nesse momento, Etana e a águia começam a cair. "Eles caíram por duas horas; duas horas mais..." O documento, que está interrompido e fragmentado no final, conclui:

Uma terceira duas horas...
A águia caiu...
Despedaçou-se no solo...

E as últimas linhas dispersas falam do luto da viúva do rei...[70]

A Queda de Etana, a Queda do Homem – o Céu verdadeiro ainda não pode ser alcançado, mas, mesmo assim, homens e mulheres estão cientes de sua existência; a (aparente) lacuna entre a humanidade e o Deus autêntico é dolorosamente entendida; a imersão nos antigos deuses e deusas (os céus inferiores) não ajuda; a necessária ascensão ou solarização traz pânico, medo e culpa autoconscientes; a história termina com o destino estilhaçado de todos os egos. E em todo o mundo, durante exatamente esse período, homens e mulheres solitários, Etana em cada um e em todos, esperaram em desespero silencioso e desconfiado, cientes de seu destino iminente, e passaram seu tempo tentando negá-lo.

E, penso eu, o mundo ocidental ainda espera lá.

Parte V
O CONTEXTO

Pecado Original

Em minha opinião, existe uma e somente uma maneira de uma teoria científica evolucionária dar as mãos a uma visão verdadeiramente religiosa ou espiritual, e é observar que não existiu uma única Queda do Homem – ocorreram duas. Consideremos uma de cada vez.

A QUEDA CIENTÍFICA

A Queda em que nos concentramos neste livro foi a Queda – na verdade composta de uma série de miniquedas – do estado arcaico de imersão urobórica e "paradisíaca", o estado em que o meio ambiente, a consciência e o corpo estavam largamente indiferenciados. E essa Queda realmente aconteceu; começou nos tempos tifônicos, intensificou-se nos tempos míticos e explodiu na era egoica moderna. A humanidade finalmente emergiu de seu sono na subconsciência e acordou como uma consciência autorreflexiva e isolada. Esse evento foi realmente um avanço evolucionário e um crescimento perfeito, mas foi *experienciado* como uma Queda porque trouxe, necessariamente, um aumento de culpa, vulnerabilidade e conhecimento da mortalidade e da finitude. Essa não foi uma Queda de um estado superior prévio; não foi uma Queda de um Céu *trans*pessoal, mas uma Queda do domínio *pré*-pessoal, o domínio da terra, da natureza, do instinto, da emoção e da ausência de consciência.

E mais, essa Queda (do Éden subconsciente) não foi a real *criação* da mortalidade e da finitude (como tantos mitos e estudiosos românticos afirmam); ao contrário, foi o despertar consciente para um mundo *já* mortal e finito. Não foi o Pecado Original em si; foi a Apreensão Original do Pecado Original. Na verdade, no estado pré-pessoal do Éden, Adão e Eva já estavam separados da Mente-de-Deus – eles apenas não podiam percebê-lo. Isto é, nos tempos urobórico-tifônicos, homens e mulheres já eram mortais e finitos; eles nasciam, sofriam e morriam; já se encontravam no mundo de *maya*, pecado e separação. Eles simplesmente não tinham de encarar esse fato *conscientemente*. Viviam a vida dos lírios do campo, que não é eternidade infinita, mas mera simplicidade; ainda assim, mesmo nessa ignorância "paradisíaca", sentiam-se moídos, mortificados e reciclados, mas sem ter de, ou poder, reconhecer sua condição real, seu verdadeiro *samsara* de nascimento, morte, separação e pecado.

Assim, o comer da Árvore do Conhecimento não foi propriamente o Pecado Original. Representou a aquisição da autoconsciência e da genuína reflexão mental, e com esse conhecimento evolucionário, homens e mulheres tiveram, então, de enfrentar sua alienação anterior. Eles ainda nasciam, ainda sofriam, ainda morriam – mas agora sabiam disso, e tinham de suportar esse novo fardo angustiante. Daí por que afirmamos que o comer da Árvore do Conhecimento não foi o Pecado Original ou a Alienação Original, mas a Apreensão Original da Alienação Original. Comer da Árvore do Conhecimento não só fez os homens e mulheres perceber em seu estado já mortal e finito, como também entenderem que tinham de deixar a subconsciência do Éden e começar a verdadeira vida de responsabilidade autoconsciente (a caminho da superconsciência ou Retorno Real). Eles não foram expulsos do Jardim do Éden; eles cresceram e saíram. (A propósito, devemos agradecer a Eva por esse ato corajoso, e não culpá-la.)

Sei que há uma crença popular de que, *historicamente*, homens e mulheres caíram de algum Estado Elevado, e que o Éden foi, portanto, uma felicidade transpessoal. Mas a única definição possível para Céu transpessoal é um estado em que *todas* as almas estão conscientemente despertas e iluminadas como o Todo, como Atman, como Natureza de Buda. Não encontrei o menor vestígio de evidência confiável de que tal Céu tenha existido na Terra no passado obscuro. Até Joseph Campbell que, como tantos outros estudiosos espiritualistas (Huston Smith etc.), parece localizar a Idade do Ouro na Idade do Bronze (ou, genericamente, em uma época histórica passada), não afirmaria que essa era fosse o Céu – em que *todas* as almas estivessem *perfeitamente* iluminadas – do qual homens e mulheres caíram e do qual a mitologia altamente esotérica fala (examinaremos *esse* Céu daqui a pouco). Portanto, a humanidade não *caiu* historicamente do Céu; ela ascendeu do uroboro e do subconsciente *para* a autoconsciência e para a dor e a culpa envolvidas nela.

É claro que a teoria científica evolucionária sustenta completamente essa visão, embora o cientista a apresente de uma forma ligeiramente diferente. Ele diria – como Carl Sagan o fez – que a Queda aconteceu mais ou menos quando o homem passou do macaco subconsciente (ou semiconsciente) para o humano autoconsciente, que, então, pôde refletir sobre seu destino e preocupar-se com ele – donde a Queda. Embora haja todo tipo de problemas lógicos com essa visão *estritamente* científica (a evolução via "seleção natural" não consegue absolutamente explicar a evolução; ela se baseia em derivar o mais alto do mais baixo ou derivar o mais alto do ar rarefeito), pelo menos está no mesmo caminho da visão que adotei. Ela concorda com nossa posição de "*o que* aconteceu", embora não consiga nos dizer "*por que* aconteceu". Já que, neste capítulo, estamos falando sobre duas Quedas diferentes, chamemos esta Queda – cristalizada nos tempos egoicos (mais ou menos quatro mil anos atrás) – de "queda científica", uma vez que concorda essencialmente com o *quê* da visão científica da evolução, uma concordância que aceitamos com alegria.

A "queda científica" é *idêntica* ao ponto que anteriormente chamamos de a "Grande Reversão" – o ponto em que homens e mulheres despertaram como egos autoconscientes, saindo de seu sono na natureza subconsciente, mágica e mítica. Ao usar a expressão "queda científica", não pretendo menosprezar o *quê* da ciência – ao contrário, concordo com o registro científico da evolução até o momento, que, em geral, nos mostra que aquele Éden histórico era sem dúvida uma imersão pré-pessoal na natureza. A queda científica, a Grande Reversão, a emergência do ego, ocorreu, como vimos, por volta do segundo milênio a.C.

INVOLUÇÃO E EVOLUÇÃO

O que dizer, então, da "queda teológica" de um Céu autêntico? O que dizer de um "Pecado Original" verdadeiro? Ele ocorreu *de fato*? Qual é seu significado?

Em minha opinião, o único caminho possível para que o pecado original, ou a queda teológica, faça sentido é contornar completamente a religião exotérica e seguir exclusivamente os *insights* da religião esotérica, isto é, do misticismo cristão (gnosticismo), do hinduísmo vedanta, do budismo maaiana etc., como também dos filósofos orientais e ocidentais, que compreenderam claramente verdades místicas ou transcendentes. Se seguirmos suas orientações iniciáticas, não só o pecado e a alienação originais, mas a própria natureza completa da evolução, ficarão transparentes.

Para começar, precisamos apenas recordar que todo esoterismo subscreve a visão de que a realidade é hierárquica, ou composta de níveis sucessivamente mais elevados de realidade (ou, mais precisamente, níveis de ilusão decrescente), iniciando no plano material inferior e chegando até a suprema realização espiritual.[375] Esse é o Grande Ninho do Ser universal, do qual apresentamos uma versão bem condensada na figura 1. Como referência rápida, e porque vamos discuti-la neste capítulo, relembro ao leitor que algumas das principais ondas do Grande Ninho são: 1) a natureza física, material; 2) o corpo biológico; 3) a mente primitiva (verbal-associativa); 4) a mente avançada (egoica-conceitual); 5) a alma inferior (ou nível psíquico, o *Nirmanakaya*); 6) a alma superior (ou nível sutil, o *Sambhogakaya*); 7) o Espírito (como Limite, ou *Dharmakaya*); e 8) o Espírito (como Essência, ou *Svabhavikakaya*).

De acordo com essa cosmologia/psicologia, o Brahman-Atman supremo periodicamente "se perde" – para sua própria diversão e esporte (*lila*) –, lançando-se externamente até onde é possível, vendo "quão longe" consegue chegar.[419] Começando nos níveis 7-8, ou começando como Espírito-em-si, o Espírito lança-se para fora (e "para baixo") para *criar* (via *kenosis**) o nível 6, ou os domínios sutis;

---

* *Kenosis* é um conceito cristão que significa, aproximadamente, "autoesvaziamento". O Espírito cria o mundo doando-se ou esvaziando-se como o mundo,

em seguida, lança-se novamente para criar o nível 5, e assim por diante, até que todos os vários níveis sejam criados como manifestações, expressões ou objetificações (kenóticas) do Espírito supremo propriamente dito.[436]

Mas ao fazê-lo, ao iniciar esse grande passatempo e jogo, o Espírito "esquece" de si mesmo temporariamente e, desse modo, "perde-se" em níveis sucessivamente mais baixos.[411] Isto é, já que o Espírito "esquece" de si mesmo sucessivamente em cada nível descendente, cada um consiste, de fato, em consciência continuamente *decrescente*.[441] Portanto, o Grande Ninho decai da superconsciência à simples consciência, até a subconsciência.[11] E mais, uma vez que cada nível sucessivo tem *menos* consciência que seu predecessor, nenhum deles consegue captar conscientemente ou *lembrar-se* completamente de seu predecessor.[120] Ou seja, cada nível *esquece* seus níveis seniores. Assim, a criação de cada nível importa em uma *amnésia* ou um esquecimento de seu antecessor mais elevado – podemos até dizer que ele é criado *por* amnésia de seu sênior, que foi criado por amnésia de *seu* sênior, e assim por diante – e a cadeia completa, claro, apoia-se, em última instância, no esquecimento *do* Espírito *pelo* Espírito.[436]

Cada nível, portanto, é criado pelo esquecimento do nível sênior, de tal forma que, no final, todos os níveis são criados por esquecimento do Espírito. E, assim, *todos* os níveis já estão esquecidos de sua Fonte, de sua Quididade, de sua Origem e de seu Destino – já estão vivendo em separação (aparente e ilusória) da Mente-de-Deus, alienados, decaídos, pecadores – *porque* sua própria existência tendeu, inicial e exclusivamente, a ocorrer pelo esquecimento do Espí-

---

mas sem cessar, de nenhuma forma, de ser completa e totalmente si mesmo. A criação não é uma privação para o Espírito, nem é algo separado do Espírito, nem o Espírito precisa dela. A criação não adiciona nem subtrai ao Espírito; o Espírito permanece como antes da criação, mas não outro perante ela. Portanto, essa visão difere do panteísmo, do monismo e do monoteísmo – é uma doutrina de "não dualidade" (*advaita*). O panteísmo afirma que a criação é *necessária* (confunde a soma de todas as sombras com a Luz além de todas as sombras); o monismo nega a realidade relativa à criação; e o monoteísmo sustenta um Deus radicalmente afastado da criação – todos são sutilmente dualistas. Finalmente, *kenosis* é precisamente a doutrina de *maya*.

rito e através dele (níveis 7-8). E, claro, cada vez mais esquecidos nos níveis inferiores (1-5).[64]

Esse completo movimento "para baixo", por meio do qual o Espírito divertidamente se perde e esquece de si mesmo em sucessivos níveis inferiores, é chamado *involução*.[419,436] Veremos por que ele é chamado "involução" daqui a pouco; por agora, precisamos notar apenas que, na involução, cada nível é: 1) um "afastamento" sucessivo da Mente-de-Deus; 2) uma redução sucessiva de consciência; 3) uma amnésia ou um esquecimento sucessivo; 4) uma descida sucessiva do Espírito; 5) um aumento sucessivo de alienação, separação, desmembramento e fragmentação; 6) uma objetificação, uma projeção e um dualismo sucessivos.

Porém, apressamo-nos a esclarecer, esse é, em essência, apenas um afastamento *ilusório*, ou uma queda ilusória, porque cada nível não é nada além do que o Espírito divertindo-se.[63] Cada nível é uma separação ilusória do Espírito, porque cada nível é, na verdade, uma separação do Espírito pelo Espírito através do Espírito. A *realidade* de cada nível é unicamente Espírito; a *agonia* de cada nível é que ele *aparenta* ou *parece* estar separado do Espírito. O espírito não está *perdido* em cada nível, apenas *esquecido*; obscurecido, não destruído; oculto, não abandonado. Esse é um grande jogo de esconde-esconde, com o Espírito se escondendo de si mesmo.[210]

A questão é que, à medida que a involução prossegue, não apenas o Espírito, mas cada nível sênior, é *esquecido*. De certo modo, eles se tornam *inconscientes*. E assim, no ponto final da involução, todos os níveis mais elevados estão inconscientes. O único nível que sobra consciente, ou o único nível a existir realmente de forma manifesta, é o da matéria ou natureza física, nível 1.

Todos os níveis mais elevados, até, e inclusive, o Espírito, tornam-se inconscientes. E o conjunto dessas estruturas mais elevadas, porém inconscientes, é simplesmente o *inconsciente essencial*. No inconsciente essencial, o *Ursprung*, há todas as estruturas mais elevadas em uma forma *potencial*, prontas para desdobrar-se em realidade ou emergir em consciência. Assim, a involução é o dobramento ou envolvimento das estruturas mais altas em estruturas sucessivamente mais baixas, e a evolução é o desdobramento subsequente em realidade desse potencial envolvido.[436]

Em resumo, uma vez que a involução se complete, a evolução pode começar. Enquanto a involução é o dobramento do mais alto no mais baixo, a evolução é o desdobramento no mais alto do mais baixo. Mas "do" é a palavra errada: não é que o mais alto *provenha* de fato do mais baixo como efeito de uma causa. O mais baixo nunca pode produzir o mais alto. O mais alto provém do *Ursprung*, no qual já existe como potencial. Mas, como já sugeri diversas vezes em capítulos anteriores, quando o mais alto emerge, ele realmente passa *pelo* mais baixo. E deve fazê-lo, porque o mais baixo já existe, e o mais alto só alcança a existência passando através dele.

Assim, por exemplo, quando o corpo-vida (nível 2) emerge, emerge *do Ursprung*, mas *via* matéria (nível 1); a mente emerge *do Ursprung pelo* corpo, e assim por diante. Cada nível sênior emerge do inconsciente essencial via seu nível júnior. Daí por que, como vimos, as trocas dos níveis mais altos, embora eles não sejam produzidos pelos mais baixos, podem ser parcialmente deformadas ou distorcidas pelos mais baixos. Isto é, no indivíduo humano composto, a distorção dos níveis mais baixos pode deformar parcialmente as trocas dos mais altos – e essa deformação é o que preocupava Marx, Freud etc. Isso ocorre *não* porque o mais alto seja produzido pelo mais baixo ou provenha dele, mas simplesmente porque vem por meio dele e apoia-se nele. É como um pintinho e seu ovo: o pintinho emerge quebrando a casca do ovo, e pode deformar-se no processo (se a casca for frágil, dura etc.). Mas dizer que o mais alto provém do mais baixo, ou o ego provém do *id*, ou a consciência é produzida pela matéria, é como dizer que o pintinho é feito de casca de ovo.

De qualquer modo, no fim da involução, todas as estruturas mais elevadas existem, como potencial dobrado, no inconsciente essencial (*postas lá* por sucessivos esquecimentos e amnésias durante a involução), e agora estão prontas para desdobrar-se na evolução. Este ciclo global é representado na figura 37. À direita está a involução, com as estruturas colocadas em parênteses, indicando sua inconsciência mediante amnésia. À esquerda está a evolução, o desdobramento sucessivo dessas estruturas no sentido contrário do seu dobramento.

Se examinarmos cuidadosamente os dados científicos atuais sobre a evolução, ficaremos impressionados com a precisão do Grande

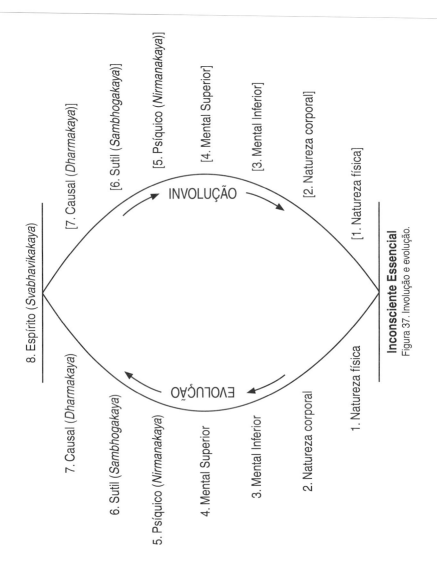

Figura 37. Involução e evolução.

Ninho do Ser: até agora, o casamento é perfeito. Até onde a ciência já chegou, a ordem da árvore evolucionária começou com a matéria elementar, o universo físico (nível 1), que emergiu há aproximadamente quinze bilhões anos com o Big Bang.* Antes desse momento, de acordo com os astrônomos, o universo material simplesmente não estava lá. De fato, muitos astrônomos, até os ateístas e agnósticos, afirmam que seus dados seriam mais ou menos compatíveis com os mitos de criação de várias religiões (por exemplo, Gênese, xintoísmo etc.). Em nossa visão, o Big Bang é simplesmente o limite explosivo da involução, no qual a matéria se lançou repentinamente para a existência a partir de suas dimensões seniores, ou, em última instância, do Espírito.

De qualquer modo, o universo físico, após bilhões de anos, organizou-se a ponto de formas de vida simples poderem emergir *por meio* dele. Esse foi o início do nível prânico ou corpo-vida, nível 2, que, em mapas esotéricos mais detalhados, parece consistir de três subníveis: vegetal ou sensação simples ("irritabilidade protoplásmica"); animal inferior, ou percepção; e animal superior, ou emoção. E, de fato, esses três subníveis desdobraram-se exatamente nessa ordem, cada um representando avanços sucessivos de consciência.

As atividades do(s) nível(eis) vida-prana finalmente permitiram o surgimento da mente primitiva, ou nível 3. Esse nível, em sua forma mais simples como imagens, emergiu tentativamente em alguns primatas, mas floresceu no *Homo sapiens*, durante o período tifônico da imagética mágica (totalmente ligada ao corpo, daí por que, de uma forma *geral*, incluímos o tifão no nível 2), e culminou com a mentalidade *verbal* na era associativa (que, portanto, tratamos

---

* Cientistas costumavam afirmar que, havendo virtualmente uma duração *ilimitada* de tempo para a evolução, isso facilitava a explicação do surgimento de formas de vida mais elevadas e do homem por probabilidades estatísticas. Esse tempo ilimitado foi drasticamente reduzido pela forte evidência de um limite de quinze bilhões de anos, que restringiu drasticamente (e, na opinião de alguns, fatalmente) os dados probabilísticos. Esse limite destrói completamente o argumento estatístico, o que deixa a ciência incapaz de responder ao como ou ao porquê da evolução. Isto é, existe uma "força" impulsionando a evolução que deixa para trás as probabilidades estatísticas – e essa força é o *telos* de Atman.

genericamente como nível 3). O nível 4, ou mente avançada, surgiu com a ascensão do ego heroico, a primeira mente verdadeiramente livre do corpo. E nele, por assim dizer, repousa hoje a evolução, suspensa no meio do caminho entre a matéria e Deus.

Ao observarmos o processo evolutivo, mesmo hoje, é difícil notar sua característica mais espetacular: seu crescimento *holístico*. De fato, cinquenta anos atrás, um notável, mas pouco conhecido filósofo, Jan Smuts, publicou um livro intitulado *Holism and Evolution*, no qual assinalou, muito claramente, esse fato. De todas as formas que olharmos para a evolução, disse Smuts, descobrimos uma sucessão de totalidades de maior ordem: cada todo se torna parte de um todo de nível mais elevado, e isso acontece ao longo do processo evolutivo. Não vou discutir a questão, mas considere claramente óbvio que a "seleção natural" *per se* não consegue explicar esse processo. Na melhor das hipóteses, a seleção natural explica a sobrevivência de todos atuais, não sua transcendência para todos de nível mais elevado. Para o biólogo médio, isso parece chocante, mas a conclusão é direta para aqueles cujo campo específico é a teoria do conhecimento científico: "A teoria de Darwin [...] está prestes a desmoronar. [...] Ela está em processo de descarte, mas talvez em deferência ao velho e venerável cavalheiro, que jaz confortavelmente na Abadia de Westminster ao lado de Sir Isaac Newton, isso está sendo feito tão discreta e suavemente quanto possível, com um mínimo de publicidade".[375] A questão, em uma frase, é que a teoria científica ortodoxa da evolução parece correta no *quê* da evolução, mas é profundamente reducionista e/ou contraditória no *como* (e no *porquê*) da evolução.

Mas, se considerarmos a evolução o inverso da involução, o processo inteiro fica inteligível. Onde a involução prosseguia por separações e desmembramentos sucessivos, a evolução, como o inverso, prossegue por unificações sucessivas e totalidades de maior ordem. Onde a involução prosseguia por sucessivo esquecimento ou amnésia, a evolução prossegue por sucessivas lembranças ou anamnésias (a "lembrança" ou "recordação" de Platão, o *zikr* sufi, o *smara* hindu, a "lembrança" de Buda etc.). Adicionalmente, a anamnésia e o holismo são realmente a mesma coisa: remembrar é de fato *re-*

membrar, ou juntar novamente em unidade mais alta.[431] A evolução *é* holística, porque "evoluir" é simplesmente remembrar o que foi desmembrado, unificar o que foi separado, recompor o que foi disperso. A evolução é o remembramento, ou a reunião, do que foi separado e alienado durante a involução. E a evolução, como um remembramento ou uma reunião sucessiva em unidades mais elevadas, continua simplesmente até que *só* exista a Unidade e *tudo* seja remembrado como Espírito pelo Espírito.

Finalmente, a "força" da evolução que tem tão insistentemente produzido todos os níveis *mais elevados* – uma força que não pode ser explicada pela seleção natural – é simplesmente o *telos* de Atman propriamente dito, como diversos indivíduos, de Aristóteles[112] a Hegel[193] e Aurobindo,[12] assinalaram cuidadosamente. A evolução não é um acidente estatístico – é um trabalho em direção ao Espírito, impulsionado não por um acaso irrefletido, embora esse conceito seja confortável para os que negam realidade a qualquer nível mais elevado que a matéria insciente, mas pelo próprio Espírito. *É por isso* que a evolução é um avanço progressivo, que prossegue afastando-se aos trancos e barrancos das probabilidades estatísticas. Em resumo, essa visão perene da evolução faz o que o Darwinismo não consegue: dar conta não só do *quê* da evolução, mas do *porquê*.

Se olharmos agora especificamente para a evolução humana, como ela ocorreu? Qual é a forma dessa recordação evolucionária? Como um estágio dá passagem ao seu sucessor mais elevado? O ponto essencial é que a evolução em geral aparece nos humanos como desenvolvimento e *crescimento* psicológicos – a mesma "força" que produziu humanos a partir de amebas, produz adultos a partir de crianças e civilização a partir da barbárie. Vamos muito brevemente, em alguns parágrafos curtos, rever o *que* vimos acontecer na evolução humana, e, em seguida, aplicar nossos novos *insights* a *por que* e *como* esse desenvolvimento e esse crescimento aconteceram.

O período mais antigo da evolução humana foi aparentemente o urobórico – no qual o eu e o ambiente natural não estavam clara e nitidamente diferenciados. Esse foi o Éden primevo de harmonia instintiva com a natureza física e biológica. Não que nesse estágio o homem fosse literalmente nada mais do que matéria ou vida animal simples; o homem já era um primata, com protossímbolos e imagens rudimentares. Ou melhor, ele ainda estava imerso nos domínios físico e biológico, os domínios que o precederam na evolução, de forma que, como explicamos anteriormente, embora o homem não fosse definido por esses níveis mais baixos, estava imerso neles, unificado com eles, amplamente governado por eles. Ele era, até esse ponto, pleromático e urobórico, recapitulando todos os níveis mais baixos – material, vegetal, animal – e ainda perdido neles.

No próximo estágio importante, o tifônico, o eu começou a *diferenciar-se* do ambiente natural. Em outras palavras, o eu tifônico *transcendeu* sua incrustação no mundo físico e natural, embora ainda estivesse magicamente *envolvido* com ele (ou ainda um pouco "dobrado" nele, como por "involução"). Mas o ponto é que o eu havia se despido, por assim dizer, do mundo físico-natural e, desse modo, "ascendeu" no Grande Ninho. Uma vez que conseguiu *diferenciar-se* do domínio naturado, pôde *transcender* todos esses níveis mais baixos.

Entretanto, nesse estágio tifônico, o eu era basicamente um *corpo*. Por certo, era o corpo mais altamente evoluído que havia surgido, e ele possuía uma imagética mental desenvolvida, o processo primário mágico. Mas sua consciência completa estava, acima de tudo, ligada ao corpo. Desse modo, embora ele não estivesse mais "preso" ao mundo físico e natural, estava preso ao corpo, com pouca ou nenhuma mente verbal. Era impulsivo, corpóreo-mágico, emocional, prânico.

Porém, quando a mente verbal finalmente emergiu e evoluiu (durante os períodos associativos), o eu começou a diferenciar-se do corpo simples propriamente dito e a transcendê-lo. O eu – verbal ou associativo – conquistou uma liberdade relativa dos instintos, emoções e impulsos do corpo (pôde "cultivá-los"). O eu, agora como mente verbal, começou a despir-se do corpo (isto é, diferenciar-se dele). Só então a mente verbal transcendeu o corpo tifônico: pôde adiar descargas meramente instintivas, operar linguisticamente no mundo, transcender o presente simples dos sentidos corporais por lembrança e antecipação, e assim por diante.

No próximo estágio, o eu – agora ego mental – conseguiu finalmente diferenciar-se claramente do corpo. Infelizmente, o corpo foi também reprimido, o que adiciona um triste nó na história, mas que não altera em nada o contorno. O ponto é que, no nível egoico, o eu finalmente emergiu diferenciado do corpo tifônico.

Finalmente, com o surgimento do ego mental maduro, o eu tornou-se introspectivo: tomou consciência de seus próprios processos de pensamento e os transcendeu *até certo grau*. Nós, no Ocidente, estamos no ponto em que a mente propriamente dita está começando, como o ambiente e o corpo antes dela, a cristalizar-se em consciência e despir-se da percepção do eu. Coletivamente, estamos começando, mas apenas começando, a nos livrar de nossos próprios processos de pensamento, cessando a identificação exclusiva com eles, transcendendo-os, e, assim, abrindo-nos para o próximo passo na evolução. Veremos, em breve, aonde isso nos leva.

No momento, retornamos a nossa pergunta original – por que, e como, um estágio evolutivo deu passagem ao próximo? O que especificamente aconteceu? Lembre-se de que, anteriormente, fizemos uma distinção entre *translação*, que opera *no âmbito* de um dado estágio ou nível de consciência, e *transformação*, que é uma mudança completa de níveis. A pergunta então é: por que e como a translação deu passagem à transformação em cada estágio evolutivo?

Já temos uma pista: vimos que as translações de um dado nível geralmente continuam, enquanto o Eros do nível supera Tânatos. Essa foi uma notação taquigráfica para dizer que, enquanto a *morte* da sensação do eu do nível específico não for aceita, a consciência permanecerá *presa* a ele. E já que está presa ao nível, identifica-se *exclusivamente* com ele, e o *defende* da morte, da transcendência, da transformação. Fortalece seu nível particular, tentando organizar todos os tipos de projetos de imortalidade – tentando torná-lo cosmocêntrico, absolutamente importante, perpétuo, imortal (de acordo com os padrões do nível).

A consciência faz isso, como vimos, não só porque está exclusivamente apegada a seu nível presente e busca defendê-lo de todos os outros, mas também porque intui verdadeiramente, além de si, a Fonte e a Origem de todos os níveis, o seu incluído. Isto é, intui

Atman, Espírito, Mente-de-Deus, e, desse modo, natural e inevitavelmente, sente-se atraída para esse estado supremo de Eternidade Real e Imortalidade Absoluta. Mas a fim de alcançá-lo, deve primeiro *morrer* para sua percepção de um eu presente, limitado e mortal, em qualquer nível. E até que possa aceitar a morte do seu nível presente, simplesmente aplica a esse nível finito a Intuição da Verdadeira Infinitude. Assim, substitui a real intuição de Atman por seu próprio eu mortal, e deseja ver esse eu mortal e finito estendido a proporções infinitas e glória imortal, o que, claro, é uma impossibilidade completa. Esse eu, como todas as entidades criadas e finitas, será triturado no Processo de Sacrifício Eterno, e o apego a ele produz apenas sofrimento na dissolução e agonia na liberação.

Por que, então, a sensação do eu não renuncia a seu nível presente, aceita sua morte, e, assim, ascende ao próximo nível mais elevado de consciência, até descobrir, em última instância, a verdadeira Eternidade Espiritual? A resposta é que o mais baixo é criado (na involução, e recriado a cada momento) como uma *recompensa substituta* para o mais alto, e, em última instância, para o próprio Atman.[436] O eu não renuncia ao mais baixo, para descobrir o mais alto, porque pensa que o mais baixo *já é* o mais alto. Até que essa recompensa substituta seja rompida, o eu, de fato, preferirá o mais baixo ao mais alto. Como afirmado em *Um curso em milagres*, "Quem escolhe o sofrimento [o mais baixo] a menos que pense que ele lhe proporciona algo, e algo de valor? Ele deve pensar que é um preço pequeno a pagar por algo de imenso valor. Pois [o sofrimento, a aceitação do mais baixo] é uma escolha, uma decisão. É a escolha da fraqueza [o mais baixo], com a convicção errônea de que é força [o mais alto]".[3] De nenhuma outra forma, a alma renunciaria ao mais alto pelo mais baixo; não há nenhuma outra possibilidade para que a alma deseje abandonar sua unidade original com o Espírito.

O ponto é que, durante a involução, cada nível é criado não só por um esquecimento do Espírito, mas como um *substituto* para o Espírito. E *então*, na evolução, à medida que cada nível emerge, a consciência identifica-se exclusivamente com essa recompensa substituta, *até que* ela tenha sido inteiramente experimentada e considerada insuficiente; até que o Eros do nível específico perca seu atrativo; até que seus desejos parem completamente de fascinar e motivar. Nesse ponto, a *morte* do nível é aceita; Tânatos supera Eros; a translação cessa e começa a transformação para a próxima estrutura mais elevada.*

Uma vez no novo e mais elevado nível, o eu tranca-se nele como sendo a nova recompensa substituta. A batalha da vida *versus* morte muda-se para esse novo nível, que passa a parecer imortal, semelhante a um deus, cosmocêntrico, e assim por diante (de acordo com os padrões do nível respectivo – como dissemos, a imortalidade para um caçador tifônico era viver até amanhã, a imortalidade para um lavrador associativo era viver até a próxima estação etc.). O Projeto Atman inteiro muda-se para o novo nível. Uma vez que o eu não pode (ainda) aceitar a morte desse nível, continua buscando a Transcendência por meios que a obstam e possibilitam apenas recompensas substitutas. Acomoda a intuição de Atman a *esse* nível, e o drama continua repetidamente.

Mas em um nível superior. Ao aceitar a morte (Tânatos) do nível inferior, o eu pôde *diferenciar-se* dele, *transcendê-lo* e *evoluir* ou *transformar-se* para um eu de maior ordem, mais unificado, mais consciente, mais próximo de Atman, mais perto do Retorno. Ao aceitar a morte de um fragmento inferior, remembrou um todo de ordem superior; cessou meramente de transladar e, ao invés, transformou. E assim prossegue a evolução: relembrando cada vez mais, unificando cada vez mais, transcendendo cada vez mais, morrendo cada vez mais. E quando todas as separações tiverem sido lembradas, o resultado será a Inteireza final; quando todas as mortes tiverem morrido, o resultado será apenas Deus. Desse modo, o Projeto

---

* O exemplo típico e perfeito disso é a pessoa que deseja ardentemente dinheiro, sucesso, fama, conhecimento etc. – até que finalmente os alcança, quando então percebe que não era exatamente o que procurava, uma constatação geralmente devastadora ("arruinado pelo sucesso"). Mas, se ela entende isso e consegue aceitar a morte daquele antigo desejo, abre-se à busca do próximo nível mais alto de recompensas substitutas, até que as saboreie, ache-as finalmente insuficientes, aceite sua morte e siga em frente. Os níveis de recompensas substitutas são, claro, o Grande Ninho. Na ordem: matéria/alimento/dinheiro, sexo, poder, pertencimento, conhecimento conceitual, autoestima, autorrealização, transcendência sutil, iluminação suprema.

Atman cada vez mais dá passagem a Atman, até que só exista Atman, e a alma permaneça na Fonte e na Quididade que foram o alfa e o ômega de sua jornada pelo tempo.

PECADO ORIGINAL E A QUEDA TEOLÓGICA

Essa visão – de involução e evolução – assenta-se sobre fundações firmes na filosofia perene. Dando apenas um exemplo de cada, para o Ocidente e para o Oriente: Schelling, o grande idealista alemão, em uma passagem frequentemente citada, sustentava que

> a história é um épico composto na mente de Deus. Suas duas principais partes são: primeira, a que descreve o afastamento da humanidade de seu centro [Espírito] até seu ponto de alienação mais distante desse centro [o movimento de involução], e segunda, a que descreve o retorno [evolução]. A primeira parte é a *Ilíada*, a segunda, a *Odisseia* da história. O primeiro movimento foi centrífugo [isto é, para fora, dispersivo, separativo, *kenótico*, desmembrante]; o segundo é centrípeto [para dentro, recolhedor, reunificador, remembrante].[99]

E Ananda Coomaraswamy, falando da visão oriental, declarou que

> a vida ou vidas do homem podem ser consideradas como constituindo uma curva – um arco de experiência temporal subtendido pela duração da Vontade de Viver [Eros em fuga de Tânatos]. O movimento para fora dessa curva – o *Pravritti Marga* – é caracterizado por autoafirmação [ou separação]. O movimento para dentro – o *Nivrittl Marga* – é caracterizado por crescente realização do Eu [por "Eu", os hindus querem dizer Atman]. O caminho para fora é a Religião do Tempo; a religião daqueles que retornam é a Religião da Eternidade.[436]

Por esse entendimento esotérico, o pecado original *não* é algo que a percepção do eu separado *faz*. É a percepção do eu separado, ponto – em qualquer nível (1 a 6) e em qualquer curva (involução ou evolução). Não é que o eu separado tenha uma livre escolha de pecar ou não; e sim que a própria estrutura do eu separado *é* pecado. Pois pecado é simplesmente *separação*, separação exclusiva, e pecado original é simplesmente separação original – aquele movimento primevo de afastamento da Mente-de-Deus, um movimento estabelecido durante a involução, mas restabelecido neste momento, no próximo e no próximo, pela reativação e identificação incessantes com a percepção do eu separado.[430] E isso nos leva à queda teológica.

Em certo sentido (que logo corrigiremos), a criação em si é uma queda, a queda teológica, porque marcou a separação ilusória de todas as coisas, do Espírito. Como Schelling colocaria, "A origem do mundo deve ser vista como uma deserção [involução] ou rompimento de Deus. [...] Assim, a criação é uma Queda no sentido de que é um movimento centrífugo. A identidade absoluta [Espírito] fica diferenciada ou fragmentada no nível fenomenal, embora não em si mesma [isto é, o Espírito só se fragmenta ilusoriamente ou 'fenomenalmente']".[99] Desse modo, mesmo no Éden histórico, o pecado original ou a separação original *não* estava ausente. Os homens e mulheres já estavam vivendo em um mundo de multiplicidade, separação, finitude e mortalidade. A queda teológica ocorreu bilhões de anos antes do surgimento da humanidade! O que estava ausente no Éden era a consciência do pecado original, não o pecado original propriamente dito.

Eis agora nossa leve correção: a criação *per se* não é propriamente uma causa inerradicável de pecado. A criação é necessária, mas não suficiente, para o pecado original, significando que a criação não está *absolutamente* ligada ao pecado. Não pode existir pecado sem criação, mas pode existir criação sem pecado. Especificamente, não é necessário que o universo desapareça para que os humanos se iluminem. O universo não é uma doença. A criação não é uma queda no sentido de que evita a iluminação, como afirmam algumas seitas. Nós a chamamos de queda – a queda teológica – só porque marca a separação ilusória inicial de todas as coisas, de Deus. Mas o que *impede* o retorno a Deus não é a criação divina em si, mas a ignorância da humanidade do Deus único. A criação predispõe todos os níveis ao esquecimento da Fonte – mas é *seu esquecimento*, e não a existência dos níveis propriamente ditos, que frustra o Retorno. De certo modo, Deus começou a queda; o homem a perpetua.

Assim, para Retornar à Fonte não é necessário destruir e aniquilar os níveis mais baixos. É necessário apenas transcendê-los, cessar de identificar-se *exclusivamente* com eles. Na verdade, cada nível mais elevado deve *transcender e incluir* cada nível mais baixo em sua unidade e síntese de maior ordem (remembramento).[436] Como colocado por Hegel, "Substituir é, ao mesmo tempo, negar e preservar".[193] Assim, por exemplo, quando a mente emergiu na evolução, transcendeu o corpo, mas não o aniquilou; ao contrário, a mente teve de incluir e integrar o corpo em seu eu de maior ordem. O fracasso em fazê-lo não é transcendência do inferior, mas repressão do inferior (neurose). Na verdadeira evolução desobstruída, carregamos todos os níveis mais baixos conosco, por amor e compaixão, de forma que, no final, *todos os níveis* serão reconectados à Fonte. Negar tudo é preservar tudo; transcender tudo é incluir tudo. Devemos chegar completos a Deus; se fracassarmos, caímos em dissociação, repressão, fragmentação interna. A transcendência suprema não é, portanto, a derradeira aniquilação dos níveis da criação, 1 até 6, e sim sua derradeira inclusão no Espírito. A transcendência final é o abraço final.*

---

*Para mim, a beleza dos conceitos gêmeos de evolução e individualidade composta é esta: minha existência hoje, embora não redutível aos níveis mais baixos nem originária deles, todavia deles depende e se apoia nesses níveis, cujas lutas e sucessos iniciais abriram caminho para meu surgimento. Sou grato a eles por isso. Da mesma forma, eles são gratos a mim, pois, em minha própria individualidade composta, o mineral, o vegetal e o animal participam ou são uma parte de uma consciência mental mais elevada, algo que nunca poderiam alcançar sozinhos. Em última instância, na individualidade composta do sábio, *todos* os níveis inferiores têm permissão para participar em iluminação absoluta e banhar-se na glória do Espírito. O mineral, como mineral, o vegetal, como vegetal, e o animal, como animal, nunca conseguiriam iluminar-se – mas o bodisatva *carrega todas as manifestações* com ele para o Paraíso, e o voto do bodisatva é nunca aceitar a iluminação até que *todas as coisas* participem do Espírito. Não há, em minha mente, nenhuma concepção mais nobre que essa.

Desse modo, na iluminação ou retorno supremo ao Espírito, o mundo criado ainda pode existir; ele apenas não mais obscurece o Espírito, mas o serve. Todos os níveis permanecem como *expressões* de Atman, não substitutos para Atman. Assim, o pecado original – a queda teológica – não é tanto separação ou criação, mas separação esquecida da Fonte e criação em vez de Atman. Não é multiplicidade, mas multiplicidade divorciada da Unidade. O pecado original não é em si a existência do tempo, espaço, morte e culpa, mas a existência do tempo sem eternidade, espaço sem infinitude, morte sem sacrifício e culpa sem redenção. *Isso* é pecado, pecado original, pecado sem libertação aparente – e é a *isso* que nos referimos quando, em linguagem taquigráfica, dizemos que a criação foi uma queda, a queda original, a queda teológica, a separação *aparente* de todas as coisas da Mente-de-Deus.

A queda teológica, portanto, aconteceu e está acontecendo agora: todas as coisas decaíram de sua Situação Divina; todas as entidades caíram por esquecimento do Espírito. E o homem, à medida que fracassa em assumir e viver esta Fonte, à medida que vive como uma sensação de eu separado, participa do estado de pecado original ou alienação original do Espírito. Assim, repetimos, o pecado original, para os humanos, não é algo que o eu separado faz; é o eu separado e o mundo inteiro de multiplicidade não conscientemente vivido como Uno. Daí por que, realmente, todos os eus (até os bebês) *nascem* em pecado original; a sensação do eu separado *é* o pecado original, não por suas ações, mas por sua simples e inocente existência.

A RELAÇÃO ENTRE AS DUAS QUEDAS

Vimos dois importantes eventos, ambos descritos adequadamente como "quedas" – a queda científica e a queda teológica. E relacionamos as duas quedas da seguinte forma: começando aproximadamente há quinze bilhões de anos, o cosmos material – que representa a mais alienada forma do Espírito – explodiu em existência exclusiva com o Big Bang, que, na verdade, foi a estrondosa gargalhada de

Deus, perdendo-se voluntariamente pela milionésima vez. Esse foi o limite da involução, e representou o epítome da *queda teológica* – a separação ilusória de todas as coisas da Mente-de-Deus. Desse ponto em diante, a evolução de volta ao Espírito começou, uma evolução que produziu, no curso real da história e pré-história, níveis sucessivos de maior ordem – mineral, vegetal, animal inferior, primata, homem – mas todos ainda em um estado de pecado original, ou alienação aparente do Espírito.

E por volta do segundo milênio a.C., após cerca de doze bilhões de anos de lutas e substituições, a evolução produziu os primeiros seres completamente autoconscientes, que, justamente por essa razão, despertaram para sua vulnerabilidade, separação, alienação e mortalidade. Eles não criaram tudo isso; tornaram-se conscientes de tudo isso. Essa foi a *queda científica*, "a grande reversão", a emersão definitiva do Éden.

Esse período foi duplamente doloroso para a humanidade, pois ela tomou ciência de sua queda científica – não mais venturosamente adormecida na subconsciência da natureza –, mas também ficou ciente de sua queda teológica – separada do Espírito e da Mente-de--Deus. O homem finalmente havia "surgido dos macacos" e, como um ser autorreflexivo, ficou sujeito à ansiedade e à culpa (a queda científica); e também ficou ciente do fato de que *já* estava, original e previamente, divorciado do Espírito (a queda teológica). Como uma piada cruel, a queda científica e a consciência inicial da queda teológica aconteceram, historicamente, mais ou menos ao mesmo tempo.

Exatamente por esse motivo, os primeiros teólogos e filósofos tenderam a *confundir essas duas quedas*. Eles confundiram a Apreensão Original do Pecado Original com o Pecado Original propriamente dito e, assim, confundiram a queda científica com a queda teológica. Mas acompanhe o seguinte raciocínio: uma vez que a queda científica foi uma ascensão histórica da subconsciência do Éden, e já que a queda teológica é uma descensão da superconsciência do Céu, confundir as duas é imaginar que a humanidade esteve, na história passada imediata da Terra, em um tipo de Éden superconsciente – uma perfeita autocontradição, e foi precisamente isto que os teólogos, quase universalmente, fizeram. Eles assumiram que no passado histórico real houve uma Idade do Ouro do genuíno Céu na Terra, uma classe superior de seres totalmente iluminados que precedeu a humanidade e da qual a humanidade decaiu, quando, de fato, o que precedeu a humanidade foram macacos.

Quando a ciência moderna descobriu esse fato inequívoco – descobriu que o chamado Éden "superconsciente" ou Paraíso "transpessoal" fora, de fato, a bendita ignorância da natureza subconsciente e da estupidez pré-pessoal –, todas as religiões baseadas na confusão das duas quedas, alicerçadas na crença errônea em um Éden "superconsciente", foram literalmente devastadas pela impressionante evidência científica. Elas ainda estão se justificando por essa confusão até hoje, sem realmente entendê-la; ainda combatendo a ciência, ainda protestando contra esse fato, e ainda, adicionalmente, desacreditando sua autoridade e credibilidade com cada pronunciamento veemente que fazem. Por exemplo, a teologia ocidental, não compreendendo a confusão original propriamente dita, tem-se mantido, defensivamente, no ângulo lógico de torná-la *questão de fé absoluta*, crendo em todos os tipos de tolice histórica, tal como um Éden superconsciente, *porque* "eles são absurdos" (Tertuliano).* Não é de admirar que tenha levado apenas um século para que a ciência pulverizasse logicamente esse tipo de sistema de crença – porque, realmente, *é* absurdo. Os teólogos estavam (e estão) tentando proteger uma verdade suprema – o homem decaiu de Deus –, mas, ao confundir as duas quedas, foram, consequentemente, forçados a confiar em uma evidência *histórica* que simplesmente não ocorreu e, portanto, nunca foi descoberta; desse modo, retrocederam defensivamente para posturas absurdas por meio de um ato desafiador de fé totalmente mal empregada.

Ou melhor, a questão é que se retrocedermos para *antes* da história e do tempo – antes do Big Bang, por assim dizer – os teólogos *estão* certos: a humanidade (e todas as coisas) caiu do verdadeiro Céu (com o pecado original, ou *involução*, que é também recriado

---

* Mais precisamente, mas de nenhuma forma melhor, sua declaração foi "Está certo porque é impossível", normalmente citada como "Eu acredito porque é absurdo".

agora, momento a momento, como um estado psicológico de ignorância – que os hindus e budistas chamam *avidya*, ou ignorância do Espírito, um estado superado por *jnana* ou gnose, "conhecimento da Suprema e Prévia Identidade"). *Ao mesmo tempo*, os cientistas também estão certos – a humanidade surgiu por meio dos (mas não dos) macacos. Essas são visões perfeitamente compatíveis, e ambas estão corretas. A união da ciência e religião é a união da evolução e involução.

COMPARAÇÕES

Não estou sozinho nessa visão global. Sri Aurobindo, o grande sábio moderno da Índia, escreveu extensivamente justo sobre esse ponto de vista – Brahman perdendo-se na involução e, então, evoluindo de volta, da matéria ao prana, à mente, à sobremente, à supermente, até Atman; e ele vê isso acontecendo tanto cosmológica quanto psicologicamente.[10,11] Aurobindo, claro, é um dos poucos gênios e místicos plenos (do Oriente ou do Ocidente) que também tiveram a oportunidade e a vontade de estudar os registros antropológicos e paleontológicos compilados cuidadosamente pela ciência moderna; ele considerou esses registros não só compatíveis com sua visão, mas sustentadores dela. Aurobindo é seguido em sua visão por muitos outros gigantes indianos modernos: Radhakrishnan,[335] Chaudhuri,[84] Gopi Krishna[165] etc.

No lado cristão, há o padre Teilhard de Chardin, um brilhante paleontólogo e biólogo (além de teólogo) que não só acreditava na evolução, mas a via como uma progressão de formas de vida que leva do mais baixo ao mais elevado e, *portanto*, culmina necessariamente no que ele chamou de Ponto Ômega, no qual todas as almas despertam novamente para a consciência de Deus.[395,396]

Mas antes de Teilhard de Chardin, e certamente mais expressivo, encontra-se o altaneiro gênio de Georg Wilhelm Friedrich Hegel.* Hegel, como é mais conhecido, de certa forma repetiu e refinou

---

* Comecei fazendo referência a diferentes citações de Hegel compiladas de seus vários livros, e então percebi que isso seria inútil para o leitor não especia-

os *insights* de seus dois predecessores intelectuais, Fichte e Schelling (cujas visões já mencionamos), mas com Hegel, o gênio idealista atingiu seu ápice no Ocidente. Sendo justo, há outros mais iluminados, e outros com *status* intelectual similar ou maior, mas nenhum combinou *insights* transcendentes com gênio mental de um modo comparável ao de Hegel.

Não tentarei fazer um resumo das visões de Hegel; o resumo mais simples e aceitável de seu trabalho exigiria um pequeno livro. Simplesmente mencionarei alguns de seus pontos que têm ligação mais direta com nossa discussão imediata. Em particular, notamos que o Absoluto para Hegel era o Espírito: "O Absoluto é o Espírito: essa é a mais elevada definição do Absoluto. Buscar esta definição e entender seu conteúdo foi, pode-se dizer, a motivação última de toda cultura e filosofia. Toda religião e ciência esforçaram-se para alcançar este ponto". E mais: "O Absoluto não é simplesmente o Uno. É o Uno, mas também o Muito: é identidade-na-diversidade. [...] [Mas] o Ser, o Absoluto, a Totalidade infinita, não é uma mera coleção de coisas finitas, mas uma Vida infinita única, o Espírito autorrealizador" (C).

Além disso, esse Absoluto não é um mero Ser estático. Ele também está envolvido em um processo de Devir. O Absoluto "é o processo de seu próprio vir-a-ser, o círculo que pressupõe seu fim [Atman] como seu propósito, e tem em seu fim seu início. Torna-se concreto ou real somente por seu *desenvolvimento* e por meio de seu *fim*". Agora, esse *desenvolvimento* era, para Hegel, a história (evolução), que tanto era um movimento *do* Espírito, quanto um movimento *em direção ao* Espírito, ou em direção à realização do Espírito em pormenores concretos. A história é, portanto, *impul-*

---

lizado, interessado em material introdutório. Assim, passei a retirar a maior parte das citações desta seção de um único livro, *A History of Philosophy*, vol. 7, de Copleston, que recomendo como a melhor introdução breve para a obra do filósofo. Introduções mais detalhadas incluem *Hegel*, de Findlay, *An Introduction to Hegel*, de Mure, e, a melhor de todas, *The Philosophy of Hegel*, de Stace. Finalmente, algumas das citações são paráfrases mais acessíveis das palavras de Hegel feitas por Copleston – essas citações são seguidas por um (C); as restantes são do próprio Hegel.

sionada pelo *telos* espiritual (nosso *telos* de Atman), com seu "fim" sendo um estado de "conhecimento absoluto", em que "o Espírito se conhece na forma de Espírito". Esse fim-meta da história é o "retorno do Espírito a si mesmo em um nível superior, um nível em que subjetividade e objetividade unem-se em um ato infinito" (C).

Esse desenvolvimento histórico, ou realização do Espírito pelo Espírito, acontece, de acordo com Hegel, por três estágios principais (estágios que correspondem precisamente aos nossos domínios da sub, auto e superconsciência). O primeiro é *Bewusstsein*, que é a consciência corporal, ou a percepção sensória de um mundo externo sem qualquer reflexão mental ou autoconsciência. Corresponde ao nosso domínio subconsciente (urobórico e tifônico). O segundo estágio é *Selbstbeivusstsein*, autoconsciência e reflexão mental – nosso domínio da autoconsciência. Mais especificamente, durante esse período de autoconsciência ocorre, de acordo com Hegel, "a consciência infeliz", "a consciência dividida", "autoalienada" – por causa das tensões envolvidas na autoconsciência propriamente dita. Essa é nossa "consciência egoica decaída", a queda científica, cuja gênese já localizamos. O terceiro estágio de Hegel é *Vernunft*, ou conhecimento transcendental, "a síntese da objetividade e subjetividade", o Espírito conhecendo o Espírito *como* Espírito, que, para nós, é a superconsciência.

Assim, para Hegel, a história é o processo de autorrealização do Espírito, ocorrendo em três fases principais. Começa com a Natureza, o domínio mais baixo, a qual é uma "queda a partir da Ideia" (Espírito). Hegel frequentemente refere-se à Natureza como uma Queda (*Abfall*), de forma bem parecida à nossa queda teológica ou involutiva. Mas a Natureza não é criada contra o Espírito, nem existe separada do Espírito. Seguindo Schelling, Hegel concorda que a Natureza, embora decaída, é de fato apenas o "Espírito adormecido" ou "Deus em sua alteridade". Mais especificamente, a Natureza é o "Espírito autoalienado". Na segunda fase, esse Espírito desperta no homem como autoconsciência, e, em seguida, na terceira fase, retorna por meio do homem a si mesmo como conhecimento absoluto, que também é o conhecimento mais elevado do homem. Esse conhecimento absoluto surge quando:

eu estou consciente não simplesmente de mim como um indivíduo finito defrontando-me com outras pessoas e coisas finitas, mas, ao contrário, quando me conscientizo do Absoluto como a realidade última que abrange tudo. Meu conhecimento da Natureza como a manifestação objetiva do Absoluto e do Absoluto retornando a si mesmo como subjetividade na forma do Espírito, existindo na e por meio da vida espiritual do homem na história, é, se o atinjo, um momento de absoluta [...] consciência, isto é, de autoconhecimento do Ser ou do Absoluto (C).

No entanto – e aqui o gênio de Hegel superou verdadeiramente o de seus antecessores orientais e ocidentais –, embora cada estágio de desenvolvimento transcenda e ultrapasse seus predecessores, não os descarta ou oblitera. Todos os fragmentos anteriores e níveis menores, todos os estágios prévios, são considerados e preservados nos sucessivos estágios mais elevados. Cada estágio superior *nega*, ou vai além, mas também *preserva*, ou integra, todos os estágios anteriores, de forma que eles não são "anulados, mas completados". "O último [estágio] é o resultado de todos os anteriores: nada é perdido, todos os princípios são preservados."

Isso é assim, de acordo com Hegel, porque cada estágio de desenvolvimento – cada estágio de superação da alienação do Espírito – acontece por um processo dialético de tese, antítese e síntese, ou negação, negação da negação e resolução mais elevada. Essa dialética foi usada extensivamente, em primeiro lugar, por Fichte, mas alcança seu ápice em Hegel (embora, diferentemente de Fichte, ele raramente usasse os termos tese, antítese, síntese). Se pudesse reverter para minha terminologia, eu explicaria da seguinte forma: cada nível emerge como uma tese, um ser com Eros, e esse ser-Eros inicialmente domina todas as translações e, portanto, *nega* tudo que esteja fora de seu campo de ação ou ameace seu campo de ação. Mas esse ser-Eros logo topa com seu oposto ou antítese ("sua contradição", de acordo com Hegel), a qual é uma *negação* de sua negação original, ou uma negação de sua assimetria e parcialidade originais. Essa negação, essa antítese ou contradição, para Eros, é Tânatos. E quando Tânatos *nega* Eros, nega a negação original de

Eros, de forma que ambos, Eros e Tânatos desse nível, são incluídos em uma síntese de maior ordem, criada por transformação – unidade em um plano mais alto, mais inclusivo; esse novo nível, então, torna-se a nova tese – desenvolve um novo Eros, que no fim se depara com um novo Tânatos, que nega a negação, e ocorre a transformação para o próximo nível mais elevado, e assim por diante ao longo da evolução. O resultado de tudo isso é que cada nível é negado, mas preservado em um nível superior, até que todos os estágios sejam despojados de sua parcialidade e assimetria, e sobre apenas a Vida permeando Tudo, livre de contradição, livre de negação, livre de alienação.

Finalmente, e vamos enfatizar isso apenas uma vez, a verdadeira filosofia, para Hegel, era a reconstrução consciente da lógica desenvolvimentista, ou estágios/níveis, por meio da qual o Espírito retorna ao Espírito. "A tarefa da filosofia é [reconstruir] a vida do Absoluto. Quer dizer, ela deve exibir sistematicamente a [...] estrutura dinâmica, o processo teleológico ou o movimento da Razão cósmica, na Natureza [subconsciência] e na esfera do espírito humano [autoconsciência], culminando no conhecimento do Absoluto propriamente dito [superconsciência]."*

Isso é suficiente para um breve vislumbre do gênio de Hegel. Gostaria, agora, de me voltar para Nicolas Berdyaev, o altaneiro místico cristão russo, pois talvez as palavras de um companheiro cristão possam acalmar as emoções dos cristãos atuais, que tendem a ver o Éden como um Céu real. Ao discutir a Queda do Homem, ele começa assim: "O paraíso era uma vida de felicidade, mas seria a

---

* As únicas ressalvas que faço a Hegel são: 1) Ele parece não entender as sutilezas e complexidades dos domínios mais elevados da superconsciência. O que chama simplesmente de Espírito consiste, na verdade, de vários níveis (5 a 8). 2) Isso também o leva a usar "Razão" de forma exagerada; certamente, ele se referia a "Razão" como uma consciência mais elevada, não logicamente vinculada a categorias *a priori* de Kant, mas falha, clara e decisivamente, ao não captar a natureza da gnose ou *jnana*. 3) Sua predileção pelo número três evita que note que muito da dinâmica do desenvolvimento, magistralmente explicada por ele, ocorre, de fato, ao longo de todos os tipos de níveis e estágios, muito além de apenas três. 4) Ele não possui nenhuma ioga ou técnica de transcendência reprodutível.

plenitude da vida? Todas as possibilidades eram percebidas nele? A narrativa da Bíblia tem um caráter exotérico. Ela expressa por símbolos eventos do mundo espiritual, mas uma interpretação mais profunda desses símbolos é essencial". Berdyaev, então, concentra a atenção no próprio cerne do Éden e Paraíso históricos: "Nem tudo foi revelado ao homem no paraíso, e a *ignorância era a condição de vida nele. Era o domínio do inconsciente*" (grifo meu). Ele continua:

> A liberdade do homem ainda não fora revelada, ainda não se expressara. [...] O homem rejeitou a felicidade [...] do Éden e escolheu a dor e a tragédia da vida cósmica, a fim de explorar seu destino até suas profundezas mais íntimas. Esse foi o nascimento da consciência com sua dolorosa divisão [o domínio do ego]. Desertando da harmonia do paraíso, o homem começou a fazer distinções e valorações, provou do fruto da árvore do conhecimento e descobriu-se neste lado do bem e do mal. A proibição era uma advertência de que os frutos da árvore do conhecimento eram amargos e mortais. O conhecimento nasceu da liberdade, dos recessos obscuros da irracionalidade. O homem preferiu a morte e a amargura da discriminação à vida feliz e inocente da ignorância.[30]

Os homens e mulheres poderiam, diz Berdyaev, "alimentar-se dos frutos da árvore da vida e viver para sempre a vida de felicidade vegetativa, inconsciente". E em palavras que ecoam exatamente com as ditas ao longo deste volume, Berdyaev declara: "O paraíso é o [estado] inconsciente da natureza, o domínio do instinto. Não há nele nenhuma divisão entre sujeito e objeto, nenhuma reflexão, nenhum doloroso conflito de consciência com o inconsciente".[30] Esse é, ponto a ponto, o estado urobórico.

Portanto, Berdyaev está completamente consciente da natureza da queda científica – o surgimento da consciência pessoal a partir do Éden pré-pessoal, instintivo, urobórico, e *não* a partir de um Céu transpessoal. Não é de admirar que ele pudesse dizer o que nenhum outro teólogo diria: "O mito da Queda não humilha o homem, mas o eleva a alturas maravilhosas. [...] *O mito da Queda é um mito da grandeza do homem*". Claro! A queda científica marcou a emergência do ego por meio do subconsciente, um feito de grandeza heroica, mas foi experienciada como uma queda porque, nas palavras de Berdyaev, "a própria existência da consciência [egoica ou do eu] envolve limites e distinções que causam dor. Em nosso éon, no mundo decaído, a consciência sempre causa dor".[30]

Estaria ele dizendo que deveríamos nos refugiar no Éden? De forma alguma, porque "o mundo prossegue de uma ausência original de discriminação entre bem e mal [ignorância subconsciente] para uma nítida distinção entre eles [apreensão autoconsciente] e, então, enriquecido por essa experiência, acaba por não mais distingui-los [transcendência superconsciente]". Asseguro ao leitor que não estou fazendo uma leitura do "subconsciente" e do "superconsciente" no pensamento de Berdyaev. Ele usa exatamente estas palavras:

Após a Queda [...] a [auto]consciência foi necessária para proteger o homem do abismo bocejante abaixo [a Mãe Voraz]. Mas a [auto]consciência também impediu ao homem o acesso à divina realidade superconsciente e frustrou a contemplação intuitiva de Deus [que, como vimos, é exatamente o que o ego normalmente faz]. E, ao buscar abrir caminho para a superconsciência, para o abismo acima [o Vazio], o homem geralmente cai no subconsciente – o abismo abaixo. Em nosso mundo pecador, a consciência significa [...] divisão, dor e sofrimento. [...] A consciência infeliz só pode ser superada pela superconsciência.[30]

Quanto aos nossos três principais estágios: 1) o pré-pessoal e subconsciente, 2) o pessoal e autoconsciente e 3) o transpessoal e superconsciente, Berdyaev é perfeito:

Existem três estágios no desenvolvimento do espírito: o paradisíaco original [...], o [estágio] pré-consciente que não tinha a experiência do pensamento e da liberdade; a divisão, reflexão, valoração e liberdade de escolha; e, finalmente, a inteireza e a completude superconscientes, que vêm depois da liberdade, da reflexão e da valoração.

[...] Tanto no princípio quanto no fim, a ética encontra-se em um domínio que independe do bem e do mal: a vida do paraíso [pré--ética] e a vida do Reino de Deus [transética], os estágios pré-consciente e superconsciente. Somente a consciência "infeliz" com sua divisão, reflexão, dor e sofrimento encontra-se "deste lado" do bem e do mal.

Podemos concluir este capítulo com uma observação final de Aurobindo, pois ela expressa exatamente os mesmos sentimentos:

Pois, de fato, vemos [...] o universo começar em um [estágio] *subconsciente* que se expressa abertamente [mas com um mínimo de "consciência superficial"]. No consciente [domínio autoconsciente], o ego torna-se o ponto superficial em que pode emergir a consciência da unidade; mas ele aplica sua percepção de unidade à ação formal e superficial [esse mau emprego da Unidade à "forma superficial" é justamente o Projeto Atman] e, falhando em considerar tudo que está por trás, fracassa também em compreender que não é um apenas consigo mesmo, mas um com os outros. Essa limitação do "Eu" universal [Atman] na percepção do ego dividido constitui nossa imperfeita personalidade individualizada. Mas, quando o ego transcende a consciência pessoal, começa a incluir e ser afetado profundamente por algo que para nós é *superconsciente*; ele se torna consciente da unidade cósmica e penetra no Eu Transcendente [Atman].[335]

E é esse necessário, mas trágico, despertar da consciência infeliz – a percepção do ego dividido – que investigamos neste livro.

Podemos agora entender que houve, de fato, duas quedas? A queda científica a partir do Éden, a partir dos tempos urobóricos e tifônicos; e a queda teológica anterior, paradoxalmente presente, do Céu superconsciente? E que tivemos de sustentar a primeira queda a fim de reverter a segunda? Tivemos de evoluir, passando pelo macaco da subconsciência, para redescobrir a superconsciência. Assim sendo, podemos nos levar a sério, pois agora parece certo que você e eu surgimos do Éden a fim de podermos retornar ao Céu.

UMA VISÃO PROSPECTIVA

Ao longo deste livro, segui uma abordagem que, até onde sei, nunca antes foi explicitamente seguida. Estou me referindo ao fato de que investigamos, neste volume, *duas* linhas paralelas de evolução: a evolução do *modo médio* de consciência e a evolução do *modo mais avançado* de consciência. Vimos que, em geral, quando o modo médio de consciência atingiu o nível tifônico, o modo avançado – em alguns poucos indivíduos altamente evoluídos ou xamãs – atingiu o nível 5, ou o *Nirmanakaya*. Quando o modo médio alcançou o estágio mítico-associativo, o modo avançado – em alguns santos – alcançou o nível 6, ou o *Sambhogakaya*. E quando o modo médio chegou ao nível mental-egoico, o modo avançado – em alguns sábios – chegou ao nível 7-8, ou o *Dharmakaya*.*

Ora, esses estágios avançados de evolução – níveis 5 a 8 – não são apenas de interesse histórico. Pois, se nossa hipótese completa mostrar-se genericamente correta, esses níveis avançados permanecem quietos como os *potenciais mais elevados presentes* em todo homem ou mulher que se interesse por evoluir e transformar-se além

---

*Uma questão técnica: aqueles familiarizados com meus outros trabalhos recordarão que existe mais um nível importante, entre o nível do ego e o psíquico – eu o chamo nível existencial ou do centauro ("centauro" porque representa o estágio em que mente e corpo, depois de ser claramente diferenciados, se integram em uma ordem mais elevada. Esse é o nível da psicologia/terapia humanístico-existencial, de autorrealização, de significado existencial). Se quisermos fazer um paralelo mais preciso e completo entre modos médio e avançado, temos de: 1) usar o nível do centauro e 2) retornar à distinção real entre o nível 7 e o nível 8. A questão, então, é a seguinte: da mesma forma que o *Dharmakaya* é o limite esotérico de alcance do ego, o *Svabhavikakaya*

do estágio mental-egoico. Nossa sugestão é que as estruturas profundas de todos os níveis mais altos existem no inconsciente essencial, aguardando para desdobrar-se em qualquer indivíduo que hoje se preocupe em persegui-las, da mesma maneira que elas se desdobraram, hierarquicamente, na sequência de heróis transcendentes do passado.

Essa busca, essa transformação para níveis mais elevados e superconscientes, ocorre exatamente do mesmo modo que a de todas as transformações passadas: o eu tem de aceitar a *morte* de seu nível presente, *diferenciar-se* desse nível, e, em seguida, *transcender* para o próximo estágio mais elevado. Em nossa situação histórica atual, isso significa morrer para a estrutura mental-egoica, diferenciar-se dela e transcendê-la.

Em uma frase, essa é precisamente a finalidade da meditação: sustar as *translações* mental-egoicas de forma que a *transformação* para os domínios superconscientes possa começar.[436] E, como mencionei anteriormente, qualquer estudo e interpretação cuidadosos dos estágios de meditação, como acontecem atualmente, mostram que o progresso *global* da meditação segue exata e ordenadamente os estágios mais elevados que enumeramos como 5, 6, 7 e 8. Quer dizer, a meditação completa e bem-sucedida leva primeiro ao domínio psíquico da intuição (5), em seguida aos domínios sutis de uni-

---

é o limite esotérico de alcance do centauro. Uma vez que este livro apresenta um relato genérico e simplificado, decidi não discutir o centauro e, assim, também tratar os níveis 7 e 8 como um nível principal único. Agir de outra forma simplesmente introduziria dados e definições em excesso, sem acrescentar conclusões importantes e significativas. Todavia, simplesmente para manter registrado, em minha opinião, o centauro foi primeiramente atingido por um número significativo de indivíduos com o florescimento da compreensão humanística do homem, talvez por volta dos anos 1600 na Europa (especialmente em Florença), mas alcançou seu clímax na psicologia humanístico-existencial atual. Adicionalmente, esse período do centauro (em verdade, apenas começando) corresponde aproximadamente à primeira compreensão verdadeira e completa do *Svabhavikakaya*, talvez atingida por volta do oitavo século d.C. no budismo (Hui-neng, Padmasambhava), mas que, igualmente, atingiu o ápice com certos sábios *modernos*, especialmente Sri Ramana Maharshi, Da Free John, Aurobindo, Sri Rang Avadhoot, Yogeshwarand Saraswati, entre outros.

dade, luminosidade e felicidade arquetípicas (6), então aos domínios causais de absorção não manifesta (*samadhi*) e de *insight* radical (*prajna*/gnose, nível 7), e, finalmente, ao derradeiro domínio de dissolução absoluta da sensação do eu separado em qualquer forma, alta ou baixa, sagrada ou profana, e à simultânea Ressurreição da Vida que permeia Tudo e do Espírito (que é anterior ao eu, mente, alma e mundo, mas que os envolve todos na Consciência Livre não dual, nível 8).[11,48,59,64,67,164,226,275,436]

Meu ponto é que não existe absolutamente nada de misterioso ou fantasmagórico, muito menos psicótico, na meditação verdadeira. Simplesmente, é o que o indivíduo neste presente estágio médio de consciência tem de fazer, a fim de ir além dele em cada caso específico. É uma continuação simples e natural da transcendência evolucionária: da mesma maneira que o corpo transcendeu a matéria e a mente transcendeu o corpo, na meditação a alma transcende a mente e, por fim, o Espírito transcende a alma.

E se nós – você e eu – desejarmos participar da evolução da humanidade, e não apenas nos beneficiarmos de suas lutas passadas; se quisermos contribuir para a evolução e não meramente usufruir dela; se pretendermos superar nossa autoalienação do Espírito e não meramente perpetuá-la; então a meditação – ou uma prática semelhante e verdadeiramente contemplativa – torna-se um imperativo ético absoluto, um novo dever categórico. Se fizermos menos que isso, nossa vida se tornará não tanto uma ocupação perniciosa, mas um mero desfrute do nível de consciência que heróis passados conquistaram para nós. Não contribuiremos com nada; legaremos nossa mediocridade.

Se nossa hipótese global estiver correta, o que vemos nos estágios atuais de meditação é a mesma coisa que vimos nos estágios da evolução histórica da *ponta de lança* da consciência: descortinamos o desdobramento das ondas mais elevadas do Grande Ninho do Ser. E, *portanto*, também vemos os prováveis estágios futuros da evolução do *modo médio* de consciência, a consciência como um todo. Em termos simplificados, vislumbramos o futuro da humanidade. Pois, como um rápido olhar da figura 1 mostrará, o estágio médio de consciência, hoje, atingiu o nível 4, ou o mental-egoico, e o próximo importante estágio médio da evolução é o do nível 5, o *Nirmanakaya*, o que significa que a *consciência média*, e não só a de alguns heróis excepcionais, pode começar a se abrir para os domínios do *Nirmanakaya*.* Neste ponto específico da história, a curva exotérica começou a alcançar, e voltar-se para, a curva esotérica. A autoconsciência depara-se com a transição para a superconsciência. O indivíduo médio em geral pode *começar* a se tornar um herói ou uma heroína transcendente.

Isso, claro, é a última coisa que antropólogos e psicólogos ortodoxos esperariam, porque, recordando os estágios de evolução da humanidade, eles concluem que tais estágios "religiosos" ficaram todos para trás. Assinalam, como Auguste Comte e outros já o fizeram, que a humanidade passou, por exemplo, da magia para o mito, para a ciência (a "Lei dos Três Estados" de Comte), e, portanto, somente a ciência, firmemente racional e mental, é nossa única esperança de evolução futura.

Mas chegam a essa conclusão enfocando *apenas* os estágios evolutivos da consciência média. Até aí, concordo perfeitamente com esse tipo de análise. A consciência média realmente lutou com esforço da magia (tifão) para o mito (associação) e para a ciência (ego); dificilmente posso ser acusado de negar tal sequência.

Entretanto, todos os tipos de evidência, da ponta de lança histórica da evolução até os estudos específicos atuais sobre meditação, apontam para o fato de que o estágio *além da ciência egoica* (mas ainda a incluindo) é o da intuição psíquica (nível 5), seguido pelo da consciência sutil (nível 6), do *insight* causal (nível 7), culminando com a identidade suprema (nível 8). Antropólogos científicos conseguem essa façanha porque *confundem* mágico (2) com psíquico (5) e mito (3) com arquétipo sutil (6), e, assim, sempre que emergem características verdadeiras dos níveis psíquico e sutil, eles candidamente afirmam ser regressões à magia e ao mito. Sua confusão é fortalecida simplesmente porque o primeiro psíquico real surgiu

---

* Mais precisamente, aqueles indivíduos hoje no nível centáurico estão agora abertos ao nível psíquico – mas essa é uma questão técnica que não prejudica em nada a argumentação geral.

no período mágico e os primeiros santos verdadeiros emergiram na era mítica; portanto, amontoando tudo isso, eles afirmam que o registro antropológico demonstra que evoluímos, deixando para trás todas aquelas "coisas religiosas".

De fato, nós evoluímos por meio da magia passada, *não* do psíquico, e dos mitos passados, *não* dos arquétipos sutis. Com essa simples confusão, porém, não só os estudiosos ortodoxos tendem a interpretar mal alguns dos importantes dados da evolução *passada*, como também tendem a não compreender a essência da possível evolução *futura*. Ao confundir e colapsar a evidência da ponta de lança mais elevada com a mentalidade média mais baixa, eles não só interpretam mal aspectos da antropologia passada, mas selam eficazmente a possibilidade de reconhecer estágios mais elevados de evolução, além de seu próprio nível de racionalidade mental-egoica.

Se esses antropólogos/cientistas/sociólogos tivessem o cuidado de reexaminar os registros antropológicos e históricos, com um olhar que diferenciasse a consciência média da consciência de vanguarda, estariam abertos a conclusões radicalmente diferentes. Deixe-os distinguir a magia ilusória, que era desenfreada nos tempos tifônicos, do verdadeiro *insight* xamanístico, que era a ponta de lança durante aquele período. Deixe-os diferenciar a imagem biológica e mítica da mãe, que era dominante nos tempos associativos, de uma real compreensão de Mahamaya, Shakti e da Grande Deusa, que os santos verdadeiramente avançados daquele período intuíram. Deixe-os distinguir entre a imagem do pai paternalista cultural, que o ego médio adorava durante o patriarcado, e a Fonte Progenitora ou Pai Celestial real do *Dharmakaya*, que os sábios mais altamente evoluídos daquele período descobriram. Parem de confundir o modo médio, intermediário e medíocre de consciência com o modo de vanguarda, realmente avançado ou verdadeiramente transcendente – e *então* olhem para a história.

A mesma crítica, porém, se aplica aos transcendentalistas românticos, mas em sentido contrário. Eles, também, geralmente confundem a consciência média com a consciência de vanguarda, ou a consciência média inferior com a verdadeiramente avançada, mas usam essa confusão para afirmar que as épocas passadas foram algum tipo de Idade do Ouro, que nós posteriormente destruímos. Confundem mágico e psíquico, mito e arquétipo sutil, mas na direção oposta: eles afirmam que a evolução prévia para a magia foi uma perda de níveis psíquicos, e a evolução prévia para a Idade do Bronze mítica foi uma perda da glória arquetípica sutil. Eles denunciam o surgimento da ciência mental-egoica e condenam a era atual com calúnias acusatórias, fracassando tão completamente quanto seus antagonistas científicos em compreender as sutilezas envolvidas. Deixe-os examinar os registros claramente. Deixe-os, também, distinguir entre os heróis transcendentes verdadeiramente avançados do passado e o modo médio de superstição inequivocamente primitiva e não evoluída que dominou totalmente a história arcaica. E, desse modo, deixe-os preservar seu entusiasmo peculiar pelo futuro, no qual se encontram as possibilidades reais de suas visões transcendentes e a autêntica esperança de Retorno ao Espírito.

A esse respeito, existe um grupo crescente e altamente sonante de indivíduos que sentem que estamos, no momento, no limiar de uma Nova Era de Consciência. Em certo sentido, compartilho de seu entusiasmo, como explicarei em breve. Mas, por outro lado, devo objetar. É verdade que nossa hipótese é de que o futuro da humanidade – se é que ela vai ter um – levará finalmente a evolução da consciência média ao nível 5, ou ao início da superconsciência (e eventualmente além, aos níveis 6, 7, 8). Isso, com certeza, seria um motivo para alegria imediata, exceto que: 1) Há uma ampla maioria da humanidade que ainda não atingiu estavelmente o nível racional-egoico. Essa maioria ainda está presa a desejos urobóricos, tifônicos, mágicos e míticos, a posturas físicas autoprotetoras, e recusa-se completamente a reconhecer ou respeitar *outros* eus pessoais. E não se pode alcançar o transpessoal sem primeiro estabelecer firmemente o pessoal. 2) Os governos nacionais – que têm um peso desproporcional no presente e sobre a história futura – são hoje, com algumas exceções, organizações de fino tifonismo racionalizado, animalescamente autoprotetoras, e, portanto, perfeitamente dispostas a mandar para o inferno o mundo inteiro em um holocausto atômico, simplesmente para provar sua capacidade cosmocêntrica de fazê-lo. 3) Na América (e na Europa), onde a Nova Era é mais ruidosamente anunciada, uma maioria significativa de indivíduos está sofrendo as tensões desses fracassos das civilizações em sustentar estruturas verdadeiramente racionais e egoicas, e, assim, essas pessoas estão, de fato, regredindo a buscas pré-pessoais, narcisistas, ligadas a cultos, como Christopher Lasch deixou muito claro.[246] Entretanto, geralmente os cultos a Narciso afirmam que essa regressão é, na verdade, uma busca por realidades transpessoais, ou, no mínimo, por liberdade "humanística". O movimento da "Nova Era" é, portanto, em minha opinião, a mistura mais estranha de um punhado de almas verdadeiramente transpessoais e de massas de viciados pré-pessoais.

Isso foi perfeitamente prefigurado no período do "vagabundo do *Dharma*" dos anos 60, quando um número influente de pessoas altamente intelectualizadas, incapazes de sustentar a responsabilidade racional e egoica em uma cultura claramente estressante e à deriva, começou a advogar a liberdade tifônica, narcisista, regressiva, a partir do nível do ego, por meio de uma licenciosidade pré-egoica, enquanto, intelectualmente, afirmavam estar, de fato, buscando o zen transegoico da liberdade espontânea. À medida que o mal-estar cultural geral se expandia, muitas outras pessoas começaram a compartilhar da atitude do "vagabundo do *Dharma*", voltando-se narcisistamente para si mesmas, condenando a cultura *per se*, advogando o dogma marxista (a religião nem sempre é o "ópio das massas", como pensava Marx, mas é verdade que o "marxismo se tornou o ópio dos intelectuais", como afirmou um crítico francês), e, de modo geral, retirando-se para o domicílio pré-egoico. Eles geralmente assumiam como seus heróis um punhado de almas verdadeiramente transpessoais e, confundindo pré-pessoal com transpessoal, apontavam para Krishnamurti, Ramana e o zen, conseguindo, assim, encarar um, de outro modo inegável, retorno ao Éden.

Mesmo *se* tudo isso fosse verdade, a humanidade não se defrontaria com o completo e profundo Retorno ao Espírito ou com a autêntica Nova Era. Enfrentaria, de fato, a segunda metade inteira da evolução – níveis 5, 6, 7 e 8, uma batalha tão difícil e prolongada quanto a dos níveis 1, 2, 3 e 4. Ainda assim, os entusiastas da Nova Era falam como se a consciência suprema e o Espírito verdadeiro fossem surgir entre nós em uma década. A evolução levou terríveis quinze bilhões de anos para concluir a primeira metade do Retorno, e duvido que a segunda metade inteira possa ser completada até amanhã à tarde.

Todavia, existe realmente uma minoria crescente de indivíduos que está verdadeira e legitimamente interessada nos domínios mais elevados da superconsciência. Centros fidedignos de meditação disciplinada estão se espalhando rapidamente; o interesse real por "filosofias" gnósticas e orientais está abrindo caminho em universidades respeitáveis; a psicologia transpessoal e a metapsiquiatria estão celeremente atraindo mentes habilitadas e capazes; um punhado de gurus autênticos e mestres espirituais reais estão fazendo sentir sua influência. E tudo isso, para mim, é evidência de que a consciência de modo geral está pelo menos começando, embora debilmente, a olhar em direção ao futuro superconsciente. Ainda não está próxima desse futuro – mas está começando, em minha opinião, a mover-se para o nível 5 e, desse modo, abrir-se para todos os tipos de interesses transcendentes, para a contemplação, a teoria transpessoal e assim por diante.

Esse interesse apresenta-se em dois estágios. O primeiro é o da curiosidade mental e da compreensão intelectual; o segundo é o da prática verdadeira e da realização autêntica. Quinze anos atrás, milhares de pessoas na América começaram a ler sobre o zen, a falar sobre o taoísmo, a conversar sobre o Vedanta. Esse primeiro estágio é um tipo de "licença de aprendiz", que diz, na realidade, "é legal que você pense sobre essas coisas; elas não são patológicas, mórbidas, degeneradas, regressivas etc.". De fato, a intuição inicial do Espírito geralmente, até normalmente, leva o indivíduo a tentar captar, sob formas mentais, o que é realmente transmental. Ele começa a intuir o domínio transcendente, mas, uma vez que está ainda no nível mental, essa intuição o compele de forma tangencial a tentar entender mentalmente todos os pontos sutis da filosofia perene – ele lê todos os livros, escuta todas as palestras, vai a todos os seminários. Ele conversa sobre zen e física, budismo e Bergson, hinduísmo e Hegel. Se for professor, pode até escrever um livro ou dois sobre o zen e seu próprio campo (normalmente descobrindo compatibilidades notáveis). Ele se esforça para alcançar o transmental mediante atividade mental compulsiva – uma atividade impulsionada por sua própria intuição transmental.

Em princípio, isso é apropriado e perfeitamente aceitável; é a necessária licença de aprendiz. Mas à medida que a avidez mental do indivíduo se exaure, e ele ainda não se iluminou, ele pode passar para a segunda fase, a da *prática real*. Ele interrompe a translação mental e inicia a transformação sutil. E foi isso, mais ou menos, que aconteceu com muitas pessoas. Dissemos que quinze anos atrás, nos Estados Unidos, milhares de pessoas começaram a falar, pensar, ler e escrever sobre o zen. Como comentou um crítico cultural: "Existem dois tipos de pessoas no mundo: aquelas que leram o estudioso do zen Suzuki e aquelas que não o leram". Mas, hoje, existem milhares de pessoas realmente *praticando* o zen (ou atividades meditativas/contemplativas similares). E *esse* é o verdadeiro princípio, a partida diminuta de um movimento coletivo em direção aos domínios transcendentes.

Para aqueles que já desenvolveram um ego responsável, estável – uma "pessoa real" –, o próximo estágio de crescimento é o início do transpessoal; especificamente, o nível 5, o nível da intuição psíquica, o início da abertura e da clareza transcendentes, o despertar de uma percepção de consciência que é, de alguma forma, mais do que, simplesmente, mente e corpo. Não prevejo isso acontecendo em larga escala pelo menos por mais um século.* Mas, à medida que for ocorrendo, haverá profundas mudanças na sociedade, na cultura, no governo, na medicina, na economia – tão profundas, digamos, quanto as da passagem do nível associativo para o egoico.

Não aborrecerei o leitor com um prognóstico detalhado; apenas mencionarei algumas platitudes para sugerir o que pode estar envolvido. A Era do *Nirmanakaya* significará uma sociedade de homens e mulheres que, em virtude de um vislumbre inicial da transcendência: começarão a entender vivamente sua humanidade e sua irmandade comuns; transcenderão papéis baseados em diferenças corpo-

---

* E, se tudo correr bem, este século verá o estabelecimento de sociedades centáuricas, ou, no mínimo, de movimentos e enclaves centáuricos significativos.

rais de cor de pele e sexo; crescerão em clareza mental-psíquica; tomarão decisões políticas com base tanto na intuição quanto na racionalidade; vislumbrarão a mesma Consciência em cada alma, na verdade, em todas as criaturas, e começarão a agir correspondentemente; descobrirão que a consciência mental-psíquica é transfiguradora da fisiologia do corpo e ajustarão a teoria médica coerentemente; acharão motivações mais elevadas nos homens e mulheres, que alterarão drasticamente os incentivos econômicos e a teoria econômica; entenderão o crescimento psicológico como transcendência evolucionária e desenvolverão métodos e instituições não apenas para curar doenças emocionais, mas para incentivar o crescimento da consciência; encararão a educação como uma disciplina de transcendência, corpo para mente para alma, e redirecionarão a teoria e as instituições educacionais de acordo, com especial ênfase no desenvolvimento hierárquico; buscarão na tecnologia uma ajuda apropriada para a transcendência, não um substituto para ela; usarão meios de comunicação de massas, telecomunicação instantânea e acoplamentos homem/computador como veículos de ligação consciencial e de unidade; verão o espaço sideral não só como uma entidade inerte lá fora, mas também como uma projeção dos espaços internos ou psíquicos, e o explorarão de forma conveniente; usarão tecnologia adequada para livrar as trocas do nível material da opressão crônica; considerarão a sexualidade não apenas um jogo de desejo reprodutivo, mas também a base inicial de sublimação da *kundalini* para esferas psíquicas – e modificarão as práticas matrimoniais convenientemente; encararão as diferenças culturais e nacionais como perfeitamente aceitáveis e desejáveis, mas ajustarão essas diferenças em um pano de fundo de consciência universal e comum, considerando, portanto, crime o isolacionismo ou o imperialismo radicais; visualizarão todas as pessoas como unas, em essência, no Espírito, mas só potencialmente unas no Espírito, e, desse modo, proverão incentivos para cada indivíduo realizar esse Espírito, hierarquicamente, limitando "titulação" descuidada e imerecida; perceberão completamente a unidade transcendente de todas as religiões do *Dharmakaya* e respeitarão todas as autênticas preferências religiosas, enquanto condenarão qualquer afirmação sectária que se apresente como detentora do "único caminho"; compreenderão que os políticos, para dirigir todos os aspectos da vida, terão de demonstrar uma compreensão e um domínio de todos eles – corpo, mente, alma e espírito.

Em resumo, uma verdadeira Cultura de Sabedoria começará a surgir, uma cultura que: 1) use o corpo adequadamente em dieta (uroboro) e em sexo (tifão), ambos livres de repressão/opressão por um lado, e abuso obsessivo/compulsivo por outro; 2) use a mente associativa adequadamente em comunicação irrestrita, livre de dominação e propaganda; 3) use o ego adequadamente em trocas livres de autoestima mútua; e 4) use o nível psíquico adequadamente em uma ligação consciencial, mostrando que cada pessoa é, em última instância, um membro igual do corpo místico de Cristo/Krishna/Buda. E esse estágio, se vivido benigna e sadiamente, preparará o caminho para o nível 6, ou a linhagem do *Sambhogakaya*. Mas isso, claro, está tão longe que eu nem me atrevo a especular.

O ponto importante é que uma minoria significativa de indivíduos está hoje *começando* a transformação para os domínios transpessoais. Eles já estão começando a adentrar o nível 5 por meio de uma autêntica prática contemplativa. Alguns, claro, continuarão essa transformação para o nível 6, e talvez até os níveis 7-8. Os autênticos gurus e mestres fizeram exatamente isso. Todas essas são notícias otimistas. Mas, naturalmente, essas almas verdadeiramente evolucionárias, atingindo o transpessoal, parecem, para críticos sociais ortodoxos, estar *regredindo* para domínios pré-pessoais. Isto nos leva de volta ao ponto inicial deste capítulo. Se não se tomar o cuidado de diferenciar psíquico de mágico, sutil de mítico, transpessoal de pré-pessoal, então, naturalmente, *todos* os sábios transpessoais parecem sofrer de regressões pré-pessoais. Já concordei completamente que muitos que afirmam estar evoluindo transpessoalmente estão, de fato, regredindo pré-pessoalmente; que se encontra o culto de Narciso em todos os lugares. Mas isso nada tem a ver com a verdadeira transcendência ou evolução transpessoal autêntica. O problema é que, pelo fato de tanto o pré-egoico quanto o transegoico serem, em suas características específicas, "não egoicos", eles *parecem* ser semelhantes, até idênticos, para o olho destreinado. Mas confundi-los é o mesmo que confundir a pré-escola com a pós-graduação, porque ambas não são escolas de ensino fundamental. Ou novamente, é como confundir amebas, que são pré-reptilianas, e humanos, que são transreptilianos, porque ambos são não reptilianos. Minha discussão, tanto com os críticos sociais/psicológicos, quanto com os antropólogos, corre em mão dupla: os críticos da Nova Era geralmente tendem a confundir pré-egoico e transegoico e, assim, acabam por defender não só os esforços verdadeiramente transpessoais, o que é admirável, mas também os movimentos pré-egoicos mais grosseiros, o que é perfeitamente desastroso.* E os críticos ortodoxos, como Christopher Lasch e Peter Marin, patrocinam a mesma confusão, mas no sentido oposto: depois de apresentar análises excelentes das difundidas tendências pré-egoicas atuais rumo à absorção narcísica, eles arruínam suas apresentações inteiras amon-

---

* Por exemplo, Theodore Roszak, em *Person/Planet*, está (compreensivelmente) tão ansioso por ver uma transformação além do ego atual, a ponto de passar dos limites e condenar a sociedade egoica *per se*. Assim, ele acaba por defender qualquer movimento que seja antiegoico e – adivinhe – inclui não só o misticismo transegoico, mas a licenciosidade, a regressão, o narcisismo, a autoindulgência e a trivialização pré-egoicas. Ele não se preocupa em diferenciar o transegoico do pré-egoico e, desse modo, afirma que qualquer ruptura da sociedade egoica faz parte de uma Nova Era, quando, na verdade, pelo menos metade do que ele defende é Idade das Trevas. Similarmente, muitos críticos da Nova Era, compreendendo bem que os domínios mais elevados estão fora da razão, não se preocupam em diferenciar impulsos pré-racionais de percepções transracionais, e acabam patrocinando não só a transcendência, mas também a regressão. Na verdade, alguns simplesmente omitem completamente a transcendência e advogam as percepções tifônicas, apenas porque são não racionais. É, para mim, uma grande decepção pessoal observar que tantas terapias humanísticas, que começaram com o entendimento promissor de que a consciência deve eventualmente ir além da mente, tomaram o caminho regressivo para fazê-lo e simplesmente regrediram a exclusivos exercícios tifônicos: apenas terapia corporal, apenas emoções, apenas consciência sensorial, apenas sensação experiencial. Elas são, em si mesmas, perfeitos ensinamentos de subumanidade, e seus defensores têm a ousadia de chamar isso de "crescimento de consciência". Uma coisa é recontactar o tifão e integrá-lo *à* mente para, finalmente, transcender ambos; outra muito diferente é recontactar o tifão e ficar por lá.

toando esforços transpessoais com buscas pré-pessoais.* Somos tentados a dizer, "uma praga em ambas as casas", a não ser pelo fato de que ambos estão parcialmente corretos, e suas meias-verdades precisam ser integradas em uma visão abrangente.

De qualquer modo, ao mesmo tempo em que me sinto encorajado pelos vislumbres de uma Nova Era, concluo com uma avaliação sóbria: ainda estamos longe de um período de justiça, paz e felicidade. Na verdade, neste momento da história, ocorreria a mais radical, penetrante e fundamental transformação simplesmente se todo mundo evoluísse verdadeiramente para um ego maduro, racional e responsável, capaz de participar livremente de uma troca aberta de autoestima mútua. *Lá* está a "fronteira da história". Lá existiria uma *autêntica* Nova Era. Estamos longe do estágio "além da razão", simplesmente porque ainda estamos longe da própria razão universal.

Desse modo, o maior serviço singular que os transpersonalistas, bem como os humanistas, podem prestar agora é advogar não só a transrazão, mas uma aceitação sincera da própria razão. É fato que o transpersonalismo *nega* o ego e a razão, mas deve também *preservá-los*. E essa preservação está visivelmente em falta, não só no mundo – que é o fator mais importante –, mas também nos trabalhos da maioria dos transpersonalistas modernos – o que, reco-

---

*Tais críticos afirmam que a consciência da unidade de Cristo foi uma regressão à união urobórica com o seio e ao envolvimento pleromático-oceânico com o útero. Dissemos que a ortodoxia sempre confunde psíquico (nível 5) e mágico (nível 2), sutil (nível 6) e mítico (nível 3), mas *a* confusão clássica – iniciada por Freud em O *mal-estar na civilização* – é igualar o nível causal da Identidade Suprema (níveis 7-8) à fusão material pleromática-urobórica (nível 1). A última é pré-sujeito/objeto, a primeira é transujeito/objeto, mas, porque ambas estão de fora do fluxo exclusivo da dualidade sujeito/objeto, *parecem semelhantes* em investigações superficiais. No entanto, suas extraordinárias diferenças são tão fáceis de demonstrar: o estado urobórico de fusão é uma identidade *somente* com o nível 1 – ele não tem nenhum acesso aos níveis mais elevados de linguagem, lógica, conceitos, psique, sutil etc. Por outro lado, a Identidade Suprema transcende, mas *inclui*, todos esses níveis: na Identidade Suprema, acessa-se corpo, mente, mundo, psíquico, sutil etc. *e* também o Domínio além deles, que desvela uma Unidade com toda a manifestação, alta ou baixa, níveis 1 a 8.

nhecidamente, é um fator secundário no mundo atual, mas um fator que, ainda assim, é muito perturbador. Esses transpersonalistas atacam maldosamente o ego e a razão sem o cuidado de preservá-los, e, desse modo, seus escritos, embora bem-intencionados, estão simplesmente caindo nas mãos mais numerosas das forças pré-racionais, exuberantes no mundo contemporâneo. Eles não são responsáveis por essa violência; meu ponto é que também não estão ajudando a sustá-la. E são essas forças pré-racionais, pré-egoicas, que atualmente sustentam o equilíbrio da história futura.

Portanto, se o Holocausto nos engolir a todos, isso não provará, usando as palavras de Jack Crittenden, "que a razão falhou, e sim que, para a maioria das pessoas, ela ainda não foi completamente testada".

REPUBLICANOS, DEMOCRATAS E MÍSTICOS

Ao longo deste livro, sugeri que o cerne de uma teoria sociológica crítica verdadeiramente unificada poderia ser mais bem construído em torno de uma análise detalhada e multidisciplinar da lógica desenvolvimentista e dos *níveis de troca* hierárquicos que constituem o indivíduo humano composto. Isso, no mínimo, incluiria: 1) O nível físico-urobórico de troca material, cujo paradigma é o consumo de alimento e a extração de alimento do ambiente natural; cuja esfera é a do trabalho manual (ou trabalho tecnológico); e cujo analista típico é Marx. 2) O nível emocional-tifônico de troca prânica, cujo paradigma é a respiração e o sexo; cuja esfera é a do intercurso emocional, da sensação ao sexo e ao poder; e cujo analista típico é Freud. 3) O nível verbal-associativo de troca simbólica, cujo paradigma é o discurso (linguagem); cuja esfera é a da comunicação (e o início da práxis); e cujo analista típico é Sócrates. 4) O nível mental-egoico de troca de autorreconhecimento mútuo, cujo paradigma é a autoconsciência ou autorreflexão; cuja esfera é a do reconhecimento pessoal e da estima mútuos (a culminação da práxis); e cujo analista típico é Hegel (em seus escritos sobre a relação senhor-escravo). 5) O nível psíquico de troca intuitiva, cujo paradigma é *siddhi* (ou intuição psíquica no sentido mais amplo); cuja esfera é a da *kundalini* xamanística; e cujo analista típico é Patanjali. 6) O nível sutil de troca Deus-Luz, cujo paradigma é a transcendência e a revelação puras (*nada*); cuja esfera é a do Céu sutil (*Brahma-Loka*); e cujo analista típico é Kirpal Singh. 7-8) O nível causal de troca suprema, cujo paradigma é a absorção radical no Incriado (*samadhi*) e como ele; cuja esfera é a do Vazio ou Mente-de-Deus; e cujo analista típico é Buda/Krishna/Cristo.*

Inicialmente, pretendia, neste capítulo final, apresentar um esboço detalhado de tal teoria inclusiva, baseando-me especialmente nos trabalhos da Escola de Frankfurt, que, sob a batuta de estudiosos como Habermas, já lançou os fundamentos que tratam dos níveis 1 a 4.

Entretanto, pensando melhor, cheguei à conclusão de que essa seria uma forma extremamente densa de concluir um livro que tentou trabalhar apenas com generalidades e primeiras aproximações. A coisa mais apropriada a fazer, me pareceu, seria condensar e centrar a discussão nas três "categorias" básicas em que a consciência em si pode existir, isto é: a subjetiva, a objetiva e a não dual (ou Atman propriamente dito). Essas três categorias abrangem o Grande Ninho inteiro, e, desse modo, nossos pontos essenciais podem ser apresentados mais simplesmente com referência a essas três categorias apenas. Homens e mulheres em geral têm acesso a três "mundos" básicos – o objetivo, o subjetivo e o não dual de Atman –, e o que queremos examinar são os tipos de teorias sociais que surgiram no âmbito dessas categorias básicas e, além disso, sugerir como elas podem ser sintetizadas em uma estrutura mais ampla.**

Para começar, simplesmente observamos que o problema central enfrentado pelos teóricos e críticos sociais e políticos é o seguinte: *Por que homens e mulheres não são livres?* E no Ocidente, as respostas dadas caíram praticamente em duas grandes categorias. Uma

---

* Especificamente, os paradigmas para os níveis mais elevados são: nível 6 – *savikalpa samadhi*; nível 7 – *nirvikalpa samadhi*; nível 8 – *sahaja* (e/ou *bhava*) *samadhi*.

** Portanto, limitarei minha discussão de uma "teoria social unificada" a essas três categorias, lembrando sempre que é uma generalização simples, que pretende apenas sugerir como teorias sociais aparentemente discrepantes podem ser integradas sem comprometer seus fundamentos. Obviamente, acredito que uma verdadeira e abrangente teoria sociológica unificada se baseará em uma lógica desenvolvimentista e em uma hierarquia de trocas, de maneira semelhante à apresentada no primeiro parágrafo deste capítulo (e sugerida esquematicamente ao longo deste volume).

localiza a causa da falta de liberdade em *forças objetivas*, a outra a localiza em *fatores subjetivos*.

A primeira começou em larga escala com Rousseau, continuou com Marx, e hoje forma a base do que é vagamente chamado de visões políticas "liberais", bem como de todas as linhas da psicologia e da filosofia humanísticas. Essa visão é: homens e mulheres nascem essencialmente livres, essencialmente bons e amorosos, porém são iniciados em um mundo social e político – um mundo "objetivo" – que não só ensina, mas perpetua a desigualdade social, a opressão e a má vontade. Embora as pessoas apresentem diferenças óbvias em talento, inteligência e iniciativa, existe uma distribuição tão imensamente injusta de riqueza que não pode ser creditada a diferenças subjetivas, mas a uma superestrutura política objetiva, que permite que poucos indivíduos favorecidos explorem e marginalizem os ingênuos. Eis um exemplo muito usado: John D. Rockefeller conseguiu ganhar um milhão de vezes mais dinheiro que o trabalhador médio. Entretanto, John D. não trabalhou um milhão de vezes mais duro, não era um milhão de vezes mais inteligente, nem mais corajoso, nem mais audacioso. Em outras palavras, algo *diferente* de John D. (algo "objetivo" para ele) foi responsável por muito de seu sucesso, e essa "coisa objetiva" parece ser um estado em que a exploração econômica é permitida e até encorajada. De nenhuma outra forma, continua a teoria, se pode explicar o fato de que, nos Estados Unidos, por exemplo, algo como 10% das pessoas possuem 60% da riqueza. Esses 10%, como John D., podem ser brilhantes, inteligentes e cheios de iniciativa, mas não são *tão* mais dotados que seus companheiros. Com certeza, mediante uma superestrutura de exploração econômica e política, um pequeno grupo consegue extrair do trabalho de outros uma quantidade desproporcional de riqueza. Uma vez que a riqueza é limitada, as massas restantes são deixadas em condições muito pouco favoráveis. Daí por que, de acordo com esse argumento, os homens e mulheres não são livres – eles são oprimidos, explorados, tiranizados. Algo no mundo exterior objetivo impõe falta de liberdade a seus sujeitos.

Exatamente o mesmo argumento perpassa a psicologia e a filosofia humanísticas: os homens e mulheres nascem livres, abertos e amorosos, mas são simplesmente ensinados e treinados por uma sociedade repressiva a odiar, gerar má vontade e sufocar todos os impulsos afetuosos e cooperativos. Sob esse ângulo, as pessoas não são livres porque são personalidades construídas repressivamente. Portanto, *economicamente sem liberdade porque oprimidas, psicologicamente sem liberdade porque reprimidas* – e eis a primeira categoria da resposta ocidental.

Uma vez que o mundo objetivo é culpado pela falta de liberdade, para se melhorar a situação, ele deve ser significativamente modificado. A solução desse grupo para a falta de liberdade é bastante óbvia: suspenda a opressão redistribuindo a riqueza, e suspenda a repressão distribuindo saúde mental. Acabe com estruturas políticas e econômicas exploradoras, de forma que todos possam compartilhar livremente da generosidade da natureza – e essa abordagem política passa por um espectro desde marxistas a socialistas, liberais e democratas. No aspecto psicológico, acabe com a família repressiva, deixe de lado treinamento para ir ao banheiro, castigos, experiências traumáticas, práticas maternas; ensine amor, generosidade e caridade, a fim de despertar a bondade subjetiva inata em todas as pessoas – e essa abordagem psicológica, que agora está muito em voga, passa pela série que vai desde Marcuse à psicologia humanística por meio de grupos de encontro, a Horney, Maslow e Fromm até o dr. Spock e o movimento permissivo. Para ambas as facções desse grupo, política e psicológica, a maldade é resultado da repressão de uma bondade original ou inata: *a maldade é a bondade reprimida*. Isto é, a maldade é uma distorção *objetiva* da bondade *subjetiva*.

O segundo grupo vai de Hobbes e Burke a Freud, aos sociobiólogos e aos conservadores políticos e republicanos. Homens e mulheres não são livres, não tanto por causa de instituições sociais objetivas, mas por algo em sua própria *natureza*. Deve-se culpar principalmente o *sujeito*, não o objeto. Psicologicamente, essa visão é mais bem representada pela escola de pensamento dos "instintos repulsivos" – Darwin, Lorenz, Freud etc. –, que em geral afirma que os humanos nascem, usando-se os termos particulares de Freud, com três, e somente três, desejos: incesto, canibalismo e assassinato. Esse é o núcleo subjetivo da humanidade. E, portanto, é essa natureza subjetiva do ser humano, e não sua formação objetiva, que está no cerne da falta de liberdade, da crueldade, da maldade e da desigualdade. Sob esse ângulo precário, o melhor que a sociedade e a família podem fazer é começar cedo com o verniz: aplicar, camada a camada, controle, lei e ordem, racionalidade e restrição, e torcer para, de alguma forma, transformar assassinos inatos em conformistas sociais. Enquanto para o primeiro grupo a maldade era a bondade reprimida, para esse grupo, *a bondade é a maldade reprimida*. Isto é, para o primeiro grupo, a maldade é uma distorção objetiva da bondade subjetiva; para o segundo, a bondade é um controle objetivo da maldade subjetiva. O homem nasce sórdido, e o bem que se consegue dele é apenas subjugando a fera. E, se a repressão se rompe, o diabo irrompe.

Portanto, politicamente, essa visão mantém que as desigualdades e injustiças sociais são absolutamente inevitáveis, tanto por razões positivas (os humanos possuem capacidades inatas diferentes, e você pode ter igualdade ou oportunidade iguais, mas não ambas), quanto por razões negativas (eles também abrigam potenciais malévolos inatos). Desse modo, como Edmund Burke assinalaria, uma revolução que levasse a uma estrutura social objetiva diferente seria, em grande parte, inútil, porque ainda deixaria intacta a natureza humana subjetiva básica. E na verdade, poderia até ser pior, pois, se o Estado e a máquina política restritiva fazem parte de um verniz necessário sobre a loucura e a anarquia, a revolução geraria não a libertação, mas um colapso nervoso coletivo. Se as instituições objetivas forem relativamente justas, relativamente democráticas e relativamente humanitárias, não mexa com elas: donde a filosofia política do conservadorismo. Da mesma forma que psiquiatras e psicanalistas ortodoxos não aprovam grupos de encontro humanísticos e maratonas vivenciais (já que, se indivíduos coletivamente "tiram suas máscaras" e expõem níveis ainda mais profundos do eu subjetivo, tudo que, em última instância, emergirá é um grupo de assassinos irracionais), os conservadores não aprovam o rearranjo liberal e progressivo de instituições sociais, uma vez que os riscos de piorar as coisas são elevados (exemplo padrão: a Revolução Francesa sob a bandeira do "Iluminismo").

Assim, para o primeiro grupo – que chamaremos de humanista-marxista – homens e mulheres não são livres porque o sujeito, o "eu verdadeiro" é reprimido e oprimido por fatores objetivos. Para o segundo grupo – que chamaremos de freudiano-conservador – homens e mulheres não são livres porque o "eu verdadeiro" *deve* ser reprimido e oprimido: a culpa é do *sujeito*. Entremos, agora, com nosso terceiro grupo, representado pelos místicos, e descobriremos que homens e mulheres não são livres porque, em primeiro lugar, há uma crença na existência de um "eu verdadeiro". A falta de liberdade, a angústia e a desigualdade não surgem por causa de algo que o objeto faz para o sujeito, ou por causa de algo que o sujeito faz para o objeto, mas em virtude da dualidade prévia entre o sujeito e o objeto. Não devemos reprimir ou desreprimir o eu, mas enfraquecê-lo, transcendê-lo, ver através dele.

Ora, desejamos reunir essas três categorias de filosofia psicológica/política (como um exemplo bem simples de como integrar teorias sociológicas aparentemente discrepantes). O ponto é que essas teorias não são, creio eu, mutuamente contraditórias; ao contrário, são complementares. Se não, vejamos.

Em primeiro lugar, não é verdade, como os humanista-marxistas querem nos levar a crer, que possa existir um eu sem repressão ou opressão. Ou seja, um "eu livre" é uma contradição formal, lógica, e não apresenta mais significado e mais realidade do que um círculo quadrado. Um "eu livre" e um "círculo quadrado" existem somente em palavras, não como realidade. Onde quer que exista outro, existe medo; onde quer que exista um eu, existe ansiedade – esses são fundamentos do budismo e dos Upanixades. Na política, o argumento marxista acaba por se esgotar: revolução após revolução deixará o eu ansioso, sofrido, preso, simplesmente porque não leva em conta o próprio eu, ponto. E embora seja verdade que possa advir mais bem (e de fato advém) de uma distribuição mais justa da generosidade da natureza, os problemas e medos fundamentais permanecem intactos, porque a estrutura de consciência propriamente dita permanece inalterada. E o mesmo se dá com a psicologia e a psicoterapia humanísticas: o impulso também morrerá no final. Após todos os encontros, o grito primal, a emersão do inconsciente e a catarse, o eu ainda será eu, e a angústia retornará.

Parece, então, que os freudiano-conservadores têm a palavra final, que a falta de liberdade e a desigualdade são inerentes aos humanos, não às instituições humanas. E eles teriam *metade* da verdade. Pois a falta de liberdade, a agressão e a ansiedade não são características da *natureza* da humanidade, mas características do eu *separado* da humanidade. Não são os instintos do homem que o destroem, mas seus apetites psicológicos, e esses apetites são um produto de *fronteira*, não de biologia. A fronteira entre o eu e o outro causa medo, a fronteira entre o passado e o futuro causa ansiedade, a fronteira entre o sujeito e o objeto causa desejo. E, embora a biologia não possa ser destruída, as fronteiras podem ser transcendidas.

São as fronteiras exclusivas na consciência que constituem a falta de liberdade primordial, e não quaisquer ações específicas tomadas dentro ou através dessas fronteiras. Uma vez que a alma esteja separada do Todo, sentirá medo e desejo, Tânatos e Eros, terror e sede. A fronteira entre o eu e o outro é o terror de viver; a fronteira entre ser e não ser é o terror de morrer. Desde que homens e mulheres sejam escravos de suas fronteiras, estarão em guerra, pois, como qualquer perito militar testemunhará, onde quer que exista uma fronteira, há uma guerra potencial (isto é, *samsara*). E o alvo dos místicos é livrar homens e mulheres de suas guerras, libertando-os de suas fronteiras. Não manipular o sujeito e não manipular o objeto, mas transcender ambos em consciência não dual.* A des-

---

* Ao mesmo tempo, o místico não ignora as reformas que podem ser feitas nos níveis inferiores. O místico transcende, mas *inclui* os níveis inferiores, e nenhum místico autêntico buscaria apenas a própria iluminação, negligenciando as reformas que podem e devem ser feitas nos níveis mais baixos de troca. Na verdade, essa é a diferença entre o arhat, que negligencia outros em sua busca por autoiluminação, e o bodisatva, que recusa a iluminação até que *todos* os outros possam ser cariodosamente inspirados e guindados à iluminação. O ponto é que o bodisatva não é atraído pela ilusão de que o eu separado possa se sentir, em última instância, confortável com atividades ou reformas isoladas nos domínios subjetivos *ou* objetivos. A solução mística é uma unidade última, não uma unidade intermediária. Embora atestem corretamente a liberação absoluta, nunca evitam as liberações relativas a ser efetuadas no ínterim. Essa, novamente, é a beleza do ideal do bodisatva. Ao transcender

coberta do Todo supremo é a única cura para a falta de liberdade, e é a única receita dada pelos místicos.

Portanto, Buda – ou Eckhart, ou Ramana Maharshi, ou Padmasambhava, ou Rumi, ou Cristo, ou quem quer que se deseje considerar exemplo de místico – está, em última instância, certo, e nós o colocamos no fundamento ou no alicerce de nossa integração. Potencialmente, homens e mulheres são completamente livres, porque podem transcender o sujeito e o objeto e cair na desobstruída consciência da unidade, anterior a todos os mundos, mas a mesma para todos os mundos. A solução suprema para a falta de liberdade, então, não é nem humanista-marxista nem freudiano-conservadora, mas budista: *satori*, *moksha*, *wu*, liberação, despertar, metanoia.

Passemos agora ao segundo ponto de nossa integração. Uma vez que seja interposta uma fronteira entre sujeito e objeto, eu e outro, organismo e ambiente, a percepção do eu *inerentemente* leva à perda de liberdade, e esse eu passa a ser *inerentemente* capaz de total viciosidade para si e para os outros, em função de um puro pânico reativo relacionado à sua própria mortalidade e vulnerabilidade. Isso não é *natural* para a consciência humana, mas é *normal*, porque todas as pessoas normais têm uma percepção do eu separado. E para a percepção do eu, tanto a repressão quanto a opressão são obrigatórias – não só o eu *deve* se reprimir, esconder a apreensão de vulnerabilidade e mortalidade, como também deve, em certo grau, oprimir outros por seu próprio impulso de distinguir a autopreservação. É aqui que os freudiano-conservadores entram em cena, como o segundo ponto de nossa integração. Pois, se a solução budista não for assumida, a freudiana deverá sê-lo: a percepção do eu (não da natureza humana, apenas da natureza da autopercepção) é inerentemente ruim e sem liberdade, e, portanto, repressão e opressão são inevitáveis e, até certo ponto, desejáveis.

Mas só até certo ponto, e é aqui que os humanista-marxistas entram na integração. Pois, já que existem eus separados, repressão e opressão são necessárias e inevitáveis, mas repressão e opressão ex-

---

o sujeito e o objeto, não negligencia nenhum deles, inclui ambos, e desvela uma unidade consumada.

cedentes não. A linha entre repressão e repressão excedente é, claro, extremamente tênue, e ninguém jamais conseguirá a fórmula exata para desenhá-la. Mas temos uma peça extra de compreensão que pode tornar as decisões mais fáceis, pois sabemos que homens e mulheres não são inerente ou instintivamente maus, apenas substitutamente maus. A repressão da Natureza de Buda cria o mal, e esse mal deve, então, ser reprimido para criar o "bem social". Já que o mal é, em essência, substituto, se ainda não podemos prover transcendência real para os indivíduos, podemos, pelo menos, escolher objetivamente os substitutos. Se homens e mulheres fossem instintivamente maus, não haveria esperança, ao passo que, se são substitutamente maus, temos duas escolhas: oferecer transcendência real ou oferecer substitutos benignos.

Por mais estranho que inicialmente possa parecer, uma sociedade relativamente decente e amorosa não tem de oferecer doses volumosas de Atman (essa seria uma sociedade utópica ou *sangha*), mas simplesmente tem de conseguir que Projetos Atman individuais se sobreponham uns aos outros de forma mutuamente sustentável. Quando isso acontece, a satisfação do Projeto Atman individual tende também a beneficiar a comunidade em geral. Por exemplo, em certos grupos de caça tifônicos, para ser um grande Herói, para satisfazer gloriosamente seu Projeto Atman, tudo que você teria de fazer seria caçar mais animais do que qualquer outra pessoa – e, em seguida, doá-los todos. Quanto maior seu Projeto Atman, mais beneficiada a comunidade. Em minha opinião, é exatamente esse acordo que está no cerne do que Ruth Benedict chamou de sociedades sinérgicas – e essas foram justamente as sociedades que ela considerou mais nobres, "populares" e benéficas. As ilusões síncronas benignas pelo menos não são terrivelmente mortais. Portanto, se ainda não podemos oferecer Atman, vamos, pelo menos, olhar cuidadosamente para a estrutura de nossos substitutos, e ponderar se eles podem ser mais humana e sinergicamente organizados.

Se retornarmos agora às três perguntas originais que fizemos bem no início deste livro,* descobriremos que elas foram formuladas,

---

* Ver a última seção da Introdução. (N. do T.)

desde o começo, para cobrir precisamente essas três categorias básicas – não dual, subjetiva e objetiva (Atman mais os dois lados do Projeto Atman) – e as três teorias sociais básicas geradas por essas categorias – mística, republicana e democrata. A pergunta número 1 – "Que caminhos para a autêntica transcendência estão disponíveis?" – refere-se à posição mística, à transcendência completa do sujeito e do objeto (embora, claro, ainda os preservando, mas despojando-os de sua parcialidade e fragmentação). A pergunta número 2 – "Se a autêntica transcendência falhar, que recompensas substitutas são oferecidas?" – refere-se à posição freudiano-conservadora para todos os desejos, terrores e ódios subjetivos que *devem* surgir como resultado da percepção obrigatória do eu, que são inerentes à própria estrutura do eu separado e não simplesmente impostos por instituições sociais objetivas. A pergunta número 3 – "Qual é o preço desses substitutos para os homens e mulheres?" – refere-se à posição humanista-marxista, ao fato de que, embora alguma opressão/repressão seja inevitável, opressão/repressão excedente não é. Refere-se também ao fato de que o custo objetivo do Projeto Atman pode ser apavorante, porque, quando as pessoas se transformam em objetos do Projeto Atman negativo, elas se tornam vítimas: exploradas, oprimidas, coagidas, escravizadas, assassinadas. O estudo de tipos de exploração é o estudo dos tipos de Projetos Atman negativos, e a redução da exploração é a redução ou a alteração dos Projetos Atman propriamente ditos. Isso é, pelo menos teoricamente, possível, porque o Projeto Atman não é instintivo ou inato, apenas substituto.

Tanto a falta de liberdade subjetiva quanto a exploração objetiva são produtos do Projeto Atman, resultados da busca de Atman em formas substitutas, o alvoroço no mundo do tempo procurando pelo Eterno. Em vez de ser o Mundo, o indivíduo tenta possuir e dominar o mundo, e em vez de ser o Eu, protege seu eu. Mas isso é o que Schopenhauer tinha a nos dizer, pois o peso de sua filosofia completa foi demonstrar que todo indivíduo é, de fato, o Mundo inteiro, e "consequentemente não se satisfaz com nada menos que a posse do mundo inteiro como objeto, o que, já que todo mundo o possuiria, não é possível para ninguém". Eis a causa fundamental da miséria e da falta de liberdade! Impulsionados por esse apetite insaciável, homens e mulheres, historicamente, abusaram uns dos outros na tentativa vã de possuir e dominar o Todo, e sujeitaram-se a inumanidades e crueldades inomináveis, todas criadas, ironicamente, por um Deus inconsciente.

Por outro lado, como explicado por Schopenhauer, ao extinguir a vontade *individual* de viver (Eros), pode-se, de fato, cair naquele estado primordial além do sujeito e objeto, e, desse modo, *ser* o Todo. Portanto, para Schopenhauer – como para nós –, havia uma saída para a miséria do Projeto Atman, uma saída da compulsão assassina de "possuir o mundo inteiro como objeto", e essa era redescobrir Atman, ressuscitar uma Identidade Suprema com e como o Processo do Mundo completo. E isso, como o próprio Schopenhauer explicou (usando termos do sânscrito), é alcançado somente por *prajna*, ou *insight* transcendente em *sunyata*, o manto inconsútil do Universo, que não é outro senão Atman, o autêntico Eu de todos os seres, o *Dharmakaya*.

Chegaríamos à mesma conclusão se começássemos pela abordagem completa de Rank, Brown e Becker – que o mal e a angústia são o resultado de se tentar negar radicalmente a morte por meio do fetichismo de símbolos de imortalidade, que os "homens são criaturas verdadeiramente infelizes porque se conscientizaram da morte", e que, ao tentar evitar a morte e a mortalidade, historicamente criaram mais infortúnio, mais destruição e mais angústia no mundo do que o mal encarnado pelo próprio Diabo. Porém, as lutas pela imortalidade são simplesmente um subconjunto do Projeto Atman, uma substituição da transcendência eterna pelo tempo perpétuo e um açoitar selvagem e apavorado de todos os obstáculos – humanos ou materiais – que pareçam ameaçar os prospectos de imortalidade do ser.

Mas teríamos de completar esse argumento parcial acrescentando que, se os "homens são criaturas verdadeiramente infelizes porque se conscientizaram da morte", não obstante, *em última instância*, é verdade que, como o mestre sufi Kahn ressaltou, "não existe algo como a mortalidade, exceto a ilusão, e a impressão dessa ilusão, que o homem mantém diante de si por meio do medo durante sua vida". Em outras palavras, a percepção do eu é, em última análise, ilusória; é um simples produto de fronteiras, e, assim, a morte é, igualmente, uma ilusão complexa (ponto que os existencialistas deixaram escapar). Quando a percepção do eu morre, tudo que se dissolve não é uma entidade real, mas uma mera fronteira, que nunca foi verdadeira, apenas imaginária. *Mas*, uma vez que os indivíduos criam essa ilusão do eu e suas fronteiras, passam a temer, acima de tudo, sua dissolução, e se esforçam por alcançar imortalidades e cosmocentrismos simbólicos. Isto é, lutam sob o balanço do Projeto Atman, e advém daí, inevitável e implacavelmente, toda a lógica de horrores descrita por Rank, Becker e o movimento existencialista inteiro. Esses existencialistas vislumbraram, realmente, o diagnóstico da humanidade – doença em razão da morte, do medo e do terror –, mas ainda não chegaram ao derradeiro prognóstico, que, em sânscrito, nada mais é que o já mencionado *prajna* ("prognose").

Novamente, existe uma saída: se homens e mulheres são criaturas verdadeiramente miseráveis porque se tornaram conscientes da morte, eles *podem* dar um passo à frente e – transcendendo o eu – transcender também a morte. Mover-se da subconsciência para a autoconsciência é tornar a morte consciente; mover-se da autoconsciência para a superconsciência é tornar a morte obsoleta.

Pretendemos evocar todos esses pontos com nossas três perguntas originais. Uma pessoa tem acesso a Atman, à transcendência, à libertação do espaço, do tempo, do eu e da mortalidade? Se não, o pesadelo inteiro da repressão e da opressão oscila necessariamente em ação infernal. O Projeto Atman levanta a cabeça e observa todos aqueles obstáculos que parecem impedir o heroísmo cósmico e ameaçar a imortalidade simbólica; e ele despedaçará todos os empecilhos que sacodem sua gaiola de recompensas substitutas. Não se engane: toda pessoa intui que é Deus, mas corrompe a intuição aplicando-a a seu eu, e fará tudo que for necessário para confirmar essa intuição distorcida em seu favor. Por meio da busca substituta (Eros) e de sacrifícios substitutos (Tânatos), ela se impele pelo oceano de outras almas igualmente impulsionadas, e o atrito violento desses Projetos Atman sobrepostos faísca o pesadelo chamado história.

Como uma balança perfeitamente equilibrada, quanto mais Atman existe em um prato, menos Projeto Atman há no outro, e a preocupação última de uma sociologia inclusiva será o estudo dos caminhos para inclinar essa balança a favor da humanidade. Pois os homens e mulheres não são livres, não principalmente por causa de apetites repugnantes ou instituições opressoras, mas porque criam essas formas de escravidão como um substituto para a transcendência. Homens e mulheres desejam o mundo porque, de fato, são o mundo, e anseiam por imortalidade porque, de fato, são imortais. Mas, em vez de transcender de verdade suas fronteiras, tentam meramente rompê-las e remodelá-las a seu bel-prazer e, pegos nesse Projeto Atman de tentar transformar sua terra em um céu substituto, não só destroem a única terra que possuem como se privam do único Céu que, do contrário, poderiam desfrutar.

BIBLIOGRAFIA

1. ALLPORT, G. *Personalidade: padrões e desenvolvimento*. São Paulo: Herder, Edusp, 1969.
2. ANGYAL, A. *Neurosis and Treatment: A Holistic Theory*. Nova York: Wiley, 1965.
3. ANÔNIMO. *Um curso em milagres*. Nova York: Foundation for Inner Peace, s.d.
4. AQUINO, T. de. *Suma teológica*. São Paulo: Loyola, 2002.
5. ARIETI, S. *Interpretation of Schizophrenia*. Nova York: Brunner, 1955.
6. _____. *The Intrapsychic Self*. Nova York: Basic Books, 1967.
7. _____. *Creativity: The Magic Synthesis*. Nova York: Basic Books, 1976.
8. ARLOW, J. e BRENNER, C. *Psychoanalytic Concepts and the Structural Theory*. Nova York: International Universities Press, 1964.
9. ASSAGIOLI, R. *Psicossíntese: manual de princípios e técnicas*. São Paulo: Cultrix, 1997.
10. AUROBINDO, S. *The Life Divine*. Pondicherry: Sri Aurobindo Ashram, 1972, Centenary Library, vols. XVIII-XIX.
11. _____. *The Synthesis of Yoga*. Pondicherry: Sri Aurobindo Ashram, 1972, Centenary Library, vols. XX-XXI.
12. _____. *The Essential Aurobindo*. Org. R. McDermott. Nova York: Schocken, 1973.
13. AUSUBEL, D. *Ego Development and the Personality Disorders*. Nova York: Grune & Stratton, 1952.
14. AVALON, A. *The Serpent Power*. Nova York: Dover, 1974.
15. BABA RAM DASS. *Remember Be Here Now*. San Cristobal: Lama Foundation, 1971.
16. BACHOFEN, J. *Das mutterrecht*. Basel, 1948, 2 vols.
17. BAK, R. "The Phallic Woman: The Ubiquitous Fantasy in Perversions", *Psychoanalytic Study of the Child*. New Haven: Yale University Press, 1968.

18. BAKAN, D. *The Duality of Human Existence*. Chicago: Rand McNally, 1966.
19. BALDWIN, J. *Thought and Things*. Nova York: Arno, 1975.
20. BANDURA, A. *Teoria social cognitiva: conceitos básicos*. Porto Alegre: Artmed, 2008.
21. BARFIELD, O. "The Rediscovery of Meaning", in John Kobler e Richard Thruelsen (orgs.), *Adventures of the Mind from the Saturday Evening Post*. Nova York: Knopf, 1961, vol. 1.
22. BARRINGER, H. et al. (orgs.). *Social Change on Developing Areas*. Cambridge: Schenkman, 1965.
23. BATESON, G. *Steps to An Ecology of Mind*. Nova York: Ballantine, 1972.
24. BATTISTA, J. "The Holographic Model, Holistic Paradigm, Information Theory and Consciousness", *Re-Vision*, vol. 1, n°s 3-4, 1978.
25. BECKER, E. *A negação da morte*. Rio de Janeiro: Record, 2007.
26. _____. *Escape from Evil*. Nova York: Free Press, 1975.
27. BELL, D. *The Coming of Post-Industrial Society*. Nova York: Basic Books, 1973.
28. BENEDICT, R. *Padrões de cultura*. Lisboa: Livros do Brasil, s.d.
29. BENOIT, H. *A doutrina suprema*. São Paulo: Pensamento, s.d.
30. BERDYAEV, N. *The Destiny of Man*. Nova York: Harper, 1960.
31. BERGER, P. *Perspectivas sociológicas*. Petrópolis: Vozes, 2002.
32. BERGER, P. e LUCKMANN, T. *A construção social da realidade*. Petrópolis: Vozes, 2003.
33. BERGSON, H. *An Introduction to Metaphysics*. Nova York, 1949.
34. _____. *Time and Free Will*. Nova York: Harper, 1960.
35. BERNE, E. *Os jogos da vida*. São Paulo: Nobel, 1995.
36. _____. *O que você diz depois de dizer olá?* São Paulo: Nobel, 1988.
37. BERNSTEIN, R. *The Restructuring of Social and Political Theory*. Nova York: Harcourt, 1976.
38. BERTALANFFY, L. von. "The Mind-Body Problem: A New View", *Psychosomatic Medicine*, vol. 26, n° 1, 1964.
39. BESSY, M. *Magic and the Supernatural*. Londres: Spring Books, 1972.
40. BHARATI, A. *The Tantric Tradition*. Garden City: Anchor, 1965.
41. BINSWANGER, L. *Being-in-the-World*. Nova York: Basic Books, 1963.
42. BISHOP, C. "The Beginnings of Civilization in Eastern Asia", *JAOS*, n° 4, 1939, suplemento.
43. BLAKE, W. *The Portable Blake*. Org. A. Kazin. Nova York: Viking, 1971.
44. BLAKNEY, R. B. (trad.). *Meister Eckhart*. Nova York: Harper, 1941.

45. BLANCK, G. e BLANCK, R. *Ego Psychology: Theory and Practice*. Nova York: Columbia University Press, 1974.
46. BLOFELD, J. *Zen Teaching of Huang Po*. Nova York: Grove, 1958.
47. _____. *Zen Teaching of Hui Hai*. Londres: Rider, 1969.
48. _____.*The Tantric Mysticism of Tibet*. Nova York: Dutton, 1970.
49. BLOOM, C. *Language Development*. Cambridge: MIT Press, 1970.
50. BLOS, P. "The Genealogy of the Ego Ideal", *Psychoanalytic Study of the Child*, vol. 29. New Haven: Yale University Press, 1974.
51. BLUM, G. *Psychoanalytic Theories of Personality*. Nova York: McGraw-Hill, 1953.
52. BLYTH, R. *Zen and Zen Classics*. Tóquio: The Hokuseido Press, 1960--1970, vols. 1-5.
53. BOEHME, J. *Six Theosophic Points*. Ann Arbor: University of Michigan Press, 1970.
54. BOSS, M. *Meaning and Content of Sexual Perversions*, apud E. Becker, *A negação da morte*. Rio de Janeiro: Record, 2007.
55. _____. *Psychoanalysis and Daseinanalysis*. Nova York: Basic Books, 1963.
56. BOWER, T. *Development in Infancy*. San Francisco: Freeman, 1974.
57. BRACE, C. *The Stages of Human Evolution*. Englewood Cliffs: Prentice-Hall, 1967.
58. BROUGHTON, J. The Development of Natural Epistemology in Adolescence and Early Adulthood. Tese de doutorado. Harvard, 1975.
59. BROWN, D. "A Model for the Levels of Concentrative Meditation", *International Journal of Clinical and Experimental Hypnosis*, vol. 25, 1977.
60. BROWN, G. *Laws of Form*. Nova York: Julian, 1972.
61. BROWN, N. O. *Life against Death*. Middletown: Wesleyan University Press, 1959.
62. _____. *Love's Body*. Nova York: Vintage, 1966.
63. BUBBA (Da) Free John. *The Paradox of Instruction*. San Francisco: Dawn Horse, 1977.
64. _____. *The Enlightenment of the Whole Body*. San Francisco: Dawn Horse, 1978.
65. BUBER, M. *Eu e tu*. São Paulo: Centauro, 2001.
66. BUCKE, R. M. *Consciência cósmica*. Rio de Janeiro: Renes, 1982.
67. BUDDHAGOSA. *The Path of Purity*. The Pali Text Society, 1923.
68. BURKE, K. "The Rhetoric of Hitler's Battle", in *The Philosophy of Literary Form*. Nova York: Vintage, 1957.

69. CAMPBELL, J. *As máscaras de Deus*. São Paulo: Palas Athena, 2004, vol. 1: Mitologia primitiva.
70. Vol. 2: Mitologia oriental.
71. Vol. 3: Mitologia ocidental.
72. Vol. 4: Mitologia criativa.
73. CANETTI, E. *Of Fear and Freedom*. Nova York: Farrar, Straus and Giroux, 1950.
74. _____. *Massa e poder*. São Paulo: Companhia das Letras, 2005.
75. CASSIRER, E. *Ensaio sobre o homem*. São Paulo: Martins Fontes, 1994.
76. _____. *A filosofia das formas simbólicas*. São Paulo: Martins, 2001, vol. 1; 2004, vol. 2.
77. _____. *Indivíduo e cosmos na filosofia do renascimento*. São Paulo: Martins Fontes, 2001.
78. CASTANEDA, C. *Viagem a Ixtlan*. Rio de Janeiro: Nova Era, 2006.
79. CHANG, G. *Hundred Thousand Songs of Milarepa*. Nova York: Harper, 1970.
80. _____. *Practice of Zen*. Nova York: Harper, 1970.
81. _____. *The Buddhist Teaching of Totality*. Filadélfia: University of Pennsylvania Press, 1971.
82. _____. *Teachings of Tibetan Yoga*. Secaucus: Citadel, 1974.
83. CHAUDHURI, H. *Philosophy of Meditation*. Nova York: Philosophical Library, 1965.
84. _____. *The Evolution of Integral Consciousness*. Wheaton: Quest, 1977.
85. CHILDE, C. *Social Evolution*. Londres: Watts, 1951.
86. _____. *Man Makes Himself*. Nova York: Mentor, 1957.
87. CHOMSKY, N. *Estruturas sintáticas*. Lisboa: Edições 70, 1980.
88. _____. *Linguagem e mente*. Brasília: Editora UnB, 1998.
89. CLARK, G. *Archaeology and Society*. Londres: Methuen, 1957.
90. _____. *The Stone Age Hunters*. Londres: Thames and Hudson, 1967.
91. CLARK, G. e PIGGOTT, S. *Prehistoric Societies*. Nova York: Knopf, 1965.
92. CLARK, K. *Civilização*. São Paulo: Martins Fontes, 1995.
93. CONZE, E. *Buddhist Meditation*. Nova York: Harper, 1956.
94. _____. *Buddhist Wisdom Books*. Londres: Allen & Unwin, 1970.
95. COOLEY, C. *Human Nature and the Social Order*. Nova York: Scribner's, 1902.
96. COOMARASWAMY, A. *Hinduism and Buddhism*. Nova York: Philosophical Library, 1943.
97. _____. *Time and Eternity*. Ascona: Artibus Asiae, 1947.
98. COON, C. *The Origin of Races*. Nova York: Knopf, 1962.

99. COPLESTON, F. *A History of Philosophy*. Garden City: Image, 1965, vol. 7, parte 1.
100. CURWEN, E. e HATT, G. *Plough and Pasture*. Nova York: Collier, 1961.
101. DALY, M. *Beyond God the Father: Toward a Philosophy of Women's Liberation*. Boston: Benem, 1973.
102. DASGUPTA, S. *An Introduction to Tantric Buddhism*. Berkeley: Shambhala, 1974.
103. DAVIDSON, J. "The Physiology of Meditation and Mystical States of Consciousness", *Perspectives Biology Medicine*. Baltimore: The Johns Hopkins University Press, primavera, 1976.
104. DEAN, S. (org.). *Psychiatry and Mysticism*. Chicago: Nelson Hall, 1975.
105. DEUTSCH, E. *Advaita Vedanta*. Honolulu: East-West Center, 1969.
106. DI LEO, J. *Child Development*. Nova York: Brunner, Mazel, 1977.
107. DUNCAN, H. *Communication and Social Order*. Nova York: Bedminster, 1962.
108. _____. *Symbols in Society*. Nova York: Oxford University Press, 1968.
109. DURKHEIM, E. *Da divisão do trabalho social*. São Paulo: Martins Fontes, 2008.
110. *Bhagavad Gita*. São Paulo: Pensamento, 1998.
111. EDINGER, E. *Ego e arquétipo*. São Paulo: Cultrix, 2000.
112. EDWARDS, P. *The Encyclopedia of Philosophy*. Nova York: Macmillan, 1967, 8 vols.
113. EHRMANN, J. (org.). *Structuralism*. Nova York: Anchor, 1970.
114. EKEH, P. *Social Exchange Theory*. Cambridge: Harvard University Press, 1974.
115. ELIADE, M. *O mito do eterno retorno*. Lisboa: Edições 70, 1999.
116. _____. *Cosmos and History*. Nova York: Harper, 1959.
117. _____. *O xamanismo e as técnicas arcaicas do êxtase*. São Paulo: Martins, 1998.
118. ELIOT, C. *Hinduism and Buddhism*. Nova York: Barnes and Noble, 1968, 3 vols.
119. ERIKSON, E. *Gandhi's Truth*. Nova York: Norton, 1969.
120. EVANS-WENTZ, W. *O livro tibetano dos mortos*. São Paulo: Pensamento, 1998.
121. _____. *O livro tibetano da grande libertação*. São Paulo: Pensamento, 1995.
122. _____. *A ioga tibetana e as doutrinas secretas*. São Paulo: Pensamento, 1987.
123. FADIMAN, J. e FRAGER, R. *Personalidade e crescimento pessoal*. Porto Alegre: Artmed, 2004.

124. FAIRBAIRN, W. *An Object-Relations Theory of the Personality*. Nova York: Basic Books, 1954.
125. FEDERN, P. *Ego Psychology and the Psychoses*. Nova York: Basic Books, 1952.
126. FENICHEL, O. *Teoria psicanalítica das neuroses*. São Paulo: Atheneu, 1998.
127. FERENCZI, S. "Stages in the Development of the Sense of Reality", in *Sex and Psychoanalysis*. Boston: Gorham, 1956.
128. FESTINGER, L. *The Theory of Cognitive Dissonance*. Nova York: Peterson, 1957.
129. FEUERSTEIN, G. *Introduction to the Bhagavad Gita*. Londres: Rider, 1974.
130. _____. *Textbook of Yoga*. Londres: Rider, 1975.
131. FINDLAY, J. *Hegel*. Londres, 1958.
132. FINGARETTE, H. *The Self in Transformation*. Nova York: Basic Books, 1963.
133. FOULKES, D. *A Grammar of Dreams*. Nova York: Basic Books, 1978.
134. FRANKFORT, H. *Ancient Egyptian Religion*. Nova York: Columbia University Press, 1948.
135. _____. *The Birth of Civilization in the Near East*. Bloomington: Indiana University Press, 1951.
136. FRAZER, J. *The New Golden Bough*. Nova York: Criterion, 1959.
137. FREILICH, M. (org.). *The Meaning of Culture*. Lexington: Xerox Publishing, 1972.
138. FREMANTLE, A. *The Protestant Mystics*. Nova York: Mentor, 1965.
139. FREUD, A. *O ego e os mecanismos de defesa*. Porto Alegre: Artmed, 2006.
140. FREUD, S. *The Standard Edition of the Complete Psychological Works of Sigmund Freud*. Londres: Hogarth Press, The Institute of Psychoanalysis, 1953-1964, 24 vols.
141. _____. *A interpretação dos sonhos*. Rio de Janeiro: Imago, 2006.
142. _____. *Três ensaios sobre a teoria da sexualidade*. Rio de Janeiro: Imago, 1997.
143. _____. *Totem e tabu*. Rio de Janeiro: Imago, 1999.
144. _____. "On Narcissism", in *Standard Edition*, vol. 14.
145. _____. *Além do princípio de prazer*. Rio de Janeiro: Imago, 1998.
146. _____. *O ego e o id*. Rio de Janeiro: Imago, 1997.
147. _____. *O mal-estar na civilização*. Rio de Janeiro: Imago, 1997.
148. _____. *Novas conferências introdutórias sobre psicanálise*. Rio de Janeiro: Imago, 2006.

149. FREUD, S. *An Outline of Psychoanalysis*, in *Standard Edition*, vol. 23.
150. _____. *Moisés e o monoteísmo*. Rio de Janeiro: Imago, 1997.
151. _____. *A General Introduction to Psychoanalysis*. Nova York: Pocket Books, 1971.
152. FREY-ROHN, L.. *From Freud to Jung*. Nova York: Delta, 1974.
153. FRIED, M. *The Evolution of Political Society*. Nova York: Random House, 1967.
154. FROBENIUS, L. *Monumenta Africana*. Weimar, 1939, 6 vols, apud J. Campbell, *As máscaras de Deus*. São Paulo: Palas Athena, 2004, vols. 1-3.
155. FROMM, E.; SUZUKI, D. T. e DEMARTINO, R. *Zen Buddhism and Psychoanalysis*. Nova York: Harper, 1970.
156. FUNG YU-LAN. *A History of Chinese Philosophy*. Trad. D. Bodde. Princeton: Princeton University Press, 1952, 2 vols.
157. GADAMER, H. *Philosophical Hermeneutics*. Berkeley: University of California Press, 1976.
158. GARDNER, H. *The Quest for Mind*. Nova York: Vintage, 1972.
159. GEBSER, J. *Ursprung und Gegenwart*. Stuttgart: Deutsche Verlags-Anhalt, 1966.
160. _____. "Foundations of the Aperspective World", *Main Currents*, vol. 29, n° 2, 1972.
161. GEERTZ, C. *A interpretação das culturas*. Rio de Janeiro: LTC, 1989.
162. GIMBUTAS, M. "Culture Change in Europe at the Start of the Second Millennium B.C.", *Selected Papers of the Fifth International Congress of Anthropological and Ethnological Sciences*. Filadélfia: University of Pennsylvania Press, 1960.
163. GLOBUS, G. et al. (orgs.). *Consciousness and the Brain*. Nova York: Plenum, 1976.
164. GOFFMAN, E. *A representação do eu na vida cotidiana*, 16ª ed. Petrópolis: Vozes, 2009.
165. GOLEMAN, D. *The Varieties of the Meditative Experience*. Nova York: Dutton, 1977.
166. GOPI KRISHNA. *The Dawn of a New Science*. Nova Déli: Kundalini Research Trust, 1978.
167. _____. *Yoga, a Vision of its Future*. Nova Déli: Kundalini Research Trust, 1978.
168. GOVINDA, L. *Fundamentos do misticismo tibetano*, 3ª ed. São Paulo: Pensamento, 1996.
169. GOWAN, J. *Trance, Art, and Creativity*. Buffalo: Creative Education Foundation, 1975.

170. GRAVES, R. *Mitos gregos*. São Paulo: Madras, 2004.
171. GREEN, E. e GREEN, A. *Beyond Biofeedback*. Nova York: Delacorte, 1977.
172. GREENSON, R. *A técnica e a prática da psicanálise*. Rio de Janeiro: Imago, 1981.
173. GROF, S. *Realms of the Human Unconscious*. Nova York: Viking, 1975.
174. GROUP FOR THE ADVANCEMENT OF PSYCHIATRY. *Mysticism: Spiritual Quest or Psychic Disorder?* Nova York: Group for the Advancement of Psychiatry, 1976.
175. GUÉNON, R. *L'homme et son devenir selon le Vêdânta*, 5ª ed. Paris: Les Editions Traditionnelles, 1974.
176. GUENTHER, H. *Buddhist Philosophy in Theory and Practice*. Baltimore: Penguin, 1971.
177. _____. *Philosophy and Psychology in the Abhidharma*. Berkeley: Shambhala, 1974.
178. HABERMAS, J. *Conhecimento e interesse*. Rio de Janeiro: Zahar, 1982.
179. _____. *Theorie und Praxis*. Berlim: Suhrkamp Verlag, 1978.
180. _____. *A crise de legitimação no capitalismo tardio*. Rio de Janeiro: Tempo Brasileiro, 1980.
181. ASVAGHOSA. *The Awakening of Faith*. Nova York: Columbia University Press, 1967.
182. HALL, R. "The Psycho-Philosophy of History", *Main Currents*, vol. 29, n° 2, 1972.
183. HALLOWELL, A. "Bear Ceremonialism in the Northern Hemisphere", *American Anthropologist*, 1926.
184. HAMMOND, N. *A History of Greece to 322 B.C.* Oxford: Clarendon, 1959.
185. HARRINGTON, A. *The Immortalist*. Nova York: Random House, 1969.
186. HARRIS, W. e LEVEY, J. (orgs.). *The New Columbia Encyclopedia*. Nova York: Columbia University Press, 1975.
187. HARRISON, J. *Prolegomena to the Study of Greek Religion*. Londres: Cambridge University Press, 1922.
188. _____. *Themis: A Study of the Social Origins of Greek Religion*. Londres: Cambridge University Press, 1927.
189. HARTMANN, H. *Ich-Psychologie und Anpassungsproblem*. Stuttgart: Klett-Cotta, 1939.
190. HARTSHORNE, C. *The Logic of Perfection*. La Salle: Open Court, 1973.
191. HAVILAND, W. *Anthropology*. Nova York: Holt, Rinehart and Winston, 1974.

192. Hawkes, J. *Prehistory*. Nova York: Mentor, 1965.
193. Hegel, G. *Wissenschaft der Logik*. Berlim: Akademie-Verlag, 2002.
194. _____. *Fenomenologia do espírito*. Rio de Janeiro: Vozes, 2000.
195. _____. *Princípios da filosofia do direito*. São Paulo: Ícone, 2005.
196. _____. *Encyclopaedia of Philosophy*. Nova York, 1959.
197. Heidegger, M. *Ser e tempo*, 9ª ed. Rio de Janeiro: Vozes, 2000.
198. Herskovits, M. *Economic Anthropology*. Nova York: Knopf, 1952.
199. Hixon, L. *Coming Home*. Garden City: Anchor, 1978.
200. Hocart, A. *The Progress of Man*. Londres: Oxford University Press, 1933.
201. _____. *Social Origins*. Londres: Watts, 1954.
202. _____. *Kingship*. Londres: Oxford University Press, 1969.
203. _____. *Kings and Councillors*. Chicago: University of Chicago Press, 1970.
204. Hook, S. *Marx and the Marxists*. Princeton: Van Nostrand, 1955.
205. Horkheimer, M. *Teoria crítica*. São Paulo: Perspectiva, Edusp, 1990.
206. Horkheimer, M. e Adorno, T. *Dialética do esclarecimento*. Rio de Janeiro: Jorge Zahar, 1985.
207. Howlett, D. *The Essenes and Christianity*. Nova York: Harper, 1957.
208. Huizinga, J. *Homo ludens*. São Paulo: Perspectiva, 1996.
209. Hume, R. (trad.). *The Thirteen Principal Upanishads*. Londres: Oxford University Press, 1974.
210. Husserl, E. *Ideias para uma fenomenologia pura e para uma filosofia fenomenológica*. Aparecida: Ideias & Letras, 2006.
211. Huxley, A. *A filosofia perene*. São Paulo: Círculo do Livro, 1990.
212. Jacobson, E. *Das Selbst und die Welt der Objekte*. Berlim: Suhrkamp Verlag, 1998.
213. James, W. *The Principles of Psychology*. Nova York: Dover, 1950, 2 vols.
214. _____. *Varieties of Religious Experience*. Nova York: Collier, 1961.
215. Jantsch, E. e Waddington, C. (orgs.). *Evolution and Consciousness*. Reading: Addison-Wesley, 1976.
216. Jaynes, J. *The Origin of Consciousness in the Breakdown of the Bicameral Mind*. Boston: Houghton Mifflin, 1976.
217. Cruz, João da. *A noite escura da alma*. São Paulo: Planeta, 2007.
218. _____. *The Ascent of Mount Carmel*. Garden City: Doubleday, 1958.
219. Johnson, F. "Radiocarbon Dating", *Memoirs of the Society for American Archaeology*, nº 8, 1951.
220. Jonas, H. *The Gnostic Religion*. Boston: Beacon, 1963.

221. JUNG, C. G. *The Collected Works of C. G. Jung*. Orgs. G. Adler, M. Fordham e H. Read. Princeton: Princeton University Press, 1953-1971, Bollingen Series XX.
222. _____. *Símbolos da transformação*. Rio de Janeiro: Vozes, 1999.
223. _____. *The Structure and Dynamics of the Psyche*. Princeton: Princeton University Press, 1970, col. The Collected Works of C. G. Jung.
224. KADLOUBOVSKY, E. e PALMER, G. (trads.). *Writings from the "Philokalia" on Prayer of the Heart*. Londres: Faber and Faber, 1954.
225. KAHN, I. *The Soul Whence and Whither*. Nova York: Sufi Order, 1977.
226. KAPLAN, L. *Oneness and Separateness*. Nova York: Simon and Schuster, 1978.
227. KAPLEAU, P. *Os três pilares do zen*. Belo Horizonte: Itatiaia, 1978.
228. KENYON, K. *Archaeology in the Holy Land*. Nova York: Praeger, 1960.
229. KERENYI, K. *Os deuses gregos*. São Paulo: Cultrix, 1997.
230. KIERKEGAARD, S. *O conceito da angústia*. São Paulo: Hemus, 1968.
231. _____. *Temor e tremor*. Rio de Janeiro: Ediouro, 1993.
232. KLAUSNER, J. *The Messianic Idea in Israel*. Londres: Allen & Unwin, 1956.
233. KLEIN, G. *Psychoanalytic Theory: An Exploration of Essentials*. Nova York: International Universities Press, 1976.
234. Klein, M. *A psicanálise de crianças*. Rio de Janeiro: Imago, 1997.
235. _____. *New Directions in Psychoanalysis*. Londres: Tavistock, 1971.
236. KLUCKHOHN, C. e MURRAY, H. *Personality: In Nature, Society, and Culture*. Nova York: Knopf, 1965.
237. KOHLBERG, L. "Development of Moral Character and Moral Ideology", in M. Hoffman e L. Hoffman (orgs.), *Review of Child Development Research*, vol. 1, 1964.
238. _____. "From is to Ought", in T. Mischel (org.), *Cognitive Development and Epistemology*. Nova York: Academic Press, 1971.
239. KRAMER, S. *Sumerian Mythology*. Filadélfia: American Philosophical Society, 1944.
240. KRISHNAMURTI, J. *A primeira e a última liberdade*. São Paulo: Cultrix, 1981.
241. _____. *Diálogos sobre a vida*. São Paulo: Cultrix, 1985.
242. KUHN, T. *A estrutura das revoluções científicas*. São Paulo: Perspectiva, 2003.
243. LA BARRE, W. *The Human Animal*. Chicago: University of Chicago Press, 1954.
244. LACAN, J. *The Language of the Self*. Baltimore: Johns Hopkins University Press, 1968.

245. LACAN, J. "The insistence of the letter in the unconscious", in J. Ehrmann (org.), *Structuralism*. Nova York: Anchor, 1970.
246. LAING, R. *O eu dividido*. Petrópolis: Vozes, 1975.
247. LASCH, C. *A cultura do narcisismo*. Rio de Janeiro: Imago, 1983.
248. LAYARD, J. *Stone Men of Malekula*. Londres: Chatto, 1942.
249. LEA, H. *A History of the Inquisition of the Middle Ages*. Nova York: Russell and Russell, 1955.
250. LEAKEY, L. "New Links in the Chain of Human Evolution: Three Major New Discoveries from the Olduvai Gorge, Tanganyika", *Illustrated London News*, vol. 238, n° 6.344, 1961.
251. LEGGE, J. *The Texts of Taoism*. Nova York: Julian, 1959.
252. LENSKI, G. *Power and Privilege*. Nova York: McGraw-Hill, 1966.
253. _____. *Human Societies*. Nova York: McGraw-Hill, 1970.
254. LEONARD, G. *The Transformation*. Nova York: Delta, 1973.
255. LÉVI-STRAUSS, C. *Antropologia estrutural*. São Paulo: Cosac Naify, 2008.
256. _____. *O pensamento selvagem*. Campinas: Papirus, 2005.
257. _____. *Mito e significado*. Lisboa: Edições 70, 1979.
258. LÉVY-BRUHL, L. *Les fonctions mentales dans les sociétés inférieures*. Paris: Alcan, 1928.
259. CHI, Li. *The Beginnings of Chinese Civilization*. Seattle: University of Washington Press, 1957.
260. LIFTON, R. *Revolutionary Immortality*. Nova York: Vintage, 1968.
261. LILLY, J. *The Center of the Cyclone*. Nova York: Julian, 1972.
262. LINTON, R. *The Study of Man*. Nova York: Appleton, 1936.
263. LOEVINGER, J. *Ego Development*. San Francisco: Jossey-Bass, 1976.
264. LOEWALD, H. "The Super-Ego and the Ego-Ideal", *International Journal of Psychoanalysis*, vol. 43, 1962.
265. _____. *Psychoanalysis and the History of the Individual*. New Haven: Yale University Press, 1978.
266. LONERGAN, B. *Insight: A Study of Human Understanding*. Nova York: Philosophical Library, 1970.
267. LONGCHENPA. *Kindly Bent to Ease Us*. Emeryville: Dharma Press, 1975, vols. 1 e 2.
268. LORENZ, K. *On Aggression*. Nova York: Harcourt, 1966.
269. LOWEN, A. *O corpo traído*. São Paulo: Summus, 1979.
270. _____. *O corpo em depressão*. São Paulo: Summus, 1983.
271. LUK, C. *Ch'an and Zen Teaching*. Londres: Rider, 1960-1962, 3 vols.
272. _____. *The Secrets of Chinese Meditation*. Nova York: Weiser, 1971.
273. _____. *Practical Buddhism*. Londres: Rider, 1972.

274. Maddi, S. *Personality Theories*. Homewood: Dorsey Press, 1968.
275. Maezumi, H. e Glassman, B. T. (orgs.). *Zen Writings Series*. Los Angeles: Center Publications, 1976-1978, vols. 1-5.
276. Mahrer, A. *Experiencing*. Nova York: Brunner, Mazel, 1978.
277. Malinowski, B. *Crime e costume na sociedade selvagem*. Brasília: Editora UnB, 2008.
278. _____. *Sexo e repressão na sociedade selvagem*. Petrópolis: Vozes, 2000.
279. Mallowan, M. *Twenty-Five Years of Mesopotamian Discovery*. Londres: British School of Archaeology in Iraq, 1956.
280. Marcel, G. *The Philosophy of Existence*. Nova York: Philosophical Library, 1949.
281. Marcuse, H. *Eros e civilização*. São Paulo: Círculo do Livro, 1982.
282. _____. "Love Mystified: A Critique of Norman O. Brown", *Commentary*, fev., 1967.
283. Marx, K. *Selected Writings on Sociology and Social Philosophy*. Orgs. T. Bottomore e M. Rubel. Londres, 1956.
284. _____. *Writings of the Young Marx*. Orgs. L. Easton e K. Guddat. Garden City: Anchor, 1967.
285. Maslow, A. *Toward a Psychology of Being*. Nova York: Van Nostrand Reinhold, 1968.
286. _____. *The Farther Reaches of Human Nature*. Nova York: Viking, 1971.
287. Masters, R. e Houston, J. *The Varieties of Psychedelic Experience*. Nova York: Delta, 1967.
288. Matsunaga, A. *The Buddhist Philosophy of Assimilation*. Tóquio: Sophia University, 1969.
289. Mauss, M. *Essai sur le don*. Paris: Presses Universitaires de France, 2007.
290. May, R. *Amor e vontade*. Petrópolis: Vozes, 1992.
291. May, R. (org.). *Psicologia existencial*. Porto Alegre: Globo, 1986.
292. McCarthy, T. *The Critical Theory of Jurgen Habermas*. Cambridge: MIT Press, 1978.
293. Mead, G. *Mind, Self, and Society*. Chicago: University of Chicago Press, 1934.
294. Mead, G. R. *Apolônio de Tiana*. Brasília: Teosófica, 2000.
295. Meek, T. *Hebrew Origins*. Nova York: Harper, 1960.
296. Mercer, A. *The Pyramid Texts*. Nova York: Longmans, 1952.
297. Metzner, R. *Maps of Consciousness*. Nova York: Collier, 1971.

298. MICKUNAS, A. "Civilization as Structures of Consciousness", *Main Currents*, vol. 29, n° 5, 1973.
299. MIEL, J. "Jacques Lacan and the Structure of the Unconscious", in J. Ehrmann (org.), *Structuralism*. Nova York: Anchor, 1970.
300. MILLETT, K. *Sexual Politics*. Garden City: Doubleday, 1970.
301. MISHRA, R. *Yoga Sutras*. Garden City: Anchor, 1973.
302. MITCHELL, E. *Psychic Exploration*. Org. J. White. Nova York: Capricorn, 1976.
303. MOSCA, G. *Elementi di scienza politica*. Bibliobazar, 2009.
304. MUKTANANDA, S. *Jogo da consciência*. Rio de Janeiro: Siddha Yoga Dham Brasil, 2000.
305. MUMFORD, L. *The Myth of the Machine: Technics and Human Development*. Nova York: Harcourt, 1966.
306. MURE, G. *An Introduction to Hegel*. Oxford, 1940.
307. MURTI, T. *The Central Philosophy of Buddhism*. Londres: Allen & Unwin, 1960.
308. MUSES, C. e YOUNG, A. (orgs.). *Consciousness and Reality*. Nova York: Discus, 1974.
309. NARANJO, C. e ORNSTEIN, R. *On the Psychology of Meditation*. Nova York: Viking, 1973.
310. NEEDHAM, J. *Science and Civilization in China*. Londres: Cambridge University Press, 1956, 2 vols.
311. NEUMANN, E. *História da origem da consciência*. São Paulo: Cultrix, 1995.
312. NIKHILANANDA, S. *The Gospel of Sri Ramakrishna*. Nova York: Ramkrishna Center, 1973.
313. NISHIDA, K. *Intelligibility and the Philosophy of Nothingness*. Honolulu: East-West Center, 1958.
314. NORTHROP, F. *The Meeting of East and West*. Nova York: Collier, 1968.
315. NYANAPONIKA THERA. *The Heart of Buddhist Meditation*. Londres: Rider, 1972.
316. OGILVY, J. *Many Dimensional Man*. Nova York: Oxford University Press, 1977.
317. OPPENHEIM, A. *Ancient Mesopotamia*. Chicago: University of Chicago Press, 1964.
318. ORNSTEIN, R. *The Psychology of Consciousness*. San Francisco: Freeman, 1972.
319. OUSPENSKY, P. D. *Fragmentos de um ensinamento desconhecido*. São Paulo: Pensamento, 1999.

320. OUSPENSKY, P. D. *O quarto caminho*, 4ª ed. São Paulo: Pensamento, 1998.
321. PAGELS, E. "The Gnostic Gospels' Revelations", *New York Review of Books*, vol. 26, nos 16-19, 1979.
322. PALMER, L. *Mycenaeans and Minoans*. Nova York: Knopf, 1962.
323. PALMER, R. *Hermenêutica*. Lisboa: Edições 70, 2006.
324. PARSONS, T. *The Social System*. Glencoe: Free Press, 1951.
325. _____. *Societies: Evolutionary and Comparative Perspectives*. Englewood Cliffs: Prentice-Hall, 1966.
326. PELLETIER, K. *Toward a Science of Consciousness*. Nova York: Delta, 1978.
327. PENFIELD, W. *The Mystery of the Mind*. Princeton: Princeton University Press, 1978.
328. PERLS, F.; HEFFERLINE, R. e GOODMAN, P. *Gestalt Therapy*. Nova York: Delta, 1951.
329. PIAGET, J. *The Essential Piaget*. Orgs. H. Gruber e J. Voneche. Nova York: Basic Books, 1977.
330. PIGGOTT, S. *Prehistoric India*. Baltimore: Penguin, 1950.
331. POPE, K. e SINGER, J. *The Stream of Consciousness*. Nova York: Plenum, 1978.
332. PRICE, A. F. e WONG, Moul-Lam (trads.). *The Diamond Sutra and the Sutra of Hui-Neng*. Berkeley: Shambhala, 1969.
333. PRINCE, R. e SAVAGE, C. "Mystical States and the Concept of Regression", *Psychedelic Review*, vol. 8, 1966.
334. RADCLIFFE-BROWN, A. *The Andaman Islanders*. Londres: Cambridge University Press, 1933.
335. RADHAKRISHNAN, S. e MOORE, C. *A Source Book in Indian Philosophy*. Princeton: Princeton University Press, 1957.
336. RADIN, P. *The World of Primitive Man*. Nova York: Grove, 1960.
337. RAMANA MAHARSHI, Sri. *Talks with Sri Ramana Maharshi*. Tiruvannamalai: Sri Ramanasramam, 1972, 3 vols.
338. _____. *The Collected Works of Sri Ramana Maharshi*. Org. S. Osborne. Londres: Rider, 1959.
339. RANK, O. *Beyond Psychology*. Nova York: Dover, 1958.
340. _____. *Seelenglaube und Psychologie*. Leipzig: Franz Deuticke, 1930.
341. REICH, C. *The Greening of America*. Nova York: Random House, 1970.
342. REICH, W. *A função do orgasmo*. São Paulo: Brasiliense, 1995.
343. _____. *Análise do caráter*. São Paulo: Martins, 2001.
344. RESTAK, R. *The Brain: The Last Frontier*. Garden City: Doubleday, 1979.

345. Rieker, H. *The Yoga of Light*. San Francisco: Dawn Horse, 1974.
346. Riesman, D. *The Lonely Crowd*. Garden City: Doubleday, 1954.
347. Ring, K. "A Transpersonal View of Consciousness", *Journal of Transpersonal Psychology*, vol. 6, n° 2, 1974.
348. Ritchie, W. *Recent Discoveries Suggesting an Early Woodland Burial Cult in the Northeast*. Albany: New York State Museum, n° 40, 1955.
349. Roberts, T. "Beyond Self-Actualization", *Re-Vision*, vol. 1, n° 1, 1978.
350. Robinson, J. (org.). *The Nag Hammadi Library*. Nova York: Harper, 1979.
351. Robinson, P. *The Freudian Left*. Nova York: Harper, 1969.
352. Roheim, G. *The Gates of the Dream*. Nova York: International Universities Press, 1952.
353. _____. *Magic and Schizophrenia*. Nova York: International Universities Press, 1955.
354. _____. *Psychoanalysis and Anthropology*. Nova York: International Universities Press, 1969.
355. Rossi, I. (org.). *The Unconscious in Culture*. Nova York: Dutton, 1974.
356. Roszak, T. *Where the Wasteland Ends*. Garden City: 1972.
357. _____. *Person/Planet*. Garden City: Anchor, 1978.
358. Rousseau, J. *The First and Second Discourses*. Nova York: St. Martin's Press, 1964.
359. Ruesch, J. e Bateson, G. *Communication*. Nova York: Norton, 1968.
360. Sagan, C. *Os dragões do Éden*. Rio de Janeiro: F. Alves, 1987.
361. Sahukar, M. *Sai Baba: The Saint of Shirdi*. San Francisco: Dawn Horse, 1977.
362. Saraswati, S. *Tantra of Kundalini Yoga*. Bihar: Bihar School of Yoga, 1973.
363. Sartre, J. *O ser e o nada*, 17ª ed. Petrópolis: Vozes, 2009.
364. Schafer, R. *A New Language for Psychoanalysis*. New Haven: Yale University Press, 1976.
365. Schaya, L. *The Universal Meaning of the Kabbalah*. Baltimore: Penguin, 1973.
366. Schilder, P. *A imagem do corpo*. São Paulo: Martins Fontes, 1994.
367. Schuon, F. *Logique et transcendance*. Cabris: Editions Sulliver, 2007.
368. _____. *De l'unité transcendante de religions*. Cabris: Editions Sulliver, 2007.
369. Schütz, A. *Der sinnhafte Aufbau der sozialen Welt*. Berlin: Suhrkamp, 1993.
370. Schütz, A. e Luckmann, T. *Strukturen der Lebenswelt*. Stuttgart: Utb, 2003.

371. GAMPOPA. *Jewel Ornament of Liberation.* Londres: Rider, 1970.
372. SILVERMAN, J. "When Schizophrenia Helps", *Psychology Today*, set., 1970.
373. SINGH, K. *Surat Shabd Yoga.* Berkeley: Images Press, 1975.
374. SIVANANDA. *Kundalini Yoga.* Rishikesh: Divine Life Society, 1971.
375. SMITH, H. *Forgotten Truth.* Nova York: Harper, 1976.
376. SMITH, M. "Perspectives on Selfhood", *American Psychologist*, vol. 33, n° 12, 1978.
377. SMUTS, J. *Holism and Evolution.* Nova York: Macmillan, 1926.
378. SOLL, I. *An Introduction to Hegel's Metaphysics.* Chicago: University of Chicago Press, 1969.
379. SOROKIN, P. *Social and Cultural Dynamics.* Nova York: Bedminster, 1962, vols. 1-3.
380. SPENGLER, O. *A decadência do Ocidente*, 3ª ed. Rio de Janeiro: Zahar, 1982.
381. STACE, W. *The Philosophy of Hegel.* Nova York, 1955.
382. STISKIN, N. *Looking-Glass God.* Brookline: Autumn Press, 1972.
383. STRAUSS, A. (org.). *George Herbert Mead on Social Psychology.* Chicago: University of Chicago Press, 1964.
384. SULLIVAN, H. S. *The Interpersonal Theory of Psychiatry.* Nova York: Norton, 1953.
385. SUZUKI, D. T. *Manual of Zen Buddhism.* Nova York: Grove, 1960.
386. _____. *Studies in the Lankavatara Sutra.* Londres: Routledge and Kegan Paul, 1968.
387. _____. *Essays in Zen Buddhism.* Londres: Rider, 1970, séries 1-3.
388. TAIMNI, L. *A ciência da yoga.* Brasília: Teosófica, 1996.
389. TAKAKUSU, J. *The Essentials of Buddhist Philosophy.* Honolulu: University of Hawaii Press, 1956.
390. TART, C. (org.). *Transpersonal Psychologies.* Nova York: Harper, 1975.
391. TARTHANG TULKU. *Sacred Art of Tibet.* Berkeley: Dharma Press, 1972.
392. TATTWANANDA, S. (trad.). *The Quintessence of Vedanta of Acharya Sankara.* Calcutá, 1970.
393. TAYLOR, C. *The Explanation of Behavior.* Nova York: Humanities Press, 1964.
394. _____. "Interpretation and the Sciences of Man", *The Review of Metaphysics*, vol. 25, 1971.
395. TEILHARD DE CHARDIN, P. *L'avenir de l'homme.* Paris: Seuil, 1959.
396. _____. *O fenômeno humano.* São Paulo: Cultrix, 1999.
397. THOMPSON, W. *At the Edge of History.* Nova York: Harper, 1971.

398. THOMPSON, W. *Passages about Earth*. Nova York: Harper, 1974.
399. _____. *Darkness and Scattered Light*. Nova York: Harper, 1978.
400. TRUNGPA, C. *O mito da liberdade e o caminho da meditação*. São Paulo: Cultrix, 1988.
401. ULLMAN, M. "Psi and Psychiatry", in E. Mitchell, *Psychic Exploration*. Org. J. White. Nova York: Capricorn, 1976.
402. VAILLANT, G. *The Aztecs of Mexico*. Baltimore: Penguin, 1950.
403. VAN DE CASTLE, R. "Anthropology and Psychic Research", in E. Mitchell, *Psychic Exploration*. Ed. J. White. Nova York: Capricorn, 1976.
404. VAN DUSEN, W. *The Natural Depth in Man*. Nova York: Harper, 1972.
405. VANN, G. *The Paradise Tree*. Nova York: Sheed and Ward, 1959.
406. VAUGHAN, F. *Awakening Intuition*. Garden City: Anchor, 1979.
407. VON HAGEN, V. W. *The Ancient Sun Kingdoms of the Americas*. Cleveland: World, 1961.
408. WALSH, R. e SHAPIRO, D. (orgs.). *Beyond Health and Normality*. Nova York: Van Nostrand Reinhold, 1978.
409. WALSH, R. e VAUGHAN, F. (orgs.). *Além do ego: dimensões transpessoais em psicologia*. São Paulo: Pensamento, 1995.
410. WATTS, A. *The Way of Zen*. Nova York: Vintage, 1957.
411. _____. *The Supreme Identity*. Nova York: Vintage, 1972.
412. WEBER, M. *Economia e sociedade*. São Paulo: Imprensa Oficial; Brasília: Editora UnB, 2004, vol. 1: Fundamentos da sociologia compreensiva.
413. WRONG, D. (org.). *Max Weber*. Englewood Cliffs: Prentice-Hall, 1970.
414. WELWOOD, J. *The Meeting of the Ways*. Nova York: Schocken, 1979.
415. WENDT, H. *In Search of Adam*. Boston: Houghton Mifflin, 1956.
416. WERNER, H. *Comparative Psychology of Mental Development*. Nova York: International Universities Press, 1957.
417. WESCOTT, R. *The Divine Animal*. Nova York: Funk and Wagnalls, 1969.
418. WEST, J. *A serpente cósmica: a sabedoria iniciática do antigo Egito revelada*. São Paulo: Pensamento, 2009.
419. WHITE, J. (org.). *Kundalini, Evolution, and Enlightenment*. Garden City: Anchor, 1979.
420. WHITE, J. e KRIPPNER, S. (orgs.). *Future Science*. Garden City: Anchor, 1977.
421. WHITE, L. *The Science of Culture*. Nova York: Grove, 1949.
422. WHITEHEAD, A. *Modes of Thought*. Nova York: Macmillan, 1966.
423. _____. *Adventures of Ideas*. Nova York: Macmillan, 1967.

424. Whitehead, A. *A ciência e o mundo moderno*. São Paulo: Paulus, 2006.
425. Whorf, B. *Language, Thought and Reality*. Cambridge: MIT Press, 1956.
426. Whyte, L. L. *The Next Development in Man*. Nova York: Mentor, 1950.
427. Wilber, K. "Psychologia Perennis", *Journal of Transpersonal Psychology*, vol. 7, n° 2, 1975.
428. _____. "The Ultimate State of Consciousness", *Journal of Altered States of Consciousness*, vol. 2, n° 3, 1975-1976.
429. _____. *O espectro da consciência*. São Paulo: Cultrix, 2001.
430. _____. "Microgeny", *Re-Vision*, vol. 1, n°ˢ 3-4, 1978.
431. _____. "Where It Was, I Shall Become", in R. Walsh e D. Shapiro (orgs.), *Beyond Health and Normality*. Nova York: Van Nostrand Reinhold, 1978.
432. _____. "A Developmental View of Consciousness", *Journal of Transpersonal Psychology*, vol. 11, n° 1, 1979.
433. _____. "Eye to Eye", *Re-Vision*, vol. 2, n° 1, 1979.
434. _____. *A consciência sem fronteiras: pontos de vista do Oriente e do Ocidente sobre o crescimento pessoal*. São Paulo: Cultrix, 1998.
435. _____. "Physics, Mysticism, and the New Holographic Paradigm: A Critical Appraisal", *Re-Vision*, vol. 2, n° 2, 1979.
436. _____. *O Projeto Atman*. São Paulo: Cultrix, 1999.
437. Wilden, A. *System and Structure*. Londres: Routledge, 2001.
438. Woolley, L. *The Beginnings of Civilization*. Nova York: Mentor, 1965.
439. Woods, J. *The Yoga System of Patanjali*. Whitefish: Kessinger Publishing, 2003.
440. Yampolsky, P. (trad.). *The Zen Master Hakuin*. Nova York: Columbia University Press, 1971.
441. Yogeshwarand Saraswati. *Science of Soul*. Nova Déli: Yoga Niketan, 1972.
442. Young, J. Z. *Programs of the Brain*. Oxford: Oxford University Press, 1978.
443. Zilboorg, G. "Fear of Death", *Psychoanalytic Quarterly*, vol. 12, 1943.
444. Zimmer, H. *Filosofias da Índia*. São Paulo: Palas Athena, 2003.